U0525050

21世纪马克思主义文库

丛书主编 王伟光

社会形态的演进

张顺洪 甄小东 著

中国社会科学出版社

图书在版编目（CIP）数据

社会形态的演进／张顺洪，甄小东著．—北京：中国社会科学出版社，2022.2（2023.3 重印）

（21 世纪马克思主义文库）

ISBN 978-7-5203-9610-3

Ⅰ.①社… Ⅱ.①张…②甄… Ⅲ.①马克思主义—社会形态学—研究 Ⅳ.①A811.64

中国版本图书馆 CIP 数据核字（2022）第 018681 号

出 版 人	赵剑英
责任编辑	李凯凯
责任校对	杨　林
责任印制	王　超

出　　版	中国社会科学出版社
社　　址	北京鼓楼西大街甲 158 号
邮　　编	100720
网　　址	http://www.csspw.cn
发 行 部	010-84083685
门 市 部	010-84029450
经　　销	新华书店及其他书店
印　　刷	北京君升印刷有限公司
装　　订	廊坊市广阳区广增装订厂
版　　次	2022 年 2 月第 1 版
印　　次	2023 年 3 月第 2 次印刷
开　　本	710×1000　1/16
印　　张	24.25
字　　数	339 千字
定　　价	119.00 元

凡购买中国社会科学出版社图书，如有质量问题请与本社营销中心联系调换

电话：010-84083683

版权所有　侵权必究

"21世纪马克思主义文库"编委会

主　任　王伟光

副主任　杨庆山　王永昌　张政文
　　　　王新生　赵剑英　纪亚光

"21世纪马克思主义文库"编辑部

主　编　王伟光
主　任　赵剑英　王新生
副主任　王　茵　张　博　王维国

"21世纪马克思主义文库"总序

习近平总书记指出:"在人类思想史上,就科学性、真理性、影响力、传播面而言,没有一种思想理论能达到马克思主义的高度,也没有一种学说能像马克思主义那样对世界产生了如此巨大的影响。"坚持和发展中国特色社会主义,必须不断在实践和理论上进行探索,用发展着的理论指导发展着的实践,用发展着的实践推进发展着的理论。

21世纪是一个伟大的世纪,中国特色社会主义新时代是一个伟大的时代。伟大的世纪、伟大的时代必然爆发改天换地的伟大的变革实践,这就是21世纪中国特色社会主义的伟大成功,必然推动发展着的马克思主义孕育产生新的理论形态,这就是习近平新时代中国特色社会主义思想。加强对21世纪中国特色社会主义伟大实践的研究阐释,加强对21世纪马克思主义、当代中国马克思主义的研究阐释,在实践与理论的双向互动中,为中国特色社会主义的伟大实践,为21世纪当代中国马克思主义的伟大创新贡献全部心智,是哲学社会科学战线,特别是马克思主义理论战线工作者的初心与使命。身处这样一个伟大的世纪、伟大的时代,肩负中华民族伟大复兴进程中哲学社会科学和马克思主义理论工作者的责任担当,2019年9月,南开大学·中国社会科学院大学21世纪马克思主义研究院(以下简称研究院)正式成立。

研究院植根于两校马克思主义理论教学与研究底蕴,整合两校马克思主义理论、哲学、经济学、法学、文学、社会学等多学科力量,以大力推进21世纪马克思主义、习近平新时代中国特色社会主义思想的学习、研究、宣传为根本任务，旨在建立发展21世纪马克思主义创新体系。

研究院作为马克思主义理论研究的高端平台，着眼于当代中国马克思主义学科体系、学术体系和话语体系构建，专注于马克思主义理论骨干人才培养和马克思主义理论专家型教师队伍建设，致力于马克思主义理论研究服务社会能力的提升，注重于打造在国内外具有广泛影响力的21世纪当代中国马克思主义学术研究重镇、拔尖人才基地和阐释传播平台，为推进21世纪马克思主义、当代中国马克思主义研究阐释，繁荣发展新时代中国特色哲学社会科学做出更大贡献。

研究院成立以来，依托两校哲学社会科学人才资源丰富、学科门类齐全、基础研究优势明显、国际学术交流活跃的优势，以高度的文化自觉和坚定的文化自信，围绕坚持和发展21世纪马克思主义、当代中国马克思主义，聚焦新发展阶段面临的深层次思想理论问题和重大现实问题，开展跨学科、综合性、多方位的科学研究与理论创新，构建理论创新和实践发展良性互动的新格局，努力在学科建设和学术命题、学术思想、学术观点、学术话语上聚焦聚力，注重高原上起高峰，积淀先进发展经验，呈现蓬勃发展态势，聚集一批在马克思主义研究领域具有解决重大问题的综合研究能力、品德高尚、视野宽广、基础研究有突破的顶级学者，生产出一批有思想含量、理论分量和话语质量，对文化积累和学科建设具有重大意义、在国内外产生重大影响的引领性原创成果，为21世纪马克思主义的研究阐释做出开拓性努力。

"21世纪马克思主义文库"（以下简称"文库"）以两校为依托，以大力推进习近平新时代中国特色社会主义思想的学习、研究、宣传为根本宗旨，密切关注和超前研究21世纪马克思主义研究领域的重大理论和现实问题，更加注重学科建设、更加注重问题意识、更加注重话语体系建构。"文库"是研究院精心打造的21世纪马克思主义理论研究和创新发展的学术精品品牌，也是研究院坚持正确的政治方向、学术导向和价值取向，彰显中国特色、中国气派、中国话语的中国特色哲学社会科学的理论成果。"文库"的推出可谓厚积薄发、百川归海，恰逢其时、意义深远。

"文库"将借助与中国社会科学出版社和南开大学出版社的战略合作，加大21世纪马克思主义研究领域高水平创新成果的产出与传播，打通研究成果转化、展示、传播、推广的渠道，切实提升研究院的学术影响力和社会影响力，以高水平学术出版支撑研究院发展，为推进21世纪马克思主义研究阐释贡献智慧与力量，为新时代中国特色哲学社会科学繁荣发展做出应有贡献。

"群才属休明，乘运共跃鳞。"人类社会进入21世纪，中国特色社会主义进入新时代，我国进入全面建设社会主义现代化国家、向第二个百年奋斗目标进军的新征程，必将给21世纪马克思主义研究阐释提供强大动力与广阔空间。科学研究是永无止境的事业，持续推进马克思主义中国化、时代化、大众化，持续发展21世纪马克思主义、当代中国马克思主义任重而道远。

研究院将以"文库"建设为契机，自觉坚持以马克思主义为指导，自觉遵循习近平总书记在哲学社会科学工作座谈会上的重要讲话精神，自觉把习近平新时代中国特色社会主义思想贯穿理论教学研究全过程，自觉把个人学术追求同国家和民族发展紧紧联系在一起，主动担负起时代赋予的使命责任，用马克思主义观察时代、把握时代、引领时代，解读中国实践，构建中国理论，提炼标识性概念，指导中国实践，努力产出经得起实践、人民和历史检验的研究成果，不断增强理论自觉和理论自信，让世界知道"学术中的中国""理论中的中国""哲学社会科学中的中国"，让马克思主义在当代中国和当代世界放射出更加灿烂的真理光芒。

王伟光
2021年10月

（本文作者系中国社会科学院大学教授、南开大学终身教授）

前　言

社会形态史是历史研究中的重大问题，不管是中国史研究，还是世界史研究，都要高度重视。然而，近些年来，我国不少学者很不重视社会形态史的研究，淡化或忽视社会形态问题，甚至出现了否定社会形态理论的倾向。我们认为，如果忽视对这个根本性问题的研究，我们是无法科学地理解世界历史和我国历史发展规律的。近几年来，我们很关注和思考社会形态发展演进问题。在参加《世界历史极简本》（中国社会科学出版社 2017 年版）撰写工作时，我们就需要对这个问题做出一定的思考和阐述。我们强烈地意识到有必要对社会形态演进的历史进行一个集中的考察。一是这个问题的确要讲清楚；二是要更好地引起学术界的重视，加强对社会形态演进史的深入探究。

在过去三四年时间里，我们集中阅读了中外学者的大量有关著述。这个主题关系到人类社会整个发展历程，关系到中国历史与世界历史的发展规律和大势，我们必须从宏观上来思考和把握。探讨这样的大问题，我们深深感到仅仅依靠自己学习和研究世界史的知识积累和理论素养是远远不够的，我们不得不阅读大量作品，包括马克思主义经典著作，以改善自己的知识结构，加强理论基础。阅读和撰写的过程也是一个学习提高的过程。本书的写成受益于经典著作的指引和学术界众多研究成果的启发。在本书各章注释中，我们仅注明了部分著述，许多没能提及；我们也不准备列出参考文献，因为那将是一个过于冗长的单子。

社会形态的演进是一个宏大的主题。我们起初只是想概略地谈谈我们的思考和认识，但在阅读和撰写过程中，对一些问题的阐述渐渐越来越长了，已有约25万字了。这部著作当然还是简略的，对诸多相关问题未能进行深入探讨。在本书中，我们谈了我们对各社会形态的基本认识和一些探讨性的看法，主要是用具体的史实来说明问题。我们希望这本书能够引起我国学术界更加关注社会形态问题，更加深入地研究，更加鲜明地坚持马克思主义社会形态理论。正在我们撰写本书的过程中，王伟光同志主编的《中国社会形态史纲》由中国社会科学出版社出版了（2020年9月）。我们认真阅读了这部著作，从中获得了鼓励和启发；我们非常赞同这部著作的结构安排与总体史观，并发表了文章《马克思主义"五形态说"是符合历史实际的——兼评王伟光主编〈中国社会形态史纲〉》（《政治经济学研究》2021年第2期）。在这篇文章中，我们简略地谈了我们对社会形态史的一些基本认识。

按照马克思主义关于五种社会形态的理论，我们安排了本书的写作结构。我们把本书非常简单地分成了五章：第一章考察原始社会，第二章考察奴隶社会，第三章考察封建社会，第四章考察资本主义社会，第五章考察社会主义社会。关于这五种社会形态，学术界争议较多的是奴隶社会，就是有没有奴隶社会或者说什么是奴隶社会的问题。因此，关于奴隶社会这一章，我们着墨最多，是本书中最长的一章，正文加注释共约8万字。在每一章，我们都谈到了对相关社会形态的基本认识，并就有关问题进行了讨论，不可避免地也是必要地对某些学术观点提出了商榷或批评。

我们完全赞同马克思主义"五形态说"，并且在学习和研究中形成了很清晰的认识：马克思主义"五形态说"是符合历史实际的。

征得王伟光同志的同意，我们将《中国社会形态史纲》的代序，也作为我们这本书的序言。在此，我们对伟光同志表示衷心感谢！在本书撰写过程中，我们请教了一些专家学者，进行了交流，受到启发,也使我们更加坚定了有关学术探讨的信心,对我们完成本书写作工作很有裨益。在此,对这些专家,特别是廖学盛先生,表示衷心的感谢!中国社会科学出版社计划出版这本书,我们表示衷心感谢!

这本书对社会形态演进史的考察和探讨还是很初步的,难免有多样的问题和不足,敬请广大读者批评指正。

目　　录

代　序　坚持唯物史观及其社会形态演变一般规律原理，正确
　　　　认识和把握中国社会形态历史发展的道路 …… 王伟光 1

第一章　原始社会 …………………………………………………… 1
　　一　原始社会概况 ………………………………………………… 1
　　二　氏族公社的社会关系 ……………………………………… 11
　　三　有关学术探讨 ……………………………………………… 19

第二章　奴隶社会 …………………………………………………… 29
　　一　对奴隶社会的基本认识 …………………………………… 29
　　二　典型的原初文明地区的奴隶制国家 ……………………… 47
　　三　古代希腊、罗马及其他地区的奴隶社会 ………………… 107
　　四　有关学术探讨 ……………………………………………… 120

第三章　封建社会 ………………………………………………… 127
　　一　对封建社会的基本认识 …………………………………… 127
　　二　部分国家和地区封建社会考察 …………………………… 138
　　三　有关学术探讨 ……………………………………………… 192

第四章　资本主义社会 …………………………………………… 201
　　一　资本主义发展历程和资本主义社会的特征 ……………… 202

二　关于当今世界资本主义几个问题的探讨……………… 243
　　三　资本主义国家如何走上社会主义道路………………… 261

第五章　社会主义社会……………………………………… 279
　　一　经典作家关于社会主义社会的有关论断……………… 279
　　二　苏联社会主义建设实践………………………………… 286
　　三　中国社会主义建设实践………………………………… 307
　　四　如何走向共产主义社会：憧憬与思考………………… 322

部分参考文献………………………………………………… 332

索　引………………………………………………………… 352

代序　坚持唯物史观及其社会形态演变一般规律原理，正确认识和把握中国社会形态历史发展的道路*

王伟光

从当前意识形态斗争的态势和需要来看，捍卫和宣传马克思主义社会形态演变一般规律理论，阐述中国社会形态演变历史的本真事实，纠正历史唯心主义特别是其变种——历史虚无主义，对于坚持马克思主义唯物主义历史观的科学性、纯洁性和战斗性，用唯物主义历史观武装我们的干部群众，有着重要的现实价值和深远的历史意义。

一

马克思主义政敌否定和反对马克思主义，往往集中火力否定和反对马克思主义唯物史观。

没有历史唯物主义就没有辩证唯物主义，就没有作为马克思主义哲学的辩证唯物主义和历史唯物主义。恩格斯称赞唯物主义历史

---

* 原载《世界社会主义研究动态》2019年5月14日第52期、5月15日第53期，正式摘要发表于《红旗文稿》2019年第9期，收入王伟光主编《中国社会形态史纲》，中国社会科学出版社、南开大学出版社2020年版。

观是马克思的"第一个伟大发现",认为"正像达尔文发现有机界的发展规律一样,马克思发现了人类历史的发展规律"。① 辩证唯物主义和历史唯物主义是马克思主义的哲学基石,没有这样一块基石牢固奠定马克思主义理论大厦的基础,就没有马克思主义真理体系的全部。辩证唯物主义与历史唯物主义,是作为一块"整钢"的马克思主义哲学不可分割的、有机联系在一起的两个重要组成部分,没有辩证唯物主义也就没有历史唯物主义,没有历史唯物主义也就没有辩证唯物主义。**马克思主义哲学产生前的一切旧哲学,其唯物主义与辩证法是分离的,马克思主义哲学的一个伟大功绩就是把唯物主义与辩证法结合起来,并率先运用于历史领域,把唯心主义历史观从历史领域彻底清除出去,创立了唯物主义历史观。唯物主义历史观的建立恰恰是辩证唯物主义创立的标志,是马克思主义哲学创立的标志,是马克思主义创立的标志。**

唯物主义历史观的一系列基本原理和基本观点,诸如社会存在决定社会意识,社会形态演变一般规律,社会基本矛盾,人民史观,阶级和阶级斗争,无产阶级革命和无产阶级专政,社会主义、共产主义必然代替资本主义等,都直接触动了资本主义最敏感的神经,撼摇了资本主义大厦的基础,是一切马克思主义政敌必欲除之而后快的马克思主义真理的根基。

唯物主义历史观是最直接地指导无产阶级及其政党领导人民大众展开反对一切剥削制度和反动阶级的斗争、翻身求解放谋幸福的思想武器。中国共产党人接受马克思主义,首先接受的是历史唯物主义,而接受历史唯物主义必定接受阶级和阶级斗争的观点。中国先进分子学习马克思主义科学理论是为了寻找挽救中国的办法。李大钊特别强调:阶级斗争学说是唯物史观的一个重要内容,要解决经济问题就必须进行阶级斗争、进行革命;如果不重视阶级斗争,"丝毫不去用这个学理作工具,为工人联合的实际运动,那经济的

---

① 《马克思恩格斯选集》第3卷,人民出版社2012年版,第1002页。

革命,恐怕永远不能实现"。① 毛泽东说,读了《共产党宣言》这本书,"我才知道人类自有史以来就有阶级斗争,阶级斗争是社会发展的原动力,初步地得到认识问题的方法论……我只取了它四个字:'阶级斗争',老老实实地来开始研究实际的阶级斗争"。② 正是在中国共产党人领导下开展了工人阶级及人民大众反对一切反动阶级的阶级斗争,通过革命的手段,才建立了人民民主专政的社会主义中国。

历史唯物主义的对立面是历史唯心主义,当前历史虚无主义是历史唯心主义的典型表现。近年来,反对马克思主义的错误思潮突出表现在用历史虚无主义取代历史唯物主义上。一切反对马克思主义的政敌首先挖掉的是马克思主义的基础——马克思主义哲学,而一切反对马克思主义哲学的政敌又首先搞掉的是历史唯物主义。坚持不坚持历史唯物主义是坚持不坚持马克思主义的试金石,坚持马克思主义必定坚持历史唯物主义,坚持历史唯物主义必定反对历史唯心主义。当前,反对历史唯心主义首要的是反对历史虚无主义。

二

否定和反对历史唯物主义,必定否定马克思主义经典作家所概括的社会形态演变一般规律的科学原理,否定和反对共产主义代替资本主义必然趋势的正确结论。

历史唯物主义关于人类社会经原始社会、奴隶社会、封建社会、资本主义社会,经社会主义社会的过渡而达到共产主义社会的"五种社会形态"演变发展的一般规律(以下简称"五形态说"),是人类社会历史发展的普遍规律和必然趋势,是马克思主义唯物主义历史观的一个最基本的观点。

---

① 《李大钊选集》,人民出版社1959年版,第233—234页。
② 《毛泽东农村调查文集》,人民出版社1982年版,第22页。

否认和反对历史唯物主义"五形态说"是一切历史唯心主义特别是历史虚无主义的通病。其表现为：有的根本不承认人类社会经过原始社会、奴隶社会、封建社会、资本主义社会，必将经过社会主义的过渡而发展到共产主义社会这一人类历史发展的普遍规律，认为"五形态说"是马克思主义经典作家臆造出来的，不是科学真理；有的变换手法，故意谎称马克思、恩格斯根本没有提出过"五形态说"，"五形态说"是列宁、斯大林等后来人编造出来并强加给马克思主义经典作家的，制造出马克思主义经典作家与马克思主义的继承者和发展者之间的对立和矛盾的假象，以混淆是非；有的则玩弄抽象承认、具体否定的伎俩，抽象地承认"五形态说"，但具体到对中国历史与现状的判断，则认为中国没有经过原始社会、奴隶社会和封建社会……

曾几何时，一些历史课本、历史读物、历史文述、历史展览、历史陈列等不讲人类经过"五种社会形态"的普遍规律，不讲中国已经过原始社会、奴隶社会、封建社会，不讲如果没有外国资本主义的侵入，中国也会缓慢地发展到资本主义，不讲共产主义必然代替资本主义……而是用王朝更替史，或历代艺术品发展史，或五花八门的历史取代社会形态演变史。目前，以宗法组织、政治体制、文化形态演变取代社会形态演变，是史学界一部分人的看法。当然，许多人是避而不谈社会形态演变问题的。更可笑的是有的中国历史课本或读物从三皇五帝讲到末代皇帝，但在讲到近代鸦片战争爆发、中国共产党成立这样大的历史事件时，再也无法回避中国半殖民地半封建的社会现状，突然冒出了一个中国进入"半殖民地半封建社会"。须知没有父母哪来的儿女？历史是连续的，没有封建社会哪来的半封建社会？没有资本主义社会哪来的半殖民地社会？由此再向前追溯，没有原始社会、奴隶社会，哪来的封建社会？历史唯物主义社会形态演变一般规律的科学理论，如同没有父母就没有儿女这样最通俗的道理一样，是不可否定的真理。

更有甚者，不承认社会主义、共产主义必然代替资本主义的历

史必然性，高喊"资本主义万岁"，认为中国走资本主义道路才是修成正果。须知资本主义也是人类社会历史发展必经的一个过程，前有封建社会，后有社会主义、共产主义社会。实际上，新的社会形态因素——社会主义社会已经在资本主义社会的母体中孕育产生，将来必定代替资本主义，这是不可阻挡的历史潮流。以往阶级社会历史可以表现为王朝更替的历史，但其实质绝不能归结为王朝更替历史这么简单。这就好比一个人，作为新生婴儿已在母体中孕育，然后出生，经过儿童、少年、青年、壮年到死亡。作为人类历史的某个具体社会形态必然由生到死，这是不可推翻的历史铁律。

还有，一些历史读物、历史展览、历史影视，往往只是从唯美主义角度而不是从唯物史观角度，离开社会形态发展的一般规律，离开社会基本矛盾的运动，离开阶级社会阶级矛盾和阶级斗争的主线，单独展示历代文物和历史人物，把历史仅仅变成精美艺术品的展示史，皇宗贵族、才子佳人的个人英雄史，从而取代社会形态演变的真实历史，取代阶级社会阶级斗争的历史事实，一味地"去政治化""去意识形态化""去阶级斗争化"。罗列王朝更替历史、陈列艺术品、介绍历史文物、展示文明载体，让人们享受美的、艺术的、文明的感受和熏陶是完全必要的，也是不可或缺的，但只有把一定的历史事件、一定的历史人物、一定的历史实物放到一定的社会形态历史条件下认知，才是唯物主义历史观的态度。

三

唯物主义历史观的社会形态演变一般规律理论是不可否定的，否定了就会犯颠覆性的根本错误。一切历史唯心主义特别是历史虚无主义，一般都在这个重大问题上反对马克思主义。

唯物主义历史观是分析说明一切社会历史现象的世界观和方法论。唯物史观分析认识社会历史问题，就是坚持一切从社会存在出发来说明社会问题。社会存在是第一性的，最根本的社会存在就是生产方式的存在，就是"经济的社会形态"的存在。社会发展史说到底就是社会形态发展史。生产力决定生产关系，生产力与生产关系的统一构成社会生产方式，生产关系的总和构成社会经济基础，一切都要从生产力决定生产关系、生产关系决定经济基础、经济基础决定上层建筑出发，从而必须从生产方式所决定的人类社会形态出发来认识人类社会现象，而不是相反，这是唯物史观不可违背的根本原理。

人类社会形态的演进，根源于生产力的发展。人类的生产工具从旧石器升级到新石器，再到青铜器、铁器，再到机器、电子、信息、互联网、人工智能……生产力逐步提升，促使生产关系、生产方式不断发生变化，从而推动社会形态从原始社会进步到奴隶社会，再进步到封建社会、资本主义社会和社会主义社会。当代资本主义虽强，但已经开始衰落；当代社会主义虽弱，却是必然胜利的新生事物。从长远看，任何新生事物都是不可战胜的。譬如，原始社会生产力的进步，导致人们的分工发生根本变化，进而引起剩余产品出现，产生了私有制，代替了原始共产主义公有制。经济基础决定上层建筑，经济结构的变化引发社会结构从母系社会向父系社会过渡，为私有制社会的形成奠定基础。经济结构的变化引起政治结构、阶级结构、社会结构的变化，从原始社会到奴隶社会、到封建社会、到资本主义社会，经社会主义社会过渡到共产主义社会，这就是人类社会历史的客观发展规律，这个规律是必然的、不以人的意志为转移的。

有人谬称马克思从来没讲过"五形态说"，企图否定社会形态演变的普遍规律，这显然是站不住脚的。社会形态演变一般规律理论是马克思主义唯物史观的重要内容，是唯物史观的重要组成部分，是马克思主义经典作家以深邃的历史洞察力深刻剖析人类社会历史发展进程而收获的重要理论硕果，是对人类社会发展规律的研究、对人类历史观的伟大贡献。马克思虽然没有就社会形态问题撰写过专著，但围绕这一问题留下了大量论述。马克思在1851年撰写的《路易·波拿巴的雾月十八日》中提出了"社会形态"（Gesellchaft Formation）概念。马克思写道："新的社会形态一形成，远古的巨人连同复活的罗马古董——所有这些布鲁土斯们、格拉古们、普卜利科拉们、护民官们、元老们以及凯撒本人就都消失不见了。冷静务实的资产阶级社会把萨伊们、库辛们、鲁瓦耶-科拉尔们、本杰明·贡斯当们和基佐们当做自己真正的翻译和代言人；它的真正统帅坐在营业所的办公桌后面……"① 马克思这里使用"社会形态"概念是为了表明资本主义社会是人类历史发展的一个新阶段，是不同于以往的社会形态。根据日本学者大野节夫的考证，"形态"（Formation）一词是马克思从当时的地质学术话语中借用的，该词在当时的地质学中用以表示在地壳发展变化的进程中先后形成的不同岩层，一个形态就是一个不同的岩层单位。可以看出，马克思使用"社会形态"这一概念，意在表明人类社会的发展也是由不同的历史层次、不同的历史阶段、不同的社会样态构成的。

早在马克思主义创立初期，马克思、恩格斯在1846年合著的《德意志意识形态》中第一次提出人类社会经过五种所有制形式：（1）部落所有制；（2）古代公社所有制和国家所有制；（3）封建的或等级的所有制；（4）资产阶级的所有制；（5）未来共产主义所有制。马克思、恩格斯在1848年发表的《共产党宣言》中说："在过去的各个历史时代，我们几乎到处都可以看到社会完全划分为各个不同的等级，看到社会地位分成多种多样的层次。在古罗马，有贵族、骑士、平民、奴隶，在中世纪，有封建主、臣仆、行会师傅、帮工、农奴，而且几乎在每一个阶级内部又有一些特殊的阶层。"② 紧接着，他们又说："从封建社会的灭亡中产生出来的现代资产阶级社会并没有消灭阶级对立。它只是用新的阶级、新的压

---

① 《马克思恩格斯选集》第1卷，人民出版社2012年版，第669—670页。
② 《马克思恩格斯选集》第1卷，人民出版社2012年版，第400—401页。

迫条件、新的斗争形式代替了旧的。"① 马克思在《1857—1858年经济学手稿》中提出了三大社会形态:"家长制的、古代的(以及封建的)状态随着商业、奢侈、货币、交换价值的发展而没落下去,现代社会则随着这些东西同步发展起来。"② 1859年1月,在《〈政治经济学批判〉序言》中,马克思关于五种社会形态的思想表述得十分清晰:"大体说来,亚细亚的、古希腊罗马、封建的和现代资产阶级的生产方式可以看做是经济的社会形态演进的几个时代。资产阶级的生产关系是社会生产过程的最后一个对抗形式……人类社会的史前时期就以这种社会形态而告终。"③ 在1867年出版的《资本论》中,马克思充分论证了共产主义代替资本主义的必然性。到此为止,还不能说马克思已然十分精确地提出"五形态说"。比如,虽然马克思肯定"古代"社会之前还有一个社会形态,但他对原始社会形态的概括只是初步提到"亚细亚"的社会样态。在马克思那里,古代社会显然指古希腊、古罗马的奴隶社会,但"亚细亚"是指什么社会形态,其属性是什么,马克思当时意指原始社会,但尚未明确其科学定义。当然,亚细亚社会是否是原始社会,争论颇多。后来,历史学有了一定发展,特别是历史学家摩尔根的《古代社会》一书,通过田野调查和文献整理,提供了原始社会详尽的研究材料,进行了深入的科学研究,这使马克思对原始社会有了明确的科学界定,这一科学认识集中反映在1880年到1881年他对《古代社会》一书的摘要中。最后,恩格斯利用马克思批语,经过研究,于1884年撰写了《家庭、私有制和国家的起源》,清晰勾画出人类社会发展"五形态"的历史进程。这说明,"五形态说"内在地包含在马克思、恩格斯在历史唯物主义基础上对社会发展形态的科学分期认识中,构成了系统的社会形态演变一般规律理论,反映了人类社会形态发展进程最普遍的

---

① 《马克思恩格斯选集》第1卷,人民出版社2012年版,第401页。
② 《马克思恩格斯全集》第30卷,人民出版社1995年版,第108页。
③ 《马克思恩格斯选集》第2卷,人民出版社2012年版,第3页。

规律。

还有人试图以马克思曾说的"三形态说"为借口，用"三形态说"否定"五形态说"。围绕"三形态说"和"五形态说"的争论曾一度产生某些思想混乱，有人认为"五形态说"不是马克思的本意，不是历史发展的普遍规律。就其实质而言，"三形态说"与"五形态说"是一致的，而不是相互排斥的。

所谓的"三形态说"，是有人根据马克思"伦敦手稿"对社会历史进程的看法而提出的一种论点。马克思在这部手稿中指出："人的依赖关系（起初完全是自然发生的），是最初的社会形式，在这种形式下，人的生产能力只是在狭小的范围内和孤立的地点上发展着。以物的依赖性为基础的人的独立性，是第二大形式，在这种形式下，才形成普遍的社会物质交换、全面的关系、多方面的需要以及全面的能力的体系。建立在个人全面发展和他们共同的、社会的生产能力成为从属于他们的社会财富这一基础上的自由个性，是第三个阶段。第二个阶段为第三个阶段创造条件。"① 依据马克思关于人的依赖关系、物的依赖关系、个人全面发展这三大阶段的划分可以认为，马克思把自然经济、商品经济和产品经济视为人类社会经过的三个阶段。这就是一些学者概括的社会发展"三形态说"。

事实上，"三形态说"同样反映了马克思根据生产力发展的历史状况对社会发展形态所做的一种科学分期的看法。从马克思表达的整个思想看，第一个阶段的"人的依赖关系"实质上是自然经济社会的特点。自然经济社会横跨原始社会、奴隶社会、封建社会。当然，随着每种社会形态的进一步发展，其自然经济特点就会逐步减弱，商品经济特点会逐步增加。在自然经济条件下，生产力低下，分工不发达，生产的直接目的是生产者的自身需要，必然采取人与人直接互相依赖的办法来克服工具落后的状况。比如，原始

---

① 《马克思恩格斯全集》第30卷，人民出版社1995年版，第107—108页。

人必须依赖于原始群体，帮工必然依附于师傅，这就表现为个人对他人、对社会组织的依赖。第二阶段的"人对物的依赖关系"实质上是商品经济社会的特点。在商品经济社会中，生产发展了，人们生产的目的主要是交换，人与人之间的关系物化成商品，产生了"商品拜物教"，人依赖于商品，处于物化的、异己的关系的统治下。在高度发达的市场经济社会——资本主义社会，人成为商品、货币、资本的奴隶。第三阶段的"个人全面发展"是商品经济消亡以后社会的特点，有人把这个社会概括为产品经济社会。在这个社会，生产力高度发达，消灭了旧式分工，产品极其丰富，人摆脱了物及其外部关系的束缚，成为人自身的主人、社会关系的主人、物的主人，人可以自由、全面地发展。这就是马克思主义经典作家预见的共产主义社会。

不难看出，社会形态发展进程的"三形态说"与"五形态说"这两种划分，都是根据历史唯物主义的基本原理，对社会形态演变进行分析得出的正确结论，二者的理论根据是一致的。[①] 实际上，**"五形态说"和"三形态说"是互为补充的**。按照马克思的原意，自然经济阶段基本是前资本主义社会，如原始社会、奴隶社会、封建社会，商品经济阶段是资本主义社会，人们概括的产品经济阶段则是共产主义社会，社会主义社会是一个过渡形态的社会。按照马克思最初的预见，社会主义是在资本主义市场经济高度发达的基础上建立起来的，因而作为共产主义第一阶段的社会主义社会，不存在商品和货币，只遗留资本主义的痕迹，如资产阶级法权等。可是，现实的社会主义是在相对落后的国家建立的，这样的社会主义必然要经过市场经济充分发展的初级阶段。当然，"五形态说"和"三形态说"也是有区别的。

对于社会历史发展的分期，人们可以根据需要对同一对象按特

---

① 也有不同的看法，有人认为二者的理论根据根本不同。参见卢钟锋《马克思的社会形态学说与历史发展阶段性》一文，《中国社会形态和历史变迁的探究》，中国社会科学出版社2014年版。

定标准从不同角度划分。例如，以阶级斗争为线索，可以划分为阶级社会、阶级过渡社会和非阶级社会；以生产资料所有制性质为标准，可以划分为原始公有制社会、私有制社会、私有制向公有制过渡的低级形式的公有制为主体的社会和高级形式的公有制社会……当然，任何科学划分都不能离开以历史唯物主义基本原理为指导，以生产力发展状况为判定标准，根据社会基本矛盾运动的规律，直接考察社会经济关系的性质和特征。"五形态说"是马克思关于社会形态划分的主线索，是马克思主义社会形态演变一般规律理论的主要内容。制造"三形态说"与"五形态说"的对立，以"三形态说"否定"五形态说"，彻底偏离了马克思主义唯物史观关于社会形态演变一般规律理论的正确的轨道。在20世纪90年代初，我专门就"三形态说"和"五形态说"的争论写过一篇文章——《社会形态理论与社会形态演变规律》，发表于1990年5月7日《光明日报》，对相关错误认识进行了批驳。

马克思主义社会形态演变一般规律理论最核心、最根本的要旨就在于说明，人类社会发展是生产力与生产关系的矛盾运动，由不同的历史阶段构成，表现为不同的"经济的社会形态"的演进，从原始社会到奴隶社会再到封建社会，资本主义社会同以前的其他社会形态一样，只是人类社会历经的一个历史阶段，资本主义社会必然由兴盛走向灭亡，人类社会形态必将驰入一个全新的历史进程。

岁月更替，人世沧桑。马克思主义社会形态演变一般规律理论并不因时代的变迁而丧失真理光彩；相反，它依然以其宏大的世界视野、科学的理论价值，对当今社会发展发挥着重要的指导作用。

四

马克思主义社会形态演变一般规律理论在概括社会形态发展本

质时，剔除了大量偶然因素，舍去了活生生的事例，只是对历史发展客观逻辑的一种抽象，并不是对全部社会历史现象的总汇，也不排除人类社会历史发展可能出现的某种跨越、倒退等偶然特例，必须科学辩证地认识马克思主义"五形态说"。

需要特别指出的是：唯物史观关于人类社会经历了五种社会形态，只是讲的一种总的历史趋势或者说总的历史规律，并不等于说每个国家、每个民族都必须完整地经历这五种社会形态。事实上，迄今为止，有些国家和民族没有完整地经历这五种社会形态。肯定五种社会形态发展的一般规律，并不等于否定历史的跨越，也不等于否定历史可能出现的倒退等特殊情况。从科学角度看，作为人类社会演进的基本历史趋势，马克思主义"五形态说"的概括具有充分的历史依据。但也要看到，理论概括源于实际，但并不等于全部具体的历史实际。"五形态说"只反映了人类历史发展的普遍性规律，而具体的历史发展不是单一的、直线的、绝对的，不是毫无偶发性、毫无特例的。在一定历史条件下，哪个国家、哪个民族、哪个地区是否可以有特例、有偶然的情况发生，是否都要依次经过同样的社会形态发展阶段，马克思主义经典作家从来没有把它绝对化。他们从来不以认识历史过程的一般规律为满足，而是努力进一步探索不同民族、国家和地区符合一般规律的特殊发展道路。

马克思主义以"五形态说"为主要内容的社会形态演变一般规律理论本身，也需要结合新的历史事实和现实实际，不断进行新的科学概括、总结和探索。马克思主义经典作家在创立唯物史观和科学社会主义理论的过程中，其注意力和着眼点主要是放在西方发达资本主义国家。但后来的实践发展促使他们开始注意并研究西方国家和东方国家社会主义革命的不同情况，提出了非资本主义国家跨越资本主义制度的"卡夫丁峡谷"、走社会主义道路的可能性问题，修订和发展了原先的看法，进一步丰富和发展了唯物史观和科学社会主义理论。他们通过对东方国家和民族发展道路的研究认为，在一定条件下经济文化比较落后的国家可以不经过资本主义的充分发展，跨越资本主义制度的"卡夫丁峡谷"，进行社会主义革命，走上非资本主义的社会主义道路，实现社会形态的跨越式发展。

马克思主义经典作家认为，一般地说，像英国等资本主义比较发达的国家，资本主义生产方式是通向共产主义的必经阶段。但他们又预言，像俄国那样经济文化比较落后的国家可以不经过资本主义制度的"卡夫丁峡谷"而走向社会主义。也就是说，马克思主义经典作家在阐述资本主义生产力和生产关系的矛盾必然导致社会主义革命这一原理时，并不排除不同国家、不同民族、不同地区依各自具体的历史条件所采取的特殊发展道路，并不排除某些落后国家在一定条件下可以跨越资本主义制度的"卡夫丁峡谷"、实现社会主义革命的可能性。当然，人类社会形态发展是一个自然历史过程，不论任何特殊国家的制度与道路的特殊选择如何，社会制度可以跨越，但生产力的经济发展过程不可跨越。归根到底，这一切皆取决于生产力与生产关系的矛盾运动，由这种运动所决定和表现出来的历史环境，以及客观条件所决定的人的主体能动性的主观条件。这个重要思想具有世界观和方法论的意义，它告诉我们：经济文化比较落后的国家要进入社会主义社会形态，一定要从本国具体国情出发，选择适合本国特殊国情的社会主义模式，走具有本国特色的社会主义发展道路。可见，马克思、恩格斯关于非资本主义道路理论不是对人类社会形态演变一般规律理论的否定，而是对该理论的深化和丰富。

五

研究中国社会形态发展历史，要在唯物史观的指导下梳理出中国社会形态演变的清晰脉络，概括、提炼出在遵从人类发展普遍规律基础上中华民族社会形态发展的独特历史和发展道路。

人类社会发展的一般规律存在于不同的国家、地区、民族发展的特殊规律之中，对人类社会发展一般规律的概括是从对不同国家、地区、民族发展的具体历史事实中总结、提炼出来的。**人类社会发展"五形态说"是马克思主义唯物史观对不同国家、地区、民族发展的特殊规律的抽象概括。要用唯物史观关于社会形态演变一般规律理论这个正确的"一般抽象"，来指导分析中国特色社会形态的演变规律，分析中国独特的发展道路，梳理、概括出中国社会形态演变历史和中国道路发展的特殊性，而不是把中国社会形态历史和发展道路人为地编造为中国王朝更替史或才子佳人史。**正如毛泽东指出的那样："中华民族的发展（这里说的主要地是汉族的发展），和世界上别的许多民族同样，曾经经过了若干万年的无阶级的原始公社的生活。而从原始公社崩溃，社会生活转入阶级生活那个时代开始，经过奴隶社会、封建社会，直到现在，已有了大约四千年之久。"① 在中国封建社会的晚期，民族工商业在一些地区获得规模性发展，促进了中国资本主义萌芽的产生，如果没有西方列强的侵入，中国也能自发地走向资本主义。毛泽东指出："中国封建社会内的商品经济的发展，已经孕育着资本主义的萌芽，如果没有外国资本主义的影响，中国也将缓慢地发展到资本主义社会。"② **到了近代，西方资本主义先于中国发展起来，将全世界的殖民地瓜分完毕。资本主义列强不允许中国再按照人类社会形态的一般发展规律，独立自主地走西方发达资本主义的发展道路，而迫使近代中国沦为受西方剥削压榨的半殖民地半封建社会。中国社会形态演进既有普遍性又有特殊性，中国的特殊情况决定其既不能走原来发达资本主义国家走过的资本主义道路，也不能直接进入社会主义社会，而要经过新民主主义革命，建立新民主主义社会，再经过社会主义革命而不经过资本主义制度的痛苦，经过社会主义初级阶段，实现跨越性发展，走出一条非资本主义的现代化道路——中**

---

① 《毛泽东选集》第 2 卷，人民出版社 1991 年版，第 622 页。
② 《毛泽东选集》第 2 卷，人民出版社 1991 年版，第 626 页。

国特色社会主义道路。这是中国社会形态和中国道路的独特历史。只有从社会形态演进层面予以理论剖析，才能认清中国社会形态历史和发展道路的特殊性。当然，也决不能因为中国社会形态历史和发展道路的特殊性而否定历史唯物主义"五形态说"的普遍性，否定马克思主义社会形态演变一般规律理论的科学性，进而否定中国已经经历过原始社会、奴隶社会、封建社会，经过新民主主义和社会主义革命进入社会主义初级阶段，最终将向更高的社会形态过渡的必然性。

六

为什么否认唯物史观必定否定社会形态演变一般规律的理论，必定否定"五形态说"的普遍性？

第一，这样做，可以直接否定阶级社会的存在，从而否定阶级和阶级斗争学说。不承认阶级社会、阶级和阶级斗争的存在，否定马克思主义阶级观点和阶级分析方法，已经成为否定唯物史观的"时髦"思潮。在阶级社会中，人是分为阶级的，是存在阶级差别和阶级矛盾的，阶级斗争是阶级社会前进的动力。《共产党宣言》指出，有文字记载以来"至今一切社会的历史都是阶级斗争的历史"①。恩格斯在《共产党宣言》1888年英文版序言中加注："从土地公有的原始氏族社会解体以来"的历史"都是阶级斗争的历史"。② 这对人类进入阶级社会后阶级斗争这一矛盾主线给予了精确概括。列宁指出："阶级关系——这是一种根本的和主要的东西，没有它，也就没有马克思主义"③；"必须牢牢把握住社会划分为阶级的事实，阶级统治形式改变的事实，把它作为基本的指导线

---

① 《马克思恩格斯选集》第1卷，人民出版社2012年版，第400页。
② 《马克思恩格斯选集》第1卷，人民出版社2012年版，第14页。
③ 《列宁全集》第41卷，人民出版社2017年版，第92页。

索,并用这个观点去分析一切社会问题,即经济、政治、精神和宗教等等问题"①。毛泽东明确指出,社会主义制度建立以后,"阶级斗争并没有结束","社会主义和资本主义之间谁胜谁负的问题还没有真正解决";"如果对于这种形势认识不足,或者根本不认识,那就要犯绝大的错误,就会忽视必要的思想斗争"。② 习近平总书记指出,马克思主义政治立场,首先就是阶级立场,进行阶级分析。有人说这已经落后于时代了,这种观点是不对的。我们说阶级斗争已经不再是我国社会主要矛盾,并不是说阶级斗争在一定范围内不存在了,在国际大范围中也不存在了。改革开放以来,我们在这个问题上的认识一直是明确的。习近平总书记的重要观点在《中国共产党党章》《中华人民共和国宪法》上表述得十分坚定、明确。**我们既要反对"以阶级斗争为纲"的错误观点,又要反对"阶级斗争完全熄灭"的错误认识,坚持马克思主义阶级观点和阶级分析方法,实事求是地运用具体问题具体分析的科学方法。当今仍有一些文艺作品和理论著述否定阶级和阶级斗争的历史事实,从而"虚无革命""告别革命""虚无中国革命历史"、虚无唯物主义历史观。**

第二,这样做,可以直接否认社会革命的伟大意义,从而否定无产阶级社会革命和无产阶级专政学说。按照唯物主义历史观的观点,新的社会形态代替旧的社会形态是一场伟大的社会革命。当旧的生产关系已经严重阻碍生产力的发展,旧的上层建筑已经严重束缚经济基础的发展,改变生产关系和上层建筑已成为刻不容缓的事情之时,社会革命就将到来。社会革命表现为代表先进生产力的新兴阶级推翻代表落后生产关系的反动阶级的政治统治,表现为一个阶级推翻另一个阶级的政治统治、建立新的社会形态。当然社会革命还有另外一个意义,也就是狭义的社会革命,指在不改变政治制度和社会形态的前提下,通过调整、变革不适合生产力发展的生产

---

① 《列宁选集》第4卷,人民出版社2012年版,第30页。
② 《毛泽东文集》第7卷,人民出版社1999年版,第230—231页。

关系和上层建筑的某些方面和环节，从而推进生产力的发展和社会的进步。**社会革命是具有历史进步意义的，是代表先进生产力、先进阶级利益的。**维持旧利益、旧制度、旧统治、旧秩序、旧思想、旧习俗的一切反动阶级总是贬低、否定、反对社会革命。资产阶级及其政客们总是千方百计地反对无产阶级社会主义革命、反对无产阶级专政。当前，在我国具体表现为"否定社会主义和共产主义""否定人民民主专政"这类历史虚无主义的错误观点。

第三，这样做，可以直接否认意识形态的阶级性，否定唯物主义历史观的意识形态学说。在阶级社会中，人的思想具有意识形态阶级性质，这是马克思主义的一个重要观点。经济基础决定上层建筑，政治上层建筑决定意识形态上层建筑。在阶级社会，人类思想的相当部分是具有强烈阶级特性的意识形态。阶级社会的统治阶级和被统治阶级的思想都带有鲜明的阶级性、政治性和意识形态性，这决定了阶级社会的意识形态必然分为两大对立阵营，贯穿着正确与错误、先进与落后、真理与谬误、革命与反动的意识形态斗争。新兴的革命阶级要战胜落后的反动阶级不仅要进行政治领域、经济领域、军事领域的斗争，还必须开展意识形态领域的斗争。只有在意识形态领域最终战胜反动落后阶级的意识形态，才能真正取得历史进步的胜利。西方资本主义打出"普世价值"的旗号，抹杀意识形态的阶级性和政治性，实质是企图用资产阶级的腐朽意识形态反对无产阶级的先进意识形态，达到维护旧制度、挽救旧秩序的目的。"淡化意识形态""去意识形态化"是典型的错误观点。

第四，这样做，可以直接否认共产主义的最高理想和中国特色社会主义共同理想，否定科学社会主义学说。一切反动阶级都不承认人类社会发展的"五形态"的一般演进规律，不承认社会主义替代资本主义的必然性，把自己的政治统治说成是永不灭亡、常青永驻。**资产阶级向来侈言自己的资本主义社会是亘古不变的"千年王国"，而把社会主义、共产主义说成是虚无缥缈的或不可实现的臆想，认为它的出现不过是过眼烟云，最终历史将在资本主义这**

里"终结",从而达到否定科学社会主义学说、摧毁共产党人理想信念追求的目的。

第五,这样做,可以直接否定一切历史进步性,从而否认马克思主义唯物主义历史观是历史进步学说。按照马克思主义的社会形态演变规律理论,人类历史发展总体是向上、向前、向进步方向发展的,尽管有暂时的倒退,但历史前进的步伐是不可逆转、不可阻挡的。凡是有利于社会生产力发展的就是进步的,反之就是反动的,这就是唯物主义历史观的历史进步论。用这样的观点来看待历史就是唯物主义历史观,否则就是唯心主义历史观、就是历史虚无主义。

历史唯物主义是真理,真理是打不倒的。恩格斯认为,在唯物史观发现之前,人们对社会历史的一切认识都是在黑暗中摸索。**唯物史观从生产工具、劳动分工的发展,到生产力的发展,到所有制的变化,到生产关系的发展,到整个社会经济基础的变化,从而引起整个社会生产生活的变化,到阶级,到国家,到上层建筑,再到意识形态,形成了一个科学的认识逻辑。正是从这个基本分析线索入手,马克思发现了资本主义剩余价值的秘密,揭示了资本主义不可克服的内在矛盾,说明了资本主义必亡,社会主义、共产主义必胜的道理。**必须坚持用历史唯物主义教育我们的人民、教育我们的党员,武装我们的人民、武装我们的党员,才能获得对人类历史认识的全部科学解释并指导中国的改革发展实践。正如习近平总书记所指出的:"历史和现实都表明,只有坚持历史唯物主义,我们才能不断把对中国特色社会主义规律的认识提高到新的水平,不断开辟当代中国马克思主义发展新境界。"①

---

① 习近平:《推动全党学习和掌握历史唯物主义 更好认识规律更加能动地推进工作》,《人民日报》2013年12月5日第1版。

第一章　原始社会

一　原始社会概况

1. 人类社会的产生

原始社会是人类历史发展的一个极为漫长的阶段，它从人类产生开始，直到人类社会出现国家为止。地球上早就有了生命的存在，而人类只有约三百万年的历史。人是从猿进化而来的，不同于动物的一点是人能够劳动，能够制造工具，并利用工具进行生产。恩格斯在《劳动在从猿到人的转变中的作用》中说："劳动创造了人本身"。[①]

恩格斯指出：

> 我们的祖先在从猿过渡到人的好几十万年的过程中逐渐学会的使自己的手能做出的一些动作，在开始时只能是非常简单的。最低级的野蛮人，甚至那种可以认为已向更近乎兽类的状态倒退而同时躯体也退化了的野蛮人，也远远高于这种过渡性的生物。在人用手把第一块石头做成石刀以前，可能已经过了一段漫长的时间，和这段时间相比，我们所知道的历史时间就显得微不足道了。但是具有决定意义的一步迈出了：**手变得自由了**，并能不断掌握新的技能，而由此获得的更大的灵活性便

[①]《马克思恩格斯文集》第9卷，人民出版社2009年版，第550页。

遗传下来，并且一代一代地增加着。

所以，手不仅是劳动的器官，**它还是劳动的产物**。只是由于劳动，由于总是要去适应新的动作，由于这样所引起的肌肉、韧带以及经过更长的时间引起的骨骼的特殊发育遗传下来，而且由于这些遗传下来的灵巧性不断以新的方式应用于新的越来越复杂的动作，人的手才达到这样高度的完善，以致像施魔法一样产生了拉斐尔的绘画、托瓦森的雕刻和帕格尼尼的音乐。①

可见，劳动和制造工具用于劳动，对人类的形成多么重要。今天有学者也强调："在数百万年的时间里，古人类群体中的突变最终导致了更适应自然选择的变化——双足行走、制造工具、食肉等行为。这些变化使得这一群体相较于其他陆生灵长动物而言，更加具有优势。"②"工具的使用使人体结构发生了改变。"③

中国是世界上早期人类活动的主要地区之一。现已发现的我国境内最早古人类化石是在巫山县发现的"巫山人"，绝对年代距今约200万年。超过100万年的直立人化石有"元谋人"、"蓝田人"和"郧县人"。距今20万年前，是智人开始形成的阶段。我国已发现的最早的早期智人是"大荔人"，其体质显示出正在形成中的黄色人种的某些特点；晚期智人形成时期，无论是北京周口店的"山顶洞人"，还是广西的"柳江人"，都带有原始黄种人特征。④

从地质年代上讲，人类社会主要处于第四纪冰期。第四纪冰期（冰川期）大约始于200万—300万年前，结束于1万—2万年前。在地球处于冰川期时，气温较低，天气相对寒冷，对主要

---

① 《马克思恩格斯文集》第9卷，人民出版社2009年版，第551—552页。
② 布赖恩·费根：《地球人：世界史前史导论》，方辉等译，山东画报出版社2014年版，第35页。
③ 布赖恩·费根：《地球人：世界史前史导论》，方辉等译，山东画报出版社2014年版，第65页。
④ 张政烺主编：《中国古代历史图谱·原始社会卷》（罗琨编著），湖南人民出版社2016年版，第3页。

依靠自然提供生存条件的人类来说，发展演进就会很缓慢。"大约两万年之前，最后一次冰川期形成的坚冰开始融化。大约公元前 8000 年，全球气温已经稳定在与今天大体相当的水平上。大约公元前 5000 年，世界已经呈现出与今天相差无几的面貌。"① 大约在 1 万多年前，人类社会进入了发展演进较快的阶段。这与全球气候的变化有利于人类生产生活应是有紧密联系的。

在漫长的原始社会时期，人类社会生产力水平低下。人类长期主要靠采集和渔猎生活，强烈地依赖大自然提供的条件。在这种情况下，人们只有依靠集体的力量才能求得生存，因此实行生产资料公有制，共同劳动、共同支配劳动成果。

原始社会是全人类都经历过的历史发展阶段。"整个人类的历史是从原始公社制度占统治地位的时期开始的。这是全世界各族人民都经历过的一个社会经济形态。"② 原始社会这一概念的英文是"Primitive Society"；不管是中文还是英文，"原始"（Primitive）都具有"最早时期"或"最早阶段"的含义，并且给人们一种非常落后的印象。"'原始社会'概念来自历史唯物主义关于社会形态发展的'五形态'学说。原始社会是人类社会历史发展'五种社会形态'的第一种形态，是以生产资料原始公社所有制为基础的社会。"③

学术界对是否存在着原始社会，看法并非完全一致，也有学者认为没有原始社会。例如，C. R. 霍尔皮克就曾发表过文章《存在一个原始社会吗？》。文章介绍了有的学者认为没有原始社会：关于原始社会的理论是一种关于从来就不存在的事物的理论。不过，霍尔皮克在文章中认为，有关学者否定存在原始社会的尝试是"彻头彻尾的失败"；"他们真的可以与宣布地球是平的那些古怪的

---

① 尼尔·福克纳：《世界简史：从人类起源到 21 世纪》（第 1 版），张勇译，新华出版社 2014 年版，第 11 页。

② 苏联科学院主编：《世界通史》第 1 卷上册，生活·读书·新知三联书店 1959 年版，"序言"，第 32 页。

③ 王伟光主编：《中国社会形态史纲》，中国社会科学出版社、南开大学出版社 2020 年版，第 7 页。

现代地理学家们有一比"。①

2. 原始社会的发展

在这个漫长的历史阶段，从主要生产工具发展水平讲，可以分为两大时期，即旧石器时代和新石器时代。旧石器时代很漫长，人类自诞生以来主要生活在旧石器时代。新石器时代已到了原始社会末期。学术界也有这样的看法，在新石器时代之后，还有一个"金石并用时期"。

原始社会末期与国家产生后的奴隶社会之间有一个较长的演进过渡期。这个过渡期主要发生在新石器时代。原始社会演进到奴隶社会，是发生在新石器时代还是发生在金石并用时期，现在看来是需要进一步探讨的。很可能情况是这样的，有的地区在新石器时代就进入了有国家的社会形态——奴隶社会阶段，有的地区在金石并用时期才进入到奴隶社会阶段。这也许正好体现了世界历史发展的不平衡性。关于这一点，在第二章考察奴隶社会时，我们还会讨论到。

原始社会，从社会组织结构来讲，可以分为原始群阶段、血缘家族阶段和氏族公社阶段。氏族公社又分为母系氏族公社和父系氏族公社两个阶段。在原始社会时期，显然世界各地发展是不平衡的，世界各地区进入母系氏族公社和父系氏族公社并非同步。这正如世界各地区进入文明阶段形成国家一样，也不是同步的。一般而言，父系氏族公社是产生贫富分化、形成不同阶级从而向国家过渡的历史发展阶段。

在原始社会，人们长期依靠自然条件提供的食物生活，就是主要靠采集和渔猎生活。到了原始社会末期，才逐渐出现了农业和畜牧业，并出现了两者的分离。

---

① C. R. 霍尔皮克：《有原始社会吗？》（C. R. Hallpike, "Is There a Primitive Society?"），《剑桥人类学杂志》（*The Cambridge Journal of Anthropology*）第16卷第1期（1992/1993），第29—36页。

相对于后来人类的发展进步，原始社会的确是非常落后的。因此，原始社会也不被人们认为是"文明的社会"。人类文明的产生与国家的形成可以说是同步的。人类在地球上已存在了约三百万年，但文明时期只是人类社会发展进程中一个短暂的阶段，人类生活的漫长岁月属于野蛮落后的原始社会。世界各个地区都经历过漫长的原始社会，这一点是确定无疑的。人类的原始社会，学术界不称为文明社会，也是有共识的。人们通常习惯地说"人类社会有几千年文明史"。我们也一般地讲：中国有五千多年的文明史。这里"文明"的标识是什么呢？关于这一点，学者们会有不同看法。我们认为文明的标识主要是国家的出现。而国家是原始社会后期，在社会发生贫富分化，出现阶级并产生了激烈的阶级矛盾的历史条件下形成的。而这正是人类社会不断发展进步的产物。在原始社会时期，人类社会也是在不断发展进步的，尽管这种发展进步的步伐十分缓慢。不断发展进步是人类社会总的趋势，在漫长的原始社会也是如此。

讨论原始社会时，有学者指出："原始社会没有一个单一的最高权力来维持和平与提供防卫"；社会上存在着几层权力结构，"最高政治权力"不是像今天的国家那样直接实施于个人，而是实施于次一层次的群体；最高政治权力不受"个人自由"的限制，而受"群体的权威"或"酋长的权威"的限制。[①] 这也说明在人类的原始社会阶段，没有国家，因此也没有单一的最高国家政治权力。

人类社会在原始社会时期虽然发展缓慢，但也是不断发展的，有着发明创造和技术进步。"科学技术的历史和整个人类的历史同样古老。"[②]

---

① 埃米利奥·比亚吉尼：《罗马法与政治驾驭：从原始社会到现代世界的开端》（Emilio Biagini, "Roman Law and Political Control—From a Primitive Society to the Dawn of the Modern World"），《地理杂志》（*Geo Journal*）第 33 卷第 4 期（1994），《环境事务与环境政策》（Environmental Concern-Environmental Policy）专题，第 333 页。

② 张密生主编：《科学技术史》（第 3 版），武汉大学出版社 2015 年版，第 5 页。

石器是人类早期制造的劳动工具。最初的石器主要是打制石器，把石块打碎，挑选形状合适的碎块当作砍砸器、刮削器、手斧等。

在旧石器时代，火的使用是人类的一个标志性进步。首先，人类学会了利用天然火。我国境内，距今约170万年的元谋人已知道利用火了；距今约70多万至20多万年的北京人，不仅懂得用火，还能保存火种。后来，人类逐渐学会了人工取火，如击石取火、钻木取火等。火的使用促进了人类自身的进化，提高了人类的自我防护能力和活动空间，同时也为人类新的发明创造提供了条件。

在旧石器时代，除了制作石器工具外，人类还制造多种多样的工具，如木制工具、骨器（鱼钩、鱼叉等）。

旧石器时代一个重大创新是弓箭的发明。弓箭发明于旧石器时代后期。我国至少在2.8万年之前就有了弓箭，实物证据是发现于山西朔州市峙峪遗址的石镞。[①] 恩格斯曾指出："弓、弦、箭已经是很复杂的工具，发明这些工具需要有长期积累的经验和较发达的智力，因而也要同时熟悉其他许多发明。"[②] 弓箭的使用使狩猎的范围扩大，效率提高，还使单个的人有行猎的可能。

在旧石器时代末期，人类已有了相当丰富的技术发明物，如棚舍、缝制的毛皮衣、袋、桶、独木舟、钩、掷枪等。[③]

人类社会进入新石器时代后，生产工具有了较大的改善。人们能够制造精细的磨制石器，学会了在石器上钻孔；石器的功效更高、类型更多、用途也更专一。新石器时代代表性的生产工具是石斧、石铲、石镰、石刀、石锄、石犁等。在新石器时代和金石并用时期，人们能够制作精美的玉器。我国古人在玉器制作上取得了尤

[①] 李根蟠、黄崇岳、卢勋：《中国原始社会经济研究》，中国社会科学出版社1987年版，第51—52页。

[②] 恩格斯：《家庭、私有制和国家的起源》，《马克思恩格斯文集》第4卷，人民出版社2009年版，第34页。

[③] 约翰·德斯蒙德·贝尔纳：《历史上的科学》第1卷（新世纪修订版），伍况甫、彭家礼译，科学出版社2015年版，第53—54页。

其辉煌的成就。

在原始社会后期，人类也能制作各类陶器，有红陶、灰陶、黑陶等。火的广泛利用促进了陶器的发明创造。此时，人们也能生产编织、纺织品，建筑房屋，酿酒等。在新石器时代后期，出现金属加工，但金属工具并未能完全取代石器工具，构成了一个金石并用或铜石并用的时期。

在金属工具产生之前，人类社会的主要生产工具是石器。根据石器制作水平的高低，人们把原始社会主要划分为两大时期：旧石器时代和新石器时代。

最早的石器时代称作"旧石器时代"，大约从两三百万年前到1.5万年前。人类历史的绝大多数时间属于旧石器时代。在这样一个漫长的时期，显然人类社会也是不断进步的，只是前进的步伐十分缓慢。在旧石器时代，人类只能制作粗糙的石器。"旧石器时代的特点是使用打制石器"。① 当然，在整个漫长的旧石器时代，人类制作石器的技术也不是停滞不前的。

"新石器时代"是一个常见的重要学术概念，也是人类社会演进历程中的一个十分重要的阶段。《中国大百科全书》"原始社会"词条讲：新石器时代"最早约出现在公元前第8千纪"，即距今约1万年。关于新石器时代起始年代，学术界是有不同看法的。不过，有学者指出："把农业视为新石器时代的起始标志，也成为国内考古学界的重要学术观点之一"；"在综合各种因素的基础上，把磨制石器视为新石器时代的起始标志似乎最为妥当"。② 在新石器时代，人类制作石器的水平大为提高，能够制作各种精美的磨制石器。"新石器时代的特点是使用磨制石器"。③ 陶器的大量出现也

---

① 沙健孙：《马克思恩格斯关于原始社会历史的理论及其启示》，《思想理论教育导刊》2016年第7期，第5页。
② 钱耀鹏：《略论新石器时代的文化特征与起始标志》，《西部考古》第六辑，三秦出版社2012年版，第56、61页。
③ 沙健孙：《马克思恩格斯关于原始社会历史的理论及其启示》，《思想理论教育导刊》2016年第7期，第5页。

是新石器时代的一个特点。

在新石器时代，人类社会的生产力得到巨大发展。这个时期，产生了农业和畜牧业。随着生产力的发展，社会剩余财富不断增多，出现了私有制和贫富分化，逐渐形成了不同的阶级。现在看来，在新石器时代晚期，早期国家也有可能出现，社会进入奴隶社会时期。

新石器时代后期，世界一些地区出现了金属工具，主要是铜器。但是，金属工具还不够多，而且铜器在坚韧度上相比于石器，优势并不明显。因此，存在一个"金石并用时期"。世界各地进入金石并用时期的年代并非完全一致，中国是进入金石并用时代较早的地区之一。我国现已发现的最早的铜制品出现在6000多年前的仰韶文化时代。[①] 也有考古专家认为：大约公元前3500年，我国进入了铜石并用时代。[②]《史记》有"黄帝采首山铜，铸鼎于荆山下"的说法，这表明黄帝之时人们已在开采铜矿、制造金属器物了。

这是人类社会生产力发展较快的时期。但是，在不同的地区，社会形态可能处于不同阶段。在金石并用时期，有的地区已进入奴隶社会早期阶段，而有的地区则可能仍然处于原始社会后期。实际上，在原始社会末期与奴隶社会早期之间有一个过渡时期，其社会形态显现出复杂性。这一点，在后面的叙述中，我们将作更多的探讨。

原始社会末期，随着社会生产力的发展，发生了社会大分工。我国学术界撰写古代史，多讨论三次大分工问题，但对分工发生的时间有不同看法。这三次大分工是：农业与畜牧业的分离、手工业与农业的分离、商人阶层的出现。这三次大分工主要发生在原始社会末期的新石器时代和奴隶社会的早期阶段。

---

① 张政烺主编：《中国古代历史图谱·原始社会卷》（罗琨编著），湖南人民出版社2016年版，第318页。

② 苏秉琦主编，张忠培、严文明撰：《中国远古时代》，上海人民出版社2017年版，第188页。

一是农业与畜牧业的形成。在原始社会人类长期依赖大自然提供的条件——食物生存,因此得"逐水草而居",主要从事采摘和渔猎。原始社会后期,特别是到了新石器时代,随着生产力的发展,气候的变化,出现了农业和畜牧业;人们驯化了的农作物有小麦、大麦、小米、水稻、玉米、马铃薯等,驯养的家畜有狗、绵羊、山羊、猪、牛等。农业和畜牧业的产生,标志着人类从食物的采集者转化为食物的生产者。农业和畜牧业的发展为人类提供了更加丰富的食物,促使人口增长,扩大了原始社会人类共同体的规模。农业和畜牧业的分离是人类社会进程中的第一次大分工,出现了主要从事农业的农耕部落和主要从事畜牧业的游牧部落。

世界各地农业的出现(或曰农业革命)有先后。① 我国是世界上农业起源较早的地区。"在公元前6000年前后,黄河流域的中下游地区普遍存在着农业文化遗存,从其农业和家畜饲养业的发展程度看,脱离其起源阶段已有一段历程。这一时期陶器的形制比较规整,已脱离了陶器产生的最初形态。在这个区域内,还应存在早于公元前6000年的农业文化。"②

关于这个时代的"农业革命",有学者讲:"可以解读为包含两种复杂适应体系的一个过程,一方面是人的体系,另一方面是动植物的体系,二者相互适应,但前者居统治地位,人的目的在于从某个地域获得更多的物质和能量。因此,驯化对人类和由人类监管的少数动植物来说是有好处的。"与此同时,"农耕体系"得到发展。"这种农业体系不只定期引进新物种,还持续不断地推出新技能,如犁、石磨等新工具,并努力确保土地保持肥力,如通过定期灌溉。"③

---

① 参阅大卫·克里斯蒂安、辛西娅·斯托克斯·布朗、克雷格·本杰明《大历史:虚无与万物之间》(全彩插图版),刘耀辉译,北京联合出版公司2017年版,第150—152页。

② 苏秉琦主编,张忠培、严文明撰:《中国远古时代》,上海人民出版社2017年版,第53页。

③ 弗雷德·斯皮尔:《大历史与人类的未来》(修订版),孙岳译,中信出版集团2019年版,第246—247、255页。

农业和畜牧业的形成，具有重要的历史意义。"原始农业和畜牧业即食物生产的出现，是人类经济史上继掌握用火技术之后又一次伟大的革命，有学者称之为'新石器革命'或'农业革命'。其伟大的历史意义，就在于它开启了人类社会从自然型经济向生产型经济的转变，并为人类社会完成从母系氏族制度向父系氏族制度，并最后向奴隶制的过渡，奠定了经济基础。"① 有学者将"自然型经济"称为"攫取经济"，将"生产型经济"称为"生产经济"。"如果说攫取经济是依靠天然提供的产品为谋生手段的话，生产经济则大为进步，它是人们以一定的生产工具，通过对土地的加工或对动植物的饲养和种植以增加产品的方法，故称生产经济。这是人类征服自然的重大突破。"② 有学者强调："农业革命让人类迈上了一条大道，这条道路将直接通向现代世界的令人吃惊的复杂性。"③ 在人类社会发展进程中，农业的产生和发展具有极其重要的作用。随着农业的发展，社会财富增多，对财富的不同占有导致社会发生分化。"农业生活方式"出现后，当社会变得越来越大时，社会成员之间的不平等也不断增长，权力与获取资源的权利逐渐被一小部分人掌控，从而导致"国家社会"（state societies）的产生。④

　　农业和畜牧业的分离就形成了社会大分工。"农民和牧民之间出现了更多的相互依赖，因为游牧民族需要农民生产的碳水化合物，而

---

① 叶万松：《史前农业是产生父系氏族制度的社会经济条件——中原地区史前父系氏族社会研究之一》，《黄河科技大学学报》2012年第6期，第21页。
② 宋兆麟：《中国风俗通史·原始社会卷》，上海文艺出版社2001年版，第387页。
③ 大卫·克里斯蒂安、辛西娅·斯托克斯·布朗、克雷格·本杰明：《大历史：虚无与万物之间》（全彩插图版），刘耀辉译，北京联合出版公司2017年版，第149页。
④ 迈克尔·查赞：《世界史前史与考古：穿越时空的道路》（Michael Chazan, World Prehistory and Archaeology: Pathways through Time）（第4版），劳特利奇出版公司2018年版，第258页。

农民也需要牧民掌控的部分牛肉蛋白质及其他产品，如羊毛。"① 我国学术界也有学者认为，"第一次社会大分工"并非一定是通过农业与畜牧业的分离而出现的。"在世界各民族中，第一次社会大分工是经过不同的途径完成的，一些民族通过游牧生产方式，从其余的野蛮人群中分离出来，出现了第一次社会大分工，另一些民族未经过游牧业阶段，直接从采集和渔猎发展到农业经济阶段，较早地产生了经常性的交换，出现了私有财产和阶级，这种情况相当普遍，因此，关于雅利安人第一次社会大分工的表述就表现出了它的局限性。"②

二是手工业的出现。随着社会生产力的发展，农业和畜牧业的分离，不同人群之间特别是游牧部落和农耕部落之间的交换增多，这促进了手工业的发展，如制陶、制革、纺织、酿酒、榨油等手工业也变得越来越专门化。这就导致了手工业与农业的分离。这是人类社会发展进程中的第二次大分工。

三是商业发展与商人阶层的形成。第二次大分工后，出现了以交换为目的的生产，出现了专门从事交换的阶层——商人阶层；商业与农业、手工业分离了。这是第三次社会大分工。有学者指出："除个别地区外，第三次社会大分工是进入阶级社会后才发生的。"③

二　氏族公社的社会关系

1. 原始群和血缘家族

从社会组织形式上讲，原始社会也可能分为三个主要阶段，即原始群、血缘家族与氏族公社三个阶段。人类最初的社会组织形式

---

① 弗雷德·斯皮尔：《大历史与人类的未来》（修订版），孙岳译，中信出版集团2019年版，第258—259页。
② 宋兆麟：《中国风俗通史·原始社会卷》，上海文艺出版社2001年版，第415页。
③ 齐涛主编：《世界通史教程·古代卷》（本卷由顾銮斋、夏继果主编）（第5版），山东大学出版社2015年版，第15页。

是什么样的，原始社会从社会组织形式上应该划分为几个阶段，学术界仍然存在着不同看法。有的学者认为，最早的社会组织形式是"原始群"，有的学者则认为是"血缘家族"。《中国大百科全书》"原始社会"词条讲："人类最早的社会组织形式是血缘家族"；"一个血缘家族就是一个公社"。沙健孙则写道："关于原始群：一种意见认为，它是指从猿到人过渡阶段'正在生成中的人'的群体；另一种意见认为，它是指包括直立人在内的真正人类社会的群体。笔者倾向于后一种解读，因为'正在生成中的人'的群体，还不是'完全形成的人'的群体，还不能构成真正的人类社会。关于原始公社：一种意见认为，它是指原始氏族公社的阶段；另一种意见认为，它是指包括血缘家庭公社和氏族公社在内的阶段。笔者倾向于后一种解读，因为这样的解读才能覆盖整个原始公社的历史。"他又讲："这就是说，原始社会可分为原始群和原始公社两个阶段；原始公社又包括血缘家庭公社和氏族公社两个阶段。"[①]

我们倾向于认为："原始群"是人类原始社会的第一个阶段；第二个阶段则是"血缘家庭"，在这里"血缘家庭"与"血缘家族"应是同一含义的不同用语；第三阶段则是氏族公社，又分为母系氏族公社和父系氏族公社两个阶段。

"原始群"与"血缘家族"是有明显区别的。原始群时期是人类的"童年"，处于旧石器时代的早期。在原始群中，两性关系是混乱的，跨辈之间也存在着两性关系；而在血缘家族之中，只有同辈之间才有婚姻关系，所有兄弟姐妹和从兄弟姐妹之间都互为夫妻。

2. 氏族公社

氏族公社是在血缘家族的基础上发展起来的，是原始社会以血缘为纽带结成的社会基层单位。一般而言，氏族成员由共同的祖先

[①] 沙健孙：《马克思恩格斯关于原始社会历史的理论及其启示》，《思想理论教育导刊》2016年第7期，第7页。

繁衍下来，居住在一起，使用公有的工具，共同劳动，共同分配食物，没有贫富贵贱的差别。血缘家族实行的是"内部"通婚制度。这种内部通婚制度也是逐渐发展演进的，可能首先是排除同胞兄弟姐妹之间的婚姻；然后是排除旁系兄弟姐妹之间的婚姻。这样，血缘家族就逐渐向氏族社会过渡了。在氏族社会，同一个氏族的成员不能通婚；一个氏族的成员必须同另一个氏族的成员通婚。相互通婚的氏族，共同组成早期的部落。氏族实行外婚制，这有利于强健人们的体质；部落内部实行内婚制，这有利于巩固部落内部的团结。[1]

氏族公社又分为母系氏族公社和父系氏族公社两个时期；母系氏族公社在前，父系氏族公社在后。人类社会是不断向前发展的，从早期的刀耕火种、茹毛饮血，逐渐向更高阶段的复杂的、文明的社会迈进。原始社会后期，社会发展渐趋复杂化。考古发现证明，公元前13000年至公元前4000年之间，"狩猎采集社会已经出现复杂化的全球趋势"。[2] 这种社会复杂化表现出以下特征：

> 人口数量比普通社会人口多，活动区域集中在相对较小且受限制的领地之中，如独立的河谷等，其迁移活动受限于地理条件或邻近部落的影响。
>
> 有着更加强烈、更加多样、更加专一的食物需求。优良品质的坚果、种子变得越发重要，之前那些由于需要花费大量精力而未曾利用的食物资源也开始出现在日常饮食之中。有时候，人们还会特意播种一些野生植物的种子，来确保有足够的丰收。
>
> 有食物存储和预留体系。

---

[1] 沙健孙：《马克思恩格斯关于原始社会历史的理论及其启示》，《思想理论教育导刊》2016年第7期，第8—9页。

[2] 布赖恩·费根：《地球人：世界史前史导论》，方辉等译，山东画报出版社2014年版，第204页。

有永久的或接近永久性的聚落，通常是那些比早期面积大很多的基础营地（base camps）。聚落大多数沿河呈线性分布；拥有不同形制的建筑；通常还会有作为领地边界的公共墓地。

有着高度发达的狩猎、捕鱼或植物加工工具。

不仅按照性别年龄，还按照活动性质，如捕鲸或建造独木舟等，进行劳动分工。

存在某种简单的社会等级划分形式，这些等级划分可能是基于血缘关系或诸如财富、饮食、葬俗等其他家族特征。

通常会与邻近社会之间进行交换，以换取外来物品及稀缺资源。

有着更加复杂的宗教信仰和宗教仪式活动。①

这里讲的社会复杂化表现，在一定程度上揭示了原始社会末期氏族公社的社会关系状态。氏族有共同的血缘关系；有共同的图腾；共同劳动，平均分配；还有民主平等的共同心理素质。②

摩尔根曾经长期考察美洲印第安居民的氏族组织，撰写了名作《古代社会》，将氏族组织的形式和内容归纳为以下 10 种习惯制度。（1）氏族成员有选举氏族首领和酋长（酋帅）的权利；（2）氏族成员有罢免氏族首领和酋帅的权利；（3）在本氏族内部不得通婚；（4）氏族内有相互继承已故氏族成员遗产的权利；（5）氏族成员有相互援助、保护和代偿损害的义务；（6）有为本氏族成员命名的权利；（7）有收养外人为本氏族成员的权利；（8）氏族有公共的宗教仪式；（9）有一处公共墓地；（10）有一个氏族会议。③

这 10 种习惯制度，实际上是规定了每个氏族成员的权利和义

---

① 布赖恩·费根：《地球人：世界史前史导论》，方辉等译，山东画报出版社 2014 年版，第 204—205 页。
② 参阅徐杰舜《氏族与中国社会》，《社会科学家》1990 年第 3 期。
③ 路易斯·亨利·摩尔根：《古代社会》（新译本），杨东莼、马雍、马巨译，商务印书馆 1977 年版，上册，第 69—84 页。

务，成了氏族社会组织的管理行为准则，成为实现其组织目标的管理手段。

恩格斯在《家庭、私有制和国家的起源》第四部分《希腊的氏族》中讲：根据格罗特的《希腊史》，其中雅典的氏族是建立在以下基础上面的。（1）共同的宗教祭祀和祭司为祀奉一定的神所拥有的特权，这种神被假想为氏族的男始祖，并用独特的名称做这种地位的标志；（2）共同的墓地；（3）相互继承权；（4）在受到侵害时提供帮助、保护和支援的相互义务；（5）在一定情况下，特别是在事关孤女或女继承人的时候，在氏族内部通婚的相互权利和义务；（6）至少在某些情况下拥有共同财产，有自己的一位酋长和一位司库；（7）按照父权制计算世系；（8）禁止氏族内部通婚，但女继承人例外；（9）接纳外人入族的权利，这是用家庭接纳的办法来实现的，不过要有公开的仪式，而且只限于例外情形；（10）选举和罢免酋长的权利。①

以上材料在一定程度上揭示了原始社会末期氏族公社的发展状况和社会关系状况，既涉及母系氏族公社，也涉及父系氏族公社。

氏族公社是原始社会后期基本的社会组织。氏族是最基层的单位。由于氏族内部不能通婚，一个氏族的男子必须与另一个氏族的女子结成婚姻关系。这样，两个氏族可能构成最初的部落。从这个意义上讲，部落是与氏族同时产生的。

19世纪中叶，摩尔根对北美印第安易洛魁人的氏族进行了深入调研。被摩尔根当作典型的部落——塞内卡部落有3000人，平均分属8个氏族，每个氏族约合375人。当然，各部落人口数是不同的，"就主要的印第安部落的现状而言，每一个氏族的人数大约在100人至1000人之间"。② 氏族是最基本的生产单位。

氏族公社时期，人类的组织结构是氏族。部落则是由不同氏族

---

① 《马克思恩格斯文集》第4卷，人民出版社2009年版，第114—116页。
② 路易斯·亨利·摩尔根：《古代社会》（新译本），杨东莼、马雍、马巨译，商务印书馆1977年版，上册，第83页。

组成的，是比氏族更高一级的社会组织；两个或更多的部落则可以组成共同的社会组织——部落联盟。氏族和部落联盟是同时存在的社会组织；部落联盟的基层组织是氏族。从地域来讲，从氏族到部落联盟，是不断从小到大的。这种趋势应是国家形成过程中的一般规律。部落联盟再继续扩大，从较小的部落联盟发展演进到更大的部落联盟，就可能形成地域性的国家。

母系氏族公社是母权制社会。由于一个氏族的一群男子能够成为另一个氏族的一群女子的丈夫，在这种群婚制下，人们知其母不知有父，氏族的世系按母系计算。由于母亲在家族中的特殊地位，妇女在社会地位上较高。在母系氏族公社，婚姻关系也在发生着变化。随着人口的增长，氏族之间的族外群婚制实际上难以长期维持，于是逐渐产生了对偶婚制。在对偶婚制下，出现了比较确定的男女对偶，夫妻各居其母家，后来发展为夫居妇家；这种对偶婚仍然是不稳定的。这样的对偶家庭并非独立的经济单位。公社的经济基础是土地的公有和共同使用，生产和消费都建立在集体的原则上。氏族的最高权力机关是氏族议事会，参加者是氏族的全体男女，一切重大事务都由氏族议事会决定，族长也由议事会选举产生。担任族长的一般是年长的妇女。氏族成员有相互援助的义务，有血亲复仇的习惯，有共同的宗教节日和墓地。①

今天的考古专家们通过墓葬形式能够区分母系氏族与父系氏族。有学者指出："同性合葬墓是母系氏族社会的葬制，合葬的死者是属于同一氏族的成员，男性合葬应是外嫁男子归葬者；异性合葬墓则不是母系氏族社会的葬制，因为母系氏族社会的群婚和对偶婚不允许在本氏族内通婚，而实行族外婚，夫妻分属于不同氏族，根据民族学的材料他们死后不能葬在同一氏族墓地。"②

---

① 参阅《中国大百科全书》，中国大百科全书出版社1990年版，《外国历史》第2卷，词条"原始社会"，第1118—1119页。
② 叶万松：《前仰韶文化时期是父系氏族制度的孕育期——中原地区史前父系氏族社会研究之二》，《河南科技大学学报》2013年第1期，第30页。

我国考古学界也有专家通过研究墓葬人骨的脱氧核糖核酸（DNA，生物遗传信息）和稳定同位素，来判断社会形态的结构是母系还是父系氏族社会。例如，《大汶口文化晚期社会组织形态的思考——来自DNA和稳定同位素的证据》一文，就采用了这一方式，并认为属于大汶口文化中晚期的位于山东广饶县的傅家遗址应是母系氏族社会。文章指出："傅家遗址已发掘的墓葬有300多座，经我们测试分析的墓葬只有23座，这23座墓葬是否能代表傅家遗址的整体情况难以确定。但就古DNA分析的结果来说，经过初步的统计分析，我们认为在90%的情况下该遗址至少有300人都拥有相同的线粒体DNA序列。也就是说90%的概率下傅家遗址是母系氏族。"① 无疑，这样的研究工作是一种新的科学探索的尝试，是很有价值的。这里需要指出的是，这项研究工作目前的规模尚小，难以做出准确的科学判断。而且，当时的不同地区，社会发展也可能存在着不平衡现象。即使傅家遗址是母系氏族的遗址，这也不足以说明整个大汶口文化晚期仍然处于母系氏族社会的阶段。

父系氏族公社是父权制社会。人们的出身和世系按男子的系统计算。实行父系财产继承制。在婚姻制度上，从夫居妇家转变为妇居夫家，不稳定的对偶婚逐渐向一夫一妻制过渡。父系氏族公社由若干家长制大家族组成。一个家长制大家族包括几代男系亲属，他们共同生活，共同劳动，是父系氏族公社的基本社会经济细胞。土地仍归氏族所有，耕地定期分配给各家族使用。氏族首领由男子担任。氏族议事会由各大家族的族长组成；氏族议事会由成年男子参加，妇女地位下降。②

关于父系氏族公社，我国有学者认为：仰韶文化进入父系氏族社会有8条客观标准。它们分别是：（1）男子在经济生产中占主

---

① 董豫、栾丰实：《大汶口文化晚期社会组织形态的思考——来自DNA和稳定同位素的证据》，《考古》2017年第7期，第104页。
② 参阅《中国大百科全书》，中国大百科全书出版社1990年版，《外国历史》第2卷，词条"原始社会"，第1119页。

导地位，形成以农业、畜牧业为主体的经济形态，农作物在人的食谱结构中占50%—80%比例，家养动物骨骸的比重已经远远超过野生动物的骨骸，应占到75%以上；（2）多种手工业如制陶业、制玉石业、制骨业、葛麻纺织业、酿酒业的技术发展到一定水平，出现了金属冶炼、丝绸纺织和原始瓷器生产技术；（3）发现以大型房址为中心的凝聚向心式聚落布局，或以大型房址（群）为中心（中轴线）的聚落布局，出现分层遗址聚落群；（4）女性生殖崇拜图案消失，代之以男性生殖崇拜的男根陶（石）制品和男根图案；（5）发现成年男性与小孩合葬，即父亲与子女合葬墓；（6）发现成年男女合葬，即夫妻合葬墓；（7）发现灰坑葬、殉人葬，即非自由人（奴隶）的埋葬遗存；（8）发现氏族内部贫富分化、等级出现的考古遗迹，发现礼器、宫室宗教礼仪建筑、祭祀遗迹以及中心聚落或城址等考古遗址。①

　　从一定意义上讲，父系氏族公社是人类社会从原始社会向奴隶社会演进的一个过渡阶段。"父系氏族公社末期，氏族的血缘纽带越来越受到冲击。某些破产的从事手工业和商业的氏族成员往往脱离自己的氏族，到别处和与他们没有血缘关系的人们杂居，同时氏族也不断接纳外来人。于是出现了按地域划分的农村公社，它是从公有制向私有制过渡的社会经济组织。在公社内，土地公有，定期分配给各家庭使用，同时森林、草地、牧场也归公有；另一方面，住宅及宅旁的小块园地、农产品、生产工具、牲畜等等都归各家所有，所以农村公社具有'两重性'。随着历史的发展，定期分配的土地逐渐变成私有，公有制遭到破坏，农村公社也随之解体。"② 这段引文揭示了父系氏族公社不断发展变

---

　　① 叶万松：《中原地区在仰韶文化时期进入父系氏族社会》，《三门峡职业技术学院学报》2014年第11期，第17页。仰韶文化是黄河中游地区一种重要的新石器时代文化，其持续时间大约在公元前5000年至前3000年，持续时间长达2000年左右。
　　② 《中国大百科全书》，中国大百科全书出版社1990年版，《外国历史》第2卷，词条"原始社会"，第1119页。

化的趋势。父系氏族公社作为从原始社会向奴隶社会过渡的一个阶段，既保持着原始社会氏族公社的特征，也产生了奴隶社会诸种新的因素。这是一个从氏族公社公有制向奴隶社会私有制过渡的阶段，是无国家的社会向有国家的社会过渡的阶段。在这个阶段，由于社会生产力的提高，人们能够生产出剩余产品，为人剥削人创造了条件。随着对剩余产品的占有和占有的不同，出现了私有财产和氏族内部成员之间的贫富分化；出现了奴隶主与奴隶的区别，产生了阶级与阶级矛盾。

需要注意的是，在某些地方，在奴隶社会和封建社会时期，以农村公社为形式的社会组织仍然存在。但我们应该注意到，后来形式上相似的农村公社与原始社会末期的农村公社本质上是有区别的。例如，在印度，"农村公社"在形式上长期保存下来了。有学者早已指出："印度古代农村公社制度一直延续到近代，就其基本结构来讲，它大致保持了古代模式，只是在某些方面作了调整。"这时的农村公社，"尽管还保留了原始公社的许多内容和形式，但这个社会的性质和作用已经起了根本的变化，完全不同于原始的公社制度。这表现在：土地的共有已蜕变为国家所有或国王所有，而由村社占有。""村社存在的仅是躯壳，由于它可以适应各种剥削方式，又可欺骗群众，减少反抗，所以统治者也乐于利用它。"[①]

三　有关学术探讨

1. 关于"线性历史观"的问题

近些年来，学术界出现了一种思潮，就是批评"线性历史观"的思潮。例如，较近的一篇题为《告别线性历史观》的文章，长篇地讨论了这个问题。文章认为："放宽视野，线性历史观并非西

[①]　朱昌利：《试论古代印度农村公社的性质——兼论亚细亚生产方式》，《南亚研究》1982年第4期，第35、41页。

方的特产，而是中国古已有之的老传统。古老的天命论与正统论，可以说是本土版的线性历史观。只是古人心目中，随时间流逝而来的未必全是进化或前进，还包含了循环乃至退化，但历史书写的终点无疑是在当朝。这一观念的系统表达首推司马迁的《史记》，尤其是其中的本纪与年表。此后，历代正史几无例外，都是如此。升级版的线性历史观与近代引入的西方思想直接相连，特别是西方近代进化论与启蒙思想。晚清以来，这种历史观对中国学界、思想界乃至普通人影响甚为深远。"这篇文章还讲："遗憾的是，这样一种观念，迄至今日，虽已有学者做过深入剖析，指出其弊端，但在具体研究上，可以说，不自觉中依然左右着我们对过去的认识，尤其是很多成果往往包裹着厚实的实证外衣，不仔细剖析，难以辨清深藏其中的线性历史观内核，更需要反思和警觉。""隐性'线性历史观'支配下的实证研究，表面看不到'规律'与'必然'，却并未从根本上与其决裂，以追求'历史线索'及'历史的深度'等提法改头换面，暗中将'规律'与'必然性'招回学术殿堂。这样的研究，仔细分析其标题、史料的选用与剪裁、史料与史料的拼接、引证与叙述安排，不难发现隐身其中的线性史观。"[①]

可见，这里作者批评所谓的"线性历史观"，主要是反对讲历史发展规律，反对讲历史发展过程中的必然性。不仅现代学者讲历史发展规律，讲历史发展过程中的必然性，是犯了"线性历史观"的错误，连司马迁也被扣上了推崇"线性历史观"的帽子。我们认为人类社会的发展进程不是一团乱麻，而是有规律的。人类社会不断从低级阶段向高级阶段发展，这一点不管在哪个地区都一样，甚至可以说不管在哪个"国家"都一样。人类社会不断从低级阶段向高级阶段发展，这就是一条历史发展的"线"。当然，这条"线"的走势形状如何，各地区各国是有差异的。不管这条线呈现出什么样的形状，这个地区这个国度范围

[①] 侯旭东：《告别线性历史观》，《理论与史学》第2辑，中国社会科学出版社2016年版，第1—2页。

内的人们仍会总体上经历着从低级阶段向高级阶段的社会发展过程。可以说，人类社会不断发展演进的这条"线"在漫长的原始社会里也是早已存在的。

还有学者批评所谓的"线性历史决定论"，当然实际上也是在批评所谓的"线性历史观"。《中国现代思想与线性历史决定论》就是一篇有代表性的文章。这位作者认为，"线性历史决定论"具体内容表现为以下两个方面。"其一是历史目的论。虽然近代科学视目的论为反科学的神秘主义而加以摈弃，但其常常以'规律'的名义借尸还魂，在社会历史领域还颇有市场。在历史目的论者看来，自然界的进化没有目的可言，但人类历史的演变却存在一定的目的性。既然我们对人类历史存在着必然的、客观的、不以人的主观意志为转移的规律深信不疑，我们完全可以将未来的美好社会作为矢志不移的奋斗目标。有了科学所揭示出的人类社会的规律，再加以持之不懈的努力，无论遇到多少艰难险阻，无论经历多么漫长的时间，美好的未来将注定在未来某一个地方等待着我们，人类社会的归宿类似于无轨列车会自动驶向幸福的彼岸。"这篇文章还讲："线性历史决定论另一方面的内容是：'认定自己面对的现实是一个内含着普遍而严格的规律秩序的存在；而只要把握住了这种普遍而严格的规律秩序，就能把握住所面对的现实存在，甚至可以据此对它进行根本而彻底的实践改造，并使根本问题得到一劳永逸的解决。'前一个结论侧重于强调社会发展的客观规律的一面，以便为人类的美好未来和人类所实施的社会目标提供客观基础，那么这一结论则意在强调，为了实现社会发展规律所指引的未来目标，人类并不能坐等其成，相反，必须充分发挥自身的主观能动性。历史规律只是为我们实现自己的目标提供了前景与可能性，而要把这种前景与可能性变成现实则有赖于我们的主观努力。一般认为线性历史决定论者往往忽视人的作用，但实际上恰恰相反，线性历史决定论者往往对人的能动性极度张扬。在他们看来，一旦人类彻底掌握了事物发展的规律，那就将能够创造出任何人间奇迹。正是这种对主观能动性的异常重视和强调,使规划一个美好未来的'设计主义'和'工程思维'风行于 20 世纪的中国社会。"①

显然,这位作者是否定人类社会发展有规律的。作者在文章中也明确讲:"线性历史决定论者相信人类历史是被他们所认定的某种规律所决定的。"② 这里,我们不拟讨论什么是"线性历史观",什么是"线性历史决定论",也不对这种批评"线性历史观"的思潮做全面考察与评述,只想强调的是:我们不能将探讨人类社会不断从低级阶段向高级阶段发展演进的历史观称为"线性历史观",也不能将马克思主义关于社会形态演进的理论视为"线性历史观"或"线性历史决定论"。我们的历史工作者应该坚持唯物史观,坚持科学的治学态度,而不应自以为是或稀里糊涂地甘当西方资产阶级史学的应声者或传播者。

我们的确认为,人类社会的发展不是杂乱无章的,而是有规律的。人类社会不断从低级阶段向高级阶段发展演进,从最初的原始社会,演进到奴隶社会,然后演进到封建社会、资本主义社会;十月革命胜利后,世界上出现了第一个社会主义国家苏联,从此人类社会进入了由社会主义社会逐步取代资本主义社会的伟大历史进程。

人类社会的发展是有规律的,马克思主义经典作家都强调这一点。列宁在《论国家》中,就十分明确地强调了历史发展的规律性,简明地阐述了社会形态的演进问题。列宁指出:"我们始终都要记住历史上社会划分为阶级的这一基本事实。世界各国所有人类社会数千年来的发展,都向我们表明了它如下的一般规律、常规和次序:起初是无阶级的社会——父权制原始社会,即没有贵族的原始社会,然后是以奴隶制为基础的社会,即奴隶占有制社会。整个

---

① 夏银平:《中国现代思想与线性历史决定论》,《云南社会科学》2009 年第 5 期,第 52 页。

② 夏银平:《中国现代思想与线性历史决定论》,《云南社会科学》2009 年第 5 期,第 52 页。

现代的文明的欧洲都经过了这个阶段，奴隶制在两千年前占有统治地位。世界上其余各洲的绝大多数民族也都经历过这个阶段。在最不发达的民族中，现在也还有奴隶制的遗迹，例如在非洲现时还可能找到奴隶制的设施。"① 列宁接着论述了农奴制取代奴隶制、资本主义制度取代农奴制过程中的阶级和阶级斗争问题。在《论国家》中，列宁明确讲到了人类社会从原始社会到奴隶社会、封建社会、资本主义社会，依次演进的历史发展的一般规律。

历史唯物主义就是要研究探讨人类社会发展规律的。习近平总书记在纪念马克思诞辰200周年大会上讲："马克思创建了唯物史观和剩余价值学说，揭示了人类社会发展的一般规律，揭示了资本主义运行的特殊规律，为人类指明了从必然王国向自由王国飞跃的途径，为人民指明了实现自由和解放的道路。"他又指出："学习马克思，就要学习和实践马克思主义关于人类社会发展规律的思想。马克思科学揭示了人类社会最终走向共产主义的必然趋势。"②

总之，我们在考察人类漫长的原始社会时，不应把原始社会发展演进的一般规律当作所谓的"线性历史观"来加以批评或嘲弄；不应将人类社会从低级阶段向高级阶段不断发展演进的客观趋势视为"线性历史观"而加以否定。

2. 关于母系氏族公社向父系氏族公社演进的问题

人类社会在漫长的原始社会时期，也是有规律的，不断地从低级阶段向高级阶段演进。讲发展规律，是讲一般规律，不排除历史发展进程中的特殊性，也不排除历史演进中的反复性；强调历史不断向前发展，并不否定在局部地区、在某个时间段，社会发展出现倒退或衰退现象。人类社会的发展进程是缤纷复杂的，但人类社会

---

① 列宁：《论国家》，《列宁专题文集·论辩证唯物主义和历史唯物主义》，人民出版社2009年版，第285—286页。

② 习近平：《在纪念马克思诞辰200周年大会上的讲话》，人民出版社2018年版，第8、16页。

的发展不是杂乱无章的,也不是漫无目标的。个别情况、特殊现象,并不能否定人类社会发展进程中的一般规律性。

历史研究是一种科学探讨工作,有不同观点,甚至是错误的看法,是难免的。近年,有学者在讨论氏族公社演进问题时,并不赞同母系氏族在前、父系氏族在后的观点,认为有母系氏族在前父系氏族在后的现象,也有父系氏族在前母系氏族在后的现象,也有可能母系父系是交替出现的。在它们之间排出先后,是"线型发展史观"(即"线性历史观")的表现。① 这样的看法是否有足够的科学依据,我们是持怀疑态度的。

近些年来,我国考古工作取得了很大的成就,对原始社会末期——新石器时代做了深入的研究。这些研究工作有力地揭示了母系氏族在前父系氏族在后和母系氏族向父系氏族过渡的客观历史事实。

例如,有学者指出:"在江苏张家港东山村崧泽遗址中发现有驯养家猪的随葬,这被考古界认为是私有财产的象征,说明当时聚落出现等级分化的趋势,社会已逐渐贫富化。母子合葬、父母孩子三人合葬、男女合葬墓的出现,表明当时已有家庭出现,持续了几万年的母系社会正在走向父系社会。随着时间的推移,到了良渚文化时期江苏地区已经呈现出明显的聚落等级分化现象。"②

我国中原地区,在仰韶文化时期,就经历了从母系氏族向父系氏族的过渡。有学者指出:"中原地区在仰韶文化早期开始部分地进入父系氏族社会,在仰韶文化中期,已经普遍进入了父系氏族社会。""综合考察中原地区从母系氏族社会向父系氏族社会转变的历史进程,从母系氏族社会向父系氏族社会的转变可以分为两个阶段:第一阶段发生在母系氏族社会全盛时代之后的母系氏族社会末期,当时社会由于农业、畜牧业的出现,社会财富的增加,氏族内

---

① 孙厚生、马桂秋:《1996—2000年原始社会史研究综述》,《唐山师范学院学报》2001年第6期,第50页。

② 周宇嬿:《试探江苏地区早期聚落的形成与发展》,《江苏地方志》(2019年8月),第86页。

部结构已经开始发生变化,但按男系计算世系的办法和父系的继承权还未出现,仍按女系计算世系,实行母系的继承权,称之为母系氏族制度向父系氏族制度过渡的孕育期,中原地区的前仰韶文化时期就属于这个时期;第二个阶段,当时社会只是部分氏族,但并不是所有氏族都实行按男系计算世系的办法和父系的继承权,也就是说社会已经开始部分地进入,但还不是普遍进入父系氏族社会的历史时期,称之为母系氏族社会向父系氏族社会的过渡期,中原地区的仰韶文化早期大概属于这个阶段。由于社会处于从母系向父系氏族社会的过渡状态,所以仰韶文化具有一个特点是继承上的'双系制',即社会上既存在母系继承,也存在父系继承,而不是单纯的母系或父系制。"①

有学者在分析了秦安大地湾遗址后得出结论:"我们认为大地湾一期和姜寨一期还处在男女平等社会,甚至女性地位更高。大地湾二期早段可能已经产生了男性地位高于女性的现象,但聚落的男性首领只是把聚落公有大房霸占为己有,出现了少量的私有产品,他们并没有脱离劳动生产,还没有阶级分化。大地湾二期中段到晚段的社会基层组织不断缩小,表明男权得到巩固和发展。大地湾四期早中段男性聚落首领出现脱离劳动生产的可能性和趋势,且出现了成为酋长的男性首领,同时,也可能已经出现了专偶制小家庭的萌芽,体现了男权社会的进一步加强。大地湾四期晚段和五期是明显的专偶制小家庭阶段,且出现了大量的男性崇拜的现象,说明这个时段已经形成了普遍的男权社会。恩格斯的有关母系社会向男性社会过渡,男权不是从来就有的等等论断是正确的,只是各国具体情况不一,男权出现的时间有早晚而已。"②

---

① 叶万松:《中原地区在仰韶文化时期进入父系氏族社会》,《三门峡职业技术学院学报》2014年第1期,第16页。
② 刘俊男、王华东:《从地下遗存看秦安大地湾遗址男权社会的演进——恩格斯母系社会向父系社会转变理论实证研究之一》,《湖南社会科学》2017年第3期,第20—21页。

实际上，我国考古工作不断地揭示原始社会后期母系氏族公社向父系氏族公社演进的历史发展趋势。

在原始社会末期向奴隶社会过渡的时期，父系氏族取代母系氏族，父权制取代母权制，应是人类社会一般的演进规律。例如，西亚两河流域是世界最早产生国家的地区之一。苏美尔城邦国家形成之前，也经历了父权制取代母权制的过程，妇女地位下降，男子地位上升。有学者指出："证据表明，在苏美尔，妇女沦为从属地位是平等的氏族组织遭到破坏的一个组成部分，这种平等氏族组织曾经是阻止形成社会经济等级制和国家的基本堡垒。"[①]

3. 关于原始社会向奴隶社会过渡的问题

原始社会向奴隶社会过渡，发生在新石器时代，或者发生在金石并用时期。而在新石器时代，原始社会向奴隶社会的演进一般是发生在父系氏族公社时期。在新石器时代，社会生产力得到大的发展，人们越来越有能力生产出剩余产品。剩余产品的出现，为人剥削人提供了前提；也因为对剩余产品的不同占有，社会出现了贫富分化。同时，剩余产品的出现为一部分人脱离生产劳动创造了条件。这些人成为社会管理者，成为社会的"知识群体"。在父系氏族公社时期，社会上就可能出现了奴隶，当然也就出现了奴隶主贵族。随着社会贫富分化的加深，逐步形成阶级，并出现阶级矛盾与冲突。而随着阶级的出现和不同阶级之间矛盾斗争的激化，占主导地位的阶级为了维护自身利益，就需要建立和掌握军队、制定法律、建立监狱等，这样国家就产生了！

显然，从原始社会进入国家产生了的社会要经历一个历史发展过程。可以说，对于这一点学术界是普遍认同的。但对如何认识这个过渡阶段社会组织的状况，则是有分歧的。有的学者认为，在国

[①] 鲁比·罗尔利希：《苏美尔的国家形成与对妇女的征服》（Ruby Rohrlich, "State Formation in Sumer and the Subjugation of Women"），《女性主义研究》（*Feminist Studies*）第6卷第1期（1980年春），第80页。

家产生之前，原始社会后期经历了一个酋邦阶段。也有学者认为，在原始平等社会与后来的国家之间，还存在着两种社会形式，即Ranked Society 和 Stratified Society。Ranked Society 可理解为"有级别的社会"；Stratified Society 可理解为"有阶层分化的社会"。在"有级别的社会"中，存在着与年龄、性别和能力不相关的声望等级体系；而在"有阶层分化的社会"中，享有关键资源的权利与声望相关，并非所有人平等地享有关键资源。①

显然，人类社会在发展进程中，存在着"反复"甚至"倒退"的现象。这种现象应该说在原始社会时期就存在，在国家形成过程中这种现象应该是很明显的。关于这一点，可以说在世界上不少地方可能发现相关历史遗存。我国学者认为，中国良渚古城是当时地域性国家的都城。也就是说在良渚时代，国家已经产生了，至少可以说早期国家出现了。但是，后来良渚古城沦为废墟。随后在那个地区可能就出现了一个没有"国家"的社会存在状态。墨西哥是美洲印第安古代文明的一个中心。在印第安社会发展进程中，也出现国家形成后又退回到某种没有国家状态的现象，至少在局部地区是如此。例如，在现今墨西哥东北几十公里处，坐落着一座古城——特奥蒂瓦坎。巨大的规模、宽阔的街道、雄伟的金字塔与其他颇为壮观的建筑遗存，都有说服力地标志着这里曾经是一个古国的都城。但是，这座古城后来衰落破败了，以此城为中心的国家已消失了，也可以说这个国家的文明发展中断了。若干世纪之后，离特奥蒂瓦坎古城不远的地方即现在的墨西哥城所在地形成了一个新的城市——特诺奇蒂特兰。这座古城就是被历史学家称为阿兹特克王国的都城，这座印第安人的都城存在了约两个世纪之后，于1521年毁于西班牙殖民入侵者之手。在美洲印第安人历史发展进程中，这样的古都毁灭的现象不止特奥蒂瓦坎古城。还存在着其他古国古城毁灭的现象，其中之一是阿尔万山古城（古国），位于今

---

① 迈克尔·查赞：《世界史前史与考古：穿越时空的道路》（第4版），劳特利奇出版公司2018年版，第259—260页。

天的墨西哥瓦哈卡市的近郊。

在古代世界历史发展进程中，出现的这种"城破国灭"现象不是孤例。这种历史现象可以说是人类社会发展进程中的"反复"或"倒退"的表现。人类社会发展是有规律的，但有规律并不等于发展是直线上升的。

第二章　奴隶社会

奴隶社会是在原始社会氏族公社瓦解的基础上形成的，是人类社会发展进程中第一个有阶级有国家的社会，它是人类社会发展演进的结果。关于奴隶社会，过去中外学术界做了大量研究工作，取得了很大成绩，对奴隶社会也形成了比较明确的认识。然而，近些年来，学术界出现了一种淡化社会形态研究的倾向，一些学者不愿意探讨奴隶社会问题，甚至回避讨论古代奴隶和奴隶制问题；有的学者表现出否定奴隶社会存在的倾向，只承认有奴隶存在，而不讲有奴隶社会；有的学者甚至不加深入探讨就断定没有奴隶社会。本章试图从世界历史发展视野，考察人类社会发展进程中一个特定历史发展阶段的奴隶社会。首先，简要谈谈我们在学习研究思考过程中形成的对奴隶社会的一些基本认识；然后重点考察我们视为"原初文明"地区的奴隶社会，也概要地讲讲其他一些国家和地区的奴隶社会情况；同时，我们还将对与奴隶社会相关的一些学术问题进行探讨。

一　对奴隶社会的基本认识

1. 奴隶制的形成

奴隶社会的形成有一个较长的过程，是在原始社会氏族公社不断瓦解的基础上逐渐形成的。在原始社会末期，随着社会生产力的发展提高，人们能够生产出更多的产品，也可以说是剩余财富；同时也出现了私有制。对剩余财富的不同占有，使原始社会氏族公社内部的平等不断受到侵蚀，社会出现贫富分化，逐渐形成了奴隶和奴隶主。最早的奴隶主是原始社会内部分化出来的氏族贵族。① 这样，随之出现的是奴隶占有制或曰奴隶制；社会逐渐形成两个对立的阶级，即奴隶主阶级和奴隶阶级；在这两个阶级之间还存在着其他阶级或阶层，如平民阶级。原始社会末期这样的变化，最后导致了国家的产生，使人类社会进入了一个新阶段——奴隶社会时期。

我们可以明确断定，是先出现了奴隶制，出现了奴隶和奴隶主阶级，然后才产生国家的。

关于奴隶制的形成，恩格斯在《反杜林论》中的"暴力论"部分做了精辟的论述。恩格斯讲："要强迫人们从事任何形式的奴隶的劳役，强迫者就必须拥有劳动资料，他只有借助这些劳动资料才能使用被奴役者；而在实行奴隶制的情况下，除此以外，他还必须拥有用来维持奴隶生活所必需的生活资料。这样，在任何情况下，他都必须拥有一定的超过平均水平的财产。但是这种财产是怎样来的呢？无论如何，有一点是清楚的：虽然财产可以由掠夺而得，就是说可以建立在暴力基础上，但是决不是必须如此。它可以通过劳动、偷窃、经商、欺骗等办法取得。无论如何，财产必须先由劳动生产出来，然后才能被掠夺。"② 可见，奴隶制形成的前提条件是要有生产出来的多余财富被某些人占有。这当然是社会生产力发展的结果。恩格斯又指出："除了这样的阶级形成过程之外，还有另一种阶级形成过程。农业家族内的自发的分工，达到一定的富裕程度时，就有可能吸收一个或几个外面的劳动力到家族里来。在旧的土地公有制已经崩溃或者至少是旧的土地共同耕作已经让位于各个家族分得地块单独耕作的那些地方，上述情形尤为常见。生

---

① 《中国大百科全书》，中国大百科全书出版社1990年版，《外国历史》第2卷，词条"奴隶占有制社会"，第719页。
② 恩格斯：《反杜林论》，《马克思恩格斯文集》第9卷，人民出版社2009年版，第168—169页。

产已经发展到这样一种程度：现在人的劳动力所能生产的东西超过了单纯维持劳动力所需要的数量；维持更多的劳动力的资料已经具备了，使用这些劳动力的资料也已经具备了；劳动力获得了某种价值。但是公社本身和公社所属的集团还不能提供多余的可供自由支配的劳动力。战争却提供了这种劳动力，而战争就像相邻几个公社集团的同时并存一样古老。先前人们不知道怎样处理战俘，因此就简单地把他们杀掉，在更早的时候甚至把他们吃掉。但是在这时已经达到的'经济状况'的水平上，战俘获得了某种价值，因此人们就让他们活下来，并且使用他们的劳动。这样，不是暴力支配经济状况，而是相反，暴力被迫为经济状况服务。奴隶制被发现了。奴隶制很快就在一切已经发展得超过古代公社的社会中成了占统治地位的生产形式，但是归根到底也成为它们衰落的主要原因之一。只有奴隶制才使农业和工业之间的更大规模的分工成为可能，从而使古代世界的繁荣，使希腊文化成为可能。没有奴隶制，就没有希腊国家，就没有希腊的艺术和科学；没有奴隶制，就没有罗马帝国。没有希腊文化和罗马帝国所奠定的基础，也就没有现代的欧洲。我们永远不应该忘记，我们的全部经济、政治和智力的发展，是以奴隶制既成为必要、又得到公认这种状况为前提的。在这个意义上，我们有理由说：没有古希腊罗马的奴隶制，就没有现代的社会主义。"[1]

恩格斯在这里简要而又如此清晰地阐述了奴隶制是如何产生的。恩格斯是用一种发展观来看待奴隶制形成的，是把奴隶制看作人类社会发展进程中一个特定历史阶段的存在。奴隶占有形式出现了，阶级矛盾激化，导致国家产生；奴隶主阶级用国家权力来维护奴隶制，这样人类社会就进入了奴隶社会时期。

关于奴隶社会形成的条件，近年我国考古专家何驽进行了探讨。他在《中国史前奴隶社会考古标识的认识》一文中提出："奴

---

[1] 恩格斯：《反杜林论》，《马克思恩格斯文集》第9卷，人民出版社2009年版，第187—188页。

隶制社会不仅取决于奴隶被奴隶主占有并可以随意屠杀，而是奴隶制必须建立在商品经济的基础上。"他进而讲道："我们明确地看到，只有从市场化的商品经济的社会中，才能寻找的奴隶社会的考古标识。我们必须抓住两个关键点，一个是市场化的商品经济；另一个是人被作为'商品'买卖的特征。"① 这里，何驽把"市场化的商品经济"作为奴隶社会形成的一个前提条件。这是值得我们思考和进一步探讨的。

2. 国家的产生

国家产生了，人类社会可以说正式进入了奴隶社会时期。关于国家的产生，恩格斯在《家庭、私有制和国家的起源》第九部分"野蛮时代和文明时代"做了深刻阐述。恩格斯写道："除了自由民和奴隶的差别以外，又出现了富人和穷人的差别——随着新的分工，社会又有了新的阶级划分。各个家庭家长之间的财产差别，炸毁了各地迄今一直保存着的旧的共产制家庭公社，同时也炸毁了为这种公社而实行的土地的共同耕作。耕地起初是暂时地，后来便永久地分配给各个家庭使用，它向完全的私有财产的过渡，是逐渐进行的，是与对偶婚制向专偶制的过渡平行地发生的。个体家庭开始成为社会的经济单位了。"恩格斯又写道："邻人的财富刺激了各民族的贪欲，在这些民族那里，获取财富已成为最重要的生活目的之一。他们是野蛮人：掠夺在他们看来比用劳动获取更容易甚至更荣誉。以前打仗只是为了对侵犯进行报复，或者是为了扩大已经感到不够的领土；现在打仗，则纯粹是为了掠夺，战争成了经常性的行当。在新的设防城市的周围屹立着高峻的墙壁并非无故：它们的堑壕成了氏族制度的墓穴，而它们的城楼已经高耸入文明时代了。内部也发生了同样的情形。掠夺战争加强了最高军事首长以及下级军事首长的权力；习惯地由同一家庭选出他们的后继者的办法，特别是从父

---

① 何驽：《中国史前奴隶社会考古标识的认识》，《南方文物》2017 年第 2 期，第 2—3 页。

权制实行以来，就逐渐转变为世袭制，他们最初是耐心等待，后来是要求，最后便僭取这种世袭制了；世袭王权和世袭贵族的基础奠定下来了。于是，氏族制度的机关就逐渐挣脱了自己在民族中，在氏族、胞族和部落中的根子，而整个氏族制度就转化为自己的对立物：它从一个自由处理自己事务的部落组织转变为掠夺和压迫邻近部落的组织，而它的各机关也相应地从人民意志的工具转变为独立的、压迫和统治自己人民的机关了。但是，如果不是对财富的贪欲把氏族成员分裂成富人和穷人，如果不是'同一氏族内部的财产差别把利益的一致变为氏族成员之间的对抗'（马克思语），如果不是奴隶制的盛行已经开始使人认为用劳动获取生活资料是只有奴隶才配做的、比掠夺更可耻的活动，那么这种情况是决不会发生的。"恩格斯还写道："可见，国家决不是从外部强加给社会的一种力量。国家也不像黑格尔所断言的是'伦理观念的现实'，'理性的形象和现实'。确切地说，国家是社会在一定发展阶段上的产物；国家是承认：这个社会陷入了不可解决的自我矛盾，分裂为不可调和的对立面而又无力摆脱这些对立面。而为了使这些对立面，这些经济利益互相冲突的阶级不致在无谓的斗争中把自己和社会消灭，就需要有一种表面上凌驾于社会之上的力量，这种力量应当缓和冲突，把冲突保持在'秩序'的范围以内；这种从社会中产生但又自居于社会之上并且日益同社会相异化的力量，就是国家。"①

列宁在《国家与革命》中讲，恩格斯的上述分析，"十分清楚地表达了马克思主义关于国家的历史作用和意义这一问题的基本思想。国家是阶级矛盾不可调和的产物和表现。在阶级矛盾客观上不能调和的地方、时候和条件下，便产生国家。反过来说，国家的存在证明阶级矛盾不可调和"。②

---

① 恩格斯：《家庭、私有制和国家的起源》，《马克思恩格斯文集》第4卷，人民出版社2009年版，第183—189页。

② 列宁：《国家与革命》，《列宁专题文集·论马克思主义》，人民出版社2009年版，第179—180页。

恩格斯清晰地阐明了国家是如何产生的。恩格斯接着指出："国家和旧的氏族组织不同的地方，第一点就是它按地区来划分它的国民。""第二个不同点，是公共权力的设立，这种公共权力已经不再直接就是自己组织为武装力量的居民了。""为了维持这种公共权力，就需要公民缴纳费用——捐税。""官吏既然掌握了公共权力和征税权，他们就作为社会机关而凌驾于社会之上。"①

显然，"公共权力"的出现，是国家产生的必要标志。而这样的公共权力也包括征税的权力。国家"是最强大的、在经济上占统治地位的阶级的国家，这个阶级借助于国家而在政治上也成为占统治地位的阶级"。②

经典作家对国家的产生做了科学分析。国家不是从来就有的，而是人类社会发展到具有阶级和阶级矛盾的阶段才形成的。当一个社会出现了不同的阶级，而且不同的阶级之间发生着激烈斗争，这个社会不能照常生存下去了，需要有国家这个专政机器来掌控社会的局面。新产生的国家就是占主导地位的阶级的国家，国家机器掌握在统治阶级手中。这个国家就是历史上的"原初国家"，是实行奴隶制的国家。这个国家的统治阶级是谁呢？无疑，就是奴隶主阶级。这个阶级是由大大小小的奴隶主组成的。

人类社会发展进程中"国家"从无到有这一点，在学术界是受到普遍承认的。有分歧的是产生的国家是什么样的国家。

在国家形成过程中，作为"国家"的经济政治实体，一般规律是由小向大不断演进。这是人类社会发展的一般趋势。从氏族、胞族，到部落、部落联盟，最后形成国家。部落联盟的发展为国家的形成创造了条件。

中国古代史专家王震中在《中国古代国家的起源与王权的形

---

① 恩格斯：《家庭、私有制和国家的起源》，《马克思恩格斯文集》第4卷，人民出版社2009年版，第189—191页。
② 恩格斯：《家庭、私有制和国家的起源》，《马克思恩格斯文集》第4卷，人民出版社2009年版，第191页。

成》一书中提出了两个"三阶段"说。一是文明与国家起源途径的"聚落三形态演进说"。第一阶段为"大体平等的农耕聚落期"。社会大体平等，它包含了农业的起源和农业出现后农耕聚落的发展时期，距今12000—9000年。距今9000—7000年间，是中国新石器时代中期。这是农业在起源之后第一个发展时期，也是农耕聚落扩展的第一个阶段。第二阶段为"中心聚落形态阶段"。大约距今6000—5000年。社会出现初步不平等，是史前平等的氏族部落社会与文明时代阶级社会之间的过渡阶段。第三阶段为"都邑邦国阶段"。这是早期国家的形成阶段。出现了邦国、邦君，邦国联盟、盟主或霸主。大约距今5000—4000年。

二是国家形态演进的"邦国—王国—帝国"三阶段说。第一阶段是夏代之前的龙山时代的国家，是单一制的邦国，属于早期国家。第二阶段是夏商周三代属于多元一体的、以王国为"国上之国"的"复合制国家"体系，是发展了的国家。"王国"下面有"邦国"，一定意义上讲"邦国"是"王国"的属国。第三阶段是秦汉及以后朝代的"成熟国家"，是一种郡县制下中央集权的结构稳定的国家形态，是帝国体系。[①] 这样，秦王朝（前221—前206年）就是"帝国"，实行"帝制"了。

根据王震中的论述，在中国的"成熟国家"形成过程中，实际上共经历了五个大的阶段：（1）农耕聚落阶段；（2）中心聚落阶段；（3）都邑邦国阶段（邦国联盟）；（4）王国阶段（夏商周）；（5）帝国阶段（秦汉及之后）。中国历史上第一个"帝国"就是秦王朝。关于我国早期国家的形成和发展，学术界也有其他相近的提法。例如，苏秉琦认为我国古代经历了古国—方国—帝国三个发展阶段；朱乃诚认为我国古代经历了古国文明—古王国文明—

---

① 王震中：《中国古代国家的起源与王权的形成》，中国社会科学出版社2013年版，第50—68页；我国学术界有类似看法，如许宏就在《最早的中国》中讲到了中国文明发展的三大台阶，即邦国、王国、帝国三阶段（科学出版社2009年版，第10—13页）。

王国文明三个发展阶段。① 关于我国早期国家，在下文中我们还会讨论到。

从世界历史发展角度看，人类社会进入国家阶段的第一个国家是奴隶占有制的国家，属于奴隶社会。"如果说奴隶制是历史上最初出现的剥削形态，最初出现的阶级压迫的形式，那末奴隶占有制国家就是历史上第一个国家形式。"② 显然，这个"第一个形式的国家"在世界不同地区产生的时间是不一样的，世界各地进入奴隶社会的时间是不一致的。这也说明早在原始社会时期，人类社会不同地区的发展就是不平衡的。但是，不管国家形成早还是晚，世界各大地区一般都经历了奴隶社会时期。

3. 奴隶社会和奴隶的含义

学术界在讨论五种社会形态时，一般是讲这样五种社会形态，即原始社会、奴隶社会、封建社会、资本主义社会、共产主义社会。社会主义社会是共产主义社会的初级阶段。"奴隶社会"这一概念，也有学者用不同的概念来代替。例如，廖学盛先生就用"奴隶占有制社会"来代替"奴隶社会"。他为《中国大百科全书》（1990年）撰写的词条"奴隶占有制社会"讲：奴隶占有制社会是"原始社会瓦解后出现的人剥削人的社会。以奴隶主占有奴隶的人身、实行超经济奴役为主要特征。在奴隶占有制社会中，奴隶主在经济和上层建筑居于主导地位，奴隶占有制生产方式决定着整个社会的基本发展方向。"③

---

① 参见朱乃诚《苏秉琦学术体系的形成和尚待研究证实的两个问题——苏秉琦与中国文明起源研究》，《东南文化》2008年第1期；《五帝时代与中华文明的形成》，《中原文化研究》2020年第4期；《炎黄时代与中国文明的起源和形成》，《信阳师范学院学报（哲学社会科学版）》2019年第3期。

② 苏联科学院主编：《世界通史》第1卷，上册，生活·读书·新知三联书店1962年版，"序言"，第37页。

③ 《中国大百科全书》，中国大百科全书出版社1990年版，《外国历史》第2卷，词条"奴隶占有制社会"，第718页。

这里的"奴隶占有制社会"指的就是奴隶社会。也有学者用"奴隶制社会"这个概念。这三个概念在一般情况下意思是相同的。我们更倾向于用"奴隶社会",这个概念比较简捷,且能够更好地与其他四种社会形态概念相对应。当然,这三个概念在特定情况下也还是存在着一定差异的。在奴隶社会中,一定存在着奴隶占有制;存在着奴隶占有制,也就一定存在着奴隶制;但存在奴隶制的社会,不一定就是社会形态上的"奴隶社会"。

在同一奴隶社会中或在奴隶社会的不同国家中,奴隶占有制的形式往往不是单一的,而是多样的,存在着个人奴隶占有制、家庭奴隶占有制、国家奴隶占有制、集体奴隶占有制等。例如,侯外庐指出:"被俘的氏族变成奴隶,主要地称作某族人或人鬲,大抵是全族转为生产者的意思,数目是很大的。"而被俘的"集体奴隶"后来又分散成"家族单位奴"。① 日本学者中村哲在《奴隶制与农奴制的理论——马克思恩格斯历史理论的重构》一书中,将奴隶制的种类归结为两大类,即劳动奴隶制和家庭奴隶制。劳动奴隶制又分为"真正的奴隶经营"和"土地占有奴隶制";真正的奴隶经营又包括家长制(劳动)奴隶制和奴隶制大经营,土地占有奴隶制又包括私人土地占有奴隶制和国家奴隶制。家庭奴隶制分为家长制家庭奴隶制和大规模家庭奴隶制。而家长制奴隶制和土地占有奴隶制都与小生产方式相结合,能够进行独立再生产,构成奴隶制的两种基本形态。而奴隶制大经营本身在内部则不具有劳动力再生产的能力,即奴隶没有能力延续家庭。中村哲还认为,在奴隶社会中,除了奴隶制生产关系外,还存在着原始公社、农奴制等附属关系。②

对于什么是奴隶,什么是奴隶制,学术界是有不同看法的。有学者指出:在某些人看来,奴隶制"简单地就是一种状态,一个

---

① 侯外庐:《中国古代社会与亚细亚生产方式》,《侯外庐集》,中国社会科学出版社2001年版,第47—49页。

② 中村哲:《奴隶制与农奴制的理论——马克思恩格斯历史理论的重构》,冻国栋、秦启勋、胡方译,黄孝春校,武汉大学出版社1994年版,第86—90页。

人被另一个人所拥有,是另一个人的财产。这可能是一种长久的状态,也可能是一种临时的状态,但不管是哪种状态,被奴役者的自由完全受到限制,并且在暴力威胁甚至死亡威胁下,奴隶必须服从主人。"① 的确,学术界通常认为奴隶是一个作为"财产"而被他人拥有的"人"。这是奴隶最基本的、最本质的含义。苏联科学院编纂的《世界通史》讲:"奴隶是被剥夺了生产资料、被以暴力强迫为别人工作的人;他本人是别人的财产。这种剥夺形式只有在生产力处于极低的发展水平时才可能产生,它的特点是剥削者对不关心自己劳动成果的物质财富直接生产者的人身有完全支配权。"② 亦有学者在广义上将奴隶界定为"一个为其主人服务的非自由人"。③ 最近,还有学者尝试给"奴隶"下定义,认为一个人成为另一个人或集团的非自愿的奴隶要符合以下三点。一是奴隶本人并不同意;二是主人把奴隶当作财产合法地拥有,或者主人对奴隶进行常规控制,这种控制等同于对属于自己的有形财产的控制;三是主人对奴隶进行控制的目的是为了自身利益而剥削奴隶。④

不管定义如何,显然在不同的奴隶制国家,在奴隶制发展的不同阶段,奴隶的地位和生存状态是不同的,奴隶的实际社会处境并非完全一样,而是有差异,且不断发展变化着。一般而言,奴隶是非自由的人,是一种财产,为奴隶主拥有,受主人奴役。这是奴隶的共性,是一般特征。关于这一点,在后面有关部分中我们还会有所论及。

---

① 佩奇·杜波伊斯:《奴隶制:古物及其遗产》(PAGE du BOIS, *Slavery: Antiquity and Its Legacy*), I. B. 陶里斯出版公司 2010 年版,第 3—4 页。
② 苏联科学院主编:《世界通史》第 1 卷,上册,生活·读书·新知三联书店 1959 年版,"序言",第 36 页。
③ 瓦茨拉夫·赫尔恩奇日、彼得·克维季纳:《跨文化视角下的奴隶制考古》(Václav Hrnčíř and Petr Květina, "Archaeology of Slavery from Cross-Cultural Perspective"),《跨文化研究》(*Cross-Cultural Research*),第 52 卷第 4 期 (2018),第 383 页。
④ 迈克尔·罗塔:《关于奴隶制的定义》(Michael Rota, "On the Definition of Slavery"),《斯蒂菲尔森理论》(*Stifielsen Theoria*) 第 86 卷 (2020),第 557 页。

奴隶社会是一个阶级和等级都十分鲜明的社会。在这个社会中，奴隶的处境并非完全一样，有的奴隶本身还拥有奴隶。同时，一个值得注意的问题是，奴隶社会中可能存在着并非奴隶但却具有很强依附性的群体，这种群体可以说处于一种"半奴隶"的状态。这是需要深入研究探讨的问题。

4. 奴隶的来源

学术界一般认为奴隶主要有两大来源：一是战俘，二是债务奴隶。《中国大百科全书》词条"奴隶占有制社会"讲："最早的奴隶是氏族部落战争中俘虏的外族人。随着原始社会的解体，氏族部落内部贫富分化不断加深，富裕的氏族贵族对贫困的氏族成员的奴役也日益加深，其主要形式是债务奴役，无力还债的贫困氏族成员往往被债主卖到其他氏族部落充当奴隶。此外，处罚罪犯、海盗掠夺、拐卖人口、奴隶买卖、家生奴隶等也是奴隶的重要来源。"① 这里对奴隶的来源讲得是比较全面的了。在奴隶社会时期，自由人可能因为犯罪或过失而被处罚为奴隶，这应该也是时常发生的事；平民甚至贵族都有可能因此而沦为奴隶。还需要强调的是，在古代世界，对周边地区发动战争是掠夺奴隶的一种突出手段。"古代文明并不是单由奴隶制国家本国人民群众的劳动所创造的，而还是由邻近部落和各族的人民群众的劳动所创造的，而这些部落和各族正是有生力量——奴隶的取之不尽的源泉。"②

5. 奴隶社会的发展阶段

世界历史的发展是不平衡的，同一时期不同地区往往处于不同发展水平或者说不同历史发展阶段。一般而言，国家产生了，这个

---

① 《中国大百科全书》，中国大百科全书出版社1990年版，《外国历史》第2卷，词条"奴隶占有制社会"，第719页。
② 苏联科学院主编：《世界通史》第1卷，上册，生活·读书·新知三联书店1959年版，总编辑部的话，第23页。

社会就进入了奴隶社会时期。世界上最早形成国家的地区也就是最早进入奴隶社会的地区，因为最初的国家就是奴隶制国家。古代埃及、古代西亚两河流域、古代印度、古代中国是世界四大古文明地区，也是进入奴隶社会最早的地区。当这几个地区进入奴隶社会发展阶段时，总的讲，世界其他地区仍处于原始社会时期。这就是世界历史发展不平衡性的体现。当一些国家和地区已经度过了奴隶社会、经历了封建社会甚至进入了资本主义兴起阶段时，世界上有的地区仍然处于奴隶社会阶段。15世纪末期，当西欧列强开始向世界其他地区进行殖民扩张时，美洲印第安人先进地区仍处于奴隶社会早期阶段；非洲一些地方也是处于奴隶社会阶段；澳大利亚的原居民则甚至仍处于原始社会时期。

同一地区国家的奴隶社会，也经历着不同发展阶段。至少可以分为两个大的发展阶段，即早期国家（城邦或方国或古国）阶段和王朝国家阶段。例如，中国夏商西周就是王朝阶段的奴隶社会；此前形成的或同时期存在的地域性古国或方国可以视为早期阶段的奴隶社会。尚友萍认为：方国是初级阶段的奴隶社会，王朝是高级阶段的奴隶社会。他指出："夏商周时期是天下万邦时期：一方面是作为万邦之君的夏商周三个王朝，另一方面是天下万邦的方国。从社会性质上区分，方国是低级阶段的奴隶社会，而夏商周三个王朝则是高级阶段的奴隶社会。对于夏商周三个民族来说，除夏民族是直接进入万邦之君的王朝阶段以外，商周民族都分别有臣服于夏商王朝的方国历史。因此，商周民族在方国时期是低级阶段的奴隶社会，成为万邦之君的王朝以后才发展到高级阶段的奴隶社会。"①当然，夏商周三个朝代历时近两千年，其奴隶占有制也是不断发展变化的。后期阶段，开始向封建社会过渡。

又如，在古代两河流域，最早的国家产生在西亚两河流域南部的苏美尔地区，出现了一些小型的以城市为中心的国家——城邦。

---

① 尚友萍：《土地所有制与中国奴隶社会》，《史学理论研究》2000年第2期，第42页。

这些城邦是奴隶制国家,均处于奴隶社会早期阶段。"城邦的国体或本质则是奴隶制国家、奴隶制城邦或奴隶主共和国。"① 两河流域逐渐形成较大的奴隶制王国,如阿卡德王国、乌尔第三王朝等。后来还形成了古巴比伦王国、亚述帝国、新巴比伦王国等奴隶制国家。这些地域较大的王国或"帝国",可以说就是王朝国家阶段的奴隶社会。②

需要注意的是,一国之内,特别是一个地域辽阔的大国之内,不同地区也是发展不平衡的。先进的地区进入了奴隶社会阶段,其他地区可能还长期处于原始社会后期,处于父系氏族公社甚至母系氏族公社阶段;同样,当先进地区演进到封建社会阶段时,其他地区可能仍长期处于奴隶社会阶段,甚至还处于原始社会状态。这种不平衡性丰富了人类社会发展演进的进程,但并不能改变社会形态从低级阶段向高级阶段不断演进的历史规律。

6. 奴隶社会的土地制度

奴隶社会的土地制度是从原始社会的土地制度演变而来的。在原始社会,氏族公社实行土地公有制,氏族公社的成员共同使用土地。在原始社会末期,随着贫富分化在氏族公社成员之间的加剧,出现了土地向氏族贵族集中的趋势。在奴隶社会阶段,土地是主要的生产资料;具体的土地占有形式也是发展变化的,世界各地区土地制度也不尽相同。但是,奴隶社会土地制度总的特征是:土地主要掌握在奴隶主阶级手中,不管是奴隶主国家所有、集体所有还是奴隶主个人所有。奴隶制国家的国王是最高的奴隶主,国王拥有大量的土地,而且名义上国王往往拥有最高土地所有权。神庙是奴隶

---

① 《世界上古史纲》编写组:《世界上古史纲》上册,人民出版社1979年版,第143页。

② 参阅崔连仲主编:《世界通史·古代卷》(修订版),人民出版社2017年版,第80—108页;《世界上古史纲》编写组:《世界上古史纲》上册,人民出版社1979年版,第128—219页。

制国家的国家机器的重要组成部分，通常占有大量土地。在有的奴隶制国家中，其所占土地达到全部可耕土地的三分之一，甚至更多。"神庙就是奴隶制大经济的机构，如中国古代所谓'社稷'，它是政治的，又是经济的，它代表奴隶主阶级的统治机关，国家。"①

刘文鹏等著的《古代西亚北非文明》讲：两河流域文明初期，土地属于全体公民所有，不能买卖，由公社统一管理。逐渐地，除了公室和神庙占有大量土地外，土地分成小块发放给公民。随着贫富分化，贫穷的公民把土地出卖给他人，于是土地私有制度开始形成。"两河流域文明丰富的经济文献表明：在人类社会发展的漫长过程中，土地私有制先于奴隶制度产生；奴隶制社会产生的根本动力正是土地私有制度的发展。"②

需要强调的是，在漫长的奴隶社会时期，土地制度是不断发展变化的，各地区土地制度也不完全一致，但最根本的特征是奴隶主阶级掌握着大量土地，而奴隶本身没有土地，自己还是奴隶主的财产。

7. 奴隶社会的阶级状况

关于奴隶社会的阶级结构，《中国大百科全书》词条"奴隶占有制社会"讲：在奴隶社会，居民被分为自由民和奴隶两大部分，而在自由民之中又分为奴隶主和不占有奴隶的自力谋生的劳动者；奴隶群体中，也分为不同集团。在自由民与奴隶之间还存在着过渡性阶层。③ 这一解释阐明了奴隶社会的基本阶级结构。

有学者指出，文明的一个特征是具有"基于经济权力的一个新社会结构"：国王、上层僧侣阶级、政治领导者和武士占主宰地位，

---

① 《世界上古史纲》编写组：《世界上古史纲》上册，人民出版社1979年版，第139页。

② 刘文鹏、吴宇虹、李铁匠：《古代西亚北非文明》，福建教育出版社2008年版，第194—195页。

③ 《中国大百科全书》，中国大百科全书出版社1990年版，《外国历史》第2卷，词条"奴隶占有制社会"，第719页。

也存在着大量自由平民如农民、工匠、手艺人，社会等级的底层则是奴隶阶级。而苏美尔城邦国家可能包括四个主要的社会群体：精英、自由平民、依附平民和奴隶。① 在乌尔第三王朝早期，至少有四个不同的群体：奴隶、依附者（clients）、自由人、贵族。②

显然，在不同的奴隶制国家，奴隶和奴隶阶级的状况也是有所差别的。有学者认为，中国奴隶社会存在着一种等级奴隶制，西方奴隶社会自由公民与奴隶"是截然分割开，奴隶就是奴隶，不再划分等级"。③ 也有学者认为，在古代世界，除了精英与平民、男人与女人的差别外，"最普遍的社会差别"是奴隶与自由人之间的差别，事实上有时这是唯一的差别。④

在奴隶社会，存在着一个奴隶阶级。关于这个奴隶阶级在社会人口中的比例有多大，是不是社会劳动生产者的多数，学术界是有分歧的。而且，由于关于世界不少地区古代社会的研究资料不足，有时是严重不足，对当时社会人口数量很难进行准确的统计，对不同阶级人口比例也很难确定。所以，一般情况下，很难估计奴隶人口占社会总人口的比例。这也许是一些学者不认为有奴隶社会的一个重要原因。

关于奴隶社会的阶级对立问题，中外学术界过去做过深入的研究，结论应该是非常清晰的。《世界上古史纲》认为：历史上第一次出现的阶级社会——奴隶社会，阶级对立的形式是自由民和奴隶，贵族和平民。不管具体情况如何复杂，奴隶社会总的阶级划

---

① 威廉·J. 杜伊克尔、杰克逊·J. 施皮尔福格尔：《世界历史》（William J. Duiker, and Jackson J. Spielvogel, *World History*）第 8 版，圣智学习出版公司 2017 年版，第 8—11 页。

② 琳达·苏珊娜·鲁滨逊：《社会等级化与古代美索不达米亚的国家》（Lynda Suzanne Robinson, *Social Stratification and the State in Ancient Mesopotamia*），得克萨斯大学奥斯汀分校，博士学位论文，1984，第 166 页。

③ 傅祖德：《奴隶社会和封建社会的人地关系》，《福建地理》2000 年第 4 期，第 5 页。

④ 梅里·威斯纳 - 汉克斯：《世界简史》（Merry Wiesner-Hanks, *A Concise History of the World*），剑桥大学出版社 2015 年版，第 108 页。

分，统治与奴役、剥削者与被剥削者的关系，从其发生发展的基础来说，就是这样的。"奴隶社会的这种阶级划分，除个别的具体的特殊例外情况之外，是普遍存在的。不管是西方古代还是东方古代，是苏美尔城邦还是雅典共和国，是上埃及的涅伽达州还是拉丁姆的罗马城。"① 但是，不管奴隶占劳动者的多数还是少数，奴隶社会阶级关系如何多样，"奴隶占有制关系已经决定了社会的面貌，因为首先，奴隶所有制能使部落贵族凌驾于其余自由民群众之上，因而它也决定着生产关系的全部性质和整个社会结构。"② 我们认为这一分析是有道理的，是站得住脚的。奴隶社会的根本特征就是存在着奴隶主阶级与奴隶阶级的鲜明对立，前者是统治阶级，后者是被统治阶级。奴隶是奴隶主的财产，为奴隶主劳动，这种生产关系决定着社会形态的性质。

奴隶社会是一个具有鲜明社会等级特征的社会。这种等级关系很大程度上也反映着阶级关系。

8. 奴隶社会的其他重要特征

奴隶社会是人类阶级社会当中较长的一种社会形态。世界各地进入奴隶社会的时间有早有晚；各地的奴隶占有制度也有差异。但除我们上面讨论的一些问题外，奴隶社会还存在着一些普遍性较强的现象或者特征，这种现象或特征在其他社会形态中没有或极少有。

第一，人殉人祭现象。

人殉人祭主要是奴隶社会的特征。被用作人殉、人祭的人称为"人牲"。在国外不少著述中，使用"人牲"这一概念时并未标明是人殉还是人祭，这两者实际上是有区别的。而英文的人牲是"human sacrifice"，西班牙语中的人牲是"sacrificio humano"，均不能直接看

---

① 《世界上古史纲》编写组：《世界上古史纲》上册，人民出版社 1979 年版，"前言"第 13—14 页。
② 苏联科学院主编：《世界通史》第 1 卷，上册，生活・读书・新知三联书店 1959 年版，"序言"第 38 页。

出是人祭还是人殉，不过多指人祭，但具体如何要通过语境来确定。奴隶社会，特别是在原初国家（或早期奴隶制国家）中，人殉人祭是比较普遍的现象。这种残酷的手段是当时奴隶制国家的"法律"允许的，是"合法的"。举行大规模人祭活动是国家主导的行为。在埃及、两河流域、印度、中国和美洲印第安早期奴隶制国家中，均存在着人殉人祭现象。有学者认为人祭是在世界古代多地出现的现象。"事实上，用活人作祭品无论在新大陆，还是在旧大陆都出现过。这样的例子不仅在中美洲找得到，在美索不达米亚、埃及和中国也都找得到。"[1] 考察古代中国人祭人殉现象时，我国有学者就指出："人祭和人殉，是古代两种不同形式和内容的社会现象。根据考古、民族学资料和历史文献的记载，人祭是杀人来祭祀人格化的神灵和对山川等的自然崇拜。它是原始宗教的迷信活动。人殉是用人来为原始社会的氏族首领、家长及奴隶制社会的大小奴隶主陪葬。世界人类历史上各民族都存在过这种野蛮残酷的社会现象。"[2]

诚然，在封建社会时期，世界上有的地方也存在过人殉现象，但那种现象不是普遍的，往往是孤立的、偶然的，应该说属于奴隶社会的残余。我们可以作出这样的基本判断：存在着较普遍的、规模较大的人殉现象的社会就是奴隶社会；存在着合法的、一定规模的人祭现象的社会就是奴隶社会。

第二，王神合一现象。

"王神合一"也是奴隶社会尤其是早期奴隶社会中的一种较普遍的现象。在奴隶社会，统治阶级为了维护统治地位，奴役被剥削、被压迫者，把王权神圣化，甚至王本人被视为神。例如，王与太阳神联系在一起，被视为太阳神在人间的存在。有学者指出，各种奴隶制国家中的宗教虽然有差别，"但它们都有一个共同点：把奴隶制

---

[1] 帕特里西亚·安纳瓦尔特（Patrcia R. Anawalt）：《对阿兹特克人祭的理解》，林振草译，周庆基校，原文刊载于美国《考古学杂志》（Archaeology）1982年9—10月号第35卷第5期，《贵州大学学报》1986年第3期，第87页。

[2] 王克林：《试论我国人祭和人殉的起源》，《文物》1982年第2期，第69页。

的国家制度和王权神圣化，宣传对自然界力量、对压迫者强力的屈服，不仅用地上的制裁而且用天上的惩罚来恫吓一切不驯服的人们。"① 在埃及古王国时期，国王在宗教领域起着极为重要的作用，他是最高宗教官员。"国王本身就是神"，能与神进行直接交流。②"法老是火之王，因为他是太阳，他在地球上模仿太阳光辉灿烂的运行过程。加冕之时，国王像天空中的太阳一样'升上'（kha）王座。"③ 把祖先与上帝相联系在我国商周之际十分明显，商周两朝皆称自己的祖先为上帝之子，以神化祖先的方式来神话自己。《诗经》中有："天命玄鸟，降而生商"（《诗经·商颂·玄鸟》）；商人的祖先契就是上帝的儿子。我国历史上最早的国家之一良渚古国也存在着神王合一现象。张忠培指出，"良渚文化社会政权的性质是神王国家，也可称之为政教合一的国家"，国王掌握着政权和神权。④ 古代两河流域最早的文明社会——苏美尔城邦国家，王生前就是神或半神式的人物；王可能被视为太阳神之子；王权"自天下降"。⑤ 美洲早期奴隶制国家印加王国的国王也被视为太阳神之子。

这种王神合一现象就是奴隶社会统治阶级"无形的精神枷锁"，可以说属于奴隶社会的主流意识形态。"奴隶主贵族往往还借助于'神'或'上帝'来威吓和欺骗奴隶，把奴隶社会的统治秩序说成是由上天所安排的；他们宣扬，谁应该统治别人，谁应当被统治，都是由'上帝'或'神'的意志所决定的。如果有人胆

---

① 苏联科学院主编：《世界通史》第 1 卷，上册，生活·读书·新知三联书店 1959 年版，"序言"第 42 页。

② 詹森·汤普森：《埃及史：从原初时代到当下》，郭子林译，商务印书馆 2012 年版，第 32 页；参阅艾伦·B. 劳埃德《古代埃及：国家与社会》（Alan B. Lloyd, *Ancient Egypt: State and Society*），牛津大学出版社 2014 年版，第 95 页。

③ 亚历山大·莫瑞、G. 戴维：《从部落到帝国——原始社会和古代东方的社会组织》，郭子林译，大象出版社 2010 年版，第 123 页。

④ 张忠培：《良渚文化墓地与其表述的文明社会》，《考古学报》2012 年第 4 期，第 421 页。

⑤ 刘文鹏、吴宇虹、李铁匠：《古代西亚北非文明》，福建教育出版社 2008 年版，第 179—181 页。

敢破坏这种秩序，就是违抗天意，将要受到'上帝'的严厉惩罚。奴隶们只有安分守己，死后才能升入天堂，在另一个世界中得到幸福。有些奴隶主贵族则直接把自己称为神或神的后裔，命令奴隶和其他劳动人民无条件地服从他们的统治。"[1]

二　典型的原初文明地区的奴隶制国家

"原初文明"是指在没有外在文明影响或者外在文明影响较小的条件下主要是自身从原始社会后期逐渐发展演进形成的文明，文化、种族等方面具有鲜明的自身特色，特别是形成了自己的原初文字（一般为象形文字或向象形文字过渡的图画文字）。人类历史上的"原初文字"属于象形文字，是在原始社会后期人们的表意符号、图画的基础上形成的。在中国历史上古人早就在陶器上刻下了符号，半坡、姜寨遗址出土了不少刻画符号；而已发现的我国历史上的图画文字最早见于大汶口文化晚期，年代约公元前3000年左右。[2] 可以说，象形文字是人类社会的"原初文字"，具有象形文字的文明也就是原初文明。使用象形文字的早期国家，可以称为"原初国家"。

世界上典型的原初文明地区是古代埃及文明、古代西亚两河流域文明（美索不达米亚地区文明，以苏美尔文明最早）、中国的古代文明、印度河流域的古代文明以及古代美洲印第安文明。亚非地区的古代原初文明，相互之间不是完全没有影响的。例如，印度河流域古代文明，因为地理位置离两河流域较近，贸易交流很早就有，可能在相当大程度上受到两河流域文明的影响，甚至埃及文明的影响。但是印度河流域文明有自己的代表性原初成分——印章文字，只是这种文字迄今为止学术界尚未能够成功释读。古代埃及与

---

[1] 陶大镛主编：《社会发展史》，人民出版社1982年版，第93页。
[2] 苏秉琦主编，张忠培、严文明撰：《中国远古时代》，上海人民出版社2017年版，第107—108、306页。

两河流域地区交往联系较多，在文明形成发展进程中也有相互影响。古代中国与亚非大陆的其他文明地区也是有联系的，并非完全相互隔绝。但是，古代世界的这四大文明都有自身特色，有自己的象形文字。

过去长期被学术界忽略的"原初文明"是古代美洲印第安文明。美洲印第安人创造了独具特色的文明。美洲印第安文明具有原初文明特征，特别是已有了图画文字、象形文字，发明创造了自身文明的各种因素，包括天文学知识、数学知识等。本书将加以适当阐述，努力利用美洲印第安文明提供的史实，提高我们对人类社会形态演进历程的认识。

使用拼音文字的古希腊文明、古罗马文明，可以说在很大程度上并不是"原初文明"，其奴隶占有制繁荣时期文明的基本因素之一——文字就是从亚洲非洲古代文明成就那里借鉴来的。古代希腊和古代罗马，与尼罗河地区、两河流域地区距离较近，"一水之隔"，许多文明因素来自古代亚洲和非洲文明。这一点西方严谨的学者也不否认。英国学者约翰·德斯蒙德·贝尔纳就讲过："铁器时代的，甚至希腊人的科学和各项技术，大部分都从古世界所有的推演而来，但绝大部分因无法稽考而未经承认。当然，有些技术体现在实质的和耐久的物件上，我们就肯定这样演变情形曾经发生过。许多观念或发现都归功于某一位希腊哲学家，其理由只不过他是我们所晓得的，曾经，或相信他曾经如此表示过的第一人罢了。进一步研究下去，就往往揭露起源于更早的埃及或美索不达米亚。因此我们就没有理由可以相信，考古学上现有一些判断已是定论。"[①]

我们认为，要说明一个地区或一个国家是否经历了奴隶社会，更重要的是要考察是否为"原初文明"地区；这些地区，是在没有强大外因作用的历史条件下，自身从原始社会向新的社会形态演进的，具有鲜明的"原初文明"因素。

---

① 约翰·德斯蒙德·贝尔纳：《历史上的科学》，第1卷《科学萌芽期》，伍况甫、彭家礼译，科学出版社2015年版，第98页。

今天的国家和地区，并非在历史上一定都经历了奴隶社会。各国的国家形成时期有早晚，所经历的社会形态阶段也会有所不同。

下面，先重点考察"原初文明"地区的奴隶社会。

1. 古代西亚两河流域

西亚两河流域是世界四大古文明地区之一，也是最先进入文明阶段的地区之一。生活在两河流域下游的苏美尔人在这一地区最早建立了一系列城邦国家。这些城邦国家长期处于相互兼并融合进程中。北部的阿卡德地区逐渐崛起，征服了苏美尔城邦国家，建立了两河流域第一个规模较大的具有统一性质的王国。后来，苏美尔地区城邦国家摆脱阿卡德王朝的统治，获得独立，形成新的地域性王国，如乌尔第三王朝。在漫长的古代时期内，两河流域的王朝兴衰更替要比尼罗河流域更为复杂。乌尔第三王朝之后，著名的国家是古巴比伦王国。之后，强大的亚述帝国崛起，成为两河流域规模空前的奴隶制王国，一度侵入埃及，地跨亚非两大洲。亚述衰落后，又出现了新巴比伦王国。新巴比伦王国衰亡后，兴起的是"波斯帝国"，地跨亚非欧三大洲，是世界上空前的超级大国。在这些大国王朝兴衰更替、分裂融合进程中，还有一些有名的王国出现；或者说这些大国的周边存在着一些其他的王国或城邦国家。奴隶制在两河流域经历了长期的发展。

出土的资料显示，起初奴隶可能主要来源于战俘或是购买来的外族人。[1] 有的学者认为，两河流域的奴隶制可能出现于公元前四千年代后期；起初奴隶是战俘，一般是女奴，属于国家财产，供神庙和王室使用；后来奴隶所有制逐步扩大了。[2] 起初女奴隶多，可

---

[1] 崔连仲主编：《世界通史·古代卷》（修订版），人民出版社2017年版，第82—83页。

[2] 简·R. 麦金托什：《美索不达米亚与文明的兴起：历史、文献与关键问题》（Jane R. McIntosh, *Mesopotamia and the Rise of Civilization: History, Documents, and Key Questions*)，美国文献中心／克利俄出版社2017年版，第113页。

能是奴隶社会初期的一种普遍现象。"异族"男子在战场上战死或作为俘虏被杀,女人则被掳掠为奴。

苏美尔人生活的两河流域南部地区属于巴比伦尼亚。这一地区形成了若干城邦。这样的城邦以一个城市为中心,由几个农村公社围绕,一般地不过百里,人口数万,小国寡民。在城邦中,神庙(有的学者称"寺庙",英文中实际上是同一个词"Temple")占有重要地位,拥有大量的土地。例如,在拉格什城邦中,各神庙共约占有2000平方公里天然灌溉的土地中的500—1000平方公里,即约占1/4至1/2的土地。每一个神庙占有的土地分为三类:神庙公用地、神庙份地、神庙出租地。公用地由神庙所属人员为神庙公用而共同耕作;份地分给为神庙提供服务的人员;出租地租给佃户耕作,收取地租,佃户大都是为神庙服务的人员。神庙土地不能买卖,城邦王权强大时可能侵吞神庙土地。农村公社的土地在分配给各个家族后,就逐渐变得可以买卖了。有学者指出:"我们可以判断,和我国商周时期的井田制度的情况一样,城邦把部分土地平均地发给每个公民。最初,公民的土地是不允许出卖的。随着阶级的分化、财富的集中,王室、神庙和贵族希望拥有多数的土地,他们就允许贫穷的公民出售自己的份地了。"[①] 土地私有制加剧了城邦的贫富分化,村社土地日渐缩小,为王室、贵族、神庙侵夺。无地的农民沦为依附者,称为"古鲁什",从全权公民变为半自由人,其地位逐渐与奴隶相近。[②]

在各城邦并存的过程中,相互纷争是不断的,奴隶数量也在增长之中。拉格什全部人口约十二三万人,其中1/3是奴隶。神庙拥有众多奴隶,一个名为巴乌的神庙,仅女奴就有195人。神庙的奴隶从事各种劳动、耕作土地、放牧和手工作坊生产。[③] 关于早期两河流域

---

① 吴宇虹:《苏美尔早期地契研究》,《世界历史》2006年第6期,第105页。
② 崔连仲主编:《世界通史·古代卷》(修订版),人民出版社2017年版,第84—86页。
③ 崔连仲主编:《世界通史·古代卷》(修订版),人民出版社2017年版,第85页。

社会阶级结构问题，有学者认为："早期美索不达米亚社会由四个群体组成"，就是贵族、平民（包括自由农民、商人和工匠）、半自由的依附者，"第四个阶级是奴隶"。① 当时的社会是存在奴隶制的。

苏美尔人的城邦存在着人殉的现象。例如，在乌尔城邦遗址，普阿比王后陵（约公元前27—前26世纪）中，就发现了59名被杀的人殉，可能包括卫士、乐师、家属和其他侍从。② 苏美尔的城邦国家的国王、王后和贵族们，死后有豪华的墓葬和殉葬品，乃至大批人殉。苏美尔史诗《吉尔伽美什之死》就列举了大批殉葬人。③ 在苏美尔这样的王陵中，存在着不少"死亡坑"（death pits）。这些殉葬者的死亡"不是随意的暴力行为，而是高度有序的、有规则的事件"；显然，存在着"众多侍从遭受仪式杀害或大规模自杀"的证据。④ 这种大规模、常规性的殉葬现象正是奴隶社会的一种标志，也说明当时社会上存在着大量奴隶。

阿卡德也是一个城邦国家，位于巴比伦尼亚的北部，在今伊拉克。阿卡德城邦在国王萨尔贡一世（约公元前2340—前2284年在位）时实现了阿卡德地区的统一；接着又征服了苏美尔地区诸城邦，第一次统一了巴比伦尼亚。萨尔贡还向周边地区用兵，建成强大的阿卡德王国。

由于连年征战，一些全权公民负担繁重，甚至破产沦为奴隶；王室、贵族、神庙的依附者地位下降，逐渐丧失独立性。公有和私

---

① 小威廉·H. 斯蒂宾、苏珊·N. 赫尔夫特：《古代近东历史和文化》（第3版）（William H. Stiebing Jr. and Susan N. Helft, *Ancient Near Eastern History and Culture*, Third edition），劳特利奇出版公司2018年版，第60页。

② 崔连仲主编：《世界通史·古代卷》（修订版），人民出版社2017年版，第85页。

③ 《世界上古史纲》编写组：《世界上古史纲》上册，人民出版社1979年版，第143页。

④ 布鲁斯·劳特利奇：《考古与国家理论：权力的主体与客体》（Bruce Routledge, *Archaeology and State Theory: Subjects and Objects of Power*），布鲁姆斯伯里出版公司2014年版，第127—134页。

有的奴隶数量,因战俘和债务奴隶的增多而增加了。① 有学者指出:"阿卡德社会至少包括两个法律上的阶层:有法律权利的公民和动产奴隶。"② 当然,"经济阶级"比"法律上阶层"更有差异性。除了奴隶属于物品外,还有一些群体如依附者、劳工、仆人等可能只有很小的流动性和法律上的权利,当然他们不能像奴隶一样被出卖,他们法律上属于"臣民",而不是"物品"。"一些人在生活方面比奴隶可能好不了什么,事实上许多家庭中的动产奴隶可能比许多劳工享有更好的生活标准。一些劳工如动产奴隶一样被牢固地约束于其社会处境,如果不是更牢固的话,因为动产奴隶可能被释放,但劳工不能。"③ 可见,在阿卡德王国,除了奴隶之外,一些下层劳动人民在社会地位与生活状况上如同奴隶一样。

阿卡德王国衰亡后,苏美尔各城邦逐渐复兴,建立了乌尔第三王朝(约公元前2111—前2003年)。这个时期,中央集权加强,王室奴隶制经济发展更为突出。王室占有全国3/5的土地,王室奴隶制大庄园遍布全国各地。庄园中的劳动者主要是战俘奴隶和由过去的公社成员演变为半自由民身份的依附者,后者与战俘奴隶一样被编成劳动队在监工的鞭子下进行生产。除了王室奴隶制经济和神庙奴隶制经济外,私人奴隶制经济也有发展。据统计,在乌尔第三王朝时期,王室与神庙庄园中的奴隶和私人奴隶各占全体居民的15%左右,全国奴隶的总数约占全体居民的1/3或者1/4左右。④ 正如前文已提及的,在乌尔第三王朝早期,至少有四个不同的社会

---

① 崔连仲主编:《世界通史·古代卷》(修订版),人民出版社2017年版,第87—88页。

② 本杰明·R. 福斯特:《阿卡德时代:古代美索不达米亚的帝国创建》(Benjamin R. Foster, *The Age of Agade: Inventing Empire in Ancient Mesopotamia*),劳特利奇出版公司2016年版,第36页。

③ 本杰明·R. 福斯特:《阿卡德时代:古代美索不达米亚的帝国创建》,劳特利奇出版公司2016年版,第36页。

④ 崔连仲主编:《世界通史·古代卷》(修订版),人民出版社2017年版,第89—90页。

集团：奴隶、依附者、自由民和贵族。① 这也说明当时无疑存在着一个奴隶阶级，并且还存在着一个近似奴隶的依附者阶层。

为了维护奴隶主阶级的统治，乌尔第三王朝制定了《乌尔纳姆法典》，乌尔纳姆（或译为乌尔纳木）是乌尔第三王朝的创立者。《乌尔纳姆法典》是世界历史上早期的成文法典，但只有抄本残片存在。而仅存的一些条文也多处涉及奴隶。

例如，法典有如下规定：

如果一个男奴隶与他喜爱的女奴结婚，当男奴获得自由时，她/他将不离开家（或被逐出家门？）。

如果一个男奴隶与一位本土女子结婚，她/他将让一个男孩为他的主人服务。

如果一个奴隶逃往其城市地界之外，有人将其带回，那个奴隶的主人将以［X］西客勒（shekel，或译为舍客勒）银酬报之。

如果他应该带来一个女奴，而他没有任何女奴时，那他将称量并交付10西客勒银子；如果他没有任何银两，他将给他具有这个价值的任何东西。

如果一个女奴隶咒骂某位按其女主人批准而行事者，他们将用一西拉盐擦净她的嘴。

这部法典的残版中还有关于奴隶的条文，但因文字太缺漏，无法译出完整意思。②

显然，这是一部维护奴隶占有制的法律，表明了乌尔第三王朝是奴隶社会。

---

① 琳达·苏珊娜·鲁滨逊：《社会等级化与古代美索不达米亚的国家》，得克萨斯大学奥斯汀分校，博士学位论文，1984年，第166页。

② 这里《乌尔纳姆法典》的内容是根据马莎·T. 罗思编撰的《美索不达米亚和小亚细亚法律辑》（Martha T. Roth, *Law Collections from Mesopotamia and Asia Minor*）（第2版）英文版翻译出来的，学者出版社1997年第2版，第17—21页。文中的问号是原文中的。本书为《圣经学会古代世界文献辑》（*Society of Biblical Literature: Writings from the Ancient World Series*）的第6卷，总编辑是西蒙·B. 帕克（Simon B. Parker）；本卷编辑是彼得·米哈沃夫斯基（Piotr Michalowski）。

乌尔第三王朝灭亡后，两河流域中下游出现的新的强大国家是古巴比伦王国（约公元前1894—前1595年）。古巴比伦王国也是奴隶社会。王朝建立之初，也许统治阶级更加注意总结前朝败亡的教训，比较重视社会公平，比较考虑下层被压迫被奴役阶层的利益，以便维护统治。但是，随着奴隶制王朝的发展演进，社会分化程度会加剧，债务奴隶会增多。在古巴比伦王国，社会中始终存在着一个奴隶阶级。"奴隶的应用是很广泛的，包括农业、手工业和家务劳动。奴隶更多地使用在王室或寺庙经济中，但在中小奴隶主家庭也往往拥有几个甚至二十几个奴隶。一些大的公共工程可能还使用由国家支配的公共奴隶。"①

古巴比伦王国的第六代国王汉谟拉比（约公元前1792—前1750年在位）是最为著名的国王。他在位期间，古巴比伦王国达到鼎盛。汉谟拉比颁布的法律汇编成《汉谟拉比法典》，是最具代表性的楔形文字法典，也是迄今所知的世界上较为完整地保存下来的最早的一部成文法典。这是一部维护奴隶社会统治秩序的法典，从中我们能够真切地体会到当时奴隶制度的一些具体情形。

《汉谟拉比法典》除序言和结语外，共有282条。绝大多数条文保存下来了，有部分条文缺失；缺失的条文，不同的版本稍有出入。这里主要利用日知（林志纯）先生翻译的版本，并参阅吴宇虹等《古代两河流域楔形文字经典举要》中《汉穆腊比法典》中译本和用于对照的英文本。②在日知译的《汉谟拉比法典》版本中，有36条直接关系到奴隶。从这些条文中，我们能够清晰地看到法典是如何维护当时奴隶社会统治秩序的，特别是如何对奴隶进行控制的。

---

① 崔连仲主编：《世界通史·古代卷》（修订版），人民出版社2017年版，第97页。

② 日知先生为林志纯，是我国已故著名世界古代史专家，他翻译的《汉谟拉比法典》见周一良、吴于廑主编《世界通史资料选辑》的《上古部分》，由林志纯主编，商务印书馆1974年版，第57—93页；吴宇虹等《古代两河流域楔形文字经典举要》，"汉穆腊比法典"部分，黑龙江人民出版社2006年版，第8—207页。

例如：

第十五条：自由民将宫廷之奴或婢，或穆什钦努①之奴或婢，带出城门外者，应处死。

第十六条：自由民藏匿宫廷所有或穆什钦努所有之逃奴于其家，而不依传令者之命令将其交出者，此家家主应处死。

第十七条：自由民于原野捕到逃亡之奴婢而交还其主人者，奴主应以银二舍客勒酬之。

第十八条：倘此奴隶不说其主人之名，则应带至宫廷，然后调查其情形，将其交还原主。

第十九条：倘藏匿此奴隶于其家而后来奴隶被破获，则此自由民应处死。

第二十条：倘奴隶从拘捕者手中逃脱，则此自由民应对奴主指神为誓，不负责任。

可见，当时社会的统治阶级对奴隶控制是多么严厉。根据法典，犯了同样的罪过，对奴隶的处罚与对自由民的处罚是很不一样的，对奴隶处罚重，对自由民处罚轻。例如：

第一九六条：倘自由民损毁任何自由民之子之眼，则应毁其眼。

第一九七条：倘彼折断自由民［之子］之骨，则应折其骨。

第一九九条：倘彼损毁自由民之奴隶之眼，或折断自由民之奴隶之骨，则应赔偿其买价的一半。

从这几条规定可见，自由民损毁了奴隶的眼睛或骨头，不需要对等处罚，只需给奴隶的主人一定赔偿即可。

第二〇三条：倘自由民之子打与之同等的自由民之子，则应赔银一明拉。

第二〇四条：穆什钦努打穆什钦努之额，则应赔银十舍客勒。

---

① "穆什钦努"，有的著作译为"穆什根努"，属于"非全权自由民"，依附于王室。参阅崔连仲主编：《世界通史·古代卷》（修订版），人民出版社2017年版，第96页。

第二〇五条：倘自由民之奴隶打自由民之子之额，则应割其一耳。

可见，自由民打了自由民，只需要赔偿；穆什钦努打了穆什钦努也只需要赔偿即可；而奴隶打了自由民则要受到割去耳朵的惩罚。

第二〇九条：倘自由民打自由民之女，以致此女堕胎，则彼因使人堕胎，应赔银十舍客勒。

第二一〇条：倘此妇死亡，则应杀其女。

第二一一条：倘彼殴打穆什钦努之女，以致此女堕胎，则彼应赔五舍客勒银子。

第二一二条：倘此妇死亡，则彼应赔银二分之一明那。

第二一三条：倘彼打自由民之女奴，以致此女奴堕胎，则彼应赔银二舍客勒。

第二一四条：倘此女奴死亡，则彼应赔银三分之一明那。

可见，自由民打死自由民之女，是要偿命的；而自由民打死穆什钦努之女，则只需赔偿；打死女奴也只需赔偿，而且赔偿更少。

以上举例足以说明《汉谟拉比法典》是维护奴隶制的法典，努力保护自由民的利益，对奴隶则采取严峻的惩处手段。"自由民"是可以拥有奴隶的，可能实际上就是奴隶主；在《汉谟拉比法典》条文中，并没有"奴隶主"这个专门的概念。理论上讲，每个"自由民"是可以拥有奴隶的，也就是说属于奴隶主阶级，但我们不好说所有的"自由民"都是奴隶主，都拥有奴隶。在英文版《汉谟拉比法典》中，"自由民"是用"Man"这个概念，就是"男人"或"人"的意思；有的学者也将"a Man"翻译成为"一个人"。当然，法典中的"Man"不是指普通的人，不可能指奴隶。[①] 因此，我们倾向于将"Man"译为"自由民"，而不是一

[①] 参阅马莎·T. 罗思编撰《美索不达米亚和小亚细亚法律辑》，学者出版社1997年第2版，第71—142页。本书为《圣经学会古代世界文献辑》的第6卷，总编辑是西蒙·B. 帕克；本卷编辑是彼得·米哈沃夫斯基。

般意义上的"一个人",这样更便于理解《汉谟拉比法典》的实质和当时的社会情景。

奴隶占当时社会人口的比例,是很难估计的。但可以肯定的是,汉谟拉比时期奴隶是比较多的。有学者讲:大多数家庭(households)只有少量的奴隶。但一份关于家庭遗产的材料却记载有32个奴隶,包括少女奴隶;还有大量银子、644头耕牛和120头奶牛。① 这份材料说明当时社会上的奴隶是众多的。

古巴比伦王国衰亡后,两河流域中下游地区又经历了一个较长时期的混乱和王朝兴衰更替。直到公元前8世纪,亚述崛起。公元前7世纪,亚述国王不断扩大征战,把西亚东北非统一在一个强大的国家范围内,学术界一般称为"亚述帝国"。亚述帝国是一个奴隶制国家。自由民和奴隶是亚述国家最重要的两个阶级。自由民内部分化为贵族和平民,上层是贵族,占有大量的土地和人口,垄断高级官职,有资格与国王一起分享战利品和附属国的贡赋,还享有免除赋役的特权;自由民下层是平民,占有小块份地,也可能占有少量奴隶,可以充任下级官吏和祭司,有时也可分享战利品和贡赋。一些平民可能通过建立军功等途径跻身于统治阶级上层,但陷入困境的平民则不得不出卖自己的份地、家庭成员,甚至自身。奴隶身处社会底层,同牲畜一样被视为奴隶主的财产,可以任意买卖、转让、交换、租借和赠予。② 亚述奴隶主们不断发动战争,掠夺大量奴隶和财富。这使亚述的奴隶制经济得到发展。"奴隶大量地充斥于王室、寺庙和私人经济中,也广泛应用于建筑运河、铺设

---

① 《剑桥大学世界奴隶制史》(*The Cambridge World History of Slavery*),第1卷《古代地中海世界》,基思·布拉特利、保罗·卡特利奇主编(*The Ancient Mediterranean World*, edited by Keith Bradley and Paul Cartledge),剑桥大学出版社2011年版,本卷第1章《古代近东奴隶制》("Slavery in the Ancient Near East"),作者是丹尼尔·C. 斯内尔(Daniel C. Snell),第12页。

② 国洪更:《亚述赋役制度考略》,中国社会科学出版社2015年版,第120—122页。

道路、扩建新都尼尼微等巨大工程中。"①

亚述帝国灭亡后,兴起的是新巴比伦王国(公元前626—前538年)。这也是一个奴隶制大国,不仅神庙拥有大量奴隶,私人也占有很多奴隶,奴隶劳动应用于各个领域。有学者指出,这个时期有丰富的关于奴隶的文献资料。这些文献资料显示有三类奴隶:一是少量的"王室奴隶",在宫廷中充当仆役;二是神庙拥有的奴隶,神庙既是宗教中心,也是经济中心;三是私人拥有的奴隶,在农业、高利贷等各行业中从事劳动。②

这个时期,出现了值得关注的新社会现象。"由于工商业的发展,祭司、商人高利贷奴隶主往往让有技能的奴隶独立经营手工业作坊或小店铺。这类奴隶有自己的家庭,能够单独同自由民订立经营契约,是较为自由的,但他们的奴隶身份不变。他们每年必须向主人缴纳一般为奴隶身价1/5的年贡,名曰'曼达图'(Mandattu)。另外还要缴纳一部分收入,作为主人贷款的利息。有的奴隶主还采取出租奴隶的办法,坐享'曼达图',每个月可以从一个奴隶身上获取2西客勒至3西客勒白银。这种剥削奴隶的方式虽有显著的变化,但奴隶主剥削、压迫奴隶的制度并没有改变。在法律上奴隶是被主人完全占有的,奴隶主有权随时收回奴隶经营的全部产业。奴隶虽可赎身,但机会很少,人数有限。"③ 无论如何,这种变化给予了奴隶们更多的行动自由。这应该说是人类社会发展演进中的一种趋势,是一种社会进步,也让我们联想起后来封建时代的农奴制度。新巴比伦王国在公元前538年被波斯人攻灭,并入波斯帝国。波斯帝国是世界历史上第一个地跨亚非欧的大国。

---

① 崔连仲主编:《世界通史·古代卷》(修订版),人民出版社2017年版,第104页。

② 《剑桥大学世界奴隶制史》,第1卷《古代地中海世界》(基思·布拉特利、保罗·卡特利奇主编),剑桥大学出版社2011年版,第1章《古代近东奴隶制》(丹尼尔·C. 斯内尔),第15页。

③ 崔连仲主编:《世界通史·古代卷》(修订版),人民出版社2017年版,第107页。

两河流域地区，从苏美尔城邦小国的形成到地跨亚非欧三大洲大国的出现，经历了漫长的发展演进过程。历史事实充分证明，这个地区经历了一个无法否定的奴隶社会时期。有学者指出：当亚历山大率领希腊人到达时，"近东至少有两千年的奴隶制经历"。① 这是两河流域社会发展的一个阶段，体现了人类社会发展的规律。

2. 古代埃及

埃及位于尼罗河流域，古代埃及文明是世界四大古文明之一。学术界一般认为，尼罗河流域和西亚两河流域是世界上产生国家最早的地区，但哪个地区更早一些，在学术界则有不同看法。

关于世界上古史，由于研究资料的不足，学术界往往有分歧。一些看法也是推测性的，而不是结论性的。埃及最早的国家究竟产生于何时，学术界就存在不同看法；在年代说法方面，也是有所出入的。《世界上古史纲》认为，大约公元前3500年，埃及进入涅迦达文化II期，而涅迦达文化II期正是埃及进入阶级社会和文明的时代。埃及国家最早可能形成于涅迦达城，那里出土过王冠图案和王衔符号；位于涅迦达城南部的希拉康坡里也是埃及前王朝时代一个重要的国家。② 那时候的国家还是小国，显然埃及尚处于某种"邦国林立"的状态。在尼罗河流域，当时存在着"很多独立而竞争的权力中心"。③ 而学者斯特凡·塞德梅尔则指出，"古埃及并没有走上城邦国家的道路，但是这些城镇在埃及发展成为国家的过程中发挥了重要作用。""这些地区位于一个个部落酋邦或者说原始国家的中心，这些部落酋邦不断融合，最终出现了早王朝时期的法

---

① 《剑桥大学世界奴隶制史》，第1卷《古代地中海世界》（基思·布拉特利、保罗·卡特利奇主编），剑桥大学出版社2011年版，第1章《古代近东奴隶制》（丹尼尔C. 斯内尔），第20页。

② 《世界上古史纲》编写组：《世界上古史纲》上册，人民出版社1979年版，第249—252页。

③ 詹森·汤普森：《埃及史：从原初时代至当下》，郭子林译，商务印书馆2012年版，第17页。

老国家。"① 塞德梅尔看来不愿承认有"城邦国家",而称这些"城邦"为"城镇",是"部落酋邦"或"原始国家"的中心。虽然塞德梅尔没有完全否认埃及存在某种"国家形态",但他明确把王朝时期的埃及视为埃及最早的国家。我们认为,埃及最早的国家应该是"邦国林立"式的小国。这些小邦国与两河流域苏尔美地区的城邦国家是同类的;与后来美洲印第安人建立的国家也是相似的。中国历史上也曾经历过"小国林立"的时期。

埃及在经历了一段邦国林立的时间后,在上下埃及形成了两个王国。根据《世界上古史纲》,埃及走向统一是在美尼斯国王时期。美尼斯是古埃及第一王朝的开国之君,约在公元前3100年,他征服了下埃及,使埃及成为统一国家。不过,近年有学者指出,根据出土文物,是纳尔迈国王在蝎子王对外兼并战争的基础上,通过一系列战争,最终统一了上下埃及。过去有学者将美尼斯与纳尔迈等同,但美尼斯是传说人物还是真实的历史人物,尚不能确定,而纳尔迈则确有其人。②

古代埃及的这些早期国家,应是存在着奴隶的。这些城邦国家是伴随着融合、兼并成长起来的,这样就会产生大批奴隶,推动着奴隶制的发展。但关于早期国家的奴隶情况,由于资料的缺乏,学者们几乎没有多少具体的讨论。到了蝎子王时期,资料就多起来了。在战场调色板和蝎王权标头上,能看到失败者被屠杀或被捆绑作为俘虏。蝎王权标头上有以国王为首的贵族阶级,有被镇压的以田凫为代表的平民,有以"悬弓"为代表的被征服的外国人,还有从事劳动的奴隶。这些反映了前王朝时期埃及各邦国奴隶主与奴隶、贵

---

① 斯特凡·塞德梅尔:《埃及迈向先进文明之路》,载雷根·舒尔茨、马蒂亚斯·塞德尔主编《埃及:法老的世界》,中铁二院工程集团有限责任公司译,中国铁道出版社2012年版,第23页。

② 刘文鹏、吴宇虹、李铁匠:《古代西亚北非文明》,福建教育出版社2008年版,第33—34页。

族与平民的阶级关系。① 有学者指出，在埃及古王国时期，社会金字塔的底层是奴隶。这些奴隶作为仆人在神庙、王宫和贵族家庭劳动；奴隶也从事像采石这样的残酷劳动。②

进入国家阶段后，埃及经历了漫长的奴隶社会时期。古代埃及后期阶段不断受到外族侵略和统治，遭受波斯人、希腊人统治之后，到公元前1世纪，埃及又被实行奴隶制的罗马人征服，成为罗马帝国的一部分。

在奴隶制城邦兼并过程中，埃及形成了王朝国家。统一的王朝国家是发展变化的，经历了逐步扩大、被外敌征服、复兴、国家分裂和衰落的过程。在这样的历史进程中，奴隶制也是发展变化的。战争提供了大量奴隶。例如，第四王朝的一次战争，就获得男女俘虏7千名，大小牲畜20万头。这样，在古王国时期，"社会的基本阶级是奴隶主贵族和奴隶。奴隶主阶级包括国王、贵族大臣和高僧。他们不仅占有大量土地和奴隶，而且剥削被奴役的自由民。"③ 有的著作也类似地指出："古王国时期的埃及社会是属于奴隶制社会。奴隶的主要来源是战争俘虏。第四王朝的第一个法老斯涅弗鲁，在一次战争中就俘获了7000名努比亚人，另一次战争俘获了1100名利比亚人。这些被俘者在铭文中是和牲畜并列计算的。奴隶也有其他来源，如用买卖的方式购得的。总的来说，奴隶多为国家所有，用于采石场、灌溉工程以及建筑方面，也用于王庄或官营的手工作坊。有些战俘奴隶，法老赏赐给神庙和权贵阶层，补充他们农庄中的劳力。奴隶除了从事生产，有一部分也用做家庭奴婢。"④

---

① 《世界上古史纲》编写组：《世界上古史纲》上册，人民出版社1979年版，第257—263页。

② 小威廉·H. 斯蒂宾、苏珊·N. 赫尔夫特：《古代近东历史和文化》（第3版），劳特利奇出版公司2018年版，第138页。

③ 《世界上古史纲》编写组：《世界上古史纲》上册，人民出版社1979年版，第279页。

④ 崔连仲主编：《世界通史·古代卷》（修订版），人民出版社2017年版，第52页。

到中王国和新王国时期，奴隶制得到新的发展。来自亚洲和尼罗河上游地区的大量战俘，成了奴隶，从事家内劳务和受监视的劳动；政府对这些"外国奴隶"进行有力监管。① 这个时期，"首先是私人奴隶数量的增加，有的奴隶主占有二三十名奴隶，有的甚至蓄奴以百计。这些奴隶在文书中像牲畜一样是用'头'来计算的。例如，十二王朝一个法老的卫队长，一次就受赏奴隶100名。在十二王朝末期的纸草文献（'布鲁克林纸草'）上记载着一个南方城市的长官给予其妻的奴隶名单有95名奴隶，由于纸草文书的残缺只保留下来83个名字。其中有33名埃及人，49名是亚洲人，还有1人籍属不明。在这些奴隶中，成年男女奴隶为69人，男孩与女孩共14人，显然奴隶是没有合法家庭的。按其职业划分，有农夫、织工、厨师、酿酒者、面包师、家庭仆役、梳妆侍女等。奴隶主视奴隶为财产，可当作遗产继承、赠与或转让（包括买卖）。有些高官显宦还整批地屠杀奴隶作为殉葬品，例如有个当过州长的人叫哈比西法，死的时候有300名奴隶被杀，用来给他殉葬。"② 可见，到中王国时期，埃及奴隶制是很发达了。

殉葬主要是奴隶社会的一种现象，大量殉葬现象的发生也明确揭示埃及当时处于奴隶社会状态。殉葬现象在奴隶社会早期阶段可能更为突出。原因之一也许是当时生产力发展水平低，一个人所能体现出来的生产能力并不是很强，能为社会所生产的剩余财富不多。这样，将一些属于特殊群体的人置于陪葬地位，奴隶主统治集团总体上是可以接受的。可以推想，殉葬现象的发生，主要不是出于古人的宗教信仰，更为重要的是树立统治者的权威，是"合法的"屠杀，更是继任的统治者的政治需要。埃及第一王朝的国王们就采取人殉的丧葬方式。"当国王们死去时，他们令整个家

---

① 《剑桥大学世界奴隶制史》，第1卷《古代地中海世界》（基思·布拉特利、保罗·卡特利奇主编），剑桥大学出版社2011年版，第16页。

② 崔连仲主编：《世界通史·古代卷》（修订版），人民出版社2017年版，第59页。中王国时期约为公元前2040—前1786年，相当于中国的夏朝前期。

族——卫兵、官员、妇女、侏儒（早期国王们迷恋侏儒）甚至他们的狗——陪葬，以使整个家族在来世为他们服务。国王杰尔大约由六百个牺牲的家臣陪伴着，这些家臣被埋葬在卫星坟墓里，卫星坟墓围绕着国王的坟墓成行地排列。死亡显然是通过勒杀的方式造成的，旨在保持尸体的完整。第一王朝以后，人殉断断续续地实施。"① 这是最高统治者的殉葬做法，不难想象各级奴隶主贵族在不同规模上也可能采取殉葬。

在早期奴隶社会阶段，人祭应是与人殉同时存在的。人殉和人祭实际上是奴隶主阶级的恐怖统治手段。古代埃及人殉现象是大量存在的，也应该存在着人祭现象。戴维·温格罗指出，在纳尔迈统治之后的世纪里，埃及社会的发展存在着两大特征：第一是官僚机器与正式的行政管理体系的成长，第二是"国家举行的仪式中大规模使用人牲，特别是在第一王朝时期国王和王后葬礼活动中"。② 这里作者讲的国家仪式，除了葬礼活动外，应还有其他仪式，这其他仪式可能就包括了"人祭仪式"。戴维·温格罗认为，初看起来，"官僚体制与牺牲"这两种现象同时存在是"自相矛盾的"。"但是，经过反复思考，尽管构形不同，难道它们不是表达了现代国家所声称拥有的同样的控制形式与权威极端行为吗？"③ 戴维·温格罗在书中并没有讨论奴隶制问题，也没有考察社会形态的演进，但他的这一观点是有一定道理的，也是有历史依据的。

新王国时期，奴隶制得到进一步发展。例如，第十八王朝的法老们从叙利亚等地动辄掳获数千甚至数万战俘。占有和使用奴隶较

---

① 詹森·汤普森：《埃及史：从原初时代至当下》，郭子林译，商务印书馆2012年版，第21—22页。
② 戴维·温格罗：《早期埃及考古：东北非的社会变革（公元前10000年至公元前2650年）》（David Wengrow, *The Archaeology of Early Egypt: Social Transformations in North-East Africa, 10,000 to 2650 BC*），剑桥大学出版社2006年版，第218、243、269页。
③ 戴维·温格罗：《早期埃及考古：东北非的社会变革（公元前10000年至公元前2650年）》，剑桥大学出版社2006年版，第269页。

之过去更为普遍。王室、贵族、神庙拥有成千上万的奴隶；中下级官吏、商人、普通祭司、军官等也有人能占有几个或几十个奴隶。掠夺性战争使奴隶市场繁荣起来。据载，十八王朝末期，有一个女奴的卖价是210克白银，相当于四五头母牛的价格。还有出租女奴隶的记载。奴隶从事各种劳动，遭受沉重的压迫和剥削。逃亡是奴隶反抗斗争的常见的形式，以致十九王朝法老与赫梯国王订立条约时，就规定了彼此有引渡逃亡者的义务。① 考古文物资料揭示，在新王国时期有大量关于奴隶的交易。法庭有关于奴隶买卖和奴隶占有争端的审判案例；也有不少关于租借奴隶的记载，如"购买一个女奴17天的服务"。② 也有不少关于公元前7世纪至前4世纪奴隶买卖和自卖为奴的记载。③

法老（国王）是最大的奴隶主。在奴隶制专制制度形成后，法老成为埃及的"绝对君主"。作为专制君主，国王是最高军事首领，也是政府首脑，"不仅具有一切行政、法律、财政等方面的特权，而且又是全国土地的最高所有者，有权支配一切土地和财富。"④ "依据古埃及的皇家条例，土地是由国王垄断的。作为唯一的财产所有者，他控制着生产资料：农业工人、动植物、种子、作物收割、水果和蔬菜，以及水渠、池塘，或汲水桔槔。使用土地或其他资产需缴税。"⑤

---

① 崔连仲主编：《世界通史·古代卷》（修订版），人民出版社2017年版，第63—64页。

② 布赖恩·穆斯：《古代埃及经济：公元前3000年至公元前30年》（Brian Muhs, *The Ancient Egyptian Economy*: 3000—30 *BCE*），剑桥大学出版社2016年版，第129—130页。

③ 布赖恩·穆斯：《古代埃及经济：公元前3000年至公元前30年》，剑桥大学出版社2016年版，第204—205页。

④ 刘文鹏、吴宇虹、李铁匠：《古代西亚北非文明》，福建教育出版社2008年版，第38页。

⑤ 克里斯汀·斯特劳斯－席伯：《尼罗河的馈赠——农业，尼罗河流域的绿洲》，载雷根·舒尔茨、马蒂亚斯·塞德尔主编《埃及：法老的世界》，中铁二院工程集团有限责任公司译，中国铁道出版社2012年版，第383页。

王国土地的控制实际上有几种形式：很大一部分是法老控制下的"王庄"，王室派官员经营，收取贡赋；国王把大量的土地赏给大臣和贵族，成为他们的农庄；国王也把大量土地赏给神庙；还有的土地大片归公社占有，由公社农民使用。① 这是古王国时期的情况。

在古代埃及，与古代两河流域类似，神庙在社会经济生活中占有十分重要的地位。神庙不仅是供祈祷的地方，也作为粮仓和宝库负责收集和储藏国家的财富，由监工负责管理并发放粮食和物品。"神庙不仅从周围富有人群中获得赞助或捐助，接受国王赠予的战利品，祭司们还在完成仪式或庆祝活动以后出售剩余的供品。"② 这样神庙就积累了大量的财富。据估计，在拉美西斯三世（大约公元前1217—公元前1155年）统治末期，神庙拥有埃及大约1/3的可耕地和1/5的人口。③

在漫长的古代埃及，无疑社会存在着一个底层的阶级——奴隶阶级。这个阶级的存在决定着社会的性质——奴隶社会。奴隶受到奴隶主阶级的残酷剥削和压迫。广大奴隶的存在也有利于奴隶主压榨和剥削平民。在这样的社会中，"大部分埃及人都是为国家或寺庙的地产劳作的'奴隶'。按照法令，这些人要一辈子做农夫、牧人，或修筑水渠的苦力。他们没有权利拒绝劳作，终身被束缚在土地上。"④

残酷的阶级压迫和奴役，必然导致下层民众的反抗斗争。反抗斗争形式是多样的，也发生过大规模的奴隶和贫民起义。例如，在

---

① 崔连仲主编：《世界通史·古代卷》（修订版），人民出版社2017年版，第51页。
② 金寿福：《论古代埃及经济的特征》，《世界历史》2015年第5期，第98页。
③ 詹森·汤普森：《埃及史：从原初时代至当下》，郭子林译，商务印书馆2012年版，第81页。
④ 克里斯汀·斯特劳斯-席伯：《尼罗河的馈赠——农业，尼罗河流域的绿洲》，载雷根·舒尔茨、马蒂亚斯·塞德尔主编：《埃及：法老的世界》，中铁二院工程集团有限责任公司译，中国铁道出版社2012年版，第383页。

古王国与中王国之间的过渡时期,就发生过一次大起义。《伊浦味箴言》对这次起义有描述。"伊浦味以一个目击者的口气诉说:'王都立刻被占领,国王为穷人所捉,大臣被逐出王宫,官吏被杀,文书被劫夺。'起义席卷了南方和北方,整个埃及的'大地像陶轮一样地翻转起来'。"① 可见,这次起义规模之大,斗争之激烈。

3. 古代印度

古代印度是世界四大古文明地区之一,印度古文明出现在印度河流域。这个古文明20世纪20年代初首先被发现于印度河流域的哈拉帕,所以学术界通常称"哈拉帕文明"(Harappa Civilization)或"印度河流域文明"(Indus Valley Civilization)。这个文明产生于金石并用时代,大约存在于公元前2500至公元前1700年间,此后即迅速衰落,消失于历史长河中。哈拉帕文明已有了文字,学术界称作印章文字,但所发现的文字至今学术界未能成功解读。哈拉帕是一个中心城市,能生活数万人,并控制着周围广阔的农村地区;另一个大中心城市是摩亨佐-达罗(Mohenjo-daro)。印度河流域文明地区相当广阔,人口也很多。有学者估计,在印度河流域文明高峰时可能有超过五百万的人口,已发展了手工艺技术和金属冶炼技术。②

由于研究资料的不充分,关于哈拉帕文明的社会形态学术界存在着较大分歧。有的学者认为哈拉帕文明还是没有国家的社会,有的学者则认为已形成了国家。例如,有学者指出:印度河流域文明

---

① 崔连仲主编:《世界通史·古代卷》(修订版),人民出版社2017年版,第55—56页。参阅刘文鹏、吴宇虹、李铁匠《古代西亚北非文明》,福建教育出版社2008年版,第50—51页;《伊浦味箴言》在这本书中被译为《伊普味陈辞》。

② 萨努·凯尼卡拉:《从印度河文明到独立:穿越印度历史》,第1卷《从史前到孔雀王朝的灭亡》(Sanu Kainikara, *From Indus to Independence: A Trek through Indian History*, volume 1: *Prehistory to the Fall of the Mauryas*),威基印度图书出版公司(Vij Books India Pvt Ltd)2016年版,第16页。

是新石器年代一个复杂的、无国家的社会。还没有发现宫殿或王室陵墓，也没有发现任何成体系的朝代或政府档案，这就证明了没有国家。既然缺乏关于中央政治权威的实质性考古证据，那么明智的结论就是哈拉帕文明那些城市和聚落是由一种共同的物质文化联系在一起的，很大程度上具有文化上的一致性，而不是政治上的一致性。① 但是，有的学者却强调，建筑物、印章、度量衡、陶器的一致性使人认为有一个单一的国家。② 有的学者称这个国家为"哈拉帕国"（Harappan state）。③

如果认为有国家了，那么这个国家又是什么样的国家呢？关于这一点，实际上苏联学者早就做出过判断。苏联科学院编纂的《世界通史》讲："我们所掌握的资料，现在还不允许我们最后确定印度河谷地古代社会的社会经济关系的实质。但是，毫无疑义，就生产力发展的水平说，就利用金属劳动工具说，就当时已有发展的农业、畜牧业、手工业说，并且就文字发展的水平说，当时的印度比起两河流域和埃及所形成的最初的阶级社会，即奴隶所有制社会来，一般地并无逊色。历次发掘发现了大小不等、设备不同的住所，这些材料证明了财产方面和社会方面尖锐的不平等。此外还发掘出可以推测为宫廷的建筑物和可容数百工人、仆役或奴隶的兵营式的宿舍。进行考古工作所发现的宝藏，修饰考究的装饰品和武器，以及最为单纯笨拙的同样物品，都指示出这一点。有关相当发展贸易的资料也间接证明有这一类不平等的存在。莫亨卓-达罗和哈喇帕居住地雄踞城上的强大的城砦的存在，也引起人的注意。在城砦

---

① 布尔乔·亚维瑞：《古代印度：公元前7000年至公元1200年印度次大陆史》（Burjor Avari, *India: The Ancient Past: A History of the Indian Subcontinent from c. 7000 BCE to CE 1200*），第2版，劳特利奇出版公司2016年版，第59页。

② 萨努·凯尼卡拉：《从印度河文明到独立：穿越印度历史》，第1卷《从史前到孔雀王朝的灭亡》，威基印度图书出版公司2016年版，第19页。

③ F. R. 奥尔欣：《南亚早期史考古：城市和国家的出现》（F. R. Allchin, *The Archaeology of Early Historic South Asia: The Emergence of Cities and States*），剑桥大学出版社1995年版，第26页。

中集中了行政大厦和宏伟而设备妥善的谷仓,这就使我们不能不想到,这时已有强固的国家政权存在,这个政权已拥有大批物质资源,居于劳动者群众的头上。"因此,"根据所有这些材料,我们可以把哈喇帕文化认为是初期奴隶制社会的文化。"①

《世界上古史纲》认为,哈拉帕和摩亨佐-达罗是两个大的城市国家,而且是奴隶制国家。"在这样早期的文明时代,阶级社会只能是奴隶制社会。"②"除了这两座大城市外,在印度河流域还发现有几十处城镇和村落,包括较大的卡里班甘,它们无疑地也组成一些小的奴隶制城邦。"③ 我国印度史专家林承节也认为,印度河流域文明进入了阶级社会,已有了早期国家。④

有印度学者认为,印度河流域当时的社会已分成不同的阶级。大规模的城市生产是由一个中央权力机构组织的,并严格控制生产的数量和质量。从事生产的人是规范组织的劳工,这个权威机构是由一个强大的、占主宰地位的僧侣阶级组织的。从邻近地区收集的粮食也是由这个宗教中央权威机构直接监督控制之下运送和储藏的。一些历史学者称这些组织起来的劳工为"神庙奴隶",这意味着这些劳工由神庙当权者集体所有。"我们因此可以确认一个占主宰地位的僧侣阶级和一个由全部劳动力都属于神庙的劳工组成的阶级。"⑤

从学术界的这些研究看,我们认为可以确认印度最早的文明哈拉帕文明是一个有贫富差别、阶级区分、阶级剥削和压迫的社会。这个社会已经形成国家了;这里的国家,应该属于早期奴隶制

---

① 苏联科学院主编:《世界通史》第1卷,下册,生活·读书·新知三联书店1959年版,第597—598页。

② 《世界上古史纲》编写组:《世界上古史纲》上册,人民出版社1979年版,第351页。

③ 《世界上古史纲》编写组:《世界上古史纲》上册,人民出版社1979年版,第348—349页。

④ 林承节:《印度史》,人民出版社2014年版,第14页。

⑤ 阿珀拉吉塔·查克拉博蒂:《印度河社会的社会形态》(Aparajita Chakraborty, "The Social Formation of the Indus Society"),《经济政治周刊》(*Economic and Political Weekly*)第18卷第50期(1983),第2133页。

国家。

奴隶占有制在后来的印度社会得到发展。哈拉帕文明衰落后，主宰印度的是雅利安人。根据《梨俱吠陀》，雅利安人的战神因陀罗"经常施展霹雳般的威力，搜集敌人的首级踩在脚下，或摧毁城堡，夷平敌人的住地，他因而被称为'城堡的摧毁者'。这些原居民或被杀戮，或被赶走，或被奴役而变成了奴隶。"[①]

林承节认为雅利安人当时还处于部落阶段。经济的发展和频繁的战争造成了如下结果："1. 由战俘转变成的奴隶增多，拿奴隶赏赐、赠礼的现象较多出现，握有奴隶的人已不限于少数首领。这样就最终形成了奴隶和奴隶主阶级。有一处文献提到，在鸯伽国，有1万名从各国掳来的女奴，被鸯伽国王分赠给他的婆罗门祭司。战俘奴隶有土著居民，也有雅利安人。2. 当雅利安人占领地区越来越多时，不能把被征服土著都变成奴隶或赶走。变成奴隶的是少数，绝大部分居民还留在土地上，继续从事生产，但土地被征服者宣布为己有，他们成了被奴役者。这就出现了征服者对广大被征服者的统治。3. 在雅利安人中，经济的发展和战争掠夺加速两极分化。部落首领和上层经济地位上升。而在另一极，有少数人因天灾人祸等原因，欠债无力偿还，被迫当奴隶还债。雅利安人部落首领贪欲日增，开始强迫部落成员把过去向部落首领自愿交纳的贡献变成强制性赋税。这样，在社会中就逐渐形成了不同阶级：以雅利安部落首领和婆罗门上层为代表的统治

[①] 林承节：《印度史》，人民出版社2014年版，第17页。长期以来，学术界大多认为雅利安人是入侵者，大约从公元前15世纪开始，从印度的西北方分批陆续进入南亚地区。但也有学者认为雅利安人并不是入侵者，而是印度本地居民；新的考古发现似乎也在证明这一观点。苏布拉塔·查托帕迪耶·巴纳吉撰写的《雅利安人侵论在印度的发展：19世纪社会建构主义评论》（Subrata Chattopadhyay Banerjee, *The Development of Aryan Invasion Theory in India: A Critique of Nineteenth-Century Social Constructionism*）一书专门考察了雅利安人侵论在印度的发展，认为这种理论对一些人是"极其有价值的"；这些人包括"英帝国主义者、基督教传教士与印度社会改革家"等（斯普林格出版公司2019年版，第155页）。

阶级，部分由雅利安人、大部分由被征服居民构成的下层劳动者阶级和奴隶阶层。"①

这样，地域性质的王权形成，部落首领成了国王。在国家形成过程中，也同时形成了印度特色的社会等级制度——种姓制度。社会被分为四个等级：婆罗门、刹帝利、吠舍、首陀罗；其中，第一等级婆罗门是祭司阶层，第二等级刹帝利是由部落首领和贵族组成的武士集团，第三等级吠舍主要是雅利安人的一般公社成员，第四等级首陀罗主要是被雅利安人征服的土著居民。第四等级地位低下，奴隶主要来自第四等级。

关于首陀罗，印度两大著名梵文史诗之一《摩诃婆罗多》也有描述。"我还要告诉你，首陀罗的职责是什么。造物主赋予首陀罗的角色是其他三大种姓的奴隶。……通过为其他三大种姓服务，首陀罗会得到巨大的愉悦。他应该按照他们的资历地位去侍奉他们。首陀罗绝不能敛聚财富。否则，他就可能利用财富而使其他三个种姓里的一些人臣服于自己。这种行为是有罪的。然而若经国王准许，首陀罗在进行宗教活动时可以获得一些财物。……按规定，首陀罗必须依赖其他三个种姓生活。这三个种姓的人应该把旧的雨伞、头巾、床具及坐具、鞋、扇子送给他们的首陀罗奴隶。不合身的旧衣物也应该施舍给首陀罗。……无论主人陷入何种逆境，首陀罗都不能背弃主人。假若主人失去了财富，首陀罗应该给予大力支持。首陀罗不能拥有自己的财富。从法律上说，他们所有的一切都属于其主人。"② 这段描述也表明"首陀罗"的身份是奴隶。

这些也说明当时印度社会是奴隶社会。古代印度长期处于奴隶社会时期。在"列国时代"（公元前6世纪至公元前4世纪），家庭奴隶制盛行。"佛典在形容某一富贵之家的财产时，总是有这样一类

---

① 林承节：《印度史》，人民出版社2014年版，第19—20页。
② 丹尼斯·舍曼等：《世界文明史》，李义天、黄慧、阮淑俊、王娜译，李义天统校，中国人民大学出版社2012年版，第34—35页。

的套语：金银珍宝、象马猪羊、奴婢仆从，不可称计。"① 孔雀王朝时期，据《政事论》记载，王室农庄中有三种人劳动，奴隶、雇工、罪犯；在王室纺织作坊中，劳动的女工一部分也是奴隶。②

近年出版的著作也显示印度古代史上也有人祭人殉现象。③ 这种现象亦表明：印度历史上经历了一个奴隶社会时期。

4. 古代中国

我国学术界过去对中国的奴隶社会进行了深入研究和探讨。前辈学者们做了大量工作，形成了很强的共识。尽管有的学者认为中国古代没有经历过奴隶社会，但到 20 世纪 30 年代，认为中国古代经历过奴隶社会的观点已非常有影响了；新中国成立后，占主导地位的观点是中国经历了奴隶社会，如夏商两代就是奴隶社会。关于西周，一般也认为是奴隶社会。在东周时期，中国经历了从奴隶社会向封建社会的演进。在认为中国古代经历了奴隶社会的学者当中，也存在着分歧，主要就是什么时候中国实现了从奴隶社会向封建社会的转变。

近一些年来，我国学术界存在着两种倾向：一种倾向是避谈奴隶社会问题，不讨论中国古代社会形态及其演进；另一种是否定中国有奴隶社会，对持有奴隶社会观点的前辈学者特别是郭沫若进行批驳，有的人甚至进行人身攻击。今天，我国一些学者否定古代存在奴隶社会，一个主要理由是：当时奴隶不是社会生产者的多数。不过，他们在做出这一判断时，并未进行深入的人口数据分析。当时的人们并没有留下对整个社会人口统计的数据，今天的学者也未能对当时社会各阶级人口进行统计分析。因此，以"奴隶不是社

---

① 崔连仲主编：《世界通史·古代卷》（修订版），人民出版社 2017 年版，第 162 页。
② 崔连仲主编：《世界通史·古代卷》（修订版），人民出版社 2017 年版，第 162 页。
③ 参阅乌平德尔·辛格《古代印度的政治暴力》（Upinder Singh, *Political Violence in Ancient India*），哈佛大学出版社 2017 年版，第 24、292 页。

会生产者的多数"为理由否定当时的社会不是奴隶社会，也只是一种推测，是缺乏科学依据的。

同时，随着我国考古工作的开展，学术界对中国古代社会形态的认识也有新的进展。一些学者深入探讨了中国"最早的阶级社会"问题，或者"最早的国家"问题，并提出了对当时社会形态的一些认识。这种学术研究上的突破是一种非常可喜的现象。

关于我国古代奴隶社会，前辈学者范文澜在《中国通史》中讲："启可以废'禅让'制，说明私有财产制度在禹时基本上成熟了。《礼运篇》说禹时财产公有制度转变到私有制度，这是比较可信的传说。不过，禹、启和夏朝，虽然确立了私有财产制度（主要是土地和某些生产工作者为少数人所占有），产生了阶级社会，百姓（奴隶主）与民（奴隶）两个阶级继续在扩大，百姓群中贵与贱、富与贫继续在分化，原始公社制度继续在解体，但这些都是渐渐地进行的，因之原始公社制度所占的地位也是逐渐缩小的。不能把夏朝看作奴隶国家已经完全成立，只能看作原始公社正在向奴隶制度国家过渡。在过渡期中，国家也就不知不觉地发达起来了。（龙山文化遗址里，也有俯身葬，俯身者很可能是奴隶。）"① 范文澜认为，商朝时奴隶制国家才完全成立。他讲："继原始公社制度而起的是奴隶制度，在中国，商正是奴隶制度占主要地位的时代。""商社会由百姓（包括贵族与自由民）与民（包括宰与各种类奴隶）两大阶级构成，可以确定为奴隶制度的社会。""这个王朝建立在奴隶制度上面，它有政治机构，有官吏，有刑法，有牢狱，有军队，有强烈的宗教迷信，有浓厚的求富思想。奴隶主阶级驱迫奴隶从事劳动生产，自己凭借武力享受着奢侈放荡的富裕生活。"②

范文澜认为，商朝的"民"属于奴隶。"盘庚把民叫做畜民，又叫做万民，畜民是说民贱同牲畜，万民是说人多，数以万计。"

---

① 范文澜：《中国通史》第一册，人民出版社1978年版，第30页。
② 范文澜：《中国通史》第一册，人民出版社1978年版，第42、50、64页。

"民是生命毫无保障，与百姓完全不同的一种人。""这种万民是从商已久的老奴隶。"商朝的奴隶很多，奴隶也有分别。耤臣管农业奴隶，牧臣管畜牧业奴隶，冢宰管手工业奴隶。"数量最大的奴隶是万民，主要用途是从事农业和畜牧业生产，没有万民，不但王和贵族不能生存，其他种类的奴隶也不能生存。"①

范文澜关于奴隶问题的讨论甚多，不管奴隶社会何时开始、何时结束，毫无疑问他认为中国古代是经历了一个奴隶社会时期的。

侯外庐认为，商朝处于奴隶社会初级阶段。他讲："我们由卜辞中所记载的杀伐数千人而俘获却不过十余人看来，由征伐占据重要地位而灭国的条件却不具备看来，由俘获者作为人牺牲的用途看来，由族人集体出征看来，奴隶社会的构成，还只处于初级阶段。"他还明确讲："我们可以断定殷代社会是奴隶社会的初级阶段。"② 而到了周代，奴隶制得到大的发展，奴隶大量增加。"周代建国时的这些部落到春秋时剩下不到两百'国'。这一奴隶大来源，不但和西洋古代近似，由战俘到奴隶的转变成为内部分业的先行形态，而且由于大量族奴的俘获，产生了周代的过剩劳动力。""被俘的氏族变成奴隶，主要地称作某族人或人鬲，大抵是全族转为生产者的意思，数目是很大的。"③ 又说："周代生产者是集体族奴，这种集体族奴是以家室计算的。""家是奴隶主的财产计算单位；'室'是劳动者的构成单位"；"室"是"奴隶的集体单位，这样的室还可以买卖"。④

侯外庐认为，周代土地生产资料所有制经历了一个长期的转变过程，即从公有向私有转化。这一转化过程，又是与奴隶向隶农的

---

① 范文澜：《中国通史》第一册，人民出版社1978年版，第47—48页。
② 侯外庐：《中国古代社会与亚细亚生产方式》，载中国社会科学院科研局组织选编《侯外庐集》，中国社会科学出版社2001年版，第39、44页。
③ 侯外庐：《中国古代社会与亚细亚生产方式》，载中国社会科学院科研局组织选编《侯外庐集》，中国社会科学出版社2001年版，第47页。
④ 侯外庐：《中国古代社会与亚细亚生产方式》，载中国社会科学院科研局组织选编《侯外庐集》，中国社会科学出版社2001年版，第53—54页。

转化过程相适应的。他写道:"秦孝公时代算是有些中古封建社会的萌芽,经过始皇帝时代类似罗马帝国的统一,到汉武帝才以法典的形式真正开始了封建社会的前途。同时,一系列的解放奴隶令也在汉代进行着。"①

这样,我们可以看到,侯外庐认为商代是奴隶社会的初级阶段,周代是奴隶社会鼎盛阶段,并出现了封建社会的萌芽,汉代才开始进入封建社会。这就非常清楚,他认为中国古代经历了一个奴隶社会时期。

在前辈学者中,郭沫若是研究中国古代奴隶制的集大成者。关于奴隶制的形成,郭沫若讲:"原始氏族社会事实上就象一个家族的扩大。在生产方法很幼稚,人们生活很简单的时代,社会制度是只能有那样的。人口蕃殖了,生产方法逐渐进步了,各个氏族集团的发展不平衡,族与族之间便发生了斗争。原始氏族的斗争具有极端的残忍性,我们可以在昆虫类的蚁战中想见它的情况,在现存的氏族械斗中想见它的情况。优胜者对于劣败者的处理,起初是斩尽杀绝……继后发觉了人的使用价值,对于一部分的俘虏,不加以残杀而加以奴役,使'男人为臣,女人为妾',并使他们的一部分专门从事生产。于是社会的内部便起了分化,有从事生产的被奴役者,有脱离生产的坐食者,社会便不能不起质变,由原始公社制转变为奴隶制。这在中国是在唐、虞时代以后出现的,《礼运》所谓'小康'之世,大抵和这相当。"②

关于夏朝,由于资料缺乏,郭沫若讨论的并不多。他指出:"夏民族的统治是存在过的,但它的文明程度不会太高,当时的生产情形,顶多只能达到奴隶制的初期阶段。"③

郭沫若认为商朝(殷代)是奴隶社会。通过分析殷墟考古资

---

① 侯外庐:《中国古代社会与亚细亚生产方式》,载中国社会科学院科研局组织选编《侯外庐集》,中国社会科学出版社2001年版,第72—78页。
② 郭沫若:《奴隶制时代》,人民出版社1973年版,第15页。
③ 郭沫若:《奴隶制时代》,人民出版社1973年版,第16—17页。

料,他指出:"经过这一长期的相当大规模的发掘的结果,发现了殷代的陵墓和宫室遗址中有大量的人殉,或者是得全首领的生殉,或者是身首异地的杀殉。每一大墓的人殉有的多至三四百人。殉者每每还随身带有武器。这些惊人事迹的发现足以证明殷代是有大量的奴隶存在的。更把甲骨文字和其他资料的研究参合起来,我们可以断言,殷代确实是奴隶制社会了。"① 郭沫若强调,商朝无疑有大量奴隶存在,屠杀奴隶也是常见的事。他指出:"要之,殷人的王家奴隶是很多的,私家奴隶当也不在少数。'当作牲畜来买卖'的例子虽然还找不到,但'当作牲畜来屠杀'的例子是多到不可胜数了。主要的生产是农业,而从事农耕的众人是'畜民'中的最下等。故殷代是奴隶社会是不成问题的。"②

郭沫若认为西周也是奴隶社会。周人把殷商灭亡后,把殷商遗民大批地化为奴隶。"所谓'殷民六族'、'殷民七族'及'怀姓九宗',都是殷之遗民或原属于殷人的种族奴隶,现在一转手又成为周人的种族奴隶了。大抵工作是照旧,即所谓'启以商政'或'夏政',而必须遵守周人的法纪或戎人的法纪,即所谓'疆以周索'或'戎索'。"③ 郭沫若讲:"西周也是奴隶社会,据今天所有的资料来看,我认为是不成问题的。只是奴隶制在西周三百四十年中在逐渐变化,逐渐走向崩溃,也是毫无问题的事。"④

郭沫若认为中国奴隶社会的下限在春秋与战国之交,其间公元前594年鲁国实行"初税亩"是奴隶社会向封建社会转化的一个重要标志。"'初税亩'的意思是表明鲁国正式宣布废除井田制,合法地承认公田和私田的私有权,而一律取税。这就是地主制度的正式成立。"⑤ 郭沫若认为,商朝和周朝是没有私有财产的,"一切

---

① 郭沫若:《奴隶制时代》,人民出版社1973年版,第18页。
② 郭沫若:《奴隶制时代》,人民出版社1973年版,第19—25页。
③ 郭沫若:《奴隶制时代》,人民出版社1973年版,第26—27页。
④ 郭沫若:《奴隶制时代》,人民出版社1973年版,第31页。
⑤ 郭沫若:《奴隶制时代》,人民出版社1973年版,第35页。

财产都是国有的，王有的。臣下受着土地和奴隶的赏赐或分封，只有享有权而没有私有权。春秋中叶以后，私有财产才被正式公认，于是保护私有财产的观念便成为新时代的特征。"①

关于我国古代奴隶社会与封建社会的分界线，郭沫若做过深入探讨，也曾两度改变自己的看法。他说："关于奴隶制的下限，我前后却有过三种不同的说法。最早我认为：两种社会制度的交替是在西周与东周之交，即在公元前770年左右。继后我把这种看法改变了，我改定在秦、汉之际，即公元前206年左右。一直到1952年年初，我写了《奴隶制时代》那篇文章，才断然把奴隶制的下限划在春秋与战国之交，即公元前475年。"②

关于中国历史上是否经历了奴隶社会，我国学术界有不同看法，长期有争论。现在看来，大多历史学者还是认为有奴隶社会的，基本上认同郭沫若的看法。在《奴隶制时代》一书中，郭沫若对中国奴隶社会做了深入考察分析。我们觉得他的治学是严谨的，讲究科学的，态度也是很谦和的，对自己过去的观点坦率地做了自我批评。他的观点和方法，对我们认识奴隶社会和探讨新社会形态的产生很有启发。

近些年来，我国学术界对古代奴隶社会的研究有了一定的深化。一部代表性著作就是《早期奴隶制社会比较研究》。该书认为，"夏商两族起点不同，但都是在早期奴隶制道路上前进"。夏朝是"我国历史上第一个'家天下'的早期奴隶制王国"，"但奴隶制并未得到充分发展，一直到夏桀亡国，都还停留在早期奴隶制社会阶段。当然，作为整个奴隶制形态言，它还是处于向上发展的时期。"③商朝也是奴隶制国家，存在着两大对立的阶级——奴隶主阶级和奴隶阶级。奴隶主阶级包括商王、王室贵

---

① 郭沫若：《奴隶制时代》，人民出版社1973年版，第61页。
② 郭沫若：《奴隶制时代》，人民出版社1973年版，第2页。
③ 胡庆钧主编，廖学盛副主编：《早期奴隶制社会比较研究》，中国社会科学出版社2007年版，第132—133页。

族、公卿、侯伯、诸子、诸妇和各级官吏。奴隶主阶级掌握着军队、监狱、刑罚等国家机器，占有生产资料和劳动者奴隶。奴隶主阶级的最上层是王与王室贵族；他们占有许多土地、奴隶和其他财富。他们死后也要带去众多奴隶和财富；活着的后人还要不断用祭祀之机杀死奴隶，以满足死去的国王与王室贵族的需要。庞大的官吏队伍是奴隶主阶级的骨干，是奴隶主意志的具体贯彻执行者。① 商朝奴隶众多，奴隶的名称也繁多，有羌、臣、奚、仆、工、宰、妾、婢、奴等十多种。奴隶处于社会最低层，从事各种劳动，有许多奴隶作为人牲而被屠杀。②

近年的研究也证实在殷商时期存在着众多名目的"非自由人"，如羌、伐、奚、仆、妾、小臣、垂、姬、夷、刍、而。这些种类的"非自由人"数目是很大的；他们受到奴隶主的残酷对待。例如，商王祭先王一次就杀死羌五十、七十、一百的事例很多，已知用羌做人牲的最大数字是900；用伐献牲的数目也很大；有卜问"将五百名仆作为献牲用掉否"，"实际只以百仆为牺牲用掉了"；还有记录用妾做献牲的，一次就有30人之多。③ 各类"非自由人"用于祭祀的事例举不胜举。与此同时，也有很多"非自由人"投入到社会生产和生活领域。例如，用羌组成骑兵，从事田猎和农业生产；仆、奚、刍等类"非自由人"还参与战争、田猎、畜牧业等活动。④

王伟光主编的《中国社会形态史纲》坚持"五形态说"，并设专章考察了中国奴隶社会，对中国奴隶社会的生产关系、阶级结构、政治制度、治理方式等问题进行了深入分析。这部著作认为，

---

① 胡庆钧主编，廖学盛副主编：《早期奴隶制社会比较研究》，中国社会科学出版社2007年版，第143—151页。

② 胡庆钧主编，廖学盛副主编：《早期奴隶制社会比较研究》，中国社会科学出版社2007年版，第152—177页。

③ 宋镇豪主编：《商代史》，第4卷《商代国家和社会》（王宇信、徐义华著），中国社会科学出版社2011年版，第221—246页。

④ 宋镇豪主编：《商代史》，第4卷《商代国家和社会》（王宇信、徐义华著），中国社会科学出版社2011年版，第246—257页。

中国历史经历过一个奴隶社会时期，夏商西周是奴隶社会，春秋战国之际中国奴隶社会向封建社会演进，逐渐进入封建社会。①

从世界历史发展视角看，我国历史上的夏、商、周三代是具有统一性质的王朝国家，不是原初国家形式的城市国家或城邦。这样的王朝国家是众多"城市国家"或地域性小国长期相互兼并融合的产物，是奴隶制已得到发展了的国家。实际上，我国学术界有学者早已提出了在我国大地上，夏之前就出现了奴隶制国家。例如，李根蟠等在《中国原始社会经济研究》一书中，就指出：大抵相当于龙山文化中晚期的尧舜时期，我国已形成早期奴隶制国家了。② 20 世纪 90 年代初，田昌五讲："中国古代国家从公元前 3000 年左右开始产生，其后经历了两个大的发展阶段。从黄帝到夏代为第一阶段。其间又可分为前后两个时期。公元前 3000 年到前 2200 年为前期，这个时期可称为部落奴隶制王国时期，也可称为早期城市国家时期。"③ 学者们的这些看法是很有见地的，已为不断前进的考古工作所不断证实。关于这一点，本章在接下来的叙述中还会进行讨论。

现在看来，我们可以确认我国最早的国家不是夏朝，而是夏之前的国家。在夏之前是否存在过具有统一性质的国家，学术界尚未形成科学结论。但在夏之前，我国大地上存在着国家是有据可考的。实际上，我国古文献也是有明确记载的。例如，《尚书·尧典》讲："百姓昭明，协和万邦。"④ 可见，在当时是存在着"万邦"的；这里"万邦"的"邦"是"部落""部落联盟"还是"邦国""方国"，学术界有不同认识。我们倾向于认为，在这"万

---

① 参阅王伟光主编《中国社会形态史纲》，中国社会科学出版社、南开大学出版社 2020 年版，第 2 章《中国奴隶社会》，第 27—62 页。
② 李根蟠、黄崇岳、卢勋：《中国原始社会经济研究》，中国社会科学出版社 1987 年版，第 32 页。
③ 田昌五：《中国古代国家形态概说》，《社会科学辑刊》1991 年第 6 期，第 75 页；田昌五还在《社会科学辑刊》1992 年第 1 期发表了《中国古代国家形态概说（续）》。
④ 《尚书》，顾迁注译，中州古籍出版社 2011 年版，第 17 页。

邦"中，除了部落、部落联盟外，应该也有一些早期国家，即以一个城市为中心（都城）的小国或地域性小国。近些年来的考古发掘提供了越来越明确的材料。例如，一些学者就认为良渚古城是一座古国都城。考古专家刘斌就提出良渚古城是消失了5000年的王国的都城。"良渚古城无论从其宏大的规模，还是城市体系的规划设计及土石方工程量等来看，都反映了其背后的社会发达程度。再加上高等级的墓葬与玉礼器所体现的宗教与权力，这一切都足以证明良渚文化已经进入了成熟的国家文明阶段。"① 朱雪菲讲："考古发现和考古学阐释已经为我们呈现出良渚王国之国都气象。这是中国境内5000年前的超大型聚落。论年代，它是最早的；论面积，它是最大的。而后的历史时期，哪怕是明清两朝的紫禁城，也不过这座古城面积的四分之一。一个坐拥如此大城的政体，就是国家。尽管我们现在还很难凭借反山、瑶山大墓的现存状况来排出王的世系，但王的存在已毋庸置疑。"② 良渚古城是5000年前的一个古国的都城，这在一些专家当中已形成共识。而且，这个国家还不是一个小小的城邦国家，而是具有一定地域规模的"王国"。

良渚古国比夏王朝早约一千年。夏朝是一个奴隶制国家。明显的，在夏朝建立之前我国也是存在着奴隶制的。夏王朝之前存在着地域性奴隶制国家，在我国古文献中也是能找到一些痕迹的。例如，《国语·周语下》记载，上古时期黎苗部落被征服后，"人夷其宗庙，而火焚其彝器，子孙为隶，下夷于民"，被强迫成为奴隶。③

---

① 刘斌：《法器与王权：良渚文化玉器》，浙江大学出版社2019年版，第53、29—57页。

② 朱雪菲：《神王之国：良渚古城遗址》，浙江大学出版社2019年版，第171页。

③ 上海师范大学古籍整理研究所校订：《国语》卷三《周语下》，上海古籍出版社1998年版，第111页。这种毁宗庙、"子孙为隶"的做法，在人类社会发展的奴隶社会时代应是常发事件。世界上考古发掘出的早期国家古城遗址多有被人为毁坏的迹象。迟至公元前2世纪，罗马人攻灭迦太基时，城池被夷为废墟，幸存者被卖为奴隶。罗马是奴隶制国家，当时还为"共和国"时期。

《尚书·甘誓》讲："用命，赏于祖；弗用命，戮于社。予则孥戮汝。"这是夏王朝"开国之君"启作战前的誓师词。明确讲了，不奉命努力作战，就要受到惩处，被处死或降为奴隶。① 启是夏王朝"开国之君"，启时已存在着奴隶这个概念，并有将社会自由民甚至贵族成员降为奴隶的做法。可以推测，这种状况在此之前是早已存在的，也就是说在启之前就应该早就存在着奴隶制。启还干过"献美人于天帝"之事，就是用妇女做人牲祭祀上天。② 举行人祭活动是早期奴隶制国家的一个重要做法。这也表明启时就是奴隶社会。

我国地域辽阔，在夏朝之前，应该存在着众多邦国——早期国家，而且是具有原初性质的早期国家。我们认为，这样的估计是符合人类社会发展趋势中带有普遍性的历史现象的。而且，我国近年来卓有成就的考古工作，也在逐渐揭开被浩渺的时空尘埃遮掩的历史面纱。根据考古发掘，早于夏建立的石峁古城，就有"皇城台"和"君王住居区"。在石峁古城，考古专家们还发现了人祭、人殉的实证。陶寺古城的建立也早于夏朝，考古专家们发现了王墓和王族墓地；社会等级分明。③ 这说明石峁古城和陶寺古城，应都是我

---

① 《尚书》，顾迁注释，中州古籍出版社2010年版，第73—74页；参阅阮元校刊《阮刻尚书注疏》卷七《甘誓》，浙江大学出版社2014年版，第387—388页；关于《尚书·甘誓》中的这段文字，古今学者有不同理解，经反复推敲，我们认为《尚书》顾迁注释版的解释是合理的，说得通。

② 宋镇豪：《夏商社会生活史》（增订本），中国社会科学出版社2005年版，上册，第217页。美洲古代印第安人——阿兹特克人中也有类似用美女祭祀的传说。阿兹特克人（墨西卡人）的战神和太阳神称为"威齐洛波契特里"（Huitzilopochtli）。传说讲：战神告诉墨西卡人领袖要求托尔特克国王的女儿，墨西卡人领袖于是告诉托尔特克国王，请他把公主给他们带回自己的住留地，以便将公主作为活着的女神崇拜。结果，几天后墨西卡人将这位公主作为人牲祭祀他们的战神。托尔特克国王发动了战争，将墨西卡人驱赶到特斯科科湖的沼泽之中。墨西卡人后来在这个大湖的岛上建起了他们的城市——特诺奇蒂特兰，这就是阿兹特克王国的都城。城市遗址位于今墨西哥城的市中心。

③ 何驽：《怎探古人何所思——精神文化考古理论与实践探索》，科学出版社2015年版，第261—265页。

国早期国家的都城。我国考古专家何驽就认为,石峁"是一个建立在商品贸易基础上的奴隶制国家"。在距今4000年前后,"石峁集团奴隶制国家曾将晋南地区的中原文明核心陶寺邦国征服,作为其殖民地,整体上将陶寺文化所建立的邦国摧毁,并将陶寺邦国的遗民,整体沦为石峁集团的生产奴隶,为石峁集团从事农业、牛羊肉食养殖、羊毛产业、石器制造业殖民经济生产。"这是一种"国家奴隶制"。① 这充分表明在中国大地上当时部分地区已经是处于奴隶社会发展阶段了。尽管何驽同志并未对中国古代奴隶社会问题进行系统考察和分析,但他的考古研究工作给予了我们很大的启示,加强了我们这样的认识:早在夏朝之前我国就进入了早期奴隶社会的发展阶段。在我国上古的"邦国时代",奴隶占有制应该也是带有普遍性的。新近考古发现的"河洛古国"是中原地区五千年之前的古代国家,这个国家也存在着奴隶社会的一个重要特征——人祭现象。② 考古研究发现,在河洛古国时期至夏王朝初期,"暴力冲突现象渐趋普遍";发掘出的"奠基坑""乱葬坑""灰坑墓"表明当时存在人祭现象和不少俘虏被杀现象。③ 考古研究还发现:"龙山时期的杀人祭祀现象在涧沟型遗存中显得也特别突出。"④ 近年甘肃地区新石器—青铜时代考古发现,当时存在着不少人殉现象。"磨沟墓地人殉现象较普遍";"人殉多为未成年人

---

① 何驽:《中国史前奴隶社会考古标识的认识》,《南方文物》2017年第2期,第20—21页。
② 一个值得注意的现象是:有的人不愿意讲早期国家一些标示奴隶社会性质的事例。例如,新华社报道考古专家们关于"河洛古国"考古发现时,明确引述了专家的意见——存在人祭现象,而其他跟进的一些报道却把"人祭"这一条省略了。关于"河洛古国"遗址的考古发掘报告已于近期发表,报告确认存在"人祭坑";报告并未明讲此遗址为"河洛古国"遗址,而称"遗址发现的大型建筑群,具有中国早期宫室建筑的特征,为探索三代宫室制度及中国古代高台建筑的源头提供了重要资料。"这些信息表明此遗址具有"古国"的某些特征。(郑州市文物考古研究院:《河南巩义市双槐树新石器时代遗址》,《考古》2021年第7期)
③ 王立新:《先秦考古探微》,科学出版社2016年版,第76、91页。
④ 王立新:《先秦考古探微》,科学出版社2016年版,第103页。

或成年女性";"人殉1—4人不等"。① 从人殉规模看，这很可能只是地区性中小奴隶主贵族墓地，还不是王室墓地。人殉人祭现象也主要是奴隶社会的现象。随着中国考古工作的深入，在新石器时代晚期或铜石并用时期的人祭人殉现象越来越多地被发现了。② 当然，还将会有更多的这类历史现象被发现。

《我国最早的阶级社会——齐家文化的社会性质研究》指出："在齐家文化时期，墓葬中已经出现殉人的现象，在齐家坪、皇娘娘台、秦魏家与柳湾等地都有发现。这种被殉者，主要有两种：一种是墓主人的亲属，妻妾等，近亲相殉是人殉制的共同准则；另一种则是战俘……齐家文化时期的这些人殉的墓葬都是当时存在阶级压迫的反映，是当时阶级对立的证明。充分证明了当时已经是鲜明的阶级社会，奴隶制社会已经出现。"③ 该文认为齐家文化时期已经出现了早期国家。④ 这样的早期国家当然是奴隶制国家。⑤

五千年前的良渚古国也应该是一个奴隶制国家。已有考古资料证实：良渚时期的人殉人祭遗存几乎发生于良渚文化的各个大的时期。⑥ "良渚文化的征服者把大汶口文化的居民用来殉葬，反映了

---

① 甘肃省文物考古研究所编著：《甘肃重要考古发现（2000—2019）》，文物出版社2020年版，第67页。
② 参阅中国社会科学院考古研究所编著《中国考古学·新石器时代卷》，中国社会科学出版社2010年版，第797—799页。
③ 何艺培：《我国最早的阶级社会——齐家文化的社会性质研究》，硕士学位论文，兰州大学，2016年，第25页。
④ 何艺培：《我国最早的阶级社会——齐家文化的社会性质研究》，硕士学位论文，兰州大学，2016年，第26—31页。
⑤ 关于我国早期奴隶社会，我们在最近发表的一篇文章中已有所论述。参见张顺洪、甄小东《马克思主义"五形态说"是符合历史实际的》，《政治经济学研究》2021年第2期，第35—36页。
⑥ 赵晔：《良渚文化人殉人祭现象试析》，《南方文物》2001年第1期，第32—37页。本文的作者开首就讲："许多人对良渚文化的人殉人祭现象比较淡漠。这固然与此类遗存贫乏有关，恐怕与认识上的定势也有关。"这一表述也正好揭示了我国学术界近年来存在的一种倾向，即否定我国历史上的奴隶社会或至少不愿意讨论我国古代奴隶社会问题。

这两个集团斗争的激烈。殉葬者中缺乏青壮年男性也许是因为他们多已战死或败走了，逃不走的儿童、妇女和她们的幼儿便遭受到了这样的厄运。"① 不过，目前良渚古城本身的考古发掘尚未提供足够的、明确的材料。或许因为年代过分久远，一些资料已消失在历史尘埃中。

人殉人祭是奴隶社会特别是早期奴隶占有制国家的重要特征，是世界历史上早期国家带有普遍性的现象。关于这一点，我们在本章前文中已论及，在下文中也会讨论到，如对美洲印第安奴隶制国家中人祭现象的考察。我国邦国时代和夏商王朝时期的人祭人殉现象也是有一定普遍性的，不是孤立的例子，越来越多的例子被考古工作所发现。当然，关于我国邦国时代奴隶社会的情况，我们现在还了解得不够充分，期待考古专家们能够有更多的深入发掘，更加全面地科学地揭示四五千年前我国社会的发展状况和"人际关系"。这将有利于认识中国历史的发展规律，也有利于认识世界历史的发展规律。

一个值得注意的现象是有学者新近仍在尝试以"非五种社会形态"的方式给中国古代历史分期，他们不认为中国古代经历过奴隶社会。例如，黎虎认为中国从太古时代到明清时代共经历了三大时代，即"无君群聚"社会（从太古至夏以前）、"王权众庶"社会（夏商西周至战国时期）、"皇权吏民"社会（秦至清）；徐义华则认为中国古代经历了四大时代，即"氏族社会"（新石器时代，过渡期为尧舜时代）、"贵族社会"（夏至春秋，过渡期为战国时代）、"豪族社会"（秦至唐，过渡期为五代十国）、"宗族社会"（宋至清）。② 不过，在细读他们的文章后，我们认为这两位学者并

---

① 苏秉琦主编，张忠培、严文明撰：《中国远古时代》，上海人民出版社2017年版，第240页。
② 黎虎：《中国古史分期暨社会性质论纲——兼论中国传统社会的主要矛盾问题》，《文史哲》2020年第1期；徐义华：《中国古史分期问题析论》，《中国史研究》2020年第3期。

没有运用发展变化着的生产关系来划分中国历史发展阶段,也没有深入探讨社会最基层劳动者与社会主要生产资料拥有者的关系。因此,我们不赞成他们对中国古代史这样的分期。

5. 古代美洲印第安社会

第一,早期奴隶制国家。

美洲印第安文明是在没有外在先进文明直接影响下,自身发展演进形成的,属于典型的"原初文明"。当然,这不等于说亚欧非大陆的文化对美洲印第安文明的成长一点影响也没有。毕竟,美洲印第安人主要是远古时代从东亚地区移居美洲的先民的后裔,远古移民迁徙到美洲时也自然会随身携带当时已产生的一些文化因素。古代美洲印第安人已形成了有自身特色的图画文字或象形文字。① 美洲产生的国家属于"原初国家"。

关于美洲社会处于什么发展阶段,过去学术界是有不同看法的。在 19 世纪,研究古代社会演进的著名专家摩尔根对美洲印第安社会的发展状态进行过局部的深入考察,并对美洲社会的发展阶段做出了判断。在《古代社会》中,摩尔根对世界古代社会的发展阶段做了划分。他把古代社会的发展划分为三个大的阶段:蒙昧阶段、野蛮阶段和文明社会。蒙昧阶段又划分为三个小阶段,即低级蒙昧社会、中级蒙昧社会和高级蒙昧社会;野蛮阶段也划分为三个小阶级,即低级野蛮社会、中级野蛮社会和高级野蛮社会。每个阶段的划分,摩尔根都提出了划分的标准。②

---

① 美洲印第安人创造了自己独特的"原初文字",现在是确定无疑的了。而关于玛雅文字,有人认为该文字系统基本为拼音文字,而不是与中文相似的象形文字;但学者们却确认属于玛雅文明的科潘地区发现了"象形文字台阶金字塔",均用雕刻有象形文字的石块砌成,共有 2200 个文字,是玛雅世界现存最长的文字资料。见中国社会科学院考古研究所、洪都拉斯人类学与历史局编著:《玛雅名城科潘考古初录》,即将出版。

② 路易斯·亨利·摩尔根:《古代社会》(新译本),上册,杨东纯、马雍、马巨译,商务印书馆 1977 年版,第 11—12 页。

按照摩尔根的划分，美洲印第安社会大部分地区属于高级蒙昧社会、低级野蛮社会或中级野蛮社会。在他看来，在印第安社会当中，属于中级野蛮社会的例子有"新墨西哥、墨西哥、中美和秘鲁等地的村居印第安人"①。关于美洲印第安社会，他写道："只要对中美和秘鲁的古建筑遗址稍一涉目，即可充分证明野蛮阶段中期在人类的发展上、在知识的进步上、在智力的增长上，是一大进步……村居印第安人为野蛮阶段中期的社会状态提供了如此鲜明的例证，我们如果对这种社会状态具有精确的知识，那么就能更加深刻地认识到人类在野蛮阶段晚期的辉煌成就，在那个时期中，发明和发现层出不穷，何等迅速！我们尚能致力以求，孜孜不倦，仍有可能将这一个已经任其丧失的知识宝库重新恢复过来，至少能恢复其大部分。根据现有的资料，我们敢于作出下面的结论：美洲印第安人部落在初被欧洲人发现时已普遍地按氏族组织起来，虽见到极少数的例外，但不足以妨碍这一总的规律。"②

从这段概括性文字中，我们就能看出摩尔根并没有做出美洲印第安社会已经形成了国家的判断。今天，学术界普遍认同的美洲三大文明玛雅文明、印加文明、阿兹特克文明，摩尔根并没有进行系统考察。在《古代社会》中，他只辟有专章考察"阿兹特克联盟"（第7章）；玛雅社会、印加社会，他没有设专章考察，在书中也很少论及。他没有使用国家的概念，而是用"联盟"这一概念；对"阿兹特克王国"或"阿兹特克帝国"的提法，他是明确反对的。摩尔根写道："那些西班牙编年史中的墨西哥王国就是根据这样一点有限的资料虚构出来的，而后来在近代的历史书中更渲染成为阿兹特克帝国了。""必须从美洲土著的历史中删除阿兹特克君主国，因为这是虚妄的，而且也是对印第安人的歪曲，他们既不曾发展过君

---

① 路易斯·亨利·摩尔根：《古代社会》（新译本），上册，杨东纯、马雍、马巨译，商务印书馆1977年版，第9—10页。

② 路易斯·亨利·摩尔根：《古代社会》（新译本），上册，杨东纯、马雍、马巨译，商务印书馆1977年版，第179页。

主制度、也不曾发明过君主制度。阿兹特克人所组成的政府只不过是一种部落联盟，仅此而已；其组成方式与配合机能或许还不如易洛魁联盟。在谈到这个组织时，只要用军事酋长、首领和酋帅来区别他们的公职人员就足够了。"①

这样，摩尔根就自然不认为印第安社会也形成了国家，进入了奴隶社会发展阶段。19世纪中期，关于美洲三大文明的研究资料还很缺乏，因而摩尔根得出了这样的认识。今天，学术界对于古代美洲三大文明的提法，已形成了广泛共识，对三大文明地区已产生了国家这一观点已经没有什么争议了。但是，对如何确定美洲文明地区国家的性质上，学术界是有不同看法的，即是不是奴隶社会的问题。

苏联科学院编纂的《世界通史》讲：欧洲人入侵美洲之前，"在墨西哥、中美和南美西部地区的各族中，阶级关系已经发展起来，他们创造了高度的文明。"② 这三大地区分别指阿兹特克文明、玛雅文明和印加文明。关于玛雅文明，苏联版《世界通史》写道："在玛雅人的社会中已经有了自由人和奴隶之分。奴隶大部分来自战俘。把一部分战俘祭神，另一部分留作奴隶。也实行把罪犯变为奴隶，以及同族人的债务奴隶制度。负债人作奴隶一直要做到亲属们把他赎回为止。奴隶们干最繁重的工作，建筑房屋，搬运东西和服侍贵族。究竟在哪个生产部门主要使用奴隶的劳动，以及使用的程度如何，史料中无明确记载。统治阶级是奴隶主——贵族、军事领袖和祭司。贵族被称为阿尔米亨（按字意解释是'父母的儿子'），他们掌握有私有土地。"③ 关于阿兹特克文明，则写道："阿兹特克人的社会分为自由人阶级和奴隶阶级。奴隶的来源不仅是战俘，而且有沦为奴隶境地的债务人（在未用劳动偿清债务以前），卖身的贫

---

① 路易斯·亨利·摩尔根：《古代社会》（新译本），上册，杨东莼、马雍、马巨译，商务印书馆1977年版，第195—196页。
② 苏联科学院主编：《世界通史》第4卷，上册，生活·读书·新知三联书店1962年版，第49页。
③ 苏联科学院主编：《世界通史》第4卷，上册，生活·读书·新知三联书店1962年版，第66页。

民或者他们出卖的子女以及被驱出公社的人。"还讲："最新的研究资料，首先是考古学资料证明，十六世纪阿兹台克人的社会是阶级社会，其中已经有了私有财产和统治及从属关系；也出现了国家。虽然如此，但无疑地在阿兹台克人的社会里也还保存许多原始公社制度的残余。"① 这里明确指出了阿兹特克人已建立了国家。关于印加文明，该著认为：印加人已建立了国家。"贵族除了在公社畜群中有自己一份以外，还有数达几百头的私有牲畜。在他们的庄园上养着数十名婢妾，要她们用羊毛或棉花纺纱织布。贵族们用畜产品或农产品交换贵金属装饰品等。但是属于被征服部落的贵族毕竟处于从属地位，作为最高等级的统治阶层的印加人在他们之上。印加人不从事劳动，他们形成了文武官员贵族。执政者分给他们耕地和从被征服部落征来的工作者，即迁移到印加人庄园工作的雅纳孔（奴隶）。贵族们从印加最高统治者那里得到的土地是他们的私产。"印加人的社会出现了大批"被执政者和军界上层人物剥削的、世世代代被奴役的工作者"。这说明它是"早期奴隶制社会"。②

关于美洲三大文明地区在社会形态发展演进过程中处于什么状态，我国有学者已作出了明确判断。"玛雅人在建立城邦时，已由原始社会进入奴隶社会，到玛雅潘成为政治中心时，奴隶制已相当发展。""十五世纪时的阿兹特克联盟已发展为早期奴隶制国家"；而"印加社会是一个早期奴隶制国家"。③

当今，西方学者一般不讲社会形态理论，不探讨"奴隶社会"问题。而且，即使讨论"奴隶社会"问题，也通常不是把"奴隶社会"视作人类社会发展进程中一个特定的历史发展阶段——奴隶社会时期。但在研究古代美洲印第安社会时，也讲到

---

① 苏联科学院主编：《世界通史》第4卷，上册，生活·读书·新知三联书店1962年版，第77—78页。
② 苏联科学院主编：《世界通史》第4卷，上册，生活·读书·新知三联书店1962年版，第86—91页。
③ 刘明翰主编：《世界历史·中世纪卷》（修订版），人民出版社2017年版，第380—397页。

存在许多奴隶或一个奴隶群体的事实。例如,《玛雅诸帝国》一书讲:"玛雅人有着极其严格的等级划分。这等级的顶层是王族——国王及其家族。下一层是贵族。再下层是农民和各类工人——包括掌握专门技能的人(如书记员、工匠和建筑师)。最底层是奴隶——玛雅人经常相互挞伐,这奴隶通常是战斗中抓到的俘虏。"① 《阿兹特克帝国》一书讲:"阿兹特克人有着十分明确的社会等级观念。三个社会等级——贵族、平民和奴隶是界定明确、壁垒森严的。""社会最底层者为奴隶。"② 《牛津美洲奴隶制手册》讲:在西班牙人到来之前,中美洲地区到处都存在着制度性奴役形式,受奴役者被强行与其社区隔离,屈服于主人,"主人可以任意买卖、性利用或者杀掉他们";在像特诺奇蒂特兰这样的中心城市,贵族广泛地拥有奴隶。③

从国内外学术界长期的研究看,我们可以做出判断:美洲印第安人三大文明玛雅文明、印加文明、阿兹特克文明均处于奴隶社会早期阶段。

第二,特奥蒂瓦坎古城。

特奥蒂瓦坎(亦译作"特奥提华坎"等)是美洲最著名的也是最大的早期城市。遗址位于今墨西哥城东北方向几十公里处。有的学者称其为"古典世界的霸权之都"。④ 从保留下来的遗迹看,

---

① 吉尔·鲁巴尔卡巴:《玛雅诸帝国》,郝名玮译,商务印书馆2015年版,第84—85页。

② 芭芭拉·A. 萨默维尔:《阿兹特克帝国》,郝名玮译,商务印书馆2015年版,第91、100页。

③ 罗伯特·L. 帕克特、马克·M. 史密斯主编:《牛津大学美洲奴隶制手册》(Robert L. Paquette, and Mark M. Smith, eds., *The Oxford Handbook of Slavery in the America*),牛津大学出版社2010年版,第47—48页。

④ 爱德华·马托斯·蒙特祖马、莱昂纳多·洛佩兹·卢詹:《特奥蒂瓦坎及其墨西卡遗产》(Eduardo Matos Moctezuma and Leonardo López Luján, "Teotihuacan and Its Mexica Legacy"),载凯瑟琳·贝林、埃丝特·帕斯托里主编《特奥蒂瓦坎:神灵之都的艺术》(Kathleen Berrin and Esther Pasztory, eds., *Teotihuacan: Art from the City of the Gods*),圣弗朗西斯科艺术博物馆1994年版,第157页。

最早的建筑大约建造于公元前200年。在公元前150年至公元750年期间，这座城市十分强大。有学者认为，在这个时期，特奥蒂瓦坎"成为世界第六大城市"；人口大约12.5万至20万人。① 约公元750年，中美洲地区发生了改变力量平衡的某种事件，特奥蒂瓦坎因此突然失去了其掌控几乎长达1000年的支配地位；城中许多建筑被烧毁，此后该城再未恢复原貌。② 有人认为这座城市遭到入侵，但很可能是发生了内战；被烧毁的看上去是统治阶级的建筑物。可能是社会不满导致起义，驱离了统治者，削弱了这个城市作为力量中心的地位。但城市仍然存在，并非所有人都离开了或被杀害；实际上直到西班牙殖民入侵，这座城市仍然有人住居。③

特奥蒂瓦坎古城从规模来讲，不亚于古代苏美尔诸城邦。从城市建筑遗址来判断，它应符合一个古代都城的标准。关于这一点，目前学术界是有广泛认同的，一般称这个国家为"特奥蒂瓦

---

① 阿兹特克历史网站：http：//www.aztec-history.com/teotihuacan.html，2020年1月21日。

② 有的著作讲：这一事件发生在7世纪某个时间，城市被烧，祭坛与神庙被捣毁；城市破坏得十分严重，看来攻击者不仅仅是想摧毁这个城市本身，而且也想摧毁特奥蒂瓦坎文明的痕迹。参见克里斯蒂娜·比诺《废墟的追寻：考古、历史和现代墨西哥的形成》（Christina Bueno, *The Pursuit of Ruins: Archaeology, History, and the Making of Modern Mexico*），新墨西哥大学出版社2016年版，第1页。关于特奥蒂瓦坎古城衰落比较具体的时间，学者们在认识上有一定差异。

③ 阿兹特克历史网站：http：//www.aztec-history.com/teotihuacan.html，2020年1月21日。关于这座城市的经历，显然学术界有不同看法。例如，芭芭拉·A.萨默维尔在《阿兹特克帝国》中就讲：大约公元650年，来自北方的入侵者摧毁了这座城市，使其废弃了数百年；这座城市占地逾8平方英里。（芭芭拉·A.萨默维尔：《阿兹特克帝国》，郝名玮译，商务印书馆2015年版，第21—23页）有学者认为：特奥蒂瓦坎是中美洲最早的城市文明，是古代世界最大城市之一。汤姆·弗勒泽、卡洛斯·格申森、琳达·R.曼萨尼亚：《政府能自组吗？——墨西哥中部古代特奥蒂瓦坎集体社会组织的数学模型》（Tom Froese, Carlos Gershenson, and Linda R. Manzanilla, "Can Government Be Self-Organized? A Mathematical Model of the Collective Social Organization of Ancient Teotihuacan, Central Mexico"），美国科学公共图书馆期刊（PLOS ONE：www.plosone.org），2014年10月第9卷第10期（October 2014, Volume 9, Issue 10, e109966），第1页。

坎国"，英文是"State of Teotihuacan"或"Teotihuacan State"。需要注意的是，这里的"国"的英文是"State"，而不是"Kingdom"，更不是"Empire"。从原始社会演进而来的"原初国家"，英文一般用"State"；国际学术界讲的"早期国家"中的国家就是"State"，"早期国家"是"Early State"。[①] 特奥蒂瓦坎国就是这样一个从原始社会演进而来的早期国家，是由美洲印第安社会自身发展演进而来的。在西班牙文著述中，"特奥蒂瓦坎国"是"el Estado teotihuacano"。[②]

关于这个国家的状态和特征，学术界到目前为止，还没有定论。学术界一些人曾长期认为特奥蒂瓦坎可能是"一个和平的神权国家"（"a peaceful theocratic state"），但这一观点已站不住脚了。现在学者们更强调战争在国家形成中的作用，强调武力和政治力量因素。[③] 对这个古代国家的当权者，学术界一般泛称为"统治者"（Ruler或Rulers），而不称"王"（King）。对于这个古国的统治者是单个人或是一个集团，学术界尚无定说。

近些年来，特奥蒂瓦坎古城是学术界很重视的一个研究对象，设立了不少研究项目，包括对太阳金字塔、月亮金字塔等建筑进行专项考古发掘。这样的专项研究揭示："统治集团非常注重通过将天体运行和历象体系融入到重大建筑和献祭仪式中来物化他们的世界观。这些建筑中发现的献祭遗存物直接显露出强力

[①] 例如，利奥尼德·E. 格里宁等主编的《早期国家：多样性与相似性》(Leonid E. Grinin, et el, eds., *The Early State: Its Alternatives and Analogues*, 乌奇捷利出版公司2004年版）书名就是用的这个概念。

[②] 例如，可参阅何塞·伊格纳西奥·桑切斯·阿拉尼兹《特奥蒂瓦坎的住房单位：以比达索阿为例》(José Ignacio Sánchez Alaniz, *Las unidades habitacionales en Teotihuacan: el caso de Bidasoa*)，墨西哥国家人类学与历史学研究所2000年版，第35页。

[③] 汤姆·弗勒泽、卡洛斯·格申森、琳达·R. 曼萨尼亚：《政府能自组吗？——墨西哥中部古代特奥蒂瓦坎集体社会组织的数学模型》，美国科学公共图书馆期刊（PLOS ONE：www.plosone.org），2014年10月第9卷第10期（October 2014, Volume 9, Issue 10, e109966），第2页。

人物的集中统治权,这一点通过重大建筑仪式活动象征性地表明出来,并突出穷兵黩武政策。"①

特奥蒂瓦坎国存在着贫富分化和阶级区别,存在着"统治精英"(ruling elites)是确定无疑的。在早期阶段,特奥蒂瓦坎国处于扩张当中,对被征服地区收取贡物(tribute)。在考察建筑物质石灰时,有学者指出:"因此,该物品的特征(洁白、防腐和光亮),其地质分布(即,非本地的),统治精英机构,加上其生产、交换、消费行为,一起创造了一种体现不平等社会关系的价值体系。"② 也有学者指出:"墓葬研究提供了足够证据,显示特奥蒂瓦坎已形成高度完整的复杂的社会等级制度。"③

还有学者指出,特奥蒂瓦坎可能是当时整个中美洲社会分层最为复杂的,这个国家统治地域广阔。统治集团同时集中了政治、经济和宗教职能。其他的上层阶级是商人和高级将领。特奥蒂瓦坎人口的重要部分由工匠组成,约占整个人口的四分之一或更多,包括陶工、织工、泥瓦工、木匠、贝壳工、羽毛工等。城内还有农民,他们可能居住在城内,而在城外从事劳动。④ 这里没有讲到城里工

---

① 杉山奈和、杉山三郎、亚历杭德罗·萨拉维亚·G.:《墨西哥特奥蒂瓦坎太阳金字塔内部:2008—2011 年的发掘和初步结果》(Nawa Sugiyama, Saburo Sugiyama, and Alejandro Sarabia G., "Inside the Sun Pyramid at Teotihuacan, Mexico: 2008–2011 Excavations and Preliminary Results"),《拉丁美洲古史》(*Latin American Antiquity*)第 24 卷第 4 期(2013),第 404 页。

② 村上达也:《实体、价值体系和手工产品生产、交换与消费的政治:墨西哥特奥蒂瓦坎的石灰膏案例》(Tatsuya Murakami, "Materiality, Regimes of Value, and the Politics of Craft Production, Exchange, and Consumption: A Case of Lime Plaster at Teotihuacan, Mexico"),《人类学考古杂志》(*Journal of Anthropological Archaeology*)第 42 卷(2016),第 70 页。这里讲的物品就是指用于建筑的石灰。

③ 卡洛斯·塞拉诺·桑切斯:《特奥蒂瓦坎墓葬中的丧葬实践和人牲》(Carlos Serrano Sánchez, "Funerary Practices and Human Sacrifice in Teotihuacan Burials"),载凯瑟琳·贝林、埃丝特·帕斯托里主编《特奥蒂瓦坎:神灵之都的艺术》,圣弗朗西斯科艺术博物馆 1994 年版,第 114 页。

④ 何塞·伊格纳西奥·桑切斯·阿拉尼兹:《特奥蒂瓦坎的住房单位:以比达索阿为例》,墨西哥国家人类学与历史学研究所 2000 年版,第 63—64 页。

匠和农民是否为奴隶或其中有奴隶。对于统治者，这些学者也不称奴隶主，不称这个国家为奴隶制国家。

但是，这是个有阶级分化和激烈阶级斗争的国家。考古发掘显示，"特奥蒂瓦坎国是残暴的、压制性的，至少在其发展的最早阶段，根据最近数据，当时有大量人祭活动。"① 仅从羽蛇神庙发掘出的人牲数据，就可做出这样的判断。考古专家已发现了不少人祭遗骸，呈一定规则排放。羽蛇神庙人祭分两次进行，一次在建筑开始时，一次在建筑落成时。据估算，羽蛇神庙建筑人祭数字多达260人。② 墓葬也显示特奥蒂瓦坎的人祭证据；存在着人骨骼集体乱葬现象、砍头现象、小孩人祭现象。除羽蛇神庙外，其他地方如太阳金字塔也存在大量人祭证据。③ 大量人祭现象的存在，也促使我们做出这样的判断：特奥蒂瓦坎国属于早期奴隶制国家。

第三，阿尔万山古城。

阿尔万山古城位于墨西哥瓦哈卡州，是墨西哥著名古城遗址，

---

① 鲁本·卡布雷拉·卡斯特罗：《羽蛇神庙的人祭：特奥蒂瓦坎的最近发现》（Rubén Cabrera Castro, "Human Sacrifice at the Temple of the Feathered Serpent: Recent Discoveries at Teotihuacan"），载凯瑟琳·贝林、埃丝特·帕斯托里主编《特奥蒂瓦坎：神灵之都的艺术》，圣弗朗西斯科艺术博物馆1994年版，第101页。

② 鲁本·卡布雷拉·卡斯特罗：《羽蛇神庙的人祭：特奥蒂瓦坎最近发现》，载凯瑟琳·贝林、埃丝特·帕斯托里主编《特奥蒂瓦坎：神灵之都的艺术》，圣弗朗西斯科艺术博物馆1994年版，第106页。

③ 卡洛斯·塞拉诺·桑切斯：《特奥蒂瓦坎墓葬中的丧葬实践和人牲》，载凯瑟琳·贝林、埃丝特·帕斯托里主编《特奥蒂瓦坎：神灵之都的艺术》，圣弗朗西斯科艺术博物馆1994年版，第109—114页。特奥蒂瓦坎古城存在着大量人祭现象，为学术界所公认，新近出版的一些著作也都讲到这样的事实。参阅迈克尔·查赞《世界史前史与考古：穿越时空的道路》（第4版），劳特利奇出版公司2018年版，第358—361页；马修·罗柏主编《特奥蒂瓦坎：水之城，火之城》（Matthew Robb, ed., *Teotihuacan: City of Water, City of Fire*），圣弗朗西斯科 - 德扬艺术博物馆、加利福尼亚大学出版社2017年版，第56—59、82—89页；迈克尔·D. 科、雷克斯·孔茨《墨西哥：从奥尔梅克到阿兹特克》（Michael D. Coe & Rex Koontz, *Mexico: From the Olmecs to the Aztecs*）（第7版），泰晤士和哈德逊出版公司2013年版，第105—113页。

也是古代中美洲地区仅次于特奥蒂瓦坎的第二大"仪式场所"。最早的建筑建于公元前1000年至公元前800年，有的学者称阿尔万山古城为中美洲第一座城市，但早期建筑大多数被摧毁后埋于后来的萨波特克（Zapotec）建筑之下。萨波特克人在公元前1世纪占领此地。阿尔万山在萨波特克人占领之前已形成城市。公元前1世纪，萨波特克人占领此地后，以阿尔万山为都城。这个国家被学术界称为"阿尔万山国"（Monte Albán state），也有学者称为"萨波特克国"（Zapotec state）。有学者指出，大约在公元前30年至公元前20年的某个时间，阿尔万山国再次进攻蒂尔卡耶特（Tilcajete），并取得胜利，其居民成为阿尔万山国的臣民，阿尔万山成为"军事化的萨波特克国家的都城"，"一个全面发展了的国家的都城"。①

显然，阿尔万山国的形成有一个较长的过程。在公元前500年至公元200年，"阿尔万山国"形成了，并巩固了对其周边地区的控制。② 从公元前300年至公元200年，"国家机构的关键特征"出现了，如四个层次的社会等级制、宫殿、专门的多厅神庙。③ 也

---

① 乔伊斯·马库斯：《阿尔万山》（Joyce Marcus, *Monte Albán*），墨西哥学院2008年版，第37页；查尔斯·S. 斯宾塞、艾尔莎·M. 雷德蒙德：《征服战、抵抗战略和萨波特克早期国家的兴起》（Charles S. Spencer and Elsa M. Redmond, "Conquest Warfare, Strategies of Resistance, and the Rise of the Zapotec Early State"），载利奥尼德·E. 格里宁等主编的《早期国家：多样性与相似性》，乌奇捷利出版公司2004年版，第220—221页。

② 莉亚·明克、杰森·谢尔曼：《评估早期阿尔万山国（墨西哥瓦哈卡州）的陶器生产和交流》[Leah Minc, and Jason Sherman, "Assessing Ceramic Production and Exchange in the Early Monte Albán State (Oaxaca, Mexico)"]，网地：https://core.tdar.org/document/397115/assessing-ceramic-production-and-exchange-in-the-early-monte-alban-state-oaxaca-mexico，2020年1月24日。

③ 查尔斯·S. 斯宾塞、艾尔莎·M. 雷德蒙德、克里斯蒂娜·M. 埃尔森：《陶器微观体系与墨西哥瓦哈卡早期阿尔万山国的领土扩张》（Charles S. Spencer, Elsa M. Redmond and Christina M. Elson, "Ceramic Microtypology and the Territorial Expansion of the Early Monte Albán State in Oaxaca, Mexico"），《田野考古杂志》（*Journal of Field Archaeology*）第33卷第3期（2008），第321页；查尔斯·S. 斯宾塞、艾尔莎·M. 雷德蒙德：《征服战、抵抗战略和萨波特克早期国家的兴起》，载利奥尼德·E. 格里宁等主编《早期国家：多样性与相似性》，乌奇捷利出版公司2004年版，第220—221页。

有学者讲：大多数今天仍然存在的巨大建筑建于公元 300 年至公元 900 年之间；这个时期阿尔万山城"已成为萨波特克帝国的主要仪式场所"。① 萨波特克人占领阿尔万山超过了 1000 年。这个城市在公元 200 年至公元 700 年之间达到高峰；人口最多时约 24000 人；阿尔万山城主宰着墨西哥中部的瓦哈卡谷地。② 进入公元 8 世纪，阿尔万山城逐渐衰落。10 世纪，阿尔万山城作为"仪式中心"被放弃；此后阿尔万山被米斯特克人（Mixtecs）用作墓地。③

可以说，阿尔万山国是一个"原初国家"，是美洲印第安社会自身发展演进过程中逐渐形成的一个早期国家。对这个国家的社会性质或社会形态，有关专家并没有明确分析和评判。但从一些专家对阿尔万山国形成过程的考察，我们对这个原初国家也能形成一定的认识。首先需要指出的是，这个国家的形成伴随着"最初的城市化"（initial urbanization）。同时，社会分化在加强。突出表现是"不断增强的精英与本地其他人口的分离"。这一点从城市建筑结构的变化、住宅与坟墓的新规格与外表就可以看出。社会分化伴随着社会冲突。证据表明，城市中心建筑本身显示了防卫功能。④ 有学者指出：社会中存在着"控制和反抗"（domination and resistance）；存

---

① 名胜遗址网站：https://sacredsites.com/americas/mexico/monte_alban.html，2020 年 1 月 25 日。

② 历史链接网站：https://historylink101.com/2/mesoamerican/monte-alban - 1.htm，2020 年 1 月 25 日。关于阿尔万山的人口，有学者估计在 20000—30000 人之间。参见乔伊斯·马库斯《阿尔万山》，墨西哥学院 2008 年版，第 161 页。

③ 名胜遗址网站：https://sacredsites.com/americas/mexico/monte_alban.html，2020 年 1 月 25 日；参阅迈克尔·D. 科、雷克斯·孔茨《墨西哥：从奥尔梅克到阿兹特克》（第 7 版），泰晤士和哈德逊出版公司 2013 年版，第 93—99 页。

④ 马塞洛·坎帕尼奥：《希拉孔波利斯（尼罗河谷）和阿尔万山（瓦哈卡河谷）的初始城市化和国家的出现》[Marcelo Campagno, "Initial Urbanization and the Emergence of the State in Hierakonpolis (Nile Valley) and Monte Albán (Oaxaca Valley)"]，《考古方法和理论杂志》（*Journal of Archaeol Method Theory*）（Springer Science + Business Media, LLC, part of Springer Nature 2018, https://doi.org/10.1007/s10816 - 018 - 9371 - 5），第 14—16 页。

在着"平民被动地与'精英'斗争"的现象。① 阿尔万山国在形成过程中,伴随着"领土扩张"和对周边地区的控制,并且从被征服地区获取贡品。②

在这个萨波特克国家中,也存在着人祭现象。③

从这些有限的历史信息来看,我们倾向于认为阿尔万山国是一个处于早期奴隶社会发展阶段的国家。

阿尔万山国和特奥蒂瓦坎国都是经历了一个时期的繁荣强盛后,就衰落下去了,今天的人们主要依靠从古城废墟中提取信息来对其历史做出一定的描述。在世界上古时期的奴隶社会时期,这种"城破国灭"的现象并不鲜见。这两个美洲印第安人建立的早期国家的历史经历也透露出它们应属于奴隶制国家。

第四,阿兹特克奴隶制。

西班牙入侵美洲时,阿兹特克王国是中美洲地区印第安人建立的最强大国家。特奥蒂瓦坎国衰落后,今天墨西哥中部地区就没有形成强大的奴隶制国家;当然,小规模的国家是存在过的。1325年,阿兹特克人(墨西卡人)在今天墨西哥城所在高原盆地的特斯科科湖中的岛上建城立国,这座城市称作特诺奇蒂特兰,是阿兹特

---

① 斯科特·R. 哈特森:《建筑空间和不良主题:墨西哥瓦哈卡阿尔万山的统治和抵抗》(Scott R. Hutson, "Built Space and Bad Subjects: Domination and Resistance at Monte Albán, Oaxaca, Mexico"),《社会考古学杂志》(Journal of Social Archaeology)第 2 卷第 2 期(2002),第 74—75 页。

② 参阅查尔斯·S. 斯宾塞、艾尔莎·M. 雷德蒙德、克里斯蒂娜·M. 埃尔森《陶器微观体系与墨西哥瓦哈卡早期阿尔万山国的领土扩张》,《田野考古杂志》第 33 卷第 3 期(2008),第 321—341 页;R. 杰森·谢尔曼、安德鲁·K. 巴尔坎斯基、查尔斯·S. 斯宾塞、布赖恩·D. 尼科尔斯:《新生的阿尔万山国的扩张动力》(R. Jason Sherman, Andrew K. Balkansky, Charles S. Spencer, Brian D. Nicholls, "Expansionary Dynamics of the Nascent Monte Albán State"),《人类学考古杂志》第 29 卷(2010),第 278—301 页。

③ 马塞洛·坎帕尼奥:《希拉孔波利斯(尼罗河谷)和阿尔万山(瓦哈卡河谷)的初始城市化和国家的出现》,《考古方法和理论杂志》(Springer Science + Business Media, LLC, part of Springer Nature 2018), https://doi.org/10.1007/s10816-018-9371-5,第 16—17 页。

克人国家的首都。15世纪初,阿兹特克人强盛起来。阿兹特克人国家与特斯科科人和特拉科班人建立的两个国家(state)结成联盟,学术界称为"三方联盟"(Triple Alliance)。蒙特祖玛一世(1440年即位,1469年逝世)时,阿兹特克人取得了联盟的领导权。[①] 这个联合起来的国家一般称为"阿兹特克王国"(Aztec Kingdom)。阿兹特克王国不断扩张,在墨西哥中部地区形成了一个强大的国家。阿兹特克王国的国王由选举产生,从前国王兄弟或子侄中选出;由一个选举会议(Council)推举,这个选举会议逐渐缩小到由四位首领组成,他们是国王的顾问。1503年,蒙特祖玛二世即位。蒙特祖玛被尊为"神明的统治者"(demigod);他是高级僧侣、军队最高司令、国家首脑,其权力是巨大的,只受传统习惯制约。蒙特祖玛二世是阿兹特克国家第九位最高领导者,是蒙特祖玛一世之孙,也是前任国王的侄子。[②] 正是在蒙特祖玛二世时期,西班牙人开始入侵阿兹特克国家。

  成长中的阿兹特克王国应该说还处于形成和发展的初级阶段。从有关研究著述看,阿兹特克王国并没有建立起覆盖全国的行政管理体系。对被征服地区,主要是征收贡赋;没有派遣行政官员进行直接治理,而是保留了原来的统治者。这样的国家统一性是不够强的,有的地区出现了反叛,不得不再次进行征服;实际上有的被征服而纳入阿兹特克王国的"省"(province)或被征服的地区本身也仍在扩张,力量可能增强。在王国内存在着征服地区与被征服地区的区别;也存在着"战略省"(strategic provinces)与"纳贡省"(tributary provinces)的区别。显然,王国还没有演进成"一体化了"的国家。王国内部存在着不同部分之间

[①] 参阅刘明翰主编《世界历史·中世纪卷》(修订版),人民出版社2017年版,第389—390页。

[②] 维克托·沃尔夫冈·冯·哈根:《古代美洲的太阳王国:阿兹特克、玛雅和印加》(Victor Wolfang von Hagen, *The Ancient Sun Kingdoms of the Americas: Aztec, Maya, Inca*),泰晤士&赫德逊出版公司1962年版,1976年黑豹版,第67—68页。

的不平等。①

阿兹特克王国是一个社会等级分明的阶级社会，存在着贵族、平民、奴隶三个阶级。贵族是统治阶级，是社会的"精英"，国王是统治阶级的最高代表。这个阶级拥有两个必要特征：（1）法律上承认它是上层集团，其特权和特征由法律做出界定；（2）是一个继承性的阶级。以国王为首的各类贵族都享有由各类平民缴纳的作为贡赋的产品和劳务；贵族享有贡赋，平民交纳贡赋。尽管存在着平民成为贵族的可能性，但贵族与平民之间的界限却是非常严格的。贵族的权力与地位的基础是对土地的掌控和对政府职能的垄断，包括对军事和贡赋收缴权的掌控。对长距离贸易、国家礼仪和其他机制的掌控也扩大了贵族的权力。贵族阶级与国家统治集团几乎是合二为一的，几乎不可能区分贵族个人的资源与政府的资源。贡赋是国家岁收和经济控制力的主要源泉，平民通过交纳贡赋支撑着贵族阶级。②

被征服地区的统治者们，即所谓的"地区精英"（regional elites），也是王国统治阶级的一部分。"被征服国"的精英们与"三方同盟"的精英们形成了社会、经济、政治上的"相互作用"（interaction）。例如，相互通婚；共同参加礼仪活动，如国王加冕、葬礼、特诺奇蒂特兰建筑工程仪式等；共同参与长途贸易和利用某些市场；被征服地区派遣士兵甚至军事领导人参加墨

---

① 参阅迈克尔·E. 史密斯、弗朗西斯·F. 伯丹《考古与阿兹特克帝国》（Michael E. Smith and Frances F. Berdan, "Archaeology and the Aztec Empire"），《世界考古》（World Archaeology）第 23 卷第 3 期，帝国考古专题（1992），第 353—367 页；参阅弗朗西丝·F. 贝尔丹《阿兹特克帝国与其省》，见奥尔京·索利斯、R. 费利佩主编《阿兹特克帝国》（Frances F. Berdan, "El imperio azteca y sus provincias", in El imperio azteca, Exposición curada por Felis Solis, edited by Solís Olguín, Felipe R.），纽约古根海姆博物馆 2005 年版，第 264—269 页。

② 迈克尔·E. 史密斯：《阿兹特克帝国社会等级化的作用：从省的角度看》（Michael E. Smith, "The Role of Social Stratification in the Aztec Empire: A View from the Provinces"），《美国人类学家》（American Anthropologist）新辑第 88 卷第 1 期（1986），第 74 页。

西卡贵族组织的军事行动；特诺奇蒂特兰的贵族集团也可能帮助被征服国的军事行动，调解有关边界争端。这些地区精英们参与王国的活动，能够带来许多利益，而最重要的是能够获得墨西卡人支持他们的统治和合法性。①

平民要承担国家的贡赋，处于被剥削和被奴役的地位。"被征服国"的平民则遭受着双重剥削和奴役。他们不但要向本地贵族交纳贡赋，还要承担本地区交纳给阿兹特克统治集团的贡赋。平民还有可能被迫出卖自己本人或子女为奴隶，以偿还债务；平民也有可能因为没有能够缴纳贡赋而被贵族卖为奴隶。② 在考察阿兹特克王国首都特诺奇蒂特兰人祭历史时，有学者指出："社会等级高的人占有社会等级低者的劳动、产品甚至生命。"③

阿兹特克王国的社会最底层是奴隶。奴隶占社会人口比例有多大，我们尚未见具体数字，但奴隶很多是确定无疑的。有学者指出："在墨西卡社会中，奴隶构成一个重要的阶级。"④ 在西班牙殖民征服之前，阿兹特克社会"奴隶的数量是非常大的"。⑤ 在欧洲人到达中美洲时，墨西哥高原地区的王国和领地已存在着"使个人从属的特殊形式"；西班牙人称这些从属者为"奴隶"（esclavos），而墨西哥印第安纳瓦特尔语则称为"特拉

---

① 迈克尔·E. 史密斯：《阿兹特克帝国社会等级化的作用：从省的角度看》，《美国人类学家》新辑，第88卷第1期（1986），第75—82页。
② 约翰·M. 英厄姆：《特诺奇蒂特兰的人祭》（John M. Ingham, "Human Sacrifice at Tenochtitlan"），《社会与历史比较研究》（Comparative Studies in Society and History）第26卷第3期（1984），第394页。
③ 约翰·M. 英厄姆：《特诺奇蒂特兰的人祭》，《社会与历史比较研究》第26卷第3期（1984），第393页。
④ 《阿兹特克帝国的奴役》（"Enslavement in the Aztec Empire"），https://ipfs.io/ipfs/QmXoypizjW3WknFiJnKLwHCnL72vedxjQkDDP1mXWo6uco/wiki/Aztec_slavery.html，2018年12月。
⑤ 卡洛斯·博施·加西亚：《西班牙入侵前的阿兹特克奴隶制》（Carlos Bosch Garcia, La esclavitud prehispanica entre los aztecas），墨西哥学院1944年版，第29页。

科特尔"（tlacotl 或复数 tlacotin），奴隶是这些阶级社会的一部分，生产了大量剩余。① 关于阿兹特克奴隶制，学术界已有了一定的研究。格雷戈里·迈尔斯近年发表的文章《古代阿兹特克帝国奴隶制的十种怪事》，② 对阿兹特克奴隶制进行了简要考察，主要内容如下。

（1）阿兹特克的奴隶主要有两类，一类是战俘，另一类更像后来的契约奴。战俘奴隶通常用于人祭，也可能用于人殉。后一类奴隶更常见一些，得生活在主人的土地上，从事繁重的劳动。但他们也还有一定的权利，能够赎身，能拥有财产，提升自己的社会地位。

（2）奴隶能够通过多种"奇怪的方式"获得自由。奴隶与主人结婚或者与主人有了孩子，就能马上获得自由。如果奴隶能够向法官证明主人虐待了自己，则奴隶可以获取自由。如果被带到市场上时，奴隶寻机逃离到城墙外，并停留在人的排泄物之上，那么他将获得自由。戴枷的奴隶被带到市场上出卖时，若挣脱绳索逃到宫殿或神庙，也可获得自由。

（3）虐待奴隶是非法的。奴隶应该得到一定的待遇和尊重。主人要为奴隶提供食物、住所和医药；奴隶的孩子出生就是自由的，但主人应该提供一定待遇。如果奴隶在法庭上证明自己受到了虐待，那么他可能获得自由。

（4）不顺从的奴隶可能用来祭神。奴隶要尊重和顺从主人。如果一个奴隶不顺从主人，并被主人拉到广场上见证人面前证明奴隶

---

① 布里吉达·冯·门茨：《古代墨西哥和新西班牙的奴隶制与半奴隶制（重点是16世纪）》[Brígida Von Mentz, "Eeclavitud y semiesclavitud en el México Antiguo y la Nueva España（Con Énfasis en el siglo XVI）"]，《古代历史研究》（Stud. hist., Hª antig. 25, 2007, pp. 543 – 558）第25卷第1期（2007），第545页。

② 格雷戈里·迈尔斯：《古代阿兹特克帝国奴隶制的十种奇怪现象》（Gregory Myers, "10 Strange Facts about Slavery in the Ancient Aztec Empire"），《历史》（*HISTORY*）2018年8月16日。https：//www.toptenz.net/10-strange-facts-about-slavery-in-the-ancient-aztec-empire.php，2021年9月12日。

是不驯服的，那么这样三次，主人就能够卖掉这个奴隶。一旦奴隶被视为不驯服而被卖掉，该奴隶将被戴上枷。如果一个奴隶因不驯服被卖掉过三次，那么下次他就可能被用作人祭。通常情况下是来自被征服的敌对人口中的奴隶用作人祭，但当这类奴隶不足时，本地奴隶也会用于人祭。

（5）敌方士兵被俘后通常做上标记，将作为奴隶用于人祭。敌方士兵被俘后最常见的命运就是用于人祭；妇女和儿童则沦为奴隶，当然其中不少人也用于人祭。战俘如果未用于人祭，顺从主人，也有赎身机会。

（6）奴隶可以结婚，奴隶身份不是世袭的。奴隶在大多数情况下可以结婚，奴隶的孩子生来不是奴隶。因为不是世袭的，奴隶的孩子不会承担父母留下的债务。

（7）奴隶也可以拥有奴隶。奴隶能够通过赎买获得自由，还可以自己买奴隶。在某些情况下，身为奴隶，不是先赎买自己的自由，而是先自己买奴隶来挣更多的钱，以便赎买自身。这样可能更有利一些。

（8）卖身为奴也是常见的。极为贫穷或陷入债务的阿兹特克人"自愿"或偶尔地成为奴隶，当然日后他们也可能赎身。在某些情况下，陷入债务的绝望者将请求官员允许出卖自己。他找到买家后，获得一笔大致可以生活一年的钱，他可以在花完这笔钱之后再开始奴隶生涯。

（9）父母有时为了还债把孩子卖为奴隶。如果想卖掉自己的孩子，先得去法庭讲明出卖孩子为奴的理由，获得法庭同意。

（10）在很多情况下，奴隶可以通过赎买获得自由。战俘奴隶和多次被出卖的"不驯服的"奴隶，难以赎身。但多数阿兹特克人特别是卖身为奴者，把当奴隶视为一种经济债务奴役，等挣到足够的钱后，就可以赎买自己的自由。[①]

[①] 格雷戈里·迈尔斯：《古代阿兹特克帝国奴隶制的十种奇怪象》，《历史》2018年8月16日。

从格雷戈里·迈尔斯考察的以上十点看,阿兹特克王国的奴隶制有其自身特色,奴隶也还拥有一定的权利。我们可以推测这些权利可能是阿兹特克氏族公社成员过去所享有的权利的遗迹。这些现象也揭示了阿兹特克王国还处于奴隶社会早期阶段。当然,实际上奴隶的产生和奴隶的处境是十分复杂的,以上情况只是阿兹特克奴隶制的部分内容。阿兹特克王国的统治阶级常常为了获取战俘充作奴隶而展开军事行动,实际上王国境内外的居民时刻面临着沦为奴隶的危险。被征服地区常常把奴隶作为贡品送给阿兹特克统治集团。

阿兹特克王国的法律规定,透露军事秘密者将被分尸,财产被没收,子女和亲属贬为奴隶;儿子经常行为不当,则通常会沦为奴隶;杀人者被判死刑,但如果受害人近亲愿意收其为奴,则不会处死;伤害他人者可能成为受伤害者的奴隶。①

我们可以想象在阿兹特克王国,实际上任何奴隶都是有可能用作人祭的。阿兹特克王国统治者大量举行残酷的人祭活动。成千上万的奴隶被屠杀。这说明了奴隶制的残酷,也是奴隶主统治集团对下层民众进行残酷压迫和奴役的最突出表现。大量人祭活动表明阿兹特克社会奴隶数量是很大的。下面将对印第安社会人祭进行简要考察和分析。

第五,印第安人祭。

关于美洲印第安社会存在人祭的问题,学术界早有考察,我们在前文已有所述及。相对于亚非欧大陆而言,美洲早期奴隶制国家终结的时间离我们今天比较近,有关资料信息保存得也相对丰富一些,这里不妨集中讨论一下。美洲的印第安三大文明地区均存在人祭现象,可以说这是不争的事实。例如,考察墨西哥古代印第安社会时,《剑桥拉丁美洲史》指出:"为遵循天意、统治集团主要关心

---

① 约翰·M. 塞乌斯:《阿兹特克法律》(John M. Seus, "Aztec Law"),《美国律师协会杂志》(American Bar Association Journal) 第55卷第8期(1969),第736—739页。

的事是崇拜诸神，奉献人祭，为获得俘虏而作战并强制推行阿兹特克人的统治"；"有充分证据说明在墨西卡人之前，中部美洲就有人祭"。①《阿兹特克帝国》一书对阿兹特克社会的人祭也有一些叙述。"阿兹特克人很少杀死敌人，通常只是打伤敌人。敌人还可以用来充当奴隶、祭品、劳工，抑或用来补充兵员。"在某些节日，阿兹特克人要举行祭祀，用奴隶当人牲，"没有人愿意拿勤劳、有用的奴隶当祭品。许多人都是买来懒惰的奴隶献祭。"②《玛雅诸帝国》也描述了一些人祭的情况。"有一雕刻在列柱上的场景是四个贵族在主持杀人献祭仪式。""玛雅人的确有人祭这一习俗，所以被俘的西班牙人被杀献祭神灵是可信的。""战胜国用俘虏从事奴隶劳动，也用俘虏献祭神灵。""玛雅人举行仪式的主要目的是上供喂养神灵。……最高级的献祭是向神灵奉献人的生命。"③《印加帝国》一书也讲到人祭现象，特别是用小孩献祭的现象。印加王国最高统治者称萨帕·印卡，领导政府、统率军队，被视为印卡主神印蒂的直系后裔。为了向他表忠心，每年都有小孩被杀用来向他献祭。④还有学者指出："人祭本身是中美洲文化最古老的一个方面"；"的确，仪式性斩首是整个新世界广泛的特征"。⑤ 关于西方国家殖民入侵前古代印第安社会的人祭现象，近年学者们也有不少考察和讨

---

① 莱斯利·贝瑟尔主编：《剑桥拉丁美洲史》第 1 卷，中国社会科学院拉丁美洲研究所级译（根据剑桥大学出版社 1984 年版），经济管理出版社 1995 年版，第 26、33 页。
② 芭芭拉·A. 萨默维尔：《阿兹特克帝国》，郝名玮译，商务印书馆 2015 年版，第 41、100—102 页。
③ 吉尔·鲁巴尔卡巴：《玛雅诸帝国》，郝名玮译，商务印书馆 2015 年版，第 61、65、90、127 页。
④ 芭芭拉·A. 萨默维尔：《印加帝国》，郝名玮译，商务印书馆 2015 年版，第 78—79 页。
⑤ 杰弗里·W. 康拉德、亚瑟·A. 德马雷斯特：《宗教与帝国：阿兹特克和印加扩张主义的动力》（Geoffrey W. Conrad and Arthur A. Demarest, *Religion and Empire: The Dynamics of Aztec and Inca Expansionism*），剑桥大学出版社 1984 年版，第 19 页。

论，这里不一一引述了。①

前面我们考察了特奥蒂瓦坎古城和阿尔万山古城，都有人祭遗迹，尤其是特奥蒂瓦坎古城存在大量人祭证据。可见，人祭现象在美洲印第安社会的确具有普遍性。其中，阿兹特克王国的人祭现象最为突出，学者们研究也较多。原因之一是关于阿兹特克王国人祭的材料比较丰富，包括考古资料、图画文字

---

① 例如，近些年研究美洲印第安社会人祭问题的部分论文有：迈克尔·温克尔曼：《阿兹特克人祭：生态假说的跨文化评估》（Michael Winkelman, "Aztec Human Sacrifice: Cross-Cultural Assessments of the Ecological Hypothesis"），《人种学》（Ethnology）第37卷第3期（1998），第285—298页；米歇尔·格劳利希：《作为赎罪的阿兹特克人祭》（Michel Graulich, "Aztec Human Sacrifice as Expiation"），《宗教史》（History of Religions）第39卷第4期（2000），第352—371页；尼科洛·卡尔达拉罗：《人祭、死刑、监狱与司法：惩罚的功能与失败和寻找替代方案》（Niccolo Caldararo, "Human Sacrifice, Capital Punishment, Prisons & Justice: The Function and Failure of Punishment and Search for Alternatives"），《社会历史研究》（Historical Social Research / Historische Sozialforschung）第41卷第4期，《专题问题：国家政治精英与欧洲一体化的危机——国别研究2007—2014》（Special Issue: National Political Elites and the Crisis of European Integration, Country Studies 2007—2014）(2016)，第322—346页；奥斯瓦尔多·钦奇亚·马萨里戈斯、维拉·蒂斯勒、奥斯瓦尔多·戈麦斯、T. 道格拉斯·普赖斯：《中美洲古典时期早期的神话、仪式和人牲：解读危地马拉蒂卡尔的一个火化双葬坟墓》（Oswaldo Chinchilla Mazariegos, Vera Tiesler, Oswaldo Gómez & T. Douglas Price, "Myth, Ritual and Human Sacrifice in Early Classic Mesoamerica: Interpreting a Cremated Double Burial from Tikal, Guatemala"），《剑桥考古杂志》（Cambridge Archaeological Journal）第25卷第1期（2015），第187—210页；克里斯托弗·T. 莫哈特、阿比盖尔·梅萨·佩尼亚洛萨、卡洛斯·塞拉诺·桑切斯、艾米丽·麦克朗·德·塔皮亚、埃米利奥·伊瓦拉·莫拉莱斯：《墨西哥北部盆地上古典时期的人祭》（Christopher T. Morehart, Abigail Meza Peñaloza, Carlos Serrano Sánchez, Emily McClung de Tapia and Emilio Ibarra Morales, "Human Sacrifice during the Epiclassic Period in the Northern Basin of Mexico"），《拉丁美洲古史》（Latin American Antiquity）第33卷第4期（2012），第426—448页；卡罗琳·多兹·彭诺克：《大屠杀或宗教杀人罪？——反思阿兹特克社会的人祭与人际暴力》（Caroline Dodds Pennock, "Mass Murder or Religious Homicide? Rethinking Human Sacrifice and Interpersonal Violence in Aztec Society"），《社会历史研究》（Historical Social Research / Historische Sozialforschung）第37卷第3期（第141期），第276—302页。

材料等。尽管对阿兹特克王国人祭的具体数量有不同判断,但学者们的共识是人祭数量很大。有的学者估计:15世纪的墨西哥,每年被用于人祭者大约25万,大致相当于整个人口的1%。① 卡罗琳·多兹·彭诺克在分析多种数据后,认为在西班牙人入侵时,阿兹特克首都特诺奇蒂特兰每年人祭数量通常情况下可能平均几千人。"准确地估算此前的人牲数量是不可能的,但在15世纪后期,阿兹特克人控制的边疆在扩大,特诺奇蒂特兰的人祭活动看来达到了高峰,每年人牲可能在1000人至20000人之间。"②

人祭与人殉在奴隶社会早期往往是同时存在的现象。阿兹特克王国也存在人殉现象。例如,阿兹特克王国第八任国王阿维索特尔(Ahuitzotl)举行葬礼时,就有200个奴隶殉葬。③

正如我们在前文中讲到人祭现象在早期奴隶制国家中具有普遍性,阿兹特克社会的人祭现象并不是特有的。有学者也指出,尽管有其特殊性,但"阿兹特克人祭符合典型的跨文化模式"。④ 阿兹特克王国处于奴隶社会早期阶段,也处于快速扩大的历史进程中,国家统治体系还不成熟,王国"内部"阶级矛盾尤为尖锐。也许正是因为如此,阿兹特克统治集团迫切需要用恐怖手段来维持统治和稳定局势。这可能是发生大规模人祭的根本原因。有学者认为:"人祭可能是更为有效的说服形式。在位于中心地的场面上展示抵抗和反叛的可怕结果,强化了军事的力量,而尽量缩小了调动军队

---

① 卡罗琳·多兹·彭诺克:《大屠杀或宗教杀人罪?——反思阿兹特克社会的人祭与人际暴力》,《社会历史研究》第37卷第3期(141期),第281页。
② 卡罗琳·多兹·彭诺克:《大屠杀或宗教杀人罪?——反思阿兹特克社会的人祭与人际暴力》,《社会历史研究》第37卷第3期(141期),第281—283页。
③ 维拉·蒂斯勒、安德鲁·K.谢勒主编:《中美洲仪式实践中的烟雾、火焰和人体》(Vera Tiesler and Andrew K. Scherer, eds., *Smoke, Flame, and the Human Body in Mesoamerican Ritual Practice*),敦巴顿橡树园出版公司2018年版,第382—383页。
④ 迈克尔·温克尔曼:《阿兹特克人祭:生态假说的跨文化评估》,《人种学》(*Ethnology*)第37卷第3期(1998),第296页。

的必要性。而且，人祭非常有力地宣示了墨西卡人与太阳的特权关系以及他们军事与经济扩张的极大必然性。"①

在国际学术界，研究阿兹特克王国历史的学者有的就把人祭视作向神灵献祭的活动。例如，阿兹特克人为了向神灵祈求粮食丰收，进行人祭活动。这类祭祀活动还注重用年轻人作人牲。②

有的学者认为人祭是一种宗教迷信活动。这样的看法是很不全面的。我们倾向于认为人祭行为主要是原始社会末期向国家过渡阶段和奴隶社会时期（主要是早期阶段）社会中发生的一种政治行为，是占主导地位的集团或统治阶级控制社会的一种方式，是涂上了宗教神秘色彩的恐怖统治行为，是维护政治统治的一种手段。我们不应简单地视人祭为宗教迷信，也不能简单地指斥其为野蛮习俗。人祭是一种暴力行为，是奴隶主控制、镇压、威慑广大奴隶和平民的阶级斗争表现形式，是奴隶主阶级维护统治的一种暴力手段。正如有学者指出的，"在如特奥蒂瓦坎国这样的复杂社会中实行人祭被认为是国家为了巩固和保持权力的镇压手段。这种行为是一种通过操纵意识形态和超自然力量的社会控制方式，神被用来作为镇压工具。"③ 也有学者在讨论阿兹特克王国人祭活动时，认为人祭活动是宗教仪式的同时，强调人祭活动"也是为政治目的服务的"；阿兹特克国王们不断发动战争，抓获战俘用作人祭活动，

---

① 约翰·M. 英厄姆：《特诺奇蒂特兰的人祭》，《社会与历史比较研究》第 26 卷第 3 期（1984），第 396 页。

② 戴维·加西亚：《墨西哥—特诺奇蒂特兰：阿兹特克大都城的艺术和文化》（David García, *México-Tenochtitlan: Arte y cultura en la gran capital azteca*），奥德拉班出版公司 2010 年版，第 85—88 页；参阅卡尔·陶贝《阿兹特克宗教：创世、祭献与再生》（Karl Taube, "Religión azteca: creación, sacrificio y renovación"），见奥尔京·索利斯、R. 费利佩主编《阿兹特克帝国》，纽约古根海姆博物馆 2005 年版，第 168—177 页。

③ 鲁本·卡布雷拉·卡斯特罗：《羽蛇神庙的人祭：特奥蒂瓦坎的最近发现》，载凯瑟琳·贝林、埃丝特·帕斯托里主编《特奥蒂瓦坎：神灵之都的艺术》，圣弗朗西斯科艺术博物馆 1994 年版，第 106 页。

是为了使王国臣民"处于恐怖状态"。①

人祭现象应主要是奴隶社会时期特别早期阶段的一种现象。在奴隶社会的初期阶段，单个人所具有的生产力水平还很低，也就是说奴隶生命的使用价值不高，这样统治阶级在以人祭或人殉方式消灭大量奴隶时，自身受到的物质损失不会很大。但是，十分残忍的人祭行为却能给奴隶主贵族统治集团带来多种利益。制造这样的恐怖，对平民和奴隶都是一种极大的威慑，有利于维护统治。在阿兹特克王国，不顺从的奴隶就会被转卖，最终可能用于人祭；平民也可能因多种原因沦为奴隶，这样也可能用于人祭。用多少奴隶当作人牲用于祭祀活动，这个权力掌握在奴隶主贵族统治集团手中。而不老老实实卖力干活的奴隶都有可能被主人转卖而用于人祭，这样就会迫使广大奴隶顺从地为主人当牛作马。阿兹特克王国举行人祭仪式，常要求被征服地区的上层人士参加，这种恐怖现场对这些被征服地区的上层集团也会造成某种威慑；人祭仪式意味着战争和祭祀像狩猎、农业、手工生产等一样，是一种"生产形式"；用于人祭者包括不驯服的奴隶、某些罪犯，当然也包括在战争中俘获的那些不驯服并拒缴贡赋的武士等；搜集贡品不仅仅是为了获取物质产品，也是为了"生产和再生产社会控制"。② 成千上万的青壮年男子，特别是被征服地区的青壮年，被以人祭的形式屠杀，削弱了奴隶社会下层的反抗力量。而且，青壮年男子被屠杀后，女子却留下来，可想而知不少成为奴隶主的妻妾（奴隶主往往妻妾成群），这样就会增加奴隶社会统治集团的人口。

如果说人祭是一种宗教活动的话，那么这种宗教也是统治阶级在一定社会文化基础上制造出来的，是为维护奴隶主贵族集团服务

---

① 丽贝卡·阿德·布恩：《16世纪的真实生活：全球视野》（Rebecca Ard Boone, *Real Lives in the Sixteenth Century: A Global Perspective*），劳特利奇出版公司2018年版，第141—142页。

② 参阅约翰·M. 英厄姆《特诺奇蒂特兰的人祭》，《社会与历史比较研究》第26卷第3期（1984），第393—395页。

的。这是一种"表面上凌驾于社会之上的力量"。"杀人"是统治阶级维护统治的一种方式。这是私有制占主导地位的阶级社会中统治集团的共性，只是杀人方式有所不同。在奴隶社会，奴隶主集团用人祭这种"简单粗暴的"方式杀人，是人类社会进入阶级社会早期阶段统治方略还很不成熟的一种表现，是人类文明程度不高的一种体现；而披上了神的外衣又具有一定欺骗性，使这种赤裸裸的杀人变成那个时代"合法的""易于接受的"行为。

三　古代希腊、罗马及其他地区的奴隶社会

1. 古代希腊

古代希腊、罗马经历了一个奴隶社会时期，长期以来学术界已形成了广泛共识。有学者指出："无论是在希腊，还是在罗马，原始社会的瓦解与奴隶占有制社会的诞生，都是同一过程的紧密相连的两个方面。生产力一定程度的发展所造成的人剥削人的可能性，使原始社会必然瓦解。而原始社会牢固的基于血缘的氏族部落制度的整个风俗习惯和思想文化体系，在逐渐适应新的经济和社会要求的同时，必然使最早自然出现的人剥削人的制度，沿着发展奴隶占有制的轨道前进。"[①]

在整个欧洲，古代文明产生最早的地区是离亚洲非洲古代文明地区最近的希腊。希腊文明是欧洲最早的文明，也就是说欧洲的奴隶社会最先出现在古代希腊。古代希腊最早的文明被称为爱琴文明。爱琴文明的中心在克里特岛和迈锡尼城，因而古代希腊最早的文明也称克里特—迈锡尼文明。公元前17世纪至公元前16世纪，克里特岛上的米诺斯王朝处于鼎盛时期，是克里特岛上的强国，对它所控制的地区派出官吏，征收贡赋，掠夺奴隶。近年考古发现，

[①] 胡庆钧、廖学盛主编：《早期奴隶制社会比较研究》，中国社会科学出版社2007年版，第18页。

克里特岛保持着人祭现象，这也是奴隶社会的一种表现。①

考古发现的文字材料揭示，迈锡尼是奴隶社会。"在线形文字乙中男奴和女奴有不同称呼，男奴称 do-e-ro，女奴称 do-e-ra。在派罗斯泥版文书中，一类载有妇女 631 人，女孩 376 人，男孩 261 人，共 1268 人；另一类载有妇女 370 人，女孩 190 人，男孩 149 人，共 709 人。他们都是奴隶，男女孩童是女奴的子女。这些泥版文书所记的妇女，有的冠以地名，说明她们来自外地。在某一派罗斯泥版文书中列举了 4000 人，据估计其中四分之一是奴隶。泥版文书所记载的主要是公家奴隶，但也有私人奴隶。例如有一块泥版文书记载一个奴隶主拥有 32 个成年女奴、5 个少女、15 个幼女和 4 个男孩。女奴隶从事纺织、磨谷和生活侍应。少数男奴从事体力劳动，如划船、冶炼金属、打造武器和工具等，当然也有从事农业、畜牧业生产的。公家奴隶属于宫廷，由宫廷提供口粮和住所。迈锡尼国家的土地基本上分作两大类：一是公社所有地或公有地，一是不属公社掌管的土地或私有地。私有地的占有者主要是一个贵族等级，叫作'特勒泰'，可能是公社的上层分子。国王和贵族占有大片土地。据派罗斯一块泥版文书记载，国王一人有领地 30 单位（每一单位约合 2.4 公顷）；将军一人有领地 10 单位；特勒泰三人共有领地 30 单位。但普通农民一人只有一小块土地，往往不到 1 单位，他们必须租种部分公有地才能为生。"②

迈锡尼文明衰落后，希腊历史经历了"荷马时代"（公元前 11 世纪至公元前 9 世纪）。这个时期，希腊社会"基本上可以划分为贵族自由民和奴隶两部分人"；"奴隶则可以划分为家内奴隶与分居奴隶两种类型"。③ 荷马时代的奴隶在富人财产中列入首要的地

---

① 崔连仲主编：《世界历史·古代卷》（修订版），人民出版社 2017 年版，第 175—177 页。

② 崔连仲主编：《世界历史·古代卷》（修订版），人民出版社 2017 年版，第 179 页。

③ 胡庆钧、廖学盛主编：《早期奴隶制社会比较研究》，中国社会科学出版社 2007 年版，第 287 页。

位；奴隶既从事生产也从事家务劳动；劫掠奴隶的事是经常发生的。①

有的学者认为家内奴隶属于"物化奴隶"，分居奴隶则属于"授产奴隶"。住在主人家中的奴隶，由主人婚配后，被授予财产并与主人分居，就成为授产奴隶或分居奴隶。②

荷马时代结束后，希腊经历了一个"古风时代"（公元前8世纪至公元前6世纪）。在这个时期，希腊大地上形成了许多新的奴隶制城邦，地狭人少。较大者斯巴达也只有8400平方公里；雅典只有2550平方公里，鼎盛时人口约40万人。③ 这个古风时代，也是希腊城邦向外大规模殖民的时期，建立了不少殖民城邦。

古代希腊人建立殖民地时，立即赶走或奴役土著居民。例如，斯巴达人就把被征服地区的居民变成奴隶，称为"希洛人"，掠杀"希洛人"甚至是斯巴达青年男子军事训练的项目。斯巴达国家居民分为三个集团：斯巴达人、皮里阿西人、希洛人。斯巴达人是征服者，成年男子享有公民权。公元前5世纪左右，斯巴达的公民约9千人，包括其家属约4万人。皮里阿西人散布于山区和沿海地区村镇中，人口约3万人；他们有人身自由，有权占有土地和动产，从事农业、手工业和商业，并须向斯巴达国家纳税和服兵役，但没有公民权，也不能与斯巴达人通婚。希洛人是被征服后留存在原来土地上受奴役的奴隶，大约20万人；他们依附于斯巴达人的份地上，耕种土地，向份地占有者斯巴达人交纳粮食和其他食品；希洛人是斯巴达人的集体奴隶，斯巴达国家对他们操有生杀予夺之权。有战争时，希洛人必须随斯巴达人出征、服役，从事运输、修筑工事等苦役。斯巴达人"对希洛人的残酷镇压是国家首要和经常的

---

① 胡庆钧、廖学盛主编：《早期奴隶制社会比较研究》，中国社会科学出版社2007年版，第292—296页。

② 胡庆钧、廖学盛主编：《早期奴隶制社会比较研究》，中国社会科学出版社2007年版，第298—301页。

③ 崔连仲主编：《世界历史·古代卷》（修订版），人民出版社2017年版，第184—186页。

任务。每年监察官上任，首先举行对希洛人的'宣战'仪式，然后派遣斯巴达青年到希洛人住地，对希洛人进行集体的搜捕和屠杀"。①

雅典也是古代希腊一个典型的奴隶制城邦国家。雅典拥有很多奴隶，公元前5世纪中叶，雅典奴隶数目已超过雅典自由民人口的总数。公元前431年，雅典全部人口为40万人，其中雅典自由民16.8万人，外邦人3.2万人，奴隶20万人。奴隶劳动应用于生产的各个部门。"工商业发达的雅典，奴隶劳动更多地应用于手工业生产，较大的手工作坊使用20个到30个奴隶，最多达到100人左右。"使用奴隶最多最集中的地方是矿山，矿山劳动最辛苦，几乎全部劳动都要用奴隶。例如，公元前5世纪末在雅典劳里昂银矿使用奴隶就达2万人。在雅典，甚至属于第四等级的农民，也靠一两名奴隶做帮工。②

在古代希腊，还有不少交代役租的奴隶，奴隶主让奴隶出去赚钱，奴隶则要按期向主人交纳一定数额的利润。这种奴隶与奴隶主分居，叫作"家外奴"，③有的学者直接称作"分居奴隶"或"授产奴隶"。

恩格斯在《家庭、私有制和国家的起源》第五部分《希腊国家的产生》中讲："到了雅典全盛时期，自由公民的总数，连妇女和儿童在内，约为9万人，而男女奴隶为365000人，被保护民——外地人和被释放奴隶为45000人。这样，每个成年的男性公民至少有18个奴隶和2个以上的被保护民。"④当然，奴隶的数量是不断变化的。《古希腊罗马奴隶制》一书的第二章考察了从希波

---

① 崔连仲主编：《世界历史·古代卷》（修订版），人民出版社2017年版，第188—190页。
② 崔连仲主编：《世界历史·古代卷》（修订版），人民出版社2017年版，第203—204页。
③ 崔连仲主编：《世界历史·古代卷》（修订版），人民出版社2017年版，第204页。
④ 《马克思恩格斯文集》第4卷，人民出版社2009年版，第136页。

战争到亚历山大时期的奴隶供应和奴隶数量。作者认为："从整体上，这个时期奴隶人口相对于自由人口有所增加"；自由人转变为奴隶，或奴隶转变为自由人，都变得更加频繁和容易。各个时期希腊不同地区奴隶的数量是难以做出准确统计的。正如该书指出的，"有关公元前4世纪希腊世界奴隶数量的问题，相关的资料更加有限，因此我们只能更多地依靠推理来判断。"①

讨论到古典时期雅典的奴隶制时，有学者指出：古典时期雅典的奴隶制是多方面、多层次的。不管是实际上还是心理上，奴隶都处于雅典社会的心脏。在家里、市场上、作坊和田间，从摇篮到坟墓，奴隶都伴随着雅典人，把食物放在桌子上，把酒装到坛子里，把衣服披到身上，把钱放在他们手中。他们处决犯人，铸造货币，帮助建筑神殿，还有很多，甚至有时当舰队的桨手。② 可见，奴隶劳作于雅典社会经济生活的广泛领域。这些事实说明，古代雅典是确定无疑的奴隶社会。雅典后来被马其顿王国征服。公元前2世纪，希腊被扩张中的罗马吞并。

2. 古代罗马

关于古代罗马经历了一个奴隶社会时期，学术界也是形成了广泛共识的。古代罗马从立国起，经历了三大阶段，即王政时代（约公元前8世纪中叶到公元前6世纪末期）、共和时代（约公元前509年到公元前30年）和帝国时代（约公元前30年到西罗马帝国灭亡）。在这三大阶段，总体上讲，古代罗马处于奴隶社会时期。

廖学盛讲："我认为可以说，延续达1000年左右的罗马国家，

---

① 威廉·威斯特曼：《古希腊罗马奴隶制》，邢颖译，大象出版社2011年版，第11—17页。

② 《剑桥大学世界奴隶制史》，第1卷《古代地中海世界》（基思·布拉特利、保罗·卡特利奇主编），剑桥大学出版社2011年版，第3章《古典时期的雅典》（T. E. Rihll,"Classical Athens"），作者为T. E. 里尔，第72页。

是一个独具特点的独立于封建社会之外的奴隶占有制社会。"① 他还指出:"《十二铜表法》中关于债权人可以处死还不起债的债务人或者把他卖到罗马境外当奴隶的规定,以及关于父亲可以把儿子出卖三次的规定,都说明罗马法律的鲜明的奴隶占有制性质。……在早期罗马,按法律规定,自由民只有被卖到台伯河以外,即罗马国家境外,他才能成为奴隶。把卖到国外为奴与在本国境内处死等同起来这种规定,也只能是奴隶占有制社会所特有。"②

古代奴隶社会奴隶的来源,主要有两个,一是战俘,二是债务奴隶。关于古罗马奴隶的来源,有学者讲:"个人成为奴隶有多种途径:被海盗抓捕,被土著父母出卖或抛弃,出生,战争中被俘。虽然被罗马击败的敌人沦为奴隶只是奴隶的一个来源,但战俘可能是共和时期与元首制时期,罗马奴隶最重要的来源。"③

在罗马共和国时期,全部罗马公民中,贵族人数占不到1/10,甚至可能还不超过1/14。除了大量奴隶外,其余广大居民是平民。平民因债务而沦为奴隶的现象是经常发生的。有学者指出:"农业遭灾使大量平民陷入可怕的债务深渊。对我们来说,古代世界的所有债务立法都很严厉,令人毛骨悚然,规定的利率高得惊人。罗马亦不例外。最糟糕的是,如果一个人还不起债,又无其他生财之道,那他就只好以人身抵押,变成债务奴隶(nexus,意为'戴枷者')。实际上,债务奴隶不是真正意义上的奴隶,但他们的实际地位非常类似奴隶,即世代受其债主役使的奴婢或囚犯,几乎无望重获自由。在共和国的头一个世纪,债务是一个生死攸关的灾难性问题。稍后也不例外。事实上,这必然是平民与贵族统治阶级之间产生严重对抗的主要原因。国家权力的偏袒和债务法的滥用使平民

---

① 廖学盛:《廖学盛文集》,上海辞书出版社2005年版,第64页。
② 廖学盛:《廖学盛文集》,上海辞书出版社2005年版,第62页。
③ 桑德拉·R. 乔谢尔:《罗马世界的奴隶制》(Sandra R. Joshel, *Slavery in the Roman World*),剑桥大学出版社2010年版,第81—82页。

怨声载道。"① 不难理解,平民深陷债务困境和沦为债务奴隶的可能性,是贵族与平民产生矛盾斗争的原因。在罗马历史上,平民与贵族的斗争是长期的,也是非常尖锐的。贵族与平民的激烈斗争是奴隶社会的一种带有普遍性的现象。

在古罗马,奴隶劳动是普遍的。杨共乐指出:"矿业是罗马最早使用大规模奴隶劳动的部门。据记载:到公元前二世纪中叶,仅在西班牙银矿从事劳动的奴隶就达4万人。""在罗马,大量使用奴隶劳动的另一部门便是农业。在迦图的《农业志》中,我们能够清楚地看到奴隶主对奴隶剥削的严厉。……奴隶一年之内除了两天节假外,其余时间都得在监工的严密监督下从事劳动。""公元前三世纪以来,罗马的奴隶人数日益增多,奴隶劳动几乎遍及各个部门。"②

特奥多尔·蒙森在讨论罗马共和国一个时期土地上劳作的奴隶时,有一长段详细描述。他写道:"农场上的人工一律用奴隶来做。管家(vilicus,源于villa)为田庄上那群奴隶的领袖,这人收支款项、买卖物品、向地主请示,地主不在时,发号令、施惩戒。在他下面,有管家婆(vilica)管理住宅、厨房和食料室、家禽场和鸽棚……葡萄园自然需费更多的劳力:一个100尤吉拉带有葡萄园的田庄备有1个田夫、11个寻常奴隶和2个牧人。管家所处的地位当然比其他奴隶自由;马哥的论著劝人允许管家结婚生子和拥有自己的资本;加图劝人使管家与管家婆结婚,只有他一人如果品行优良可有从主人方面取得自由的希望。在其他方面,全体共成一户。奴隶与牛马无异,也不是生长于田庄,而系在其能作工的年龄由奴隶市场买来;他们一旦因年老或疾病而不能工作,便又与其他废物同被送到市场。农场建筑(villa rustica)同时备有养牲畜的厩舍、储存粮食的堆栈和管家及奴隶所住的房屋;还另有一所专供主

---

① 迈克尔·格兰特:《罗马史》,王乃新、郝际陶译,上海人民出版社2008年版,第60—61页。
② 杨共乐:《罗马史纲要》,东方出版社1994年版,第117页。

人用的乡间别墅（villa urbana）也常建在田庄。每一个奴隶甚至管家，其一切生活必需品都有人按定期、依定量替主人发给他；他须靠着这些维持生活……数量视工作而定；因此，管家因工作较普通奴隶的轻松，所得的数量也较普通奴隶的少。管家婆照管一切烘焙和烹饪，一切人都吃同样的食物。把锁链加在奴隶身上，不是常例，不过一个奴隶遭责罚或有图逃的嫌疑，这人便被迫带锁工作，夜间被关在奴隶牢中。"① 实际上，"奴隶和牲畜受同等的看待；罗马一个著农书的人说，一个看家的好狗不可与其'同侪奴隶'过于和睦。奴隶和耕牛能做工一日，便一日受相当的饲养，因为让他们饿死实不经济；他们一不能做工，便与破烂犁头一样被卖掉，因为再留他们也不经济。"②

这就是罗马奴隶主对待奴隶的态度。罗马法剥夺了奴隶的所有权利：（1）宗族权；（2）财产权，奴隶不能拥有财产；（3）婚姻权，罗马法把两性奴隶之间或自由人与奴隶之间的结合称为同居，法律上没有保障，如奴隶结婚时尚未释放，则所生子女，亦是奴隶；（4）法律代理权，奴隶没有法律代理权。"罗马奴隶阶层是被剥削阶级，奴隶主残酷无情，尽情榨取奴隶的血汗。为了给这种恐怖和横暴的制度辩护，罗马的法学家竟发明了这样一条定则，即'奴隶不是人。'并把它载入了《法学阶梯》一书，法学家盖乌斯和乌尔皮安则更加明确地指出，奴隶即畜类，是'另一种家畜'。"③

有学者指出：在罗马奴隶制的整个历史上，"躯体限制和暴力处于奴隶占有者活动的中心位置。换句话说，主人们使用了他们所掌握的对待其人力财产的权力，他们充分使用了这种权力。"奴隶主还可以对奴隶使用脚镣，给奴隶脸上刺印。在共和国时期，奴隶

---

① 特奥多尔·蒙森：《罗马史》，李稼年译，商务印书馆2005年版，第3卷，第320—321页。
② 特奥多尔·蒙森：《罗马史》，李稼年译，商务印书馆2005年版，第3卷，第322页。
③ 杨共乐：《罗马史纲要》，东方出版社1994年版，第118页。

主可以把奴隶钉死在十字架上，烧死，或者扔进斗兽场面对野兽；他们可以通过火烧、上刑架、鞭打等方式虐待奴隶。①

　　罗马奴隶主还对奴隶实行"连坐"。这一点从当时罗马历史学家塔西佗的《罗马帝国编年史》中的一个事件可知。在尼禄当皇帝的某年，一名奴隶谋杀了一个叫路奇乌斯·佩达尼乌斯·谢孔的市长官。"案发之后，按照古老的传统，市长官家中的奴隶要被全部处死。但是大批的民众聚集起来了，想挽救如此多的无辜的生命，甚至开始了骚乱。元老院也被包围起来了。"但元老院里的大多数元老反对做出任何更改。其中一个元老发言讲到："今天就是需要我提出建议的时候了。一位曾经担任过执政官的人在自己的家里竟然被一位奴隶蓄意谋杀了。尽管元老院在出现这一情况之时威胁要处死全体奴隶的命令仍然持续有效，但是，他手下的奴隶们没有任何一位出来阻止或揭露这一谋杀犯。假如你们愿意的话，就赦免他们而不予惩罚吧。但是，假如市长官高贵的地位都不足以使自己免于受害的话，那么谁又能保证自己呢？假如佩达尼乌斯拥有了400名奴隶都嫌过少的话，那么诸位谁会拥有足够的奴隶来保护自己呢？假如即使担心自己的生命安全都不能促使奴隶们来保护我们，那么谁还会依赖自己所养的奴隶的帮助呢？……我们的祖先一直不信任他们的奴隶，即使奴隶们跟自己的主人出生在同一个田庄、同一个家里，而且自从一出生，主人对他们就一直很友善。但是，现在我们拥有众多的奴隶，他们来自不同的国家。他们有着不同的宗教信仰，或者没有任何宗教信仰。只有用恐吓的办法才能制服这一些渣滓。"② 结果，元老院没有一个人出来大声反对这位发言的元老。

　　从塔西佗这段记述中，我们知道罗马奴隶主们有对奴隶实行

---

① 桑德拉·R. 乔谢尔：《罗马世界的奴隶制》，剑桥大学出版社2010年版，第119—121页。
② 塔西佗：《罗马帝国编年史》，贺严、高书文译，江西人民出版社2014年版，第361—363页。

"连坐"的做法，而且是罗马"古老的传统"。我们也能确定这个被杀死的市政官员拥有众多奴隶，达400名之多。可见当时罗马社会奴隶之众。亦可见，在罗马奴隶制度下，奴隶主作为统治阶级对广大奴隶采取恐怖手段，大肆杀戮。这充分揭示了古代奴隶社会统治阶级的残忍。

残酷的统治迫使奴隶进行反抗。例如，公元前1世纪，罗马发生了世界历史上著名的奴隶大起义——斯巴达克起义。起义爆发于公元前73年，持续近两年。公元前71年春，起义被镇压，斯巴达克英勇牺牲。马克思称斯巴达克为古代历史上伟大的将军，是古代无产阶级的真正代表。[1]

后来，"罗马政府为了防止奴隶铤而走险，发动起义，也颁布了许多限制奴隶主虐待奴隶的法律。例如，公元50年，克劳狄元首颁布法令，规定：'凡奴隶病中被主人遗弃，病愈后应获自由。'公元75年，韦斯帕芗立法规定：'凡女奴被主人强迫为娼后，应得自由。'公元90年，图密善立法规定：禁止伤害奴隶肢体并使之致残。公元180年，哈德良立法：禁止售卖奴隶为角斗士，禁止杀害奴隶。"[2]

罗马帝国后期，逐渐出现了大批隶农，奴隶占有制处于瓦解崩溃之中。公元476年，罗马帝国（西罗马）灭亡。长期以来，学术界将罗马帝国的灭亡视为奴隶社会终结、封建社会开始的标志。

3. 古代世界其他地区

这里简要看看古代世界其他国家或地区的奴隶社会情况。首先看看古代日本是否经历了奴隶社会时期。

第一，日本。

日本是个岛国，与东亚大陆相近，也受东亚大陆文明发展的影

---

[1] 崔连仲主编：《世界历史·古代卷》（修订版），人民出版社2017年版，第314—316页。

[2] 杨共乐：《罗马史纲要》，东方出版社1994年版，第220页。

响。但作为一个孤悬的岛国，有一定的条件形成"原初"特色的国家。在古代日本，也曾出现过小国林立的状态。这样的小国，日本学者井上清称为"部族国家"；公元1世纪，在北九州就出现了很多这样的"部族国家"，其中最强者曾派遣使者到中国东汉王朝，并领受了"汉委奴国王"金印。公元3世纪，日本形成了"邪（yé）马台国"，下有许多属国。井上清认为：邪马台国（中国三国、南北朝时期）是具有贵族、平民、奴隶的阶级社会。① 邪马台国内有许多奴隶，其女王卑弥呼个人就占有奴隶千人，死时还有100多名奴隶殉葬。这个国家不仅存在奴隶主与奴隶的阶级对立，而且存在着贵族与平民的对立。② 后来形成"大王国家"，中央和地方大大小小的酋长们就由大王授予了臣、连、公、别、首、直等表示荣誉的称号（姓），并被封为臣服于大王的贵族。到5世纪后期，在这些姓之上又增加了"大臣"和"大连"之姓。③

大王国家的经济基础是名为屯田和屯仓的大王直辖领地和部民制。部民制的阶级性质"本质上还是一种奴隶制"。"第一，在田部中间，有的就脱离了原住地的氏族集团，被驱进屯田的茅屋，在粮食与农具都由官家支给下劳动。这样的人显然就是奴隶。""第二，冠以专业名称的部民，用属于朝廷的原材料和工具进行生产，产品全部被朝廷征用。所以，他们在劳动力和人身方面都属于主人即朝廷所有。在这一点上与奴隶是相同的。只是因为他们另外还耕种朝廷分给的土地以维持家属生活才与典型的奴隶不同。"④

井上清讲："不管从部民的哪一种情况来看，都不能把他当成农奴，部民制就是一种奴隶制。估计在5—6世纪时，这样的部民已经占到（生产者人口）的三成左右，主要是作为家庭奴隶被使

---

① 井上清：《日本历史》，闫伯纬译，陕西人民出版社2011年版，第11页。
② 崔连仲主编：《世界历史·古代卷》（修订版），人民出版社2017年版，第432—433页。
③ 井上清：《日本历史》，闫伯纬译，陕西人民出版社2011年版，第15页。
④ 井上清：《日本历史》，闫伯纬译，陕西人民出版社2011年版，第16页。

唤的'奴'（男奴隶）与婢（女奴隶）则占到（生产者人口）一成左右。其余的六成则既不是部民也不是奴婢，而是氏姓集团或氏姓集团的氏人。很多书把他们写成是'自由民'，但不管从哪一个角度来说，他们都不是'自由民'。他们或是受'氏上'即氏族贵族的统治与剥削，或是通过'国造'受朝廷的统治与剥削。他们根本没有政治权利。而且受'国造'统治的集团，朝廷可以随意使他们充当子代、名代或屯田的田部。因此，他们就有着部民的后备军或潜在部民的性质。"[1]

这样，我们可以说古代日本是经历了一个奴隶社会时期的。关于古代日本奴隶制，日本一些学者进行了专门研究。礒贝富士男于2007年还出版了一部专著，考察日本中世纪奴隶制。作者在书中讨论了奴隶制相关概念，并通过实例考察，探讨了日本"私有奴隶制"形成趋向、关于奴隶制的法令和奴隶买卖政策，还探讨了"百姓的奴隶化"现象等问题。这部著作还介绍了日本有关学者对日本中世纪奴隶制问题的研究和有关看法。[2]

第二，东南亚地区。

与日本相比，东南亚地区有所不同，地理位置上可以说处于中国与印度两大文明古国之间，与中国、印度领土直接相连或隔水相望。因而更容易受中国和印度古代文明的影响，较难在没有大的外界文明影响条件下各自形成具有"原初"特色的国家。

我国知名东南亚史专家梁志明等主编的《东南亚古代史》，用了三章（五、六、七）考察东南亚地区的早期国家。这些早期国家是什么性质的国家，这部著作并未明确详细阐述。尽管在书中，作者讲到在有些国家存在着奴隶，但并没有提出这些早期国家就是奴隶制国家。[3] 刘明翰主编的《世界历史·中世纪卷》，在考察东南亚早

---

[1] 井上清：《日本历史》，闫伯纬译，陕西人民出版社2011年版，第17页。
[2] 参见礒贝富士男《日本中世奴隶制论》（《日本中世奴隷制論》），校仓书房2007年版。
[3] 梁志明等主编：《东南亚古代史》，北京大学出版社2013年版。

期国家时,也没有讲这些国家就是奴隶制国家,却讲到一些属于早期封建社会。例如,谈到缅甸的蒲甘王朝时,认为蒲甘王朝"成为缅甸历史上第一个统一的封建王朝";泰国的素可泰王朝"是一个领主制早期封建国家"。而柬埔寨的扶南王国,"是初期封建社会,实行分封制"。① 当然,我国学术界也存在着不同看法,有的学者也认为东南亚一些国家如缅甸经历过奴隶社会的发展阶段。②

第三,撒哈拉以南的非洲。

古代非洲可以说是一个发展很不平衡的大陆。北部特别是东北部发展较先进,位于非洲东北部的埃及是世界上最早形成国家的地区之一。总体上讲,在漫长的古代时期,非洲大陆由北向南呈现出发展逾为落后的状况。无疑,像撒哈拉沙漠这样的"天然屏障"妨碍了非洲大陆南北地区的文化交往和传播。但这种"隔离"不是绝对的,不同程度和不同形式的交往还是存在的,只是受到了一定的局限。例如,在中世纪,阿拉伯伊斯兰文化对撒哈拉以南地区就形成某种辐射性传播和影响,甚至形成了具有伊斯兰文化风格的国家。

正是因为这种来自北部或东北部文化上的影响,撒哈拉以南非洲地区,在古代中世纪,出现的"王国"可能具有封建社会或奴隶社会甚至原始社会的一些特点。例如,有学者认为,"刚果王国是在原始公社制解体基础上形成的国家,发展中的封建关系和氏族制度紧密交织在一起"。③ 但是,刚果王国已出现了奴隶,为王室和贵族的家庭仆役;也存在着国王与王后是兄妹的现象。④ 这又是奴隶制国家的一种现象。15世纪之前的刚果王国,国王还享有施巫术、念咒

---

① 刘明翰主编:《世界历史·中世纪卷》(修订版),人民出版社2017年版,第274—297页。
② 参阅陈显泗《东南亚和印度历史上的奴隶制:与"扶南封建论"者讨论》,《学术界》1996年第6期。
③ 刘明翰主编:《世界历史·中世纪卷》(修订版),人民出版社2017年版,第374页。
④ 刘明翰主编:《世界历史·中世纪卷》(修订版),人民出版社2017年版,第374—375页。

语的权力，甚至可与巫师相比。这一点也是奴隶制国家的现象。从社会结构上讲，"社会划分为阶层已非常清楚，分为贵族、自由民和奴隶三个等级。贵族是一个不同平民通婚的特殊等级。"①

在赤道非洲和安哥拉地区出现的最早的国家，已呈现出奴隶社会的一些特征，可以说属于早期奴隶制国家。卢巴王国就是这样的国家之一，出现了王室、王徽，国王周围有一批官员，首领们拥有奴隶。"大致估计，卢巴国出现于公元1500年之前，由几个氏族合并而成，受一位酋长管辖。对卢巴王国的政治结构所知很少，但可以肯定他们是按父系制组合起来的。每个血缘世系都有自己的村庄，首领都占有奴隶。"②

南部非洲有一个著名的国家，就是以津巴布韦为首都的莫诺莫塔帕国，"是在原始公社解体基础上形成的早期国家"。这个国家大约在公元5世纪前后建立，12世纪至16世纪达到全盛。国王的权力很大，"臣民的一切东西都算是他贷给的，国王可以随意将臣民杀死"；有完整的官僚体系；也有国王娶妹妹为王后的现象。③显然，这个国家具有很浓厚的奴隶社会色彩。

四　有关学术探讨

这里就与奴隶社会有关的几个问题，简单地谈点思考。

1. 关于国家形成问题

国家形成的标志是什么，是学术界长期讨论的问题。近年我国

---

① D. T. 尼昂主编：《非洲通史》，第4卷《十二世纪至十六世纪的非洲》，联合国教科文组织出版办公室、中国对外翻译出版有限公司2013年版，第527页。

② D. T. 尼昂主编：《非洲通史》，第4卷《十二世纪至十六世纪的非洲》，联合国教科文组织出版办公室、中国对外翻译出版有限公司2013年版，第518页。

③ 刘明翰主编：《世界历史·中世纪卷》（修订版），人民出版社2017年版，第376—378页。

学术界也有探讨。我国考古学界也很关注这个问题。例如，考古专家陈明辉在新作《良渚时代的中国与世界》中讲："国家是一个抽象的政治学概念，表示有一定疆域和人口，产生了政府、法律、军队等，有复杂的阶层划分的一种复杂社会。国家与文明是两个不同的概念，同时又有着密切的联系，一般来讲，进入国家阶段则必然已处于文明社会，但是进入文明社会还不一定进入国家阶段。"① 作者在这里讲了国家形成的几个标准。一是有一定的疆域和人口；二是产生了政府、法律、军队等；三是产生了复杂的阶层划分；四是社会已进入了文明阶段。我们认为这是很有见地的看法，具有一定的代表性。

但什么又是文明形成的标志呢？这也是学术界长期讨论的问题。《世界历史》（*World History*）一书讲："历史学家们已确认了文明的一些基本特征。"这些基本特征包括以下几点：（1）一个城市中心；（2）产生了新的政治与军事结构；（3）产生了一个新的基于经济力量的社会结构（"在社会底层是一个奴隶阶级"）；（4）物质上有了更复杂的发展；（5）"一个清晰的宗教结构"。② 这五大基本特征是该书总结了学术界长期探讨的结果所归纳出来的，反映了学术界的研究成果，也具有一定代表性。

这里引述的两种关于国家产生和文明形成的观点，对我们认识有关问题是有参考价值的。关于国家的形成与文明的产生，马克思主义经典作家们早已有深入研究与论述。恩格斯在《家庭、私有制和国家的起源》这部著作中，对文明的形成和国家的产生做了深入的探讨。恩格斯指出："国家是文明社会的概括，它在一切典型的时期毫无例外地都是统治阶级的国家，并且在一切场合在本质上都是镇压被压迫被剥削阶级的机器。"③ 可见，国家与文明是密

---

① 陈明辉：《良渚时代的中国与世界》，浙江大学出版社2019年版，第10页。
② 威廉·J. 杜伊克尔、杰克逊·J. 施皮尔福格尔：《世界历史》第8版，圣智学习出版公司2017年版，第8页。
③ 《马克思恩格斯文集》第4卷，人民出版社2009年版，第195页。

不可分的，社会的文明体现在国家之中。列宁认为，国家是阶级矛盾不可调和的产物。他明确指出："当专门从事管理并因此而需要一个强迫他人意志服从暴力的特殊强制机构（监狱、特殊队伍即军队，等等）的特殊集团出现时，国家也就出现了。"①

显然，关于国家的形成与文明的产生，今天学术界的研究与马克思主义经典作家的论断具有基本的一致性。这里，我们想强调的一点是，把国家产生与文明形成紧密联系起来，视国家的出现为文明社会产生的一个标志，是合理的，符合历史实际。

我们在考察和思考世界历史上奴隶社会形成的历史时，对"原初国家"的产生形成了如下认识。有一定范围的地域和人口，人口从数万人到十数万人或更多一些；有一个一定规模的中心城市，② 作为这个国家的都城；都城有宫殿、神庙之类的建筑；有王族或贵族集团或王的存在；这个社会等级分明，已分化为不同阶级，出现了统治阶级和被统治阶级，而一般是分为三个阶级：奴隶主、平民、奴隶；统治阶级建立与掌握了国家机器——公共权力或专政工具。

人类历史上国家的形成是一个比较缓慢的、渐进的过程。从一定意义上讲，原始社会后期或曰解体时期，也是奴隶制国家形成的时期。我们甚至可以说，原始社会末期与奴隶社会初期有一个时间段是重合的，往往没有明显的分界线，社会既具有原始社会的特征，也具有奴隶社会的特征。完全可以想象，国家机器的产生是一个渐进的过程，也是一个不断完善的过程。部落之间的兼并和融合

---

① 列宁：《论国家》，《列宁专题文集·论辩证唯物主义和历史唯物主义》，人民出版社 2009 年版，第 285 页。

② 关于早期国家的都城或中心城市的标准，学术界也有不同看法。有的学者认为城市应该有城墙，有的学者则认为古代的城市不一定有城墙。例如，有考古专家讨论古代西亚两河流域城市时，定义城市是"一个有城墙的并有持续的长期的聚居地的社区"，但这一定义并不一定符合古代埃及的情形，古代埃及的城市可能没有城墙［参阅道格拉斯·J. 布鲁尔《古埃及考古：超越法老》(Douglas J. Brewer, *The Archaeology of Ancient Egypt: Beyond Pharaohs*)，剑桥大学出版社 2012 年版，第 103—106 页］。

的过程就是国家形成的过程；从一定意义上讲，一个部落或部落联盟征服另一个部落或部落联盟，就可能产生国家。在国家形成过程当中，各个地区生产力发展并不一定处于同一个水平。金石并用时期，可能形成原初国家。在没有金属工具的历史条件下，新石器时代后期也有可能产生国家。一些专家也确认中国的良渚古城是一个早期国家的都城，而到目前为止良渚古城尚未发现金属器具。

早期原初国家不一定已拥有成熟的象形文字，可能只出现了符号、图画文字等表达与记述方式。从人类社会发展整体来看，拼音文字不是产生于早期国家阶段的，而是人类社会进入文明阶段后经历了一个时期的发展才逐渐形成的。

2. "奴隶社会"与"有奴隶的社会"的区别

有的学者强调奴隶制在世界古代、中古、近代都存在，从而不承认人类社会发展进程中经历了一个特定的历史阶段——奴隶社会时期。我们所讨论的"奴隶社会"与"有奴隶的社会"是有区别的。奴隶社会或奴隶制国家或奴隶占有制国家，指的是人类社会发展进程中一个特定的历史阶段，处于原始社会和封建社会之间。的确，一些国家和地区总体上进入封建社会时期后，仍然保留有奴隶社会的残迹，这种残迹有时甚至比较浓厚，社会上还存在着不少奴隶，占有奴隶也是"合法的"；也有这种现象，一个国家整体上进入了封建社会，局部地区却仍然存在着奴隶制。这样的国家和地区不属于奴隶社会，而是封建社会。在资本主义时期，世界范围内也存在过奴隶制。例如，近代早期西方殖民国家在其殖民地就实行过奴隶制；美国独立后也长期保留着奴隶制。但独立后的美国整体上是个资本主义国家，而不是奴隶社会。资本主义社会和封建社会中的奴隶制或奴隶现象，不能与奴隶社会中奴隶制和奴隶阶级相提并论。学术界有些人把"古今"奴隶制混淆，从而否定人类历史上存在着一个特定的奴隶社会阶段，这不是一种科学的态度和方法。

3. 不宜简单地称奴隶制大国为"帝国"

一些学者往往把古代一些比较大的奴隶制国家称为"帝国",如"亚述帝国""罗马帝国""阿兹特克帝国",等等。我们认为这样简单地称"帝国"是不合适的。一些概念如"罗马帝国",本书也使用了,主要考虑到这已是学术界约定俗成的用法。古代历史上习称的所谓的"帝国",实际上是指地域历史发展进程中形成的较大的国家。在学术上,"帝国"的含义应该是确定的,不能随意使用。在古代时期,国家实行帝制,君主是皇帝,这样的国家一定意义上讲可以称为"帝国"。但这个"帝国"是实行帝制的国家,而不是近现代世界历史上的殖民帝国,两者决不可相提并论;即使学者们用了同样的"帝国"概念,但本质上两者是有区别的,应充分意识到这一点。我们认为,对于这种实行帝制的国家,根据不同情况称为"王朝"或"王国"更为合适,尽量避免将其称为"帝国"。在当今学术话语中,近现代世界历史上的殖民帝国才是真正意义上的"帝国",它们是殖民扩张的产物。这样的帝国应该是或应该成为学术界"帝国"概念的一般含义。古代的奴隶制国家,或者封建制国家,均不宜简单地称为"帝国"。它们实际上是历史发展进程中逐渐形成的地区性大国。不少这样的国家后来解体或消亡了,是因为这些国家在维护自身统一上出了问题,而不能说明如下道理:是"帝国"就必然解体、必然灭亡。历史上的大国("帝国")的形成绝不是为了后来解体或消亡的!

人类社会发展的一个总趋势是"不断从小国向大国演进"。起初的国家往往是以一个城市为中心的城邦国家,面积小,人口少;在世界许多地区,历史上出现过小国林立的状态。然后,城邦国家或区域性小国之间相互兼并融合,逐渐形成较大的大国,并进一步向更大规模的国家演进。这是历史发展大势,是人类社会发展的规律性趋势。古代的"帝国解体现象"不是历史发展趋势的体现,而是当时统治阶级维护国家统一能力不足的表现,是这样的"帝国"国家一体化程度不足或融合不成功造成的，是内部矛盾激化或外部势力入侵造成的。[①]

4. 关于奴隶社会时期"城破国灭"现象频发的问题

世界历史的发展是不平衡的，这种不平衡性在奴隶社会时期表现得十分突出。首先，当一些地区早已进入奴隶社会时，其他一些地区仍然长期处于原始社会阶段。其次，先进入奴隶社会的地区，往往被后发地区击败，其地位被取代。再次，已经形成的国家，由于这样或那样的原因而衰亡了，淹没在历史长河中；有的是后来人在废墟中才发现的。同一地区后来又出现了新的国家。这样，同一个地区的社会演进就经历了一种"反复"现象。在奴隶社会时期，这种历史发展的反复性并不鲜见。

古代世界历史上，一度繁荣强大的国家很容易衰落下去，或因爆发内战，或因外敌入侵，从而发生"城破国灭"现象。这种现象多发生在世界史上的奴隶社会阶段。封建社会和资本主义社会阶段，这种现象就少得多了。容易发生"城破国灭"现象的一个重要原因是奴隶社会统治阶级的基础薄弱，内部广大奴隶处于极端受奴役的状态，很难成为反抗外敌入侵的积极力量。因而，反过来我们也可以推测，历史上某个地区如果"城破国灭"现象频发，那这个地区很可能就处于奴隶社会发展阶段。

5. 其他思考

奴隶社会是人类社会发展进程中的一个阶段。这是一般发展规律，但这不等于说每个地区每个国家都必须经历奴隶社会这个发展阶段。实际上，与先进的奴隶制国家相连或相近的地区，往往难以产生"原初国家"形式的奴隶制国家。有的地区和国家长期处于落后状态，在某个历史时期可能出现跳跃性的发展，"跨越"某个

---

① 周芬、张顺洪：《帝国和帝国主义概念辨析》，《史学理论研究》2021 年第 2 期。

社会发展阶段，或者可能在很短时间内度过某个发展阶段。

在世界历史发展进程中，"原初国家"的发展演进能够更好地体现出人类社会从原始社会向奴隶社会发展演进的规律。在古代历史上，具有"原初特色"的国家在某个时期是存在过大量奴隶的。有的奴隶主占有几十名、几百名甚至更多的奴隶；甚至整个氏族或部落或国家沦为奴隶。至于奴隶人口在总人口中占多大比例，这个社会才能称为"奴隶社会"，学术界是有争议的。有的学者否认中国存在"奴隶社会"，理由就是奴隶劳动者不占社会劳动者的多数。我们不赞成这种分析方法。在古代特别是上古时期，一个社会的人口往往是难以精确统计的，尤其是包括奴隶在内的下层民众。有的人逃亡在外，有的人居住在"荒野地区"，有的处于"敌对方"，抓到了就是奴隶，抓不到就是"自由人"。

在人类社会发展进程中，决定社会形态性质的关键因素，不是哪个阶级人口比例多大，而主要是哪个阶级的地位变化决定社会前进的方向。作为"非自由人"的奴隶向"半自由人""自由人"的农民过渡，就决定着奴隶社会向封建社会的过渡。处于社会底层的奴隶的社会地位的变化正是奴隶社会向封建社会转变的重大标识。奴隶主不仅占有土地等生产资料，而且从人身上占有奴隶；从根本上讲，并且在一般情形下奴隶是不自由的，奴隶主掌握着对奴隶的生杀予夺之权。起初，奴隶占有制社会代替原始社会是一种历史进步，人身占有取代人身消灭是对生产力的一种解放。然而，随着社会的发展，没有人身自由的奴隶，必然要以各种形式反抗奴隶主的压迫和剥削。在奴隶社会，不断发生奴隶反抗斗争，形式是多样的，从逃亡到起义。随着生产力的发展和奴隶的反抗斗争，奴隶社会走向解体。原来的奴隶变成了封建社会的农奴或农民或佃农等；而奴隶主则演变为封建领主或地主，并占有土地这一封建社会的主要生产资料。关于奴隶社会向封建社会的过渡问题，我们在下一章还将进行讨论。

第三章　封建社会

在第一部分我们首先简明地谈谈对封建社会的基本认识。在第二部分，我们将考察一些有代表性的国家或地区的封建社会或封建制度，侧重考察主要生产资料——土地的所有制及这种土地所有制体现出的阶级关系和生产关系。第三部分，我们将就与封建社会相关的一些问题进行讨论。在短短一章中考察这么多问题，难免有缺漏；我们对一些问题的认识也可能是较粗浅的。

一　对封建社会的基本认识

1. 封建社会与封建主义概念问题

我们讲的"封建社会"中的"封建"一词，不是指我国古代"封邦建国"中的"封建"，而是指一种社会形态；封建社会是人类社会发展的一个特定的历史阶段，它处于奴隶社会与资本主义社会之间。① 恩格斯在《家庭、私有制和国家的起源》中指出："奴隶制是古希腊罗马时代世界所固有的第一个剥削形式；继之而来的是中世纪的农奴制和近代的雇佣劳动制。这就是文明时代的三大时

---

① 林甘泉曾对这个问题进行过深入讨论，读者可参阅《"封建"与"封建社会"的历史考察——评冯天瑜的〈"封建"考论〉》（《中国史研究》2008年第3期）；关于封建社会的"名"与"实"问题，我国学术界在2007年专门召开过研讨会，并于2008年出版了这次研讨会的论文集《封建名实问题讨论文集》（江苏人民出版社2008年版），林甘泉的同名文章也被收入这部论文集中。

期所特有的三大奴役形式；公开的而近来是隐蔽的奴隶制始终伴随着文明时代。"① 这里"奴隶制"就是指奴隶社会的剥削形式，"农奴制"就是封建社会的剥削形式，"雇佣劳动制"就是资本主义社会的剥削形式。在这三种剥削形式中，封建社会的农奴制处于中间。

西方学者讲欧洲中世纪的历史，往往用"封建主义"这个概念。有学者指出，"封建主义"这一概念广为应用是在18世纪的欧洲，特别是在法国；较早时意指关于封地的习惯法则，后来用来描述一种"政府制度"，"甚至一种类型的社会"。② "封建社会"这个概念在今天的西方学术界用得少，而更多的是用"封建主义"。我国也有学者回避用"封建社会"这个概念，而用"封建主义"取而代之，但占主导地位的用法还是"封建社会"。这两个概念是有一定区别的，讲"封建主义"，不一定指特定的社会形态。《西欧中世纪史》一书也强调："封建主义（feudalism）是一个模糊的词语，杜撰于中世纪时代结束很久之后。它通常被历史学家用来描述在中世纪进程中成长出来的社会、军事和政治安排的一种复杂模式。……我们的现代词语是一个一网打尽式的术语，它用来指称出现于查理曼帝国解体后黑暗与混乱诸世纪中的一连串特性。它们包括，武士贵族对社会的支配；政治权威在封土贵族持有者中的分割；一个封臣对其领主个人的忠诚，而非所有臣民对一个假定为公共利益服务的国家的忠诚，被当作社会的主要纽带。这些特性将早期中世纪社会与古代社会，或者近代社会区分开来。我们可能仍然需要某些表述来指称这些特性，而到现在为止，尚未有人贡献出一个比封建主义更好的表述。"③ 也有著作写道："加洛林时期的封

---

① 《马克思恩格斯文集》第4卷，人民出版社2009年版，第195页。
② 约翰·克里奇利：《封建主义》，（John Critchley, *Feudalism*），乔治·艾伦和昂温出版公司1978年版，第56页。
③ 布莱恩·蒂尔尼、西德尼·佩因特：《西欧中世纪史》，袁传伟译，北京大学出版社2019年版，第155页。

建主义被历史学者们解释为一个人与其领主的关系",并不涉及与其领主的领主的关系,或更上一级领主的关系。① 可见,这里作者讲的"封建主义"与我们讲的"封建社会"在含义上还是有所差异的。它并没有明确强调整个封建社会的生产关系,特别是封建领主与在领主土地上劳作的广大农奴的关系,即剥削与被剥削、压迫与被压迫的关系。这就至少没有突出封建社会的本质。法国学者马克·布洛赫在其名著《封建社会》中,曾讨论过欧洲封建社会的基本特征。他认为:"封建制度意味着一群卑微的人对少数豪强严格的经济从属";"封建社会最显著的特点之一,是首领等级与职业武士等级事实上的一致性";封建社会"独特的人际关系纽带是从属者与附近首领的联系"。② 马克垚在马克·布洛赫《封建社会》中文版序言中讲,说马克·布洛赫"研究的是封建社会形态我想也是可以的",但"当然不是马克思主义的那种社会形态学说"。可见学术界对"封建社会"这一概念也有不同理解。"封建社会"与"封建主义"在含义上又是有区别的。我们认为,学术上一般地讲封建主义是可以的,但不能用"封建主义"这个概念取代甚至排斥"封建社会"这个概念。封建社会是人类社会发展进程中一个特定的历史阶段,这个特定的阶段是历史的客观存在,在学术上是不应否定的。20世纪90年代,针对学术界有人对封建社会的质疑,马克垚先生发表过专文讨论封建社会问题。他指出:"如果认为封建是一种社会形态,是大土地所有制和小生产的结合,是农民和地主对立的社会,那么它的普遍性就是没有疑问的,中国和西欧都存在过封建社会,有过封建时代。"③ 新近也有学者指出:

---

① 斯维尔·巴格、迈克尔·H. 格尔廷、托马斯·林德奎斯特主编:《封建主义:争论的新景观》(Sverre Bagge, Michael H. Gelting, and Thomas Lindkvist, eds., *Feudalism: New Landscapes of Debate*),布雷波尔出版公司2011年版,第55页。

② 马克·布洛赫:《封建社会》,李增洪、侯树栋、张绪山译,张绪山校,商务印书馆2005年版,下卷,第700—704页。

③ 马克垚:《关于封建社会的一些新认识》,《历史研究》1997年第1期,第9页。

"'封建'是一种社会形态,是大土地所有制和小生产的结合,是农民和地主对立的社会,这种社会形态具有普遍性。中国和欧洲是世界史上两个并置的文明系统,中国和西欧都存在过封建社会。两者在其本质与基本面貌相似的基础上各自有其特点,并不完全一致。"①

当然,学术界也确实有人完全否定"封建主义"或"封建社会"的说法。例如,斯蒂芬·莫利洛就认为在公元900年至1200年间的世界历史中,没有"封建主义"这样的事物,因而他不赞成用"封建主义"这一概念来分析世界历史。② 我国学术界也有人否定中国经历过封建社会时期。

2. 封建社会的起止时间问题

《中国大百科全书》"封建社会"词条讲:"封建社会是人类社会发展必经的一个独立的社会形态,几乎世界上所有的国家、民族都经历过。它在世界史上的时间,一般认为起自公元5世纪左右,到公元17世纪中叶结束。"③ 这里,关于封建社会的起止时间当然只是一个大概,各国各地区差异是比较大的。我国学术界一般将公元476年罗马帝国的灭亡作为世界封建社会时期的开始。世界历史发展是不平衡的,各国各地区进入封建社会有早晚。中国是世界上进入封建社会较早的国家,这在国际学术界是有共识的。苏联科学院主编的《世界通史》就指出:"中国是人类文明最早的发源地之一,其封建关系的产生和发展比其他国家开始得早。关于中国封建

---

① 历史理论研究所"中国封建社会的主要特点"课题组:《试论中国封建社会的主要特点》,《史学理论研究》2021年第4期,第37页。

② 斯蒂芬·莫里洛:《"封建制的变异"?——世界史中的概念工具和历史模式》(Stephen Morillo, "A 'Feudal Mutation'? Conceptual Tools and Historical Patterns in World History"),《世界史杂志》(*Journal of World History*)第14卷第4期(2003),第549—550页。

③ 《中国大百科全书》,中国大百科全书出版社1990年版,《外国历史》第1卷,词条"封建社会",第327页。

制度产生的时间问题,至今还是科学争论的对象。但毫无疑问,在公元三世纪至四世纪,封建生产关系在中国已经占有统治地位。"[1] 其认为在世界历史上中国属于最早进入封建社会的国家。之后,亚洲其他一些国家如伊朗、印度、日本等也逐渐进入封建社会发展阶段。总体上讲,西罗马帝国瓦解后,欧洲部分地区开始进入封建社会时期。美洲地区、大洋洲地区没有演进到封建社会;部分地区进入了奴隶社会发展阶段,部分地区仍然处于原始社会时期。非洲一些地区也没有演进到封建社会发展阶段。这些国家和地区正常的发展演进历史进程,被欧洲殖民扩张无情地中断,它们作为殖民地被纳入到世界资本主义体系之中。但是,这种差异性和多样性不能否定如下事实:在人类社会发展进程中,像其他社会形态一样,封建社会形态的存在是具有普遍性的。

我国学术界一般将世界"中世纪"或世界"中古"时期,视为封建社会时期。《世界通史·中世纪卷》明确讲:"世界中世纪史是研究封建社会形态的产生、形成、发展和解体的历史过程,是探讨封建制度下生产力和生产关系的矛盾运动的历史,是阐述广大农民、手工业者及其他劳动人民进行生产斗争和阶级斗争的历史,也是论析封建时代各国政治、经济和文化发展的历史。"[2] 可见,这里的中世纪(或中古)时期,就是世界历史上的封建社会时期。

3. 封建社会的形成与封建生产关系

封建社会取代奴隶社会是人类社会生产力不断发展的产物。封建社会较之奴隶社会是历史的进步。在封建社会时期,生产力得到更大的发展,科学技术取得更大的进步,铁器工具得到了广泛的应用,农业耕作技术不断改善。封建社会的形成主要有两个途径。一

---

[1] 苏联科学院主编:《世界通史》,第3卷,上册,生活·读书·新知三联书店1961年版,《序言》,第3页。

[2] 刘明翰主编:《世界通史·中世纪卷》(修订版),人民出版社2017年版,第2页。

个是典型的封建社会的形成途径，就是随着社会生产力的发展，奴隶社会内部出现了封建生产关系的因素，这种新的因素不断增长，奴隶制逐渐瓦解，整个社会逐步实现了由奴隶社会向封建社会的演进。中国封建社会的形成就是通过这种典型的途径完成的。第二个途径是在奴隶社会没有形成或没有充分发展的历史条件下，很大程度上是由于外在文明因素的作用，社会经历了"跳跃式的"变化，迅速演进到封建社会。可以说，欧洲的德国、英国、俄罗斯等，封建社会的形成主要就是通过这样的途径完成的。又如，日本封建社会的形成，也深受中国封建时代社会发展的影响。

考察封建社会的生产关系，首先要看生产资料归谁所有。封建社会的生产是以农业为主，土地是主要的生产资料。① 封建土地所有制是封建社会的基础。一般情况下，封建土地所有制的形式主要有三种，即封建"国家土地所有制"、封建地主（包括贵族或领主）土地所有制、个体农民（自耕农）土地所有制。地主阶级是封建社会的统治阶级，主要由君主及其下大大小小的封建地主组成；封建国家的官僚队伍是地主阶级的组成部分。国家的土地主要掌握在地主阶级手中。"封建土地所有制，是地主阶级剥削和统治农民的经济基础。"② 列宁讲过："地主的力量在哪里呢？""在于土地。"③

封建社会主要有两大阶级，即地主阶级和农民阶级，主要就是由拥有土地的人和没有土地或只有很少土地而在土地上劳动的人构成的两大阶级。地主阶级包括君主、各级封建领主（或称贵族、地主）、官员和高级僧侣等；封建官吏往往通过获得一定量的土地作为薪俸来源；寺院、清真寺、教堂等也往往拥有大量的土地。农民阶级主要由不同身份的在土地上劳作的广大农民组成，包括农奴、自耕农、佃农等，他们是在不同程度上依附于地主阶级的劳动

---

① 陶大镛主编：《社会发展史》，人民出版社1982年版，第147—148页。
② 陶大镛主编：《社会发展史》，人民出版社1982年版，第148页。
③ 列宁：《士兵与土地》，《列宁全集》第29卷，人民出版社2017年版，第264页。

者，在不同国度、不同阶段这几个群体所占比例也是不同的。《中世纪的欧洲》认为，读者应该始终记住的"简单事实是财富和政治权力基于对农民这个大多数的剥削"；"中世纪社会体系的整个经济动力"，倚赖于领主与农民之间的不平等关系和前者从后者那里榨取的剩余财富（the surplus）。① 这实际上指出了封建社会的主要阶级及相互关系的实质。

欧洲封建社会时期，农奴长期是农民的主体；农奴被封建主束缚在土地上。封建地主阶级占有大部分土地，而对土地上的直接生产者不完全占有；封建社会的农民不同于奴隶社会的奴隶，享有一定程度上的人身自由。有经典著述指出，"在奴隶制度下，生产关系的基础是奴隶主占有生产资料和占有生产工作者，这生产工作者便是奴隶主所能当作牲畜来买卖屠杀的奴隶。""在封建制度下，生产关系的基础是封建主占有生产资料和不完全占有生产工作者，这生产工作者便是封建主虽已不能屠杀，但仍可以买卖的农奴。"② 这一论断揭示了封建社会的本质特征，也揭示了奴隶社会生产关系与封建社会生产关系的本质差别。当然，我们要意识到，奴隶社会和封建社会生产关系的具体体现形式在各国各地区会有所不同；农奴被买卖及其条件，各国各地区各个不同时期，情况也会不一样；土地上的直接生产者的社会处境也是有差异的。

封建社会时期，农奴制是广泛存在的一种现象，是封建社会生产关系的一种主要的表现形式。《奴隶制与农奴制的理论——马克思恩格斯历史理论的重构》一书这样写道："在奴隶社会，奴隶被当作没有人格的物品。因此，对奴隶的强制是每个奴隶主的私事。国家权力机构把它作为社会秩序加以维持就可以了。但在农奴制社会，农奴进化成了事实上的土地所有的主体，具有某种程度上的独

---

① 克里斯·威克姆：《中世纪的欧洲》（Chris Wickham, *Medieval Europe*），耶鲁大学出版社2016年版，第16页。
② 斯大林：《辩证唯物主义与历史唯物主义》（1938年9月），人民出版社1956年版，第34页。

立人格，也就是在一定程度上成为社会的一员（即不平等的、有身份差别的社会成员）；农奴主们的超经济强制，不是仅仅采用私人的形式，这种私人形式必须采用社会所公认了的公共形式。亦即农奴主对于农奴的私人的超经济强制，直接采用了维持包含农奴在内的封建社会秩序的职能的形式。因而，农奴制的超经济强制在发展了的形态下，采取裁判权和行政权等形式。农奴主的这种性质，使小土地所有者也受到支配，并通过这种支配从小土地所有者那里收取贡赋，进而有可能将其纳入封建制的统治之下。"[1] 关于农奴制，我们在本章中还会论及。

农奴、自耕农等土地上的劳动者，属于封建社会中的农民阶级。农民阶级和封建地主阶级的矛盾是封建社会的主要阶级矛盾。封建社会的农民阶级虽然经济状况和身份会有所不同，但在遭受封建剥削上却是一致的。"他们都要服劳役、交纳沉重的地租和赋税，政治上缺乏某种权利或者全然无权，因而他们仍是统一的农民阶级。为了反抗封建剥削压迫，农民和其他劳动人民进行了广泛的各种形式的斗争，而以大规模的农民战争为其最高形式。"[2]

在封建社会，封建地主阶级内部也是存在着矛盾的。大封建主与小封建主之间就存在着斗争，如国王与诸侯之间的斗争；封建地主阶级不同集团为争权夺利，也常常会发生激烈的斗争；在国家演进与分聚离合的过程中，不同地区封建上层集团之间也会发生激烈的斗争。

4. 封建社会其他特征

封建社会是农业社会，主要是一种自然经济，农业生产规模较小，封闭性强。农业生产主要是自给自足的，生产是为了自己消费

---

[1] 中村哲：《奴隶制与农奴制的理论——马克思恩格斯历史理论的重构》，冻国栋、秦启勋、胡方译，黄孝春校，武汉大学出版社1994年版，第142页。

[2] 《中国大百科全书》，中国大百科全书出版社1990年版，《外国历史》第1卷，词条"封建社会"，第328页。

而不是为了销售。当然，这不等于说没有商品生产和交换。实际上，"各国封建社会中都存在着拥有一定生产资料、独立进行商品生产的小手工业者，也存在着大的和小的商业资本和商人，因此也都存在着作为工商业中心的城市。"① 在漫长的封建社会时期，各国各地区在不同阶段社会经济发展情况也是不一样的。例如，亚洲封建大国经济繁荣时，商业也是很活跃的，曾涌现出一批十分繁华的大都市，如中国北宋时的开封、阿拔斯王朝时期的巴格达、伊朗萨非王朝时期的伊斯法罕。西欧中世纪后期，城市兴起，还出现了不少拥有自治权的城市。

封建社会时期，各国一般实行君主制。实行君主制的国家也有差异，同一个国家的君主制在不同时期也是发展变化的。但总的来讲，君主处于国家政治的顶层，是政治权力最大者，只是各国君主专制的程度不同。一般而言，中央集权程度较高的国家，则君主专制的程度也较高；中央权力较弱则意味着君主专制较弱。君主专制的程度高低，与封建国家的大小有重要关系。一般而言，封建大国往往需要高度的中央集权，以维护国家的稳定和统一。这样，君主权力较大，君主专制程度也较高。古代中国是一个封建大国，在漫长的历史进程中，总的来讲中央集权程度较高，君主权力较大。欧洲中世纪的国家总体上规模较小，中央集权程度也较低，君主的权力较弱，在很大程度上受到封建诸侯的制约。在欧洲中世纪晚期和近代早期，"民族国家"形成过程中，一些国家如英国、法国，君主专制在一定程度上加强了。

宗教神学和其他封建思想是封建社会占主导地位的意识形态，是为维护封建地主阶级统治服务的，在各国表现形式有所不同。"伊斯兰教、基督教和佛教是封建时代最主要的宗教，它们都宣传天堂地狱、今生来世、因果报应诸说，来麻痹人民的斗争意志，论

---

① 《中国大百科全书》，中国大百科全书出版社1990年版，《外国历史》第1卷，词条"封建社会"，第328页。

证封建统治的正确。"① 在欧洲,特别是西欧封建社会时期,基督教占有极为重要的地位,教会是大地主。恩格斯指出:"远在查理大帝以前,教会早就占有法兰西全部土地的整整三分之一。可以肯定,在中世纪,几乎整个天主教西欧都保持着这样的比例。"② 在阿拉伯帝国等国家中,伊斯兰教占主导地位,政教合一,宗教在国家政治和社会生活中占有十分重要的位置。中世纪的世界三大宗教都是在我国封建社会时期传入的,对社会生活产生了重要的影响。但在中国漫长的封建社会时期,总的来讲,宗教神学在国家意识形态中并没有占主导地位,中国封建地主阶级的主流意识形态主要是儒家思想。这也说明处于封建社会时期的国家之间的差异性。

宗教与封建制度是紧密相连的,宗教不仅仅是封建社会意识形态的重要组成部分,也是封建社会经济基础和上层建筑的重要组成部分,宗教人士或组织机构往往拥有大量土地,也担任政治职务或角色;封建君主为了维护统治,往往将大量土地赐予宗教人士和机构。在世界不少国家和地区的封建社会时期,宗教势力的政治经济影响力是很大的。

5. 封建社会的演进

正如其他社会形态一样,封建社会形态也是不断演进的。一种社会形态发展到一定程度后,就会过渡到新的社会形态。封建社会形态发展到末期,就向资本主义社会形态过渡。应该说每个封建国家,都可能出现这种发展演进趋势。但在世界历史上,欧洲地区率先发生了封建社会向资本主义社会的过渡。我们可以说这是一种"正常的"新旧社会形态更替的历史进程。而世界其他地区的封建国家却都没有能够成功地通过自身发展逐步演进到资本主义社会。

---

① 《中国大百科全书》,中国大百科全书出版社 1990 年版,《外国历史》第 1 卷,词条"封建社会",第 328 页。

② 恩格斯:《马尔克》,《马克思恩格斯全集》第 25 卷,人民出版社 2001 年版,第 577 页。

欧洲国家率先演进到资本主义社会，占有了世界历史发展的先机，走在其他地区前面了。欧洲列强的殖民扩张打破了其他地区封建国家向资本主义社会演进的"正常的"进程，并迫使其他地区绝大多数封建国家沦为殖民地或半殖民地；这些国家被动地进入了一个"殖民地或半殖民地的社会形态"。实际上在整个世界历史上，只有欧洲地区的封建国家实现了从封建社会向资本主义社会的"正常的"过渡。

欧洲封建社会的衰落与资本主义的兴起是同步的，也可以说是同一历史进程中的两种历史趋势，是一个事物的两个方面。恩格斯在《论封建制度的瓦解和民族国家的产生》一文中，对这种变化做了精辟的分析。恩格斯指出："当居于统治地位的封建贵族的疯狂争斗的喧嚣充塞着中世纪的时候，被压迫阶级的静悄悄的劳动却在破坏着整个西欧的封建制度，造成封建主的地位日益削弱的局面。"恩格斯对此进行了深入的考察和分析。恩格斯讲：在中世纪，逐渐兴起一些城市，有护城河和城墙围绕，发展起了中世纪手工业，积累了初步的资本，促进了商业往来。这样，到了15世纪，"城市市民在社会中已经比封建贵族更为不可或缺"；"而城市市民却成为体现着进一步发展生产、贸易、教育、社会制度和政治制度的阶级了"。城市市民拥有货币，货币成了对付封建主义的有力武器。"货币是市民阶级的巨大的政治平衡器。凡是在货币关系排挤了人身关系、货币贡赋排挤了实物贡赋的地方，封建关系就让位于资产阶级关系。""因此，15世纪时，封建制度在整个西欧都处于十分衰败的状态。在封建地区中，到处都楔入了有反封建的要求、有自己的法和武装市民的城市；它们通过货币，已经在一定程度上使封建主在社会方面甚至有的地方在政治方面从属于自己；甚至在农村中，在农业由于特别有利的条件而得到发展的地方，旧的封建桎梏在货币的影响下也开始松动了；只有在新征服的地方，例如在易北河以东的德意志，或者在其他远离通商道路的落后地区，才继续盛行旧的贵族统治。但是，无论在城市或农村，到处都增加了这样的居民，他们首先要求结束连绵不断毫无意义的战争，停止那种总是引起内战——甚至当外敌盘踞国土时还在内战——的封建主之间的争斗，结束那种不间断地延续了整个中世纪的、毫无目的的破坏状态。这些居民本身还过于软弱，不能实现自己的愿望，所以就向整个封建制度的首脑即王权寻求有力的支持。""王权在混乱中代表着秩序，代表着正在形成的民族［Nation］而与分裂成叛乱的各附庸国的状态对抗。"大炮、火药的引进，印刷术的推广，古文献研究的复兴，日益强大、日益普遍的文化运动，都有利于市民阶级和王权反对封建制度的斗争。这样，"在15世纪下半叶就决定了对封建制度的胜利，尽管这还不是市民阶级的胜利，而是王权的胜利。在欧洲各个地方，直到尚未走完封建制度道路的边远地区，王权都同时取得了胜利。"①

"王权的胜利"促进了民族国家的形成，有利于国家的统一和国内市场的发展。这是封建王权，但在早期阶段它还有利于促进资本主义的兴起；随着资本主义的发展，专制性的封建王权又成为资本主义发展的障碍，成为上升时期的资产阶级革命的对象。

二　部分国家和地区封建社会考察

1. 中国封建社会

中国的封建社会十分漫长，出现早，结束晚。关于我国何时进入封建社会，学术界早有深入研究和探讨。郭沫若认为，我国奴隶制的下限是在春秋战国之交。这就是说，我国封建社会的上限是在春秋战国之交。郭沫若曾引用毛泽东的讲话："自周秦以来，中国是一个封建社会，其政治是封建的政治，其经济是封建的经济。"并明确指出："这儿的'周秦'一个词，就是指周秦之际，犹如我

---

① 恩格斯：《论封建制度的瓦解和民族国家的产生》，《马克思恩格斯文集》第4卷，人民出版社2009年版，第215—225页。

们把战国时代争鸣的百家称为'周秦诸子'一样。'周秦二字'不能分开来讲。**'自周秦以来,中国是一个封建社会'**,换一句话说,便是:中国古代奴隶社会与封建社会的交替,是在春秋与战国之交。"①

范文澜认为,东周是我国初期封建社会发展并开始转化的重大时期,推动的力量主要是大小宗族间的兼并战争。战国时期,这种大小宗族兼并战争发展到剧烈阶段,在这个阶段,秦国首先建立起了代表新兴地主阶级利益的政权。②侯外庐讲:"我把中国中世纪封建化的过程划在战国末以至秦汉之际,这不是说秦统一六国以前没有封建因素,更不是说秦代便把封建制完成了。"③白寿彝认为:"战国中叶前后,是我国奴隶社会走向封建社会的过渡时期,随着为奴隶制服务的各项制度之被否定,就逐渐出现了走向统一封建国家的政治制度。"④

这几位史学大师一致认为中国有封建社会,这一点是确定无疑的。关于中国在哪个具体时间段进入封建社会,意见则稍有不同。对此问题,我国学术界确实也存在分歧,有认为从西周开始的,也有认为从魏晋南北朝时期开始的。应该说,新旧社会形态的转化往往是一个渐变的过程,难以确定确切的时间点。确定新旧社会形态的转化是否完成,新的生产关系是否已占主导地位,也是一个学术研究的难题,容易出现分歧。因此,我们认为在确定不同社会形态分期时,不必拘泥于一个十分明确的时间点。

总的看来,郭沫若提出的封建社会形成于春秋战国之交的看法,或形成于战国时期的看法,得到今天学术界比较广泛的认同。例如,近年有学者明确强调:春秋与战国之交为中国封建社会的开端是符合

---

① 郭沫若:《奴隶制时代》,"中国古代史的分期问题——代序",人民出版社1973年版,第13页。

② 范文澜:《中国通史》,第1册,人民出版社1978年版,第186、273页。

③ 《侯外庐集》,中国社会科学出版社2001年版,第104页。

④ 白寿彝主编:《中国通史》(第2版),第3卷《上古时代》,上册,上海人民出版社、江西教育出版社2013年版,第393—394页。

历史实际的。① 《简明中国历史读本》认为，春秋战国时期是中国封建生产关系出现、发展和确立时期。② 我国古代史专家宁可也赞同在战国时期中国进入封建社会。③ 他指出："从战国初开始，社会变了，在新出现的个体小生产农业的基础上，主要的生产资料——土地被少数地主所占有，分成小块，租佃给个体小农业劳动者耕种，农民以小家庭为经营单位，从事生产的全过程，并将其产出的一部分作为地租上缴给地主。在这种新的经济关系的基础上，构建了各种社会关系、社会组织、政治制度以及意识形态。对于这个情况，人们似乎没有提出根本不同的看法，而是同意了或默认了这种共识。"④ 王伟光同志新近主编的《中国社会形态史纲》，也力主中国奴隶社会向封建社会的过渡发生在春秋战国时期，认为中国的封建社会开始于春秋战国时期，结束于鸦片战争，长达两千多年。⑤

关于中国封建社会结束于何时，学术界没有什么争议。但在表述上，由于强调的重点不同，也不完全一样。鸦片战争使中国开始沦为半殖民地半封建社会。这样，我国完整意义上的封建社会，到鸦片战争时就结束了。但我国最后一个封建王朝清朝直到辛亥革命才灭亡。而封建土地制度却一直延续到了新中国成立。因此，也有学者认为中国封建社会结束于中华人民共和国成立。例如，宁可就认为中国封建社会结束于新中国成立；⑥ 胡如雷也强调："土地改

---

① 杨东晨：《马列主义史学与封建社会问题讨论浅议》，《云梦学刊》2011年第2期，第61—62页。
② 中国社会科学院历史研究所《简明中国历史读本》编写组：《简明中国历史读本》，中国社会科学出版社2012年版，第77—90页。
③ 宁可：《中国封建社会的历史道路》，北京师范大学出版社2014年版，第125—126页。
④ 宁可：《中国封建社会的历史道路》，北京师范大学出版社2014年版，第124—125页。
⑤ 参阅王伟光主编《中国社会形态史纲》，中国社会科学出版社、南开大学出版社2020年版，第64页。
⑥ 宁可：《中国封建社会的历史道路》，北京师范大学出版社2014年版，第125—126页。

革运动废除地主土地所有制,宣告了我国封建社会的灭亡。"①

我国进入封建社会之后,封建地主土地所有制就在社会经济生活中占据了主导地位。这当然是一个逐步发展演进的过程。土地是封建社会时期主要的生产资料,土地所有制在封建社会生产关系发展变化中扮演着十分重要的作用。关于我国封建社会的经济问题,特别是土地所有制问题,稍后还将进行讨论。这里先简要谈谈对我国封建社会其他有关问题的看法。

秦实现统一后,总体上讲,我国封建社会在两千多年的时间里不断发展演进,不断经历王朝兴衰,民族交融也不断发展,不断加强。两千多年里,我国封建社会经历了不少分裂,但"大一统"是国家发展演进的主流,实现大一统、发展和巩固大一统,是中华民族发展演进历程中的主旋律。漫长的封建社会的历史,正是中华民族不断融合发展的时期。

我国封建社会时期,总体上讲,实行中央集权的君主专制制度,中央具有不断发展变化、不断完备的官僚体系。在地方管理体制上,实行郡县制等,地方区域划分上不同朝代有所不同;总体上讲,实行县级以上地方长官由中央直接任免的制度。

与世界上许多封建国家不同,我国封建社会总体上没有实行政教合一的制度。宗教在社会生活中发挥着不小的影响,但在国家政治生活中、在统治阶级的意识形态中并没有占主导地位。汉武帝"罢黜百家、独尊儒术"后,儒家思想在我国封建统治阶级意识形态中长期占主导地位。

我国封建社会经济总体上是一种"自给自足的自然经济",以农业为主,但这并不是说没有手工业和商业。宁可指出:"经济上主要的是农业和手工业的分工,这是封建经济的两大部门。这两大部门的产品要交换,这种交换终归会发展到以商品交换为其重要的形式,这就有了第三个部门——商业,而且越来越重要。当然,交

---

① 胡如雷:《中国封建社会形态研究》,生活·读书·新知三联书店1979年版,第32页。

换不仅在农业和手工业之间,也在农产品、手工业产品之间交互进行,劳力的出卖、土地的买卖也很重要,但农业与手工业产品的交换是最突出的。"① 封建社会时期,我国是一个农业大国,但商业也是封建经济的一个重要组成部分。到明清时代,我国商品经济得到进一步发展,对外贸易在世界贸易中占有重要位置;我国经济对世界经济的发展变化产生着重要影响。

我国封建土地所有制有三种基本的形式,即封建国家土地所有制、封建地主土地所有制和自耕农小土地所有制。国有土地一般包括屯田、营田、官庄、没入田等,也包括封建地主政权购买的土地。这类土地产生的地租归国家所有。"这是最单纯、最典型的土地国有形式。"② 地主和自耕农所有的土地是私有土地。在这三种土地所有制当中,封建地主土地所有制占主导地位。"封建地主土地所有制和封建地主阶级分别是中国封建社会制度的经济基础和阶级基础。"③ "就时间方面,即发展过程而言,一般规律总是地主土地所有制逐渐侵蚀国有土地和自耕农土地,由此体现其支配地位。"④ "地主土地所有制是中国封建社会的主要基础,不论在任何历史阶段,都在全部土地关系中占支配地位。"⑤ 同时,我们也要意识到,封建社会的国有土地掌握在封建地主阶级作为统治阶级的国家手中,从根本上也是为整个地主阶级的利益服务的。

地主阶级与农民阶级是中国封建社会的两大阶级。地主经济在

---

① 宁可:《中国封建社会的历史道路》,北京师范大学出版社 2014 年版,第 126 页。
② 胡如雷:《中国封建社会形态研究》,生活·读书·新知三联书店 1979 年版,第 15 页。
③ 中国社会科学院历史研究所《简明中国历史读本》编写组:《简明中国历史读本》,中国社会科学出版社 2012 年版,第 3 页。
④ 胡如雷:《中国封建社会形态研究》,生活·读书·新知三联书店 1979 年版,第 35 页。胡如雷讲的"支配地位"含义应该与"主导地位"是一致的;胡著也讲:"地主土地所有制在土地关系总和中起主导作用"。(第 34 页)
⑤ 胡如雷:《中国封建社会形态研究》,生活·读书·新知三联书店 1979 年版,第 43 页。

我国封建社会经济中占主导地位。地主阶级是统治阶级，广大农民处于被剥削被压迫的地位。"地主经济是建立在个体小生产农业的基础之上的。适应这样的农业生产力特点，地主把土地分成小块，租给农民耕种，由农民独立经营，地主收取地租。……地租一般为粮食，部分地主自用，其他投入市场，换取手工业产品，以供地主及其家人消费。另外，也不排斥他们从事少量的家庭手工业生产，如纺织布帛、粮食加工、制作酒醋等。这些产品除自用外，也有部分投入市场，换取其他的生活资料与财富的积累（金银、珍宝等奢侈品与房屋等），地主与市场的关系一般要比农民多些。"① 中国封建地主经济的特点有三：第一，租佃关系，地主将土地租给佃农进行独立经营，收取地租；第二，实物地租为主，农民有支配其部分产品的权力；第三，土地买卖。②

中国封建社会的农民，从对生产资料占有关系来看，大致可以分为四类。一是小自耕农，完全占有土地及其生产资料。二是佃农，租种地主的土地，有一些生产资料如农具、耕牛等，收获部分归己，部分作为地租交给地主。地租率一般在产品总量的50%左右。三是依附农，类同佃农，对地主有更加强烈的人身依附关系。四是雇农，没有自己的生产资料，出卖劳力为地主劳动。当然，实际情况比这更为复杂，还有半自耕农、半佃农等。③ 中国是一个大国，地区之间的发展也是不平衡的，表现在生产关系上也有较大差异。同时，农民对封建地主的依附程度也有很大差异。而且，需要特别注意的是，在漫长的封建时代，相对中原地区而言，边疆地区长期地、也可能是反复地出现或存在着奴隶制生产关系。例如，清朝入主中原之前，我国东北地区就还存在着浓厚的奴隶制生产关

---

① 宁可：《中国封建社会的历史道路》，北京师范大学出版社2014年版，第130页。

② 宁可：《中国封建社会的历史道路》，北京师范大学出版社2014年版，第130页。

③ 宁可：《中国封建社会的历史道路》，北京师范大学出版社2014年版，第128页。

系。戴逸主编的《简明清史》认为，努尔哈赤时期是由国家奴隶制向庄园奴隶制过渡的时期；奴隶是最重要的生产资料，主要是通过战争俘掠来的。① 奴隶制生产关系的残余在清朝入关之后在一定范围内仍然存在。对此，有的著述已有揭示。② 在我国漫长的封建社会时期，奴隶制生产关系在某些地区是依然存在的。例如，凉山彝族地区就长期存在奴隶制，奴隶制生产关系的残余延续到新中国成立初期。③ 在我国漫长的封建社会时期，一旦边疆势力入主中原，其落后的生产关系对其他地区会在一定时期内、一定程度上产生影响。这些都意味着中国封建社会时期生产关系变化的复杂性。

封建国家对广大农民的剥削主要是向民众征取赋税和徭役。这是封建地租转化的形式。国家征取的赋役是产品、劳力和货币。封建国家赋役归根到底主要是直接或间接地来自农业劳动者。④

地主阶级与农民阶级的斗争贯穿封建社会的始终。斗争的形式是多种多样的，最高形式是广大农民武装起义反抗封建地主阶级的压迫和剥削。在世界历史上，我国封建社会的农民起义是特别突出的，具有次数多、规模大的特点。农民起义在我国封建社会的发展演进历程中，占有重要的地位。范文澜指出："秦汉以下整个封建时代，推倒腐朽皇朝的，总是农民大起义；大起义胜利后，总是出现盛大的新皇朝；起义失败后，总是出现军阀割据的局面。消灭割据局面，重归统一的总是一个较强的割据者或乘机侵入的外族，而

---

① 戴逸主编：《简明清史》，人民出版社1984年版，第1册，第60—68页；参阅李燕光、关捷主编《满族通史》，辽宁民族出版社1991年版，第103—111页。

② 例如，祁美琴在《清代包衣旗人研究》（人民出版社2019年版）中对清朝的包衣群体进行了深入考察，认为"'包衣'是清代旗人群体的一个组成部分，同时又是清代皇族的私属"（第1页）。在我们看来，不管怎么说，这种"私属"特性是多少带有一点奴隶制生产关系特征的，当然更带有由奴隶制演变而来的农奴制的特征。

③ 参阅易谋远《彝族史要》，社会科学文献出版社2000年版，下册，第10章《凉山彝族奴隶制的延续》，第621—683页。

④ 宁可：《中国封建社会的历史道路》，北京师范大学出版社2014年版，第143页。

推倒腐朽了的统一皇朝和外族统治的又总是农民大起义。归根说来，保持全国统一，扫除腐朽皇朝，驱逐外族统治，推动社会逐步前进的根本力量，总是农民阶级的阶级斗争。"① 无疑，广大农民阶级的不断斗争，特别是大规模的起义，打破了封建王朝统治的现状，推动了社会的变革。

2. 西欧封建社会

西欧封建社会是西欧历史发展进程中的一个重要阶段，处于奴隶社会和资本主义社会之间。封君封臣制度是西欧封建社会不可分离的重要方面。我国学术界往往将西欧封建社会时期与"中世纪"相对应，也就是说西欧封建社会时期就是西欧的中世纪。不管是"中世纪"还是"封建社会时期"，国内外学术界对其开始和结束时间，都有不同看法。例如，诺曼·戴维斯认为："遗憾的是，古代世界的终结与现代世界的开端之间没有明确的界限。君士坦丁大帝皈依基督教之后的任何一个历史事件都可以当作中世纪的开端，对于那些以自己的封建主义定义作为中世纪标准的人来说，中世纪可能结束于 1453 年、1493 年、1517 年甚至 1917 年。因此，几乎所有中世纪史学者都对他们研究对象的定义不满意。"② 我国学术界一般将公元 476 年西罗马帝国灭亡作为西欧奴隶社会与封建社会分界线的标志。并且，也一般视公元 5 世纪至公元 15 世纪为西欧中世纪时期。国外也有学者认为，欧洲中世纪持续了一千年，从公元 500 年到公元 1500 年。③ 显然，"中世纪"的含义对西欧各国来说，也不完全一样；西欧各国经历封建社会的时间也不尽相同。但是，我们可以肯定地说：不管时间长短，西欧地区经历了一个封建

---

① 范文澜：《中国通史》第 2 册，人民出版社 1978 年版，第 25 页。
② 诺曼·戴维斯：《欧洲史》，郭方、刘北成译，世界知识出版社 2007 年版，上卷，第 272—273 页。
③ 参见克里斯·威克姆《中世纪的欧洲》，耶鲁大学出版社 2016 年版，第 1 页。

社会时期。

一般而言，奴隶社会向封建社会的过渡是一个历史过程，而不是某一个时间点。西欧奴隶社会的消亡和封建社会的形成，也是如此。在罗马帝国后期，封建生产关系已经萌芽；进入封建社会时期后，西欧地区一定范围内也还存在着奴隶制或奴隶制的残余。

西欧奴隶社会向封建社会演进，根本的动力还是社会生产力的发展。《世界通史·中世纪卷》指出："西欧从奴隶制向封建制过渡，是罗马因素与日耳曼因素相互综合的结果，但主要是罗马生产力的影响。"[1] 日耳曼人在西罗马帝国瓦解前后，是作为"征服者"进入罗马帝国或前罗马帝国领土的。占有土地是征服者的重大目标。日耳曼人特别是贵族占领大片土地并攫为己有，他们与罗马帝国旧的统治阶级形成合流，在很大程度上接受了罗马人的生产方式和生活方式，保留了罗马帝国时期已形成的大土地所有制。而另一方面，日耳曼人内部也发生分化，农村公社——马尔克逐渐瓦解，土地向贵族集中，原来马尔克中的自由农民逐渐沦为依附农民，形成了新的封建生产关系。有学者指出："世俗的和教会的封建主越来越多地侵夺过去属于马尔克公社的土地，加上战争、负债和饥馑，许多自由的农民被迫陷入各种封建依附关系，成为依附农。"[2] 这里明确讲了西欧封建生产关系形成的途径。

在欧洲历史上，西欧只是一个地理概念，不是一个统一的政治实体。欧洲历史上从来没有形成一个"西欧国"；强大的罗马帝国也只是占领了西欧的部分地区。在封建社会时期，中国早就形成了秦、汉、隋、唐等统一性的大国；中东地区形成过庞大的阿拉伯帝国、奥斯曼帝国等；印度历史上也出现过封建大国，如莫卧儿王朝。但西欧或者说整个欧洲从来没有形成过这样的封建大国。处于奴隶社会发展阶段的罗马帝国是一个庞大的政治实体，是世界历史上的大

---

[1] 刘明翰主编：《世界通史·中世纪卷》（修订版），人民出版社 2017 年版，第 25 页。

[2] 丁建弘：《德国通史》，上海社会科学院出版社 2012 年版，第 29 页。

国，但罗马帝国可以说是个"环地中海"的国家，缺乏长期凝聚国家力量的地理上、人口上的"重心"。这样的国家在当时人类治国能力的客观条件下，最终是必然要解体的。意大利是罗马帝国的"基地"，也曾长期是帝国的统治中心，但地理位置上的局限也会导致人口数量上的局限，使其不可能长期扮演一个庞大国家的力量重心。罗马帝国解体后，意大利在西欧封建社会时期，没有成为西欧的力量重心。西欧历史上一度形成的较大的封建国家如查理曼帝国、神圣罗马帝国，或者很快解体了，或者不过是一个松散的实体。

中世纪的西欧可以说是"小国林立"。在这些"小国"当中，封建割据势力又很强大，王权较弱；西欧诸国，如法、德、意、西、英等，均长期未能建立起稳固的、强有力的中央集权君主专制政权，直到中世纪后期和近代早期有的国家如法国才形成了所谓的"绝对君主制"。欧洲中世纪，各国常常处于分裂状态，战乱频生；国家之间的边界经常发生变化。例如，在法国历史上，封建诸侯势力强大，"大领主们在各处建立了大片领地。在这些领地上，他们几乎拥有绝对的权力，可以铸造钱币，审理案件，征收赋税和招兵买马"；"南方的大领主各占大片土地，俨然成了国家"；"虽然在10世纪初叶还存在着一个'法兰西王国'，但法兰西事实上有好几个君主"。[①] 中世纪的意大利也长期处于外国统治之下和陷入分裂状态。有学者指出，在意大利王国，路易二世逝世后，出现王位空缺期，封建制全速发展。秃头查理对意大利封建主的分封不少于法国封建领主，并以条约确保。由于这些分封，大封建主俨然行使起国王的全权（司法、招募和指挥军队、修筑城堡、征税、铸造钱币）；他们之间还互相串通，"监督君主手里仅存的一点权力"。"国王、官吏和臣民，被领主、陪臣及陪臣的附庸取代。"[②] 意大利

---

① 皮埃尔·米盖尔：《法国史》，桂裕芳、郭华榕等译，中国社会科学出版社2010年版，第45页。

② 路易吉·萨尔瓦托雷利：《意大利简史——从史前到当代》，沈珩、祝本雄译，商务印书馆1998年版，第103—104页。

长期处于分裂状态，直到 19 世纪下半叶才建立起统一国家。一定意义上讲，西班牙、英国也是长期处于分裂状态，国家未能统一。西班牙直到 15 世纪才实现国家的统一；英格兰、苏格兰于 1603 年处于一个君主统治之下，到 18 世纪初才正式合并。封建社会时期，德国也是长期处于分裂割据状态。神圣罗马帝国时期处于封建诸侯割据状态，皇帝有名无实，没有成功地建立起巩固的、强有力的中央集权。有学者指出："初生的封建制度是近于无政府状态；不管教会和加洛林王室的国王们如何努力，孤立和不统一的倾向在西欧继续强大。德意志王国已经是联系诸日耳曼种族的纽带，当我们把它与休·卡佩统治下的法国或埃塞尔雷德二世统治下的英国作比较的时候，它显得强大而统一；但是直到 12 世纪，它的历史无异是一部混乱、暴动、内战的记录，是一部国王为强化其封建权利进行不断斗争、其附庸同样的顽强而且经常胜利的抵抗的记录。"① 在神圣罗马帝国，皇帝权力受到制约，诸侯力量强大；一个时期内常常同时出现两个"德意志皇帝"，相互争斗。14 世纪上半叶，神圣罗马帝国成为了"德意志民族的神圣罗马帝国"，实际上"仅仅是独立的德意志各邦的一个结合体"。"只要诸侯们开始感到某皇帝的权力变得强大，就会促动王朝更替。"② 分裂的德意志直到 19 世纪下半叶的普法战争后才实现统一。

  在整个中世纪，西欧各国总体上君主的力量相对较弱，地方诸侯或封建领主的力量相对较强，难以建立起或长期维持强有力的、中央集权的君主专制国家。但是，这种局面却有利于封建统治阶层之间的相互制衡，有利于新生社会因素的成长。例如，法国和英国在中世纪中后期，都形成了"议会君主制"，君主不定期地召开议会，特别是君主需要封建领主们提供财政支持时。这种封建时代议会制度的建立有利于后来资产阶级议会民主制度的形成和发展。

---

  ① 詹姆斯·布赖斯：《神圣罗马帝国》，孙秉莹、谢德风、赵世瑜译，赵世瑜校，商务印书馆 1998 年版，第 109—110 页。
  ② 丁建弘：《德国通史》，上海社会科学院出版社 2012 年版，第 41—45 页。

西罗马帝国瓦解后,西欧地区经历了一个"封建化"过程。有学者指出:西欧封建制度是在法兰克王国的影响下完成的,表现出两大共性,一是以土地分封为基础的等级制,二是以劳役剥削为主的庄园制。① 日耳曼人的一支法兰克人进入原罗马帝国的高卢地区,占领土地,建立王国。法兰克王国的国王先是将占领的大量土地赏赐给贵族(亲兵、廷臣、主教等),以获得他们的支持。为了巩固王权,到查理·马特任宫相时(714—741年),对土地占有形式进行改革,推行采邑分封制,受封者要宣誓效忠国王,领地一般不能世袭,且以服兵役为条件。这样,就建立起了一种封主封臣的关系。但是,分封的土地演变为世袭的土地是一种发展趋势。大封建领主作为封主也将自己的土地分封给下属,建立起层层的从属关系。国家的土地掌握在大大小小的封建领主手中。有专家指出:"'没有无领主的土地'这一封建法学家极其珍视的格言,在总体上是准确的。"② 这种土地分封形式和封主封臣从属关系,在西欧得到推广,成为西欧封建社会时期一种有代表性的现象。

1066年诺曼底公爵威廉率军进入英国争夺王位,击败了英王哈罗德。威廉公爵乘胜征服大片领地,迫使伦敦教俗贵族集体献城投降,并加冕为英王(威廉一世)。威廉"把全国的森林和可耕地的1/5(或说1/6、1/7)留归自己;把1/4给教会和修道院,其余的分封给180个大封建贵族"。③ 威廉将征服之前的许多大大小小的领地合并为180个,其中10个领地约占总面积的一半,分封给近亲和诺曼底的大贵族。"威廉要求大小领主和骑士,附庸的附庸都要直接向国王宣誓效忠和服兵役,全国大小贵族向威廉提供4000骑兵,教会提供700骑兵,因此威廉有近5000骑兵,用来镇

---

① 齐涛主编:《世界通史教程·古代卷》(本卷主编:顾銮斋、夏继果),第5版,山东大学出版社2015年版,第172页。
② 布莱恩·蒂尔尼、西德尼·佩因特:《西欧中世纪史》,袁传伟译,北京大学出版社2019年版,第159页。
③ 蒋孟引主编:《英国史》,中国社会科学出版社1988年版,第87页。

压各方面的叛乱。"①

西欧的这种土地分封制度是与封建等级制结合在一起的。在西欧中世纪封建等级制度中，顶端是皇帝或国王，下面有公爵、伯爵、教会主教、骑士等。例如，关于神圣罗马帝国中的封建等级制度，13 世纪上半期编成的《萨克森之镜》划分为 7 个等级。第一等是国王，第二等是直属国王的教会大贵族如主教和修道院长，第三等级是直属国王的世俗大贵族……第七等级是骑士。② 各级封建领主构成封建统治阶级。他们实际上就属于一般意义上的封建地主阶级。

封建采邑制度建立起封建社会国王与贵族的从属关系，这是统治阶级内部的从属关系；而被统治阶级对统治阶级的从属关系则更具体地体现在庄园制度中。③ 庄园属于领主，庄园农民，不管是农奴还是其他身份者，都不同程度地依附于领主，受领主的剥削和压迫。西欧庄园制就是封建主凭借土地占有和超经济强制等权力形成的剥削农民的实体。

封建社会时期，一般情况是，农业是社会的主要产业，人口主要是农民，生活在广大农村地区。例如，英国直到中世纪晚期，90% 以上的人口都居住在农村。④ 庄园是封建社会时期西欧的一种普遍现象。村庄与庄园并非总是一致的；有的一个庄园可能包括多个村庄，有的一个大村庄可能分属多个庄园。通常，庄园里有村庄、教堂、谷仓、磨坊、酿酒厂或榨油厂；村庄周围是耕地，耕地

---

① 刘明翰主编：《世界通史·中世纪卷》（修订版），人民出版社 2017 年版，第 86—88 页；参阅钱乘旦主编《英国通史》，第 2 卷《封建时代：从诺曼底征服到玫瑰战争》（孟广林、黄春高著），江苏人民出版社 2016 年版，第 3—7 页。

② 孙炳辉、郑寅达编著：《德国史纲》，华东师范大学出版社 1995 年版，第 9 页。

③ 参阅王亚平《试析中世纪早期西欧采邑制形成的社会基础》，《经济社会史评论》2015 年第 1 期，第 108—109 页。

④ 钱乘旦主编：《英国通史》，第 2 卷《封建时代：从诺曼底征服到玫瑰战争》（孟广林、黄春高著），江苏人民出版社 2016 年版，第 163 页。

分领主自营地和农民份地；还有河流与池塘、公共牧地、林地或废地。

关于什么是庄园，有学者讲："一个领主单独管辖的特别区域的农业种植园叫作庄园（manor）。"① 显然，这样讲是不全面的。庄园的确是封建领主经营土地生产的单位，但不仅仅如此。领主拥有土地，庄园上的各类依附农民从领主那里获取份地耕种，条件是要为领主尽各种"义务"，就是承受庄园主——领主的各种剥削和压迫。

《不列颠百科全书》在"庄园制度"（manorialism）词条中讲：庄园制度是"一种政治、经济和社会制度，在这种制度下，中世纪欧洲的农民被置于依附土地和领主的地位。它的基本单位是庄园或领地。庄园是一种自给自足的地产；领地受领主的控制，领主对庄园享有各种权利，并通过农奴制（serfdom）控制依附于庄园的农民。庄园制度是中世纪欧洲创立贵族阶级和教士地产的最便利方式，它使封建主义（feudalism）得以实行。庄园制度以不同的名称不仅存在于法国、英格兰、德意志、意大利和西班牙，而且在不同程度上存在于拜占廷帝国、俄国、日本和其他地方。"在庄园里，"领主将一部分领地租给自由承租人，条件是交纳租金，或服兵役及其他劳务。领主和自由承租人下面是隶农、农奴或奴隶，每人享有一个茅舍或小屋，亩数固定的小块土地、一份草地和一份荒地的收益。通常，农民是不自由的，不经允许不能离开庄园，如他离开可以通过法律程序予以追回。法律的严格解释剥夺了他拥有财产的一切权利；在许多情况下他要受到某些屈辱，例如自己的女儿结婚时须向领主缴纳一笔婚嫁费，这被认为是不自由状况的特别标志。但是也有一定的限度。第一，所有在租佃中发生的事件，即使是女儿结婚时的婚嫁费，并不影响佃户个人的地位，他仍然可以是自由的，虽然受不自由租佃的约束；第二，即使是不自由的，他也不受

---

① 布莱恩·蒂尔尼、西德尼·佩因特：《西欧中世纪史》，袁传伟译，北京大学出版社2019年版，第176页。

领主专横意志的支配,而是受到由庄园法庭解释的庄园习惯的保护。而且,他并不是奴隶,因为不能把他和土地分开来买卖。他的处境的艰苦,在于他所应提供的劳务。一般说来,一个隶农要为他所拥有的东西交钱、付出劳动和缴纳实物。在交钱方面,他首先要交纳小额固定的法定租金,其次要交纳各种名义的费用,一部分代替已经折算为货币的劳务,一部分抵偿他在庄园荒地享有的特权和收益。在劳动方面,他的付出更为繁重。每星期他都要带着自己的犁和牛去耕领主的自留地;耕完之后,他还要耙地、收获、打谷和运送,或做任何要求他做的事情,直到一年之中分配给他的劳动天数满额为止。"[1]

从这些解释来看,封建庄园中领主与农民的关系是基本清楚的,也反映了中世纪庄园中生产关系的性质。当然,"不受领主专横意志的支配"之说法是不确切的,毕竟整个庄园受领主控制,庄园法庭也是为领主利益服务的。庄园法庭负责处理庄园中的公共事务,裁决庄民之间的纠纷,保证庄园的日常运转。[2] 无疑,庄园的本质是维护封建秩序和统治阶级的利益。

庄园在西欧封建社会时期占有特殊的地位,为了加强读者对庄园的认识,下面从《英国庄园生活:1150—1400 农民生活状况研究》[3] 中摘录若干片断:

> 教堂本身,通常位于村庄的中央,象征着教会在中世纪生活中的地位。(第20页)
>
> 除了礼拜天或重大的圣徒节日,农民们可能不去教堂,但他们的生活并不因此而分裂成宗教与世俗两个方面。相反,无

---

[1] 《不列颠百科全书》(国际中文版),中国大百科全书出版社 2002 年版,第 10 卷,第 443 页。

[2] 参阅镡娴娴《中世纪英格兰庄园法庭的职能考察》,《理论界》2009 年第 8 期。

[3] 亨得·斯坦利·贝内特:《英国庄园生活:1150—1400 农民生活状况研究》,龙秀清、孙立田、赵文君译,侯建新校,上海人民出版社 2005 年版。

论是在田间还是家里，也不管是在森林边劳作或是推着粮食去附近的磨坊，无时无处不笼罩着宗教的氛围。……对于这些田间劳作的人而言，中古时代的教会是无所不在的。（第20—21页）

我们必须记住，绝大多数农民生活的世界是如何有限。他们的村庄就是他们的世界。（第25页）

农奴与他的那些自由或半自由的伙伴有许多相似之处。……我们永远不要忽略这样一个事实：无论是自由人还是农奴，他们都在干着相似的农活。（第56—57页）

许多野生动物的数量也很多，但村民仍被禁止捕杀，因为在13世纪，大多数庄园领主都从国王那里得到一张圈占"猎苑"的特许状，以阻止他人进入他的领地捕猎野生动物。（第74页）

无论他采取哪种方法，在中世纪乡村，还是有不少的农民在温饱线上苦苦挣扎。（第76页）

众所周知，农奴如欲出嫁女儿，要向领主缴纳一笔小费；不从自己口袋里掏出一笔钱给领主，农奴就不能让自己的男孩子离开庄园去接受好心神父的教诲或到附近学校上学。（第77页）

当然，从理论上说，领主的意志是压倒一切的。……自诺曼征服以后数十年内，变化一直持续不断地发生着：每一个庄园，都是领主与农奴之间为了各自利益而无休无止斗争的舞台。……作为领主，他有时候可能是个乐善好施的家长，有时候绝非如此。但在任何情况下，领主一直在很大程度上控制着农民们的生活。（第78页）

庄园制度最主要的特征之一，就是强调一个人为取得承租庄园份地的权利，必须为领主服劳役。他或许要向领主缴纳一定数量的货币——而且通常是如此，但最为重要的则是不时地向领主提供一定数量的劳动。（第80页）

布拉克顿（Bracton）关于农奴身份的著名定义是："如果一个人提供的是不确定的劳役，即今天晚上还不知道明天早上要干什么，那他肯定是个农奴。"（第81页）

每一块份地都附有相应的义务：有时是规定要犁耕几亩地，或全年要犁耕多少天；有时是依惯例将工作量摊派给若干个农奴，再由这些人自行安排。（第85页）

无论领主家里需要什么，都得由农奴运送。（第88页）

从此（1285年）以后，不断进行的针对法国、苏格兰和威尔士的战争便成了农奴的家常便饭。（第100页）

农民发现，他不仅使用身边物件的自由可悲地受到领主权力的限制，而且在其他许多方面也受到控制。他被迫交纳各种各样的钱，而所有这些都强调了他受奴役的地位。（第115页）

死手捐是在领主挑走最好的一头家畜或物件作为遗产税之后再由教会挑选的。（第123页）

庄官的头是总管。在农民眼里，总管常常像领主本人一样拥有全权，事实上他通常也是一个有身份、有地位的人。（第134页）

我们可以确信，在大多数庄园里，虽然总管关于庄园经济的命令和决定会对村子里每个人的生活产生巨大影响，但是他只是在庄园法庭或十分特殊的情况下才与农民直接打交道。更接近村民的、经常与他们打交道的是级别较低的官员，其中最为重要的是管家和庄头。（第137页）

领主在他们庄园法庭上所占有的各种司法特权，按照法学家们的说法，只有国王才能拥有。（第166页）

历史学家普遍认为，1381年"农民起义"以前的三个世纪，英格兰有一多半的人口是非自由人。……甚至在15、16世纪，也很难有一系列完全可靠的证据来证明我们所知的业已发生的事：就在1350年，英格兰还有一半以上的人口是农奴，

而到了 1600 年，整个王国已无一个农奴。（第 246 页）

所有这一切用一句话来说明，就是：在领主看来，出售或出嫁农奴的女儿，或者卖掉农奴的马驹，性质几乎是一样的。无论是农奴的女儿，还是他的马驹，都是领主的人畜，都是在其庄园上生养的，在把其中哪一个打发掉之前，领主都有权过问。（第 250 页）

到目前为止，我们的探讨已经证明，尽管中世纪的英格兰曾经历过大多数人口处于农奴地位这样一个阶段，但农奴自己是不愿意接受这种状况的；相反，农奴不断地尝试着进行各种努力，以减轻自己被压迫的地位。他们抓住一切机会，用金钱把自己从各种劳役和义务中赎买出来，有时是个人，但也有时是整个村庄，为自己赎买了全部的自由。总之，通过采取各种各样的手段，摆脱了奴役的枷锁。但这些并不是赢得自由的惟一手段，现在就让我们转而考察迄今为止城镇是如何像磁石一样吸引不计其数的人前来投奔的，因为在当时人看来，城墙里面的生活既安全又令人向往，而且还拥有各种特权。（第 261 页）

在农奴成为自由人以前，自治城市居民拥有的自由对他们所进行的长期斗争有相当大的影响，我们将会发现，很难低估城镇在帮助农民逐步获得解放方面发挥的作用。从一开始我们就注意到，市民为农民树立了一个榜样。（第 261 页）

我们从以上简单的引文中，可以大致窥知英国乃至西欧各国封建社会下层劳动人民的生活画面和封建社会阶级关系的实质。

城堡是西欧中世纪具有标志性的建筑。有学者指出："英国封建主义的兴起，最直观的标志是大量城堡的兴建。"[①] 城堡是维护封建统治的工具。中世纪城堡不是一个简单的军事建筑，"拥有一

---

① 钱乘旦主编：《英国通史》，第 2 卷《封建时代：从诺曼底征服到玫瑰战争》（孟广林、黄春高著），江苏人民出版社 2016 年版，第 8 页。

个城堡就意味着对周围乡野的支配"。① 有学者指出：无论在欧洲大陆还是在英格兰，城堡的兴衰都与封建制度的兴衰相辅相成。除了军事、政治功能外，城堡还具有经济功能和文化功能。②

在西欧封建社会时期，教会的势力一直很强大，不仅拥有宗教权力，而且还拥有强大的经济力量；教会拥有大量土地，不少领主就是主教。"基督教会是西欧各国最大的封建主。"③ 这样，教会自然有很大的政治影响。在西欧中世纪，教权与王权相辅相成，共同维护封建统治秩序，但相互之间又存在着矛盾。教权与王权的矛盾具体表现事例很多。最高表现形式是：国王或皇帝被罗马教会宣布开除或威胁开除教籍；或者教皇受到皇帝或国王的钳制。例如，1075年，教皇格雷戈利七世警告神圣罗马帝国皇帝亨利四世不要干预米兰大主教职位的确定和授职，否则将会受到逐出教会的惩罚。1076年，亨利四世召开德意志主教和部分高级世俗贵族会议，宣布废黜教皇格雷戈利七世。对此，教皇则宣布"破门律"，开除、废黜和放逐亨利四世。根据"破门律"，如果被惩罚者不在一年之内获得教皇的宽赦，他的臣民要解除对他的效忠宣誓。教皇的决定得到德意志部分大封建主的支持。结果，亨利四世被迫于1077年去向教皇忏悔赎罪，赤足披毡，在风雪中等候三天。④ 著名的国王凌驾教皇的事例则有"阿维农之囚"（1309—1377年）。法国国王腓力四世强制罗马教廷迁至法国的阿维农，受法王控制。在此期间，大部分红衣主教和教皇是法国人。

西欧中世纪有这样一个现象：出现了不少拥有不同程度自治权力的城市。西罗马帝国瓦解前后一个时期，西欧社会十分动荡不

---

① 赵阳：《社会变迁中的英国中世纪城堡》，生活·读书·新知三联书店2017年版，第50页。

② 参阅赵阳《社会变迁中的英国中世纪城堡》，生活·读书·新知三联书店2017年版，第49—108、211—239页。

③ 刘明翰主编：《世界通史·中世纪卷》（修订版），人民出版社2017年版，第118页。

④ 参阅丁建弘《德国通史》，上海社会科学院出版社2012年版，第32—33页。

安，战乱频仍。在这种情况下，许多原有的城市衰败下去了。10世纪左右，随着社会经济的发展，城市兴起，原来的一些城市得到复兴，同时又出现了许多新城市。在这些城市，居民以手工业者和商人为主，也有一些逃亡来的农奴和乞讨者。城市坐落在领主的土地上，为了摆脱封建领主的剥削和压迫，城市市民与领主展开了各种形式的斗争。城市市民的一大优势是掌握了大量的货币，封建领主对城市有一定依赖，这为城市市民获得权利提供了条件。同时，在与封建领主作斗争的过程中，城市往往得到了王权的支持。城市为了发展商业，反对封建割据需要国王的支持；国王为了加强中央权力，反对封建领主的分裂势力，也需要城市的支持。这就有利于一些城市从国王或领主那里争取到自治权利。城市是封建社会的组成部分，城市中也存在着封建生产关系。例如，"几乎在所有德意志城市中，统治权是由最富有的阶层即所谓城市贵族掌握的，市长和市政厅成员都出生于城市贵族。城市贵族主要由富商大贾变成的，这些商人也像手工业者们那样组成了所谓同业公会（商会），也有一部分富有的手工业师傅上升到城市贵族层，城市贵族的权力是以他们的经济实力，以商业资本的社会力量为基础的。"[①] 城市居民主要是手工业者；最底层是佣工、短工、乞丐和"游民无产者"，他们多半没有充分的市民权。[②] 行会中师傅和学徒的关系也不是平等的关系，而是封建生产关系的一种体现。但是，相对独立的或自治的城市和城市同盟的出现有利于新的生产关系的形成，即有利于资本主义的萌芽和发展。

3. 阿拉伯帝国封建制度

在伊斯兰教兴起之前，阿拉伯社会发展是不平衡的，阿拉伯半岛也长期处于分裂状态。阿拉伯半岛是阿拉伯帝国形成的"基地"，是大扩张的出发点。阿拉伯帝国是中古时期阿拉伯人建立的

[①] 丁建弘：《德国通史》，上海社会科学院出版社2012年版，第38页。
[②] 丁建弘：《德国通史》，上海社会科学院出版社2012年版，第38页。

庞大的封建国家，崇信伊斯兰教。可以说，阿拉伯帝国的形成与发展和伊斯兰教的诞生与传播紧密相连。公元632年，伊斯兰教创始人穆罕默德逝世时，阿拉伯半岛大体上实现了统一。公元632年至661年的四大哈里发时期，阿拉伯势力伴随着伊斯兰教迅速扩张到半岛之外，乘拜占庭帝国和波斯萨珊王朝相互长期争战疲惫不堪之机，占领了叙利亚、伊拉克地区，攻灭了萨珊王朝，同时向西攻占埃及、利比亚等地。四大哈里发之后是倭马亚（伍麦叶）王朝（661—750年），首都在叙利亚的大马士革。倭马亚王朝继续进行大规模扩张。在东线，占领阿富汗，侵入中亚，直至帕米尔，为中国唐朝所阻，进入印度河流域，占领信德；在西线，占领从突尼斯到摩洛哥的马格里布，并越过直布罗陀海峡，进入伊比利亚半岛，占领西哥特王国，继续向北扩张时为法兰克王国所阻。750年至1258年为阿拔斯王朝时期，762年迁都巴格达。8世纪中叶至9世纪中叶，阿拉伯帝国达到极盛，也是当时世界上幅员辽阔的大国。① 但是，阿拉伯帝国在其发展进程中未能实现比较高的国家一体化。阿拔斯王朝建立之初，阿拉伯帝国实际上也发生了分裂；倭马亚家族的后裔在伊比利亚半岛割据独立，建立后倭马亚王朝，并长期与阿拔斯王朝分庭抗礼。进入10世纪，阿拔斯王朝时期的阿拉伯帝国陷入四分五裂，实际统治区域限于巴格达及其周围地区，帝国名存实亡。

阿拉伯帝国存在了6个多世纪，不同时期发展变化较大。政治上，总体上讲是政教合一的封建君主专制国家，实行中央集权，最高统治者哈里发，既是世俗君主，也是最高宗教领袖。伊斯兰教是占统治地位的宗教，其他一些宗教也是允许存在的，有一定的宗教信仰自由，但也存在着鲜明的宗教歧视，伊斯兰教徒特别是阿拉伯伊斯兰教徒享有一定的特权。然而，庞大的阿拉伯帝国一体化程度

---

① 参阅吴于廑、齐世荣主编《世界史·古代史编》，下卷（本卷主编：朱寰、马克垚），高等教育出版社2000年版，第81—87页；刘明翰主编《世界通史·中世纪卷》（修订版），人民出版社2017年版，第213—217页。

不高，中央集权较弱，行省自治性强，总督权力较大，民族矛盾和阶级矛盾激烈，未能维护国家的长期稳定和持久统一。有学者指出："阿拉伯帝国是一个主要通过征服而拼凑起来的多民族多宗教和具有不同社会发展水平的庞大而松散的联合体，即使在哈里发政权最强大时期，中央的权力也是有限的，尤其对于边远行省，更是鞭长莫及。及至9世纪中叶，主要由于人民起义的打击以及统治者内部权力斗争，国势衰微，哈里发权力削弱，各行省总督和近卫军首领乘机扩大权势，或割地自立，或直接控制朝廷，阿拉伯帝国分崩离析，最后由于外族入侵而灭亡。"[①] 1258年，西进的蒙古大军攻破巴格达，风雨飘摇已久的阿拔斯王朝（阿拉伯帝国）最终灭亡。

阿拉伯人大规模扩张，形成庞大的帝国，占领了大量土地。在封建社会时期，土地是主要的生产资料，封建统治集团极力占有土地，以便收取赋税，剥削土地上的劳作者——广大农民。这是封建社会的主要剥削形式。在阿拉伯帝国几百年兴衰历程中，土地政策、赋税政策当然也是不断变化的，帝国各地区也是有差异的。这里根据哈全安的《阿拉伯封建形态研究》一书，先简要讲一下"哈里发时代"封建地产的几种"形态"。

一是萨瓦菲。麦地那哈里发在对外扩张过程中，将夺取的一部分土地收归国家支配，这种形式的地产称作"萨瓦菲"。萨瓦菲包括萨珊波斯的皇室领地、琐罗亚斯德教神庙和祭司的土地、战死者的土地、逃亡者遗弃的土地、无主的荒地、沼泽地等。国家在属于萨瓦菲的土地上采取租佃制的形式，占有直接生产者的剩余劳动；根据土地面积和质量以及作物种类和灌溉方式，确定租税标准，佃农直接向国家缴纳租税。二是穆勒克。这类土地是民间地产，即私人自主地，大都起源于被征服地区非穆斯林当地乡绅的原有地产；当地非穆斯林乡绅在缴纳赋税的前提下处于相对独立状态，延续了

---

① 吴于廑、齐世荣主编《世界史·古代史编》，下卷（本卷主编：朱寰、马克垚），高等教育出版社2000年版，第93页。

支配原有地产的实际权力。土地是赋税的对象，土地占有状况并不直接影响赋税的征收，这样国家在大多数情况下并不禁止私人土地的继承、转让和买卖，对非穆斯林之间的地产交易限制很少。三是军事伊克塔。起初，这是国家赐予"圣战的穆斯林"的土地，就是供养军队的土地。《中东史》一书指出：伊克塔是"赐给阿拉伯贵族和军人的部分国有地"。① 伊克塔的性质也发生着变化，其起点是"萨瓦菲"，即国有土地，而其演变的终点却是"穆勒克"，即私有土地，兼有"王田"与"民间私田"的双重性质，处于两者之间的过渡状态。阿拔斯王朝后期，军事伊克塔制的特征之一是受封者与封地处于分离状态，并无支配土地的完整权利，以享有封地岁入为目的。四是自耕农的土地。农村人口的主体是自耕农和佃民，自耕农拥有少量土地，承担国家赋税。9世纪以后，许多自耕农不堪重负，被迫将自己的地产寄于贵族名下，求得庇护，这样的地产称为"塔勒吉叶"，意为"保护地"。② 此外，还有其他地产，如宗教地产；一些游牧和定居的部落也拥有大量土地。③ 不管是哪种地产，除自耕农占有的土地外，土地主要掌握在封建地主阶级手中。广大农民是土地上的劳动者，他们主要是自耕农和佃农，属于受剥削和受压迫的阶级。

阿拉伯帝国内部居民成分比较复杂。例如，倭马亚王朝时期的社会以阿拉伯人为基础，由许多习尚不同、信仰各异的民族所组成，王朝大权掌握在代表封建地主阶级利益的倭马亚贵族手中，居民大致被分为四个等级。第一等级是以哈里发统治者家族和地方高

---

① 彭树智主编，王铁铮、黄民兴等：《中东史》，人民出版社2010年版，第91页。
② 哈全安：《阿拉伯封建形态研究》，天津人民出版社2006年版，第150—156页。
③ 彭树智主编，王铁铮、黄民兴等：《中东史》，人民出版社2010年版，第91—92页；《中东史》一书讲到阿拉伯帝国伊斯兰土地制度时，指出了四类形式："撒瓦斐"（国有地）、"伊克塔"（采邑）、"穆尔克"（私有地）、"克瓦夫"（宗教产地）。这里也能看出不同学者在有关专有词的翻译上不尽一致。

级官吏为首的阿拉伯人，广大的阿拉伯人通常也被列入第一等级。第二等级是阿拉伯贵族"保护下"的平民"麦瓦利"，通常指改信伊斯兰教的波斯人、突厥人、埃及人等。第三等级由获得信仰自由的各派教徒构成，他们是所谓"有经典的人"，即"迪米人"，承认穆斯林的统治权。迪米人包括基督教徒、犹太教徒、拜火教徒等，依旧使用各自的传统语言。迪米人中的成年男性必须缴纳人丁税。此外，阿拉伯帝国长期存在着奴隶，战争中被俘虏的非穆斯林可能沦为奴隶，奴隶也可从外部购买而来。[1]

关于阿拉伯帝国的阶级划分，菲律普·希提则认为：倭马亚王朝时的阿拉伯帝国居民分四个阶级。"最高的阶级"是居统治地位的穆斯林，以哈里发家族和阿拉伯征服者的贵族为首；其次是被迫或自愿改奉伊斯兰教的新穆斯林；第三个阶级是获得信仰自由的非穆斯林各教派的教徒；奴隶的社会地位最低。[2] 前三个"阶级"，希提的划分标准主要是宗教信仰。以宗教信仰作为阶级划分的标准，显然是不合理的。封建社会的阶级总的讲是两大阶级：地主阶级与农民阶级。国家的土地主要掌握在地主阶级手中，地主阶级是剥削阶级和压迫阶级；广大农民如农奴没有土地，或者如自耕农只有少量土地，是被剥削阶级和被压迫阶级。阿拉伯帝国的阶级也主要是地主阶级和农民阶级两大阶级。正如有学者指出的，"倭马亚王朝时期，就整个帝国范围来说，封建生产关系占主导地位。掌握政权的倭马亚贵族是封建地主阶级的代表，地主阶级是倭马亚王朝的基础，封建贵族和大地主，特别是埃及和叙利亚的封建贵族和大地主，是倭马亚王朝的支柱。地主阶级既包括阿拉伯人，也包括非阿拉伯人；既包括穆斯林，也包括非穆斯林。在名分上，非阿拉伯

---

[1] 哈全安：《阿拉伯封建形态研究》，天津人民出版社2006年版，第198—213页；李敏、冀开运：《论阿拉伯帝国统治时期波斯人地位的演变》，《大庆师范学院学报》2020年第3期，第68页。

[2] 菲律普·希提：《阿拉伯通史》，马坚译，新世纪出版社2012年版，上册，第212—216页。

人和非穆斯林，比阿拉伯人和穆斯林低一等，在待遇上也有所差别；但实际上，政治权力的大小和社会地位的高低，基本上还是以阶级来划分的。尽管阿拉伯贵族与非阿拉伯贵族、穆斯林大地主与非穆斯林大地主之间存在一定的矛盾，但共同的阶级利益关系，已使他们结为一体，形成以阿拉伯大地主为主的、联合各族大地主的封建专制。"①

倭马亚王朝时期，土地税分两种，其中高额土地税由麦瓦利缴纳，为收成的40%—50%；低额土地税由阿拉伯穆斯林缴纳。非穆斯林还须缴纳人头税，"作为受穆斯林保护的报酬"。穆斯林不缴纳人头税，但需要缴纳"天课"（宗教税），相当于2.5%的所得税。② 倭马亚王朝创建者穆阿威叶规定，从穆斯林的固定年金中扣除2.5%作为天课。③

8世纪中叶，倭马亚王朝被阿拔斯王朝所取代。阿拔斯王朝时，"帝国的最高统治者已不再是征服者阿拉伯贵族阶级，新帝国的高级官吏不仅有阿拉伯人，也有伊拉克人、叙利亚人、埃及人，特别是波斯人。新的官僚阶级代替了阿拉伯贵族的统治。"④ 但是，这样的变化并不意味着封建统治阶级对广大农民的剥削减轻了。阿拔斯王朝把"按人定税"的租税制度改为"按地征税"的租税制度，把全国土地分为什一税地和贡税地。不管什么人，一律按所占土地应缴纳的税额上缴赋税；贡税地也改为按产额征税的办法。"耕作什一税地和贡税地的农民，须向地主交纳收获的1/2的高额

---

① 郭应德：《阿拉伯史纲：610—1945》，中国社会科学出版社1991年版，第75—76页。

② 彭树智主编，王铁铮、黄民兴等：《中东史》，人民出版社2010年版，第92页。

③ 菲律普·希提：《阿拉伯通史》，马坚译，新世纪出版社2012年版，上册，第207页；彭树智主编：《中东国家通史·伊拉克卷》（本卷由黄民兴著），商务印书馆2004年版，第79—80页。

④ 吴于廑、齐世荣主编《世界史·古代史编》，下卷（本卷主编：朱寰、马克垚），高等教育出版社2000年版，第87页。

地租，其中谷物和货币各半。"① 阿拔斯王朝初期，埃及仅土地税就增加了一倍多。在阿拉伯征服初期，每加里布（相当于1592平方米）土地税为1第纳尔，而阿拔斯王朝时普遍超过2第纳尔，并不断上涨。根据公元868年的纸草文书记载，每加里布地的土地税高达4第纳尔。②

统治阶级的奢靡，沉重的剥削和压迫，必然激起广大人民群众的反抗斗争。9世纪，阿拔斯王朝不断发生大规模的起义斗争；加上统治阶级内斗，哈里发权力削弱，行省总督乘机扩大权势，割地自立，国家逐渐分崩离析，又一个中东大国走上了逐步衰落、逐步解体和最终灭亡的道路。③

4. 俄国农奴制

与世界上一些国家相比，俄国进入封建社会较晚。从公元9世纪开始，东斯拉夫人社会中封建关系萌芽。④ 由于生产力的发展和受邻国社会发展的影响，东斯拉夫人社会发展的特点是："在奴隶的剥削形态尚未普遍的情况下，便形成了封建制度"。⑤ 弗拉基米尔在位时期（980—1015年），继续对外战争，扩张领土，并宣布东正教为国教，捐赠大片土地给教会；教会、王公、贵族争相兼并农民土地，僧俗封建大土地所有制最终形成。11世纪时，《雅罗斯拉夫法典》规定封建主对其领地上的农民拥有司法裁判权，地主杀死农民只需要付少量的赔偿金，农民死后无嗣则地主有权没收其

---

① 吴于廑、齐世荣主编《世界史·古代史编》，下卷（本卷主编：朱寰、以克垚），高等教育出版社2000年版，第89页。

② 彭树智主编：《中东国家通史·埃及卷》（本卷由雷钰、苏瑞林著），商务印书馆2007年版，第155页。

③ 参阅吴于廑、齐世荣主编《世界史·古代史编》，下卷（本卷主编：朱寰、马克垚），高等教育出版社2000年版，第90—95页；刘明翰主编：《世界通史·中世纪卷》（修订版），人民出版社2017年版，第222—226页。

④ 张建华：《俄国史》，人民出版社2004年版，第26页。

⑤ 刘明翰主编：《世界通史·中世纪卷》（修订版），人民出版社2017年版，第176页。

财产。基辅罗斯的封建制度正式确立。①

12世纪，基辅罗斯发生分裂和动荡，削弱了抵御外族入侵的能力。13世纪，基辅罗斯沦入蒙古贵族统治之下；之后基辅罗斯逐渐解体，为莫斯科公国所取代。从13世纪至15世纪，俄国被蒙古人建立的金帐汗国统治达两百多年。伊凡三世统治时期（1462—1505年），俄国摆脱了金帐汗国的统治；伊凡三世统一东北罗斯后，积极建立中央集权的封建国家。②

新形成的中央集权的封建国家，大力推行农奴制。1497年，伊凡三世颁布法令，重申农民在完成一切田间劳动并与主人清算一切账目后，才能在每年秋季的"尤里节"前后各一周脱离原主人，重新选择居住和劳动的地点；同时宣布保护王公、领主和教会的财产，侵占和破坏王公、领主和教会领地界标者，要处以重罚。1581年，伊凡四世实行"禁年制"，规定凡宣布为"禁年"的年份，在"尤里节"也不准农民出走。1592—1593年，沙皇政府在全国实行土地和户口登记，凡记入地主名下的农民便成为农奴，自由人只要替他人做工达6个月，便沦为主人的农奴。1597年，沙皇政府颁布法令，规定封建主有权追捕逃亡未满5年的农民；1607年，新的法令规定封建主有权追捕逃亡未满15年的农民。1649年，沙皇政府颁布新的法令，规定封建主可以无限期地追捕逃亡农民。还规定封建主在法庭上对自己的农民负全部责任，并且在其领地上有权对农民进行处罚、上刑、判决甚至处以死刑。除非封建主有对沙皇或国家的叛乱行为，农民不得告发主人。③ 俄国农奴制就这样一步步得到了加强。

---

① 刘明翰主编：《世界通史·中世纪卷》（修订版），人民出版社2017年版，第177—178页。

② 刘明翰主编：《世界通史·中世纪卷》（修订版），人民出版社2017年版，第180—181页。

③ 张建华：《俄国史》，人民出版社2004年版，第26—34页；《中国大百科全书》，中国大百科全书出版社1990年版，《外国历史》第1卷，词条"俄国农奴制度"，第262—263页。

当然，在俄国封建社会时期，封建土地所有制和封建主对农民的剥削方式和程度也是变化的，农民的身份地位也不完全一样。封建社会时期的不同阶段，农民按社会地位和经济状况大体上可以划分为三种类型：索贡制度下的农民，世袭领地制度下的农民，各类封建地产中的农奴。①

俄国封建社会早期（约9—11世纪），实行"索贡巡行"制度，古罗斯王公及其亲兵每年索贡一次。农民基本上按照农村公社的组织方式进行生活，他们是耕种"官地"的"纳税民"，承担为国家缴纳贡物和服劳役的义务。在这种索贡制度下，农民"以户、灶、犁为单位向王公及其亲兵缴纳毛皮、蜂蜜、蜂蜡等，也包括粮食和货币"。这种索贡制度有很大的随意性；到弗拉基米尔统治时期，索贡数目大为增长。有学者指出，这种索贡制度"是一种过渡性的剥削形态"。②

12—15世纪，在俄国封建关系中，世袭领地制度在土地制度中占支配地位。在这种制度下，农村公社成员（斯美尔德）转化成了依附农民。主要是因为失去了生产资料而沦为封建地主的依附农民；或者是土地并没有失去，但土地所有权却转到王公贵族、主教、修道院手中，而沦为依附农民。世袭领地上的依附农民必须服从领主的司法裁判，为领主服劳役，向领主缴纳赋税。依附农民的地位也不完全一样，而且逐渐发生变化，为新的依附农民如对分制佃农所取代。③"从诺夫哥罗德地产登记簿中可以见到，13、14世纪时的对分制佃农，无论年成好坏，务必保证其主人得到较好的那一半收成，同时还要负担其他一些义务。即是说，当时的剥削率不

---

① 《朱寰学术论文集：学思录》，中央广播电视大学出版社2008年版，第640—641页。

② 《朱寰学术论文集：学思录》，中央广播电视大学出版社2008年版，第640—642页。

③ 《朱寰学术论文集：学思录》，中央广播电视大学出版社2008年版，第640—642页。

低于50%。在其他地区恐怕也大体相似。"①

16、17世纪，俄国发生急剧变革，随着沙皇专制制度的逐步确立，旧的世袭领地向封地转化，出现了各种类型的封建大地产，农奴制的剥削加强了。"生活在各类封建大地产上的依附农民，有老农户、银币借贷农、新契农、无地贫农、寺院僮仆等，其自由完全丧失，所受的剥削越来越重，变成了货真价实的农奴。"由于粮食成为市场上的畅销品，俄国封建主极力扩大耕地，发展粮食生产，这就需要大量的劳动力，劳役地租也加强了。例如，16世纪末，一家修道院要求农民领取一俄亩租地时，必须为修道院担负1俄亩的劳役，这样占用农民的时间每周为3.5天。农民还得为封建主服徭役，帮助主人运送货物，于是平均每周要为地主劳动4—5天。在农奴制压迫和剥削下，俄国农民的生活十分悲惨。② 有学者指出："除了肤色以外，俄国农奴和美国奴隶几乎没有什么区别。"③

相比西欧地区，俄国封建社会形成较晚，封建生产关系结束也较晚。例如，到16世纪时，英格兰的农奴制早已衰亡，而俄国农奴制却仍在加强。俄国农奴制一直延续到1861年农奴制改革。据估计，1858年俄国人口大约为7400万人，其中2300万人为私人所有的农奴，2500万人为国家或其他机构所有的农民或农奴，还有大约200万农奴为沙皇本人所有。④ 农奴制严重阻碍了俄国资本主义的发展。1861年农奴制废除后，俄国的封建因素仍很浓厚。沙皇专制制度仍然存在；封建农奴制的经济基础——地主土地所有

---

① 《朱寰学术论文集：学思录》，中央广播电视大学出版社2008年版，第643页。

② 《朱寰学术论文集：学思录》，中央广播电视大学出版社2008年版，第641—652页。

③ 弗兰克·萨克雷、约翰·芬德林主编：《世界大历史：1799—1900》，严匡正译，新世界出版社2014年版，第208页。

④ 弗兰克·萨克雷、约翰·芬德林主编：《世界大历史：1799—1900》，严匡正译，新世界出版社2014年版，第208页。

制并没有被消灭，仍然有大量的土地保持在地主和贵族手里。①

5. 伊朗封建社会

伊朗是世界文明古国之一，世界上第一个地跨亚非欧三洲的超级大国——波斯人建立的"波斯帝国"，中心就在伊朗。在古代，伊朗长期处于奴隶社会时期。有学者指出：在萨珊王朝（224—651年）时期，伊朗实现了从奴隶社会向封建社会的过渡。"萨珊王朝的建立并不是单纯的改朝换代，而是一次新的社会变迁，伊朗完成了由奴隶制向封建制的转型。"② 也有学者讲："从公元3世纪，特别是4世纪到5世纪，是萨珊朝波斯奴隶制瓦解，封建制发生和确立时期"；③ "5世纪末至6世纪初，萨珊帝国的马资达克起义，动摇了僧俗贵族的统治地位，推动了萨珊帝国从奴隶制社会过渡到封建社会"。④

古代伊朗存在着种姓制度。5世纪初，萨珊王朝对种姓制度进行了改革，重新划分了种姓，确立了4个主要种姓。"可以说，古代伊朗的种姓制度只是到5世纪初才最后形成。"⑤ 祭司种姓占首位，其内部分为不同等级，包括法官、祭司、神庙管理人员、教师等。祭司种姓控制司法和教育大权。第二个种姓为武士种姓，为服兵役的世袭贵族，其内部分为不同等级，包括宗室和世家大族的代表、大贵族的代表和人数较多的小贵族，小贵族大多依附于大贵族。第三个种姓是文士种姓，其内部也分为不同等级，包括起草官

---

① 陶惠芬：《俄国近代改革史》，中国社会科学出版社2007年版，第198—201页。

② 彭树智主编：《中东国家通史·伊朗卷》（本卷由王新中、冀开运著），商务印书馆2002年版，第123页。

③ 崔连仲主编：《世界通史·古代卷》（修订版），人民出版社2017年版，第396页。

④ 刘明翰主编：《世界通史·中世纪卷》（修订版），人民出版社2017年版，第194页。

⑤ 李铁匠：《古代伊朗的种姓制度》，《世界历史》1998年第2期，第70页。

方文书的司书、财政机构的会计、司法机构的书记、衙门的书吏等,也包括宫廷医生、艺人、星相家等。这三个种姓是特权等级,占有重要政治职位,掌握大量财产,并且免纳赋税。第四个种姓是平民种姓,包括农民、工匠和商人;平民种姓又称为纳税种姓。各种姓的最高首领是国王;各种姓还有由国王任命的首领和相应的管理机构。①

在这四个种姓之下,社会上还存在着人数不多地位极低的所谓"不净人"或"贱民";还存在着一定数量的奴隶。可见,这些社会成员和第四种姓属于社会下层,处于被剥削地位。在第四等级中,手工业者和商人只交人丁税,也不服兵役,而农民的负担则很沉重。农民"是主要生产者,必须交纳人丁税(每年交纳一次)和土地税(收入的 1/6 到 1/3),战时还得服兵役,充当步兵。实际上大多数农民的处境并不比一般奴隶好多少,他们虽然在法律上是自由民(拥有自由身份),但往往因天灾人祸失去了土地和自由,固着于土地,依附于贵族"。②

萨珊王朝实行的是"等级君主制"。王位的继承者常常由祭司、武士和文士三个等级的代表选举产生。国王之下设有御前会议,由王室成员、高级祭司和大贵族代表组成。地方行政机构分为王城(相当于直辖市)和省;省以下有州、县,分别有属于国家系统和祆教教会系统的官员。③

公元 491 年,萨珊王朝爆发马资达克起义,起义延续了 30 多年。马资达克起义被镇压后,胡斯洛一世(531—579 年在位)进行了重大改革,主要有四项内容。一是实行新的土地制度。将部分

---

① 李铁匠:《古代伊朗的种姓制度》,《世界历史》1998 年第 2 期,第 70—71 页;彭树智主编:《中东国家通史·伊朗卷》(本卷由王新中、冀开运著),商务印书馆 2002 年版,第 123—124 页。

② 彭树智主编:《中东国家通史·伊朗卷》(本卷由王新中、冀开运著),商务印书馆 2002 年版,第 124 页。

③ 彭树智主编:《中东国家通史·伊朗卷》(本卷由王新中、冀开运著),商务印书馆 2002 年版,第 125—126 页。

土地以服兵役为条件分给军人,这样就在王室所有地和大地主私有地之外,形成了军事贵族所有地。二是实行新的赋税制度。清查全部耕地,按土地的面积、土质的好坏、灌溉条件和收成多少,确定土地税额;一年两征,用货币交纳,不用实物。调查20岁至50岁的男子人丁数,作为缴纳人头税的依据;农夫种姓,包括农民、手工业者、商人,须交人头税,每年分三次交纳,4个月一次,以货币交纳。三是进行军事改革。对服兵役的条件、军事机构的设置和徙民戍边政策进行了有利于加强王权和稳定边疆的改革。例如,组建了一支由国家发薪饷和配备马匹武器的骑兵部队,这就培植了一个听命于国王的军事贵族阶层,于是使大贵族的军事地位相对下降,对国王的威胁相对减轻。四是进行行政改革。把全国划为四个区,均设总督管辖,总督直接对国王负责;同时,中央最高行政权力也被分散。① 这四个方面的改革,有利于加强中央集权,巩固君主地位,"明显地具有封建性质,经过这些改革,在萨珊帝国建立了封建制度"。②

7世纪中叶,伊朗萨珊王朝灭亡,伊朗成为庞大的阿拉伯帝国的一部分。13世纪中叶阿拉伯帝国灭亡后,伊朗又先后成为伊儿汗国和帖木儿帝国的一部分。在约8个半世纪期间,伊朗经历了长期的异族入侵和统治,或处于分裂动乱状态。16世纪初,伊朗萨非王朝(1501—1722年)建立,也译称萨法维或沙法维王朝。萨非王朝的建立"标志着以波斯人,阿塞拜疆人,土库曼人和库尔德人为主体的伊朗多民族共同体的形成,这一共同体以伊斯兰教什叶派教义为纽带、以融合了各种文化的波斯文化为基础,把各民族

---

① 刘明翰主编:《世界通史·中世纪卷》(修订版),人民出版社2017年版,第194—195页;彭树智主编:《中东国家通史·伊朗卷》(本卷由王新中、冀开运著),商务印书馆2002年版,第126—128页。
② 刘明翰主编:《世界通史·中世纪卷》(修订版),人民出版社2017年版,第195页。

联合在伊朗这个统一的民族国家之内"。①

16、17世纪的萨非王朝是亚洲四大封建国家（中国、印度莫卧儿王朝、奥斯曼帝国）之一。在这四大封建王朝中，除中国外，其他三国统治者都信仰伊斯兰教，故有学者称它们为三大"伊斯兰帝国"；这三大"伊斯兰帝国"主体上是农业国，统治者的岁收主要来自农业税，其人口与经济体量主要依赖农业发展潜力。到1600年时，奥斯曼、萨非和莫卧儿统治者们在辽阔疆域内实现了社会平稳，政局是相对稳定的，从农业人口征获岁收也是成功的，并促进了家庭手工业和贸易的发展。②

萨非王朝是伊朗的著名封建王朝，社会呈金字塔型。金字塔的顶端是君主；金字塔的基层是普通民众，包括游牧民、农民和城市里的工商业人口；在君主与普通民众之间是贵族和宗教官员群体。③ 农业和牧业是社会经济的主体部分。游牧人口约占伊朗人口的1/3；乡村的农业定居人口约占全部人口的1/2。乡村的地产大致分为四类，即王室地产、国有地产、宗教地产和私人地产。④ 在阿拔斯一世之前，大多数土地作为支付的薪俸，分配给了"文官、军官和宗教官员"。⑤ 王朝的建立得到土库曼部落的大力支持。王朝之初的几位国王一直实行提乌里土地制度（"提乌里"是国王分配给部落贵族的禄田），把大片土地授予土库曼部落首领，作为军

---

① 彭树智主编：《中东国家通史·伊朗卷》（本卷由王新中、冀开运著），商务印书馆2002年版，第196页。

② 参阅斯蒂芬·弗雷德里克·戴尔《奥斯曼、萨非和莫卧儿穆斯林帝国》(Stephen Frederic Dale, *The Muslim Empires of the Ottomans, Safavids, and Mughals*)，剑桥大学出版社2010年版，第106—134页。

③ 罗杰·萨沃里：《萨非王朝统治下的伊朗》(Roger Savory, *Iran under the Safavids*)，剑桥大学出版社1980年版，第177页。

④ 哈全安：《伊朗史》（《中东国家史610—2000·伊朗史》），天津人民出版社2016年版，第31—32页；哈全安：《伊朗通史》，上海社会科学院出版社2020年版，第123—129页。

⑤ 罗杰·萨沃里：《萨非王朝统治下的伊朗》，剑桥大学出版社1980年版，第187页。

事采邑，一个部落往往拥有一省或几省的土地。部落首领在其封地上拥有行政、军事、税收和司法大权。结果，土库曼部落贵族对国家统一和王权构成了严重威胁。① 在对外战争中，萨非王朝也不断受到挫折。这种局面到阿拔斯一世（1587—1629年在位）时得到改变。阿拔斯一世是萨非王朝的名君，他进行了重大改革。一是军事改革。例如，建立常备军，削弱部落军队。常备军人数达万人，听命于国王，由国库支付薪饷，脱离部落联系，配备先进武器。同时，减少部落军队的数量，分散部落军队，派驻不同地区。二是经济改革。以"禄田"代替封地，授予文武官员的禄田不能世袭，随官职收授，领有者只有权征收地税；通过购买、没收等方式，将大量土地变为王室土地。同时，采取一系列措施发展经济。三是行政改革。例如，在中央设立最高会议，由国王指定的军事贵族和伊斯兰教教长组成，成员绝对服从国王，为国王提供咨询。各省总督由国王任命大贵族担任，总揽全省军政大权；并设置副总督，直接受国王节制，监督总督行为。城市市长由国王任命，只对国王负责。四是宗教改革。大力扶植什叶派，宣扬什叶派思想；同时实行宗教宽容政策。阿拔斯一世还将都城迁往伊斯法罕；这座城市在地理上是萨非王朝的中心，阿拔斯一世的重建使伊斯法罕成为一座十分繁华的都城。②

阿拔斯一世的系列改革，增强了国家对土地的控制，加强了封建王权，提高了军事力量，促进了国家统一，社会经济得到恢复和发展。特别是土地占有形式的改革，给王室提供了额外的收益。

但是，萨非王朝的繁荣发展并没有减轻劳动人民的负担。广大

---

① 彭树智主编：《中东国家通史·伊朗卷》（本卷由王新中、冀开运著），商务印书馆2002年版，第197页。

② 刘明翰主编：《世界通史·中世纪卷》（修订版），人民出版社2017年版，第201—204页；彭树智主编：《中东国家通史·伊朗卷》（本卷由王新中、冀开运著），商务印书馆2002年版，第205—209页；关于阿拔斯一世的改革，参阅阿巴斯·阿马纳特《伊朗现代史》（Abbas Amanat, *Iran: A Modern History*），耶鲁大学出版社2017年版，第82—92页。

农民与王室土地、寺院土地、私有土地地主的关系，是封建依附关系。"这些关系的基础仍然是中世纪的五分制，按土地、水、耕畜、种籽和人工五个基本要素来划分收成。"全部收成所能留下给农民的不过一半或三分之一，甚至只有四分之一。农民有时还得缴纳一定的现金租税，或无偿地为土地占有者和国家做工，如修路、开运河、建要塞。农民还得负责一连串的实物义务，供应军队粮秣，招待过路官员，给地主和官吏送礼品等。① 深重的剥削和压迫激起人民的反抗斗争。阿拔斯一世在位后期，就发生了亚美尼亚和阿塞拜疆的农民起义，延续数年；1629年初阿拔斯一世去世，当年就在吉朗地区爆发了更大规模的起义。② 人民起义沉重打击了封建统治，萨非王朝也开始逐渐走向衰落。

萨非王朝时期，伊朗手工业和商业都得到发展，对外贸易相当繁荣，"内部的货币经济"得到发展，也可以说出现了某种资本主义萌芽现象。有学者认为：君主是"最大的资本家和最大的劳工雇主"，但君主的"国家资本主义"却阻碍了其他人的"资本积累和投资"。③ 萨非王朝灭亡后，伊朗的封建社会还在延续。19世纪，伊朗与亚洲其他一些封建国家一样，沦为西方列强的半殖民地。

6. 印度封建社会

关于印度何时进入封建社会，学术界是有不同看法的。印度学者达莫达兰认为，笈多帝国（320—550年）是印度奴隶制衰落和封建制兴起的时期，是"印度历史上中世纪的肇始和远古时期结束的

---

① 米·谢·伊凡诺夫：《伊朗史纲》，李希泌、孙伟、汪德全译，生活·读书·新知三联书店1973年版，第100—101页；参阅罗杰·萨沃里《萨非王朝统治下的伊朗》，剑桥大学出版社1980年版，第187页。

② 米·谢·伊凡诺夫：《伊朗史纲》，李希泌、孙伟、汪德全译，生活·读书·新知三联书店1973年版，第101—102页；刘明翰主编：《世界通史·中世纪卷》（修订版），人民出版社2017年版，第204—205页。

③ 罗杰·萨沃里：《萨非王朝统治下的伊朗》，剑桥大学出版社1980年版，第188页。

分界线"。① 也有学者持类似观点，认为印度的封建制度大约开始于公元5世纪前后。② 而印度学者萨拉夫则把公元前542年至公元1757年视为印度封建社会时期。萨拉夫讲："公元前6世纪，印度的封建社会，在奴隶制国家的一片汪洋大海中产生了。虽然奴隶制国家和原始公社残余还继续存在了很长的时间，但封建制度在短暂的历史时期内成了统治形式。"③ 20世纪80年代，我国已有学者对印度社会历史分期问题进行过专门的探讨。④ 我国学者对古代印度何时进入封建社会应该说形成了较大的共识。吴于廑、齐世荣主编的《世界史·古代史编》认为："笈多王朝时期在村社基础上建立起来的奴隶制度，已经走到它的尽头，开始出现封建因素的萌芽。"⑤ 刘明翰主编的《世界通史·中世纪卷》讲："从笈多王朝到戒日王国家的三个半世纪，是印度社会从封建生产关系产生到确立的历史时代。"⑥ 我国印度史专家林承节认为，从笈多帝国后期起，印度的土地关系开始发生重大变化，印度封建社会形态最终形成是在戒日帝国时期（606—647年）。⑦ 这个时间相当于我国隋唐之际。

关于印度的封建社会，R. S. 夏尔马指出：印度的封建制度以地主阶级和受支配的农民阶级为特征，二者主要生活在农耕经济之中，这种经济以贸易与城市地位的下降、金属货币大幅减少为标

---

① 达莫达兰：《印度封建社会的特点》（彭家礼译自印度《新世纪》月刊1960年5月号），《历史教学》1961年9月28日。

② D. N. 杰哈主编：《封建秩序：中世纪早期印度的国家、社会和意识形态》（D. N. Jha, ed., *The Feudal Order: State, Society and Ideology in Early Medieval India*），马诺哈尔出版公司2000年版，第2页。

③ R. P. 萨拉夫：《印度社会：印度历代各族人民革命斗争的历程》，华中师范学院历史系翻译组译，商务印书馆1977年版，第155页。

④ 参阅涂厚善《浅谈印度古代史的分期问题——试论印度封建社会的开端》，《南亚研究》1983年第2期。

⑤ 吴于廑、齐世荣主编：《世界史·古代史编》，下卷（本卷由朱寰、马克垚主编），高等教育出版社2000年版，第57页。

⑥ 刘明翰主编：《世界通史·中世纪卷》（修订版），人民出版社2017年版，第258页。

⑦ 林承节：《印度史》，人民出版社2014年版，第68—70页。

志。国家的最高权力通过建立一些下级权力集团或王公邦国，使自身权力受到承认，使租税得到征收；这些集团或邦国为达到目的，营造必要的社会氛围和意识形态氛围。西欧封建领主们把土地授予农奴是为了使自己保留的土地得到耕种，而印度国王们颁授土地是为了征收租税。土地受赠者向他们的佃户征集租金；佃户是可以被驱逐的，甚至得从事强迫劳动。① 也有学者指出，"印度封建制度的经济本质"，像欧洲的一样，"存在于土地中间人兴起之中"；封建统治阶层通过限制农民的自由与流动性，使农民农奴化，增加农民的强制劳动负担，逐步增税，加剧了领地分封的弊端。②

认识印度的封建社会形态，重在考察土地制度。尽管学术界对印度何时进入封建社会存在分歧，但在重视封建土地制度的考察和分析上却是一致的。萨拉夫在《印度社会：印度历代各族人民革命斗争的历程》中考察封建生产关系时讲："封建制度的基础，是封建剥削阶级的生产资料（主要是土地）私有制和社会产品的私有制。首屈一指的和最大的地主是国王；其次是他的贵族，他们占有大量的土地；然后是地主阶级的其他一些阶层，他们按照不同等级的份额占有余下的土地。"③ 的确，土地是封建社会的主要生产资料，新王朝的君主们在征战过程中，占领大量土地，宣称自己是全国最高土地所有者，并将土地分封（或赠赐）给各级封建主。

根据林承节的《印度史》，在笈多帝国之前，印度土地关系就出现了两种趋势，一是统治者向婆罗门、佛教寺院、少数官员和宠臣赠赐土地，二是村社上层占有更多土地，使用雇工和佃农耕种。在笈多帝国时期，这两种趋势，特别是第一种趋势，得到了进一步

---

① R. S. 夏尔马：《印度封建主义有多封建？》（R. S. Sharma, "How Feudal Was Indian Feudalism?"），《社会科学家》（*Social Scientist*）1984 年第 2 期（马克思逝世一百周年专刊号第 3 号），第 36—37 页。

② D. N. 杰哈主编：《封建秩序：中世纪早期印度的国家、社会和意识形态》，马诺哈尔出版公司 2000 年版，第 4 页。

③ R. P. 萨拉夫：《印度社会：印度历代各族人民革命斗争的历程》，华中师范学院历史系翻译组译，商务印书馆 1977 年版，第 170 页。

发展，统治者更大规模地实行宗教捐赠。这个时期赐地不但数量增多，而且具有新特点。一是出现了永久赐地。二是国王赐赠的一般还是土地上的税收收入；但有些情况下，不仅地税，而且土地上居民应交给国家的一切捐税和应服的劳役也一并赠赐。三是有些统治者把所赐土地上的行政和司法权也授予被赐人。四是把土地赐予某些世俗人士或行会代管，指定其收入用于宗教目的。这种捐赠土地的流行，促进了婆罗门和寺院封建主阶层的形成，促进了封建社会形态出现。①

戒日王时期，封建土地关系迅速发展起来。一是实行了官吏食邑制，就是向官员分封食邑或职田，代替薪金。二是继续实行捐赠僧侣和寺院土地的做法。三是向硕学高才封赠土地，形成了定制。四是部分土地仍由国家直接领有，用于王室和国家开支。理论上，除永久赐地外，职田和非永久赐地，受封者只享有土地税收收入。但实际上，受封者除征税外，还会尽可能以其他名义加以榨取，并力图把占有的土地变成世袭的；他们成了封建地主。②

林承节认为，"戒日帝国时期，印度最终转变为封建社会。土地突出地被看做是社会财富的主要形式。取得土地不仅能获得经济权利，在许多情况下也获得了对农民的控制权力。土地成了权力的基础，通过担任官职、军职，通过宗教地位得到食邑或赠赐土地而得到剥削压迫权力成了封建社会统治阶级构成的主要渠道和基本模式。"③

戒日帝国是印度历史上的一个大国。戒日帝国解体后，在8世纪至12世纪，印度长期处于分裂状态，多国林立，遭受外敌入侵，但封建土地关系继续发展，赠赐和分封食邑制度得到延续。此一时期，印度土地的封建占有已成为土地占有的主要形式。土地封赠后，出现了农民被剥夺耕种权的现象，大量农民成为无地农民而沦

---

① 林承节：《印度史》，人民出版社2014年版，第69—71页。
② 林承节：《印度史》，人民出版社2014年版，第85—87页。
③ 林承节：《印度史》，人民出版社2014年版，第88页。

为雇工或沦为分成制佃农,其处境比一般佃农更为困难。①

8世纪后,众多地区性王国都成了印度教的天下,到10世纪时印度教已在印度占主导地位。②

产生于奴隶社会时期的种姓制度,随着封建生产关系的发展,保存下来了。正如林承节指出的,"种姓制度的严格化归根到底是封建关系发展的需要";作为一种等级制度,种姓"和封建社会阶级划分在大的方面是一致的";"种姓压迫成了封建阶级压迫的支柱和补充","成了封建社会制度的一个组成部分"。③

从13世纪初到16世纪初,北印度以德里为中心的区域性封建国家称为"德里苏丹国"(1206—1526年),由来自中亚信奉伊斯兰教的军事封建贵族所建立。这个时期,在印度南部还同时存在着其他封建王国。德里苏丹国时期,苏丹们作为君主,"继承了印度以往君主所拥有的全国土地最高所有权"。苏丹们把大量土地以各种形式封赐给穆斯林上层,使穆斯林封建主成了印度封建主中的主要成分。德里苏丹国土地占有形式有以下几种:(1)哈里萨,国家(或苏丹)直接领有的土地;(2)伊克塔,边远省份整个省的土地作为伊克塔,交给总督管理和收税;(3)军役田,国家分给常备军土地,代替薪金;(4)官吏食邑,把土地分给官吏,代替薪金;(5)瓦克夫和伊纳姆,为宗教赐地,瓦克夫是赐给清真寺的,伊纳姆是赐给神学家的。同时,还有未被国家收归的印度教宗教土地和印度教藩属国的土地。在德里苏丹国时期,土地占有权发生了很大变化。但是,不管是穆斯林封建主占有土地还是印度教封建主占有土地,不管土地是世袭的或非世袭的,土地上耕作的农民都得照样承受封建剥削,缴纳沉重的租税。德里苏丹统治时期,租税呈增高趋势。④

---

① 林承节:《印度史》,人民出版社2014年版,第88页。
② 林承节:《印度史》,人民出版社2014年版,第91—97页。
③ 林承节:《印度史》,人民出版社2014年版,第100页。
④ 林承节:《印度史》,人民出版社2014年版,第120—122页。

1526年，印度莫卧儿王朝取代了德里苏丹国。莫卧儿王朝的建立者是巴布尔；巴布尔是帖木儿的后裔。莫卧儿王朝也是一个穆斯林王朝，学界一般称为莫卧儿帝国。莫卧儿王朝是印度历史上一个庞大的封建国家，一度接近于统一整个南亚次大陆。莫卧儿王朝最著名的君主是阿克巴（1556—1605年在位）。

　　阿克巴在位期间进行了重大改革。他宣扬君权神授和王权至上的思想，摆脱了伊斯兰教神权至上原则的支配，使君主拥有了绝对的权力。他以加强君主集权为行动方针，集军、政、司法权于自身，一切重大决定由君主直接做出。在中央机构，大臣权力相互牵制，防止某个大臣权力过重。在地方，各省事务上都受中央相应机构的领导；省主要官员由君主任命。省下设县，县行政官归省督领导，但任免权属于君主。这样就建立起强有力的中央集权制度。建立"曼沙布制"，即军事品级制度。曼沙布意为品级，曼沙布达尔则为品级的领受者。全国制定统一的军事品级，按品级定薪俸，并根据薪俸多少拨给相应土地作为军事采邑。曼沙布达尔则要供养数量不等的骑兵，为国家征战。这种制度有利于加强君主对军权的控制。[①]阿克巴还采取了联合印度教封建贵族的政策，扩大了王朝的统治基础。他推行宗教平等政策，如废除了伊斯兰教统治者对非伊斯兰教者强征的人头税。[②] 实行宗教平等政策，有利于促进伊斯兰教信徒和印度教信徒相互接近以及文化上相互融合。阿克巴还采取了一系列促进经济文化发展的措施。[③]

　　莫卧儿王朝时期，印度封建土地关系得到进一步发展。君主们

---

① 林承节：《印度史》，人民出版社2014年版，第140—142页。

② 赫尔曼·库尔克、迪特玛尔·罗特蒙特：《印度史》，王立新、周红江译，中国青年出版社2013年版，第238页。

③ 关于阿克巴改革，这里主要参阅林承节的《印度史》（人民出版社2014年版，第139—153页）。关于曼沙布制度，张荫桐在20世纪80年代发表长文进行了考察。根据该文，并非所有的曼沙布达尔都被授予军事采邑（贾吉尔）；阿克巴末年，各级曼沙布达尔约有2/3支取现金俸给，其余1/3受封军事采邑。（张荫桐：《莫卧儿帝国的曼沙布达尔制度》（上、下），《南亚研究》1986年第2、3期）

同样宣布自己是全国土地的最高所有者,并且直接占有全国部分土地,大部分土地被分封。土地分封主要采取军事采邑的形式。军事采邑叫札吉尔,它的领有者(即曼沙布达尔)称为"札吉达尔"。莫卧儿王朝时期兴起的另一种土地占有者称"柴明达尔",意为土地持有者。柴明达尔包括印度教王公、部落氏族首领、长期包税人、负责农村征税的印度教官吏和某些村社上层。这样,在君主保有土地最高所有权的框架下,形成了多层的土地占有,世袭的倾向进一步加强。全国农民的绝大部分成为受封建剥削的佃农。①

封建剥削的基础在于土地所有制。而关于印度封建社会的土地所有制问题,学术界长期以来存在着较大分歧。这里不妨简要引述中外两位学者的看法,以便读者更好地思考有关问题。我国学者黄思骏在《莫卧儿印度的地权性质》一文中讲:"我们可以这样说,印度莫卧儿时期的地权,具有原始的土地公有制向私有制过渡的性质,其特点就是土地所有制的多样性和地权的分割性。就所有制讲,既有国有土地,又有村社土地,还有私有土地。从地权讲,对不同的人,有所有权、占有权和使用权之分,对同一个人来说,则没有绝对的统一的地权。"② 印度学者萨拉夫则认为:"王室土地所有制的理论,无论如何不意味着较高级的国有制的存在,也不意味着较低级的公社所有制的存在,当时只有各级的私有制,国王是最大的土地所有者,同时存在着各个等级的土地权利的制度。……在整个封建社会期间,不是农村公社,而是封建主阶级作为封建制度在农村中的社会基础。"③

关于莫卧儿王朝时期印度封建生产关系,《世界通史·中世纪卷》指出:"农民必须通过公社向国家、采邑主或其他王公缴纳相当于收成的一半或三分之一的地租。在这里,地租和课税是合并在

---

① 林承节:《印度史》,人民出版社2014年版,第143—145页。
② 黄思骏:《莫卧儿印度的地权性质》,《世界历史》1982年第5期,第63页。
③ R. P. 萨拉夫:《印度社会:印度历代各族人民革命斗争的历程》,华中师范学院历史系翻译组译,商务印书馆1977年版,第190页。

一起的，在一些社会经济比较发达的地区，公社土地的继承、转让和买卖已经相当普遍。一部分农民失去土地，沦为佃农和雇工；另一部分富有者则上升为地主和高利贷者。这种分化在当时还很有限，所以还没有导致农村公社的解体。"① 关于当时印度农民受剥削程度，有学者指出，阿克巴时期的印度人口大约1亿人，人口密度不到现代南亚人口的十分之一，而且其总收入需求是土地产量的三分之一多，这意味着一般居民在经济上比他的农民后辈要好。② 但是，也有学者估计在阿克巴时期（如大约1595年），国家的土地税收在价值上一般大致相当于农业产量的一半。③ 可见，当时国家的征税率是很高的。

在莫卧儿王朝建立前夕，西方殖民扩张势力已抵达印度。莫卧儿王朝期间，印度逐渐受到西方殖民扩张势力的侵蚀。1757年，英属东印度公司发动了普拉西战役，这是英国大规模武力吞并印度的开始，到19世纪中叶整个印度沦入英国殖民统治之下，从封建社会形态一步步陷入了殖民地社会形态。

关于印度封建社会的特点，有学者进行过专门探讨。主要有以下几点：一是农村公社长期存在；二是种姓制度森严；三是宗教信仰驳杂；四是长期处于分裂割据状态。在印度封建时代，南亚地区并没有形成牢固而统一的大国。莫卧儿王朝是印度历史上建立的范围最广的国家，但也未能实现牢固的政治统一。奥朗则布几乎统一了全印度，使莫卧儿王朝达到极盛，但奥朗则布死后各地土邦王公纷纷自立，印度又陷入分裂状态。这样，印度封建社会的经济生活、社会组织和宗教信仰方面的这些特点，将人们禁锢在许多闭塞

---

① 刘明翰主编：《世界通史·中世纪卷》（修订版），人民出版社2017年版，第266—267页。

② 斯坦利·沃尔波特：《印度史》，李建欣、张冬锦译，东方出版中心2015年版，第127页。

③ 希琳·穆斯维：《莫卧儿帝国的经济：1595年统计研究》（Shireen Moosvi, *The Economy of the Mughal Empire, c. 1595: A Statistical Study*），修订与扩大版，牛津大学出版社2015年版，第120页。

的狭小范围里,使印度社会各阶层居民普遍处于互相隔绝状态。人们关心的只是本村社、本教派的存亡;"对于国家的兴亡,往往犹如隔岸观火,无动于衷。因此,严重的分裂割据,成为印度封建社会的常态,中央集权的统一局面很难出现和维持,以致很容易被外来侵略者征服。"① 关于莫卧儿王朝的衰落,马克思曾写道:"大莫卧儿的无上权力被它的总督们摧毁,总督们的权力被马拉塔人摧毁,马拉塔人的权力被阿富汗人摧毁;而在大家这样混战的时候,不列颠人闯了进来,把他们全都征服了。"② 在亚洲泱泱封建大国当中,完全被西方殖民国家征服的只有印度。被征服的印度实际上成为了西方列强在亚洲地区扩大侵略的基地和跳板。

7. 奥斯曼帝国的封建制度

"奥斯曼帝国"是世界历史上著名的封建国家。这个国家以今天的土耳其为中心,从1299年至1922年,前后延续6个多世纪。在塞尔柱突厥统治时期,奥斯曼人中已产生了封建制度,在奥斯曼帝国时期,封建制度得到发展。③ 奥斯曼人原是中亚地区的一个游牧突厥部落,11世纪至13世纪向西亚迁徙,深入小亚细亚,依附于塞尔柱突厥人建立的罗姆苏丹国。1299年,奥斯曼一世宣布独立,成为小亚细亚地区的公国之一。这个国家趁罗姆苏丹国分裂和拜占庭帝国衰落之机,不断扩张领土。1453年,奥斯曼帝国终于攻灭了残喘已久的拜占庭帝国——延绵千年的东罗马帝国,取而代之;拜占庭帝国的首都君士坦丁堡改名为伊斯坦布尔,成为奥斯曼帝国的首都。此后一个时期,奥斯曼帝国仍然不断扩张,领土进一步扩大,成为地跨亚非欧三大洲的庞大的封建国家。16世纪苏莱

---

① 宋怡:《试析印度封建社会的特点》,《安徽教育学院学报》(哲学社会科学版)1999年第3期,第35页。

② 马克思:《不列颠在印度统治的未来结果》,《马克思恩格斯文集》第2卷,人民出版社2009年版,第685页。

③ 刘明翰主编:《世界通史·中世纪卷》(修订版),人民出版社2017年版,第247页。

曼大帝在位之时，奥斯曼帝国达到极盛。1683年围攻维也纳的失利和1699年《卡洛维茨条约》的签订，则标志着奥斯曼帝国开始走下坡路，领土也逐渐缩小，19世纪时甚至被视为"病夫"。第一次世界大战时，奥斯曼帝国加入德奥一方作战，败于协约国之手，部分领土作为委任统治地为英法两国瓜分，国家最终完全解体，曾经庞大的"奥斯曼帝国"只剩下其中心地区土耳其了。1922年，土耳其建立共和国。奥斯曼帝国在世界历史上具有重要的地位。它的强大曾经一度阻断了西欧国家与东方国家交往的陆上通道。这是西欧国家努力开辟通往东方国家新航路的一个重要动因。奥斯曼帝国是伊斯兰国家，其强大也促进了伊斯兰教的传播，并长期充当"伊斯兰世界的盟主"，君主苏丹既是国家最高当权者，也长期是伊斯兰教的宗教领袖——哈里发。

奥斯曼帝国是一个封建专制的政教合一的国家。最高统治者为苏丹（也译为素丹），既是世俗君主，也是最高宗教领袖。苏丹之下设有国务会议，由数名大臣、大法官等组成。大臣称为"维齐"，辅政的宰相称为"大维齐"，兼管行政和军事，代表苏丹处理国家日常事务。地方行政机构省，学术界也常称"行省"，是军事行政的基本单位；省督是苏丹派驻各省的首席长官，兼为行政长官和军事长官。一个省由数个桑贾克（相当于县）组成，县长既是行政长官，也是军事长官。在国家机构中，同行政机构平行的是宗教机构，也是国家统治机器的重要组成部分，主要负责宗教、教育和法律三个方面的事务。这样就形成了一个教权阶层乌里玛，他们担任国家的各种宗教职务[1]。

同时，奥斯曼帝国实行封建采邑制度。有学者指出，奥斯曼帝国采取了"核心—外围—边缘"的三层治理结构。核心地带是安纳托利亚地区，直接受苏丹的统治和管理；外围地区包括叙利亚、阿拉伯半岛、埃及等地在内的阿拉伯地区，设总督这样的官职来管

---

[1] 彭树智主编：《中东国家通史·土耳其卷》（本卷由黄维民著），商务印书馆2007年版，第81—85页。

理；边缘地带是指马格里布地区，包括利比亚、阿尔及利亚、突尼斯等，这里实行"宽松的宗教和政治治理政策"。①

在奥斯曼帝国的土地中，政府支配的公地或国有土地，除部分不允许抵押和买卖外，成为不同形式的封地。"哈斯"，即俸田，授给王室成员、大臣、高级官员。而军事封地一般有两种："扎米特"和"蒂玛"；"扎米特"是授给大封建主的采邑，"蒂玛"是授给封建骑兵的采邑。此外，还有寺院土地、私有土地、村社公用地如饲料地等。②

蒂玛制是基层的土地分封制度，是奥斯曼帝国非常重要的制度。蒂玛是付给服兵役者的报酬，实际上是直接授予的土地份额，就是封建采邑。苏丹通过蒂玛的分配来掌握可调动的兵员总数；把蒂玛授予骑兵，解决了支付薪饷的问题。县以下包括多个蒂玛；蒂玛制具有地方管理功能。在村社一级的管理中，蒂玛利奥，即蒂玛持有者或享有蒂玛收入的人，协助收税，维持治安，并受命监视农民在土地上耕作。有学者指出："在村庄中，蒂玛持有者负责征收赋税，也负责维持公共治安。为了保障土地的耕种，为国家纳税，必须让农民留在土地上长期耕作，蒂玛持有者的任务就是督促和监察这项工作。他们有权追捕那些出逃的农民，并强制遣返。"③ 从这里，我们可以清楚地看出：这种军事采邑制度鲜明地体现出了封建社会生产关系的特征。

正如有学者指出的，蒂玛制适应了奥斯曼人对外扩张的需要，既是土地分配制度，又是军事制度，也是地方管理制度。苏丹把新征服的土地以蒂玛形式分封，蒂玛持有者既需要提供参加战争的骑兵，也是桑贾克（县）管理的中坚力量，这样就达到了朝廷对地

---

① 申浪：《奥斯曼帝国的国家治理模式探析》，《陇东学院学报》2019 年第 3 期，第 71—72 页。

② 王三义：《奥斯曼帝国的制度建构及管理模式》，《吉林大学社会科学学报》2016 年第 2 期，第 131—132 页。

③ 王三义、李宁：《"蒂玛制"与奥斯曼帝国的地方管理》，《历史教学》2020 年第 20 期，第 48 页。

方实行垂直管理的目的。但在庞大的奥斯曼帝国境内，只是部分地区实行了这种制度。蒂玛制在实行过程中也在不断地发生变化。在蒂玛制运行较好的时期，苏丹掌控蒂玛的分封权力，能动员一支来自地方而不需国家供养的骑兵部队。桑贾克贝伊能够依赖蒂玛持有者管理地方，为帝国的进一步扩张稳固了后方。在此基础上帝国的征服战争取得更多的胜利，获取更多的土地和财富，并有了新土地进行分封。但是，这种制度在实行中，不断被腐蚀和破坏，并逐渐被废止，而包税商制度逐渐兴起。①

奥斯曼帝国对境内的不同宗教群体实行"米勒特制"（Millet System），把不同宗教群体安排在法律承认的宗教社区生活。例如，帝国境内的不同宗教群体，如东正教教徒、亚美尼亚基督教教徒和犹太教教徒，被安排在不同宗教团体或宗教社区之内。这是一种"分教而治"的做法。米勒特被允许"内部自治"，根据自己的法律和传统进行治理，由自己的宗教领袖负责民事和宗教事务。正如有学者指出的，每个米勒特都有权利使用自己的语言，发展自己的宗教、文化和教育，征收税款并上缴帝国国库，保持自己独立的法庭，以审判同族成员的案件。② 对于非穆斯林居民来说，每年还要向国家缴纳一笔人头税。

封建社会时期，一般而言，向广大农民收税是封建国家和各级封建地主的主要收入来源。总的来讲，"奥斯曼帝国税收名目繁多，征税方式不统一，加上长期对外用兵，常规税收之外还有临时税，

---

① 王三义、李宁：《"蒂玛制"与奥斯曼帝国的地方管理》，《历史教学》2020年第20期，第49—51页。

② 彭树智主编：《中东国家通史·土耳其卷》（本卷由黄维民著），商务印书馆2007年版，第89—91页；王三义：《奥斯曼帝国的制度建构及管理模式》，《吉林大学社会科学学报》2016年第2期，第133—134页；参阅弗农·V. 艾格《1260年后穆斯林世界的历史：一个全球共同体的形成》（Vernon V. Egger, *A History of the Muslim World since 1260: The Making of a Global Community*），劳特利奇出版公司2016年版，第80—82页。

农民的负担较重"。① 《奥斯曼帝国 1300—1650：权力结构》一书设专章考察了奥斯曼帝国的税收问题。作者指出，奥斯曼帝国的经济主要是农业，国家岁收的主体来自农业土地税和作物、牲畜及其他农产品的税收。这类税收主要用于支持蒂玛持有者，他们向自己封地内的村庄直接征税。尽管各地税收制度不完全一致，也是发展变化的，但在一些地区如鲁米利亚、安纳托利亚和叙利亚等地，已形成了某种标准化的税收制度。在这些地区，向农民等征收的基本税是一种农业房地产税，称作"奇夫特税"（chift tax），按年度征收；"奇夫特"（"牛轭"），意指一个农民家庭用轭套两条牛一年大致可耕作的土地量。这种"奇夫特税"到 16 世纪时演变成为一种货币税；这类税收各地也有高低。可以把 1 奇夫特，征收 32 阿克切（akche）的税视为标准的税额。耕作一整个奇夫特的土地的农民，交全税额；而耕作不至一半奇夫特土地的农民，交 12 阿克切的税；无地农只交 6 阿克切的税。当父亲留给几个儿子一整个奇夫特的土地继承时，两个儿子各交纳一半奇夫特税；其他儿子结了婚的交 12 阿克切的税，没有结婚的只交 6 阿克切的税。奇夫特税只是蒂玛持有者的部分收入；更大比例的收入来自"什一税"，主要征收于谷物和豆子，不同地区按 10% 或 12.5% 或 20% 征收。农民还要交纳其他的税。例如，一个农民要获得耕作一个奇夫特土地的权利，需要向蒂玛持有者交纳一定的税；农民的女儿结婚，其父亲要向领地持有者交纳 60 阿克切；寡妇若要结婚则需要交纳 30 阿克切；两只羊的税额是 1 阿克切。农民将主要的税交纳给领主们，但也需要向国库交税。例如，在 15、16 世纪时，政府在战时就向每个家庭征收一种称作"阿瓦里兹"（avariz）的税；国家也可能要求民众服劳役。②

---

① 王三义：《奥斯曼帝国的制度建构及管理模式》，《吉林大学社会科学学报》2016 年第 2 期，第 132 页。
② 科林·英伯：《奥斯曼帝国 1300—1650：权力结构》（Colin Imber, *The Ottoman Empire, 1300—1650: The Structure of Power*），第 3 版，红地球出版社 2019 年版，第 161、239—247 页。

在考察奥斯曼帝国统治下的伊拉克时，有学者指出："根据法律，采邑主可以获得农民的部分收成，并向其征收人头税、婚姻税、磨坊税、牧场税等特别税，其权力可世袭。""北方农民主要是分成制佃农，因为土地占有较为稳定，但农民往往债台高筑。在中部和南部的灌区，则以季节工为主。一般说来，农民交纳的税收占到其收入的30%以上，有时连基本的生活需要都无法满足。"① 有学者在考察奥斯曼帝国统治下的埃及时讲道："通常，奥斯曼帝国对埃及的统治被看作是埃及历史上最黑暗的时代。经过近3个世纪的残暴统治和掠夺，使富饶的埃及陷入绝境。"② 可见，埃及广大民众遭受了非常严重的剥削。这也说明奥斯曼帝国内的广大民众遭受着沉重的封建剥削。

也有学者考察揭示，奥斯曼帝国的农民在一个时期内比起欧洲邻国的农奴受剥削还稍微轻一些。例如，苏莱曼一世时，"在奥斯曼帝国的邻国，一些居民甚至宁愿逃到边界的另一边去生活。一位当时的作家这样写道：'我看到许多匈牙利农夫点着了他们的小屋，带着老婆、孩子、牲畜和家具逃到土耳其人的土地上。'……同样的情形也出现在了摩里亚，那里的居民宁愿接受土耳其人的统治，也不想再受威尼斯人统治。"③

奥斯曼帝国是一个封建王朝，其发展轨迹未能避免封建王朝兴衰的一般规律。在王朝初期，广大农民遭受的封建剥削一般相对较轻，遇到英明能干的君主时，社会发展快，达到鼎盛。而在发展演进过程中，随着制度的逐渐衰朽，腐败的不断滋长，加上其他一些重要因素如对外战争的失利，广大农民的负担加重，社会矛盾逐步激化，最后在内忧外患之中走向衰落。

---

① 彭树智主编：《中东国家通史·伊拉克卷》（本卷由黄民兴著），商务印书馆2004年版，第131—132页。

② 彭树智主编：《中东国家通史·埃及卷》（本卷由雷钰、苏瑞林著），商务印书馆2007年版，第172—173页。

③ 帕特里克·贝尔福：《奥斯曼帝国六百年：土耳其帝国的兴衰》，栾力夫译，中信出版社2018年版，第241—242页。

中东地区是人类文明产生最早的地区，是世界两大古代文明——尼罗河流域文明（古代埃及文明）和两河流域文明所在地区。很早时期，中东地区就出现了奴隶制大国，地跨亚非两洲，如新王朝时期的埃及和后来的亚述帝国；第一个地跨亚非欧三大洲的国家是波斯帝国——当时世界上的超级大国，可以说也是人类历史上第一个超级大国。后来还出现了地跨亚非欧的大国，如亚历山大帝国、罗马帝国、阿拉伯帝国。奥斯曼帝国是这个地区重心在亚洲的最后一个地跨三大洲的国家。像以往中东地区地跨三大洲的国家一样，奥斯曼帝国最终也解体了。这是值得深入探讨的历史问题。为什么中东地区在历史演进过程中会出现这样的现象？今天，中东依然"小国林立"，地区纷争不断，战乱不已。

8. 日本封建社会

东亚的日本在历史上经历过一个封建社会时期，应是确定无疑的。我国一些著作对日本封建社会的历史进行过深入研究与探讨。例如，中国学者吴廷璆主编的《日本史》设立了三编，分别对日本早期、中期和晚期封建社会的历史进行了详细考察；赵建民、刘予苇主编的《日本通史》也设多章考察日本封建社会的历史。① 一些日本学者的著作也考察了日本封建社会的历史。②

关于日本奴隶社会何时结束、封建社会何时开始，学术界是有不同看法的。日本学者井上清把日本的封建社会时期划在12世纪末期到19世纪后半期，即从镰仓时代到江户时代。③《中国大百科

---

① 吴廷璆主编：《日本史》，南开大学出版社1994年版；赵建民、刘予苇主编：《日本通史》，复旦大学出版社1989年版。

② 例如，井上清《日本历史》（闫伯纬译，陕西人民出版社2011年版）和依田憙家《简明日本通史》（卞立强、李天工译，北京大学出版社1989年版），都考察了日本封建社会的历史；林屋辰三郎《封建社会成立史》（筑摩书房1987年版），专门研究了日本封建社会形成的历史。

③ 井上清：《日本历史》，闫伯纬译，陕西人民出版社2011年版，"日本史时代划分一览表"。

全书》也类似地把日本的中世纪时期划在12世纪至1868年明治维新，并认为12世纪到16世纪日本封建社会处于形成和发展阶段。① 我国学术界也有不少学者把7世纪大化改新视为日本奴隶社会向封建社会转变的一个标志，大化改新使日本进入了封建社会早期阶段。在大化改新之前，日本的封建生产关系已经萌芽，而"大化改新乃是日本历史上封建主义时代的开端"。②

公元7世纪日本的大化改新主要内容有两点。一是改革土地占有制度。废除贵族私有的屯仓、田庄和部民，把土地和部民收归国家所有，对高官贵族赐予食封，实行"班田收授法"和租庸调新税法。二是建立中央集权的国家制度。中央设"八省百官"，建立中央机构；在地方设国、郡、里，分别由国司、郡司、里长治理。③ 日本的大化改新深受中国封建社会文化和体制的影响。中国进入封建社会早，到隋唐时期中国封建制度已高度发达，形成了强大繁荣的中央集权封建国家。日本大量向中国派遣留学生，学习中国先进的制度和思想文化，实行改革，促进了日本封建社会的形成和发展。

在人类社会发展进程中，新旧社会形态的演进更替往往是一个缓慢的过程，新的生产关系因素在旧的社会形态中逐渐形成和发展。而旧的生产关系一些因素也会在新的社会形态形成之后，长时间地存在下来。因此，我们也不必追求精准地确定哪个时间点日本就是封建社会了。但是，有一点是确定的，像其他一些国家一样，日本社会经历了一个封建社会时期。

大化改新的一个核心内容是土地所有制改革。日本统治集团效仿中国隋唐的均田制，"废除'子代之民，处处屯仓'，'部田之民，

---

① 《中国大百科全书》，中国大百科全书出版社1990年版，《外国历史》第2册，词条"日本历史"，第783页。

② 刘明翰主编：《世界通史·中世纪卷》（修订版），人民出版社2017年版，第328页；吴廷璆主编：《日本史》，南开大学出版社1994年版，第56—57页。

③ 吴廷璆主编：《日本史》，南开大学出版社1994年版，第52—56页；参阅坂本太郎《日本史》，汪向荣、武寅、韩铁英译，中国社会科学出版社2008年版，第75—85页。

处处田庄'的部民制,将氏姓贵族奴隶主占有的部民和土地收归国有,使其成为国家的'公地公民',实行'班田收授法'。这一制度的核心是国家向全体'公民'(农民)班授口分田,再以缴纳租庸调的方式,实现封建国家对农民的剥削。"① 大化改新促进了新的生产关系的发展,具有历史进步性。坂本太郎认为:"私地私民的归公,在形式上虽然是隶属关系的改变,但同时在本质上却的确提高了人民的生活。可以肯定,人民的生活由于革新而走上了和过去完全不同的道路,这种想法是不错的。"② 这也说明用具有封建社会特色的生产关系取代旧的奴隶制生产关系是社会发展的一大进步。

"班田收授法",学术界也称"班田制"。政府将国有土地划为一定面积的地块,授予6岁以上的"公民"(国家的农民),6岁以上的男子每人分给2段,女子所分是男子的2/3,作为"口分田"分到各"乡户"耕种。领"口分田"者死后,国家就收回其"口分田"。政府每6年对全民编制一次户口,按照户籍、田亩的变化调整收授一次。"受田农民必须向国家负担租、庸、调。租是田租,交纳稻谷,每段二束二把;庸是徭役,每年十天,一般以纳布代替,每户一丈二尺、稻米五斗;调是贡物,交纳各地土特产品。"而宅地及其周围的土地则由"户"永远占有。"口分田"不许拒收,并严禁撂荒和弃村逃跑。这样,农民"被强大的国家权利束缚在一片耕地上,受到了'租''庸''调'以及各种徭役劳动的盘剥。"③ 需要指出的是,班田制度下的"户"或"乡户"

---

① 王顺利:《论日本早期封建土地所有制的二重性》,《外国问题研究》1997年第1期,第20页。
② 坂本太郎:《日本史》,汪向荣、武寅、韩铁英译,中国社会科学出版社2008年版,第76页。
③ 井上清:《日本历史》,闫伯纬译,陕西人民出版社2011年版,第30—31页;刘明翰主编:《世界通史·中世纪卷》(修订版),人民出版社2017年版,第327页。

"实际上是以父家长为首的家族",一般有 20 人至 100 人。①

除了授予广大农民的"口分田"外,实际上还存在多种形式的土地占有情况。例如,有王田,是天皇的直营田;职田,为贵族官僚的俸禄田;位田,是按对应亲王的品阶及大臣的位阶而授予的封田;功田,是奖励给有功于国家的贵族官僚的土地。此外,还有神田、寺田、剩田、山川薮泽、空闲地、荒废田、垦田等土地。其中不少土地世袭占有,或者被私人占有,而逐渐成为私有土地。在班田制实行的过程中,出现了土地"私有化"趋势。有学者指出:"大化革新所建立的土地制度,既有国有性质的土地,又有大量私有性质的土地,既在相当长的时期内,土地国有制处于主导地位,又不可避免地向着领主土地所有制发展。"② 班田农民为了摆脱沉重的剥削,被迫大量逃亡,户籍、田籍日趋混乱;官僚贵族与国家争夺土地,大兴兼并之风。班田制逐步走向瓦解,到 10 世纪初"完全停止运行"。③

在班田制瓦解过程中,庄园制发展起来。所谓庄园,就是"贵族私人占有的封建大地产"。④ 日本的庄园制形成的途径主要有两种:"寄进"和"分封"。所谓"寄进",是指职位低的地方豪族兼并土地建立庄园后,为了寻求贵族的庇护,主动将庄园"寄进"给上级领主,接受任命,作为上级领主的代理人(庄官),继续管理庄园;上级领主再把所领庄园"寄进"给中央权贵——称为本所,这样就形成了本所—领家—庄官的层层庄园领主结构。下级领主受上级领主的庇护,相互间又都依存于国家权力,"以国家官员的身份行使领主支配权"。所谓"分封",是指占有广大直辖

---

① 王顺利:《论日本早期封建土地所有制的二重性》,《外国问题研究》1997 年第 1 期,第 20 页。

② 王顺利:《论日本早期封建土地所有制的二重性》,《外国问题研究》1997 年第 1 期,第 21—24 页。

③ 刘明翰主编:《世界通史·中世纪卷》(修订版),人民出版社 2017 年版,第 329—331 页;吴廷璆主编:《日本史》,南开大学出版社 1994 年版,第 73—74 页。

④ 刘明翰主编:《世界通史·中世纪卷》(修订版),人民出版社 2017 年版,第 331 页。

领地的将军,以"恩给制"的形式,向武士分封领地和职位,以确立将军和家臣(武士)的主从关系。受封的武士也称为"御家人"。"御家人制的基础是(总)领制。它是以同族武士相结合形成的组织,领为一族之长,死后由嫡长子继承。领实际上是一族的领主,全族的土地、财产由领掌握,庶子虽有财产继承权,但无处断权。领作为御家人,对将军的御恩(分封)的回报是服役。平时统制全族为将军服役,参加执勤警卫(称京都大番役),战时率领全族武士随将军出征。"[①]

日本的封建庄园类型是多样的,不同时期庄园发展程度也有所不同。有学者认为,到10世纪中叶,"庄园几乎遍布全国各地"[②]。也有学者认为,日本的庄园存在于8—16世纪;12世纪庄园成为社会的经济基础,进入了庄园制时期[③]。庄园与村庄并非一致,一个庄园可能分散在许多村,同一村也可能有不同庄园的土地,这种形态的庄园多是由"寄进"途径形成的,是日本中世纪庄园的主流[④]。

在日本封建社会,土地主要掌握在封建领主手中,庄园上的农民承受着各级封建领主的剥削和压迫。在镰仓时代,日本社会的阶级"可以分成公家、武家、平民和贱民四种"。公家、武家是封建统治阶级;平民和贱民是被统治阶级。平民称作"凡名",主要是从事生产的农民;贱民包括奴婢、下人、杂人等[⑤]。井上清指出:"在镰仓幕府的政治统治下,群众作为武家与公家的庄园或事实上庄园化了的公领地的人民,受着压在头上的'本所'、'领家'、地

---

① 王顺利:《论日本封建庄园领主制的特点》,《东北师范大学》(哲学社会科学版)1996年第4期,第2页。

② 刘明翰主编:《世界通史·中世纪卷》(修订版),人民出版社2017年版,第331页。

③ 王军:《日本庄园公领制初探》,《社会科学战线》2009年第8期,第145页。

④ 祝乘风:《日本庄园制社会经济结构研究》,《辽宁大学学报》(哲学社会科学版)第39卷第1期(2011年),第95页。

⑤ 坂本太郎:《日本史》,汪向荣、武寅、韩铁英译,中国社会科学出版社2008年版,第184页。

头与庄官等两重三重的领主们的掠夺。"①"农民被迫在领主直接经营地上耕作，并被征收相当于水田收获稻米三成的各种名义的贡赋，而且被束缚在称之为'万杂公事'，即名副其实的各种各样的农业和手工业产品税和徭役劳动上。此外，农民还被当地的'地头'与庄官征调去为他们从事农耕劳动、运输贡赋与修整灌溉水利等各种徭役劳动。'地头'征收的实物贡赋不多。佃耕农民的佃租都是实物，而且达收获量的五成至六成。另外，还必须从事地主（名主与'地头'）所要求的劳役。"② 面对封建领主的压迫和剥削，广大农民进行了各种形式的斗争，其中一种斗争形式是"逃亡"。"整个村子商量好集体逃散也是屡有发生的。"③

封建社会的经济主要是一种自给自足的自然经济。但是，随着社会的发展，商品经济会逐渐发展起来，最终会导致资本主义萌芽，封建社会逐渐实现向资本主义社会的过渡。日本封建社会晚期，也出现了资本主义萌芽。④ 到19世纪中叶，日本与亚洲其他一些封建国家一样，面临着沦为半殖民地的危险。明治维新结束了日本的封建社会时期，避免了日本的半殖民地化，使日本进入资本主义社会时期。但日本很快就加入了殖民列强行列，推行殖民扩张。

9. 其他地区简况

东亚地区的朝鲜，也与中国、日本一样在历史上经历了一个封建社会时期。在朝鲜半岛，后期新罗在土地制度和剥削关系方面，以封建土地国有制下的贵族食邑制度和国家农民份地制度的法权形式，确立了封建制度。高丽王朝和李朝是朝鲜历史上著名的封建王朝，均实行中央集权制度。东南亚国家如越南、缅甸、泰国等国也

---

① 井上清：《日本历史》，闫伯纬译，陕西人民出版社2011年版，第65页。
② 井上清：《日本历史》，闫伯纬译，陕西人民出版社2011年版，第67页。
③ 井上清：《日本历史》，闫伯纬译，陕西人民出版社2011年版，第68页。
④ 参阅吴廷璆主编《日本史》（南开大学出版社1994年版）第4编《后期封建社会》第12章《德川后期（1716—1845）》的第3节"资本主义因素与生产关系的变化"，第292—295页。

经历过封建社会时期。越南于968年建立封建国家"大瞿越国"。后黎朝是越南封建国家从鼎盛走向衰落的历史时期。越南的最后一个封建王朝是1802年建立的阮朝。泰国的素可泰王朝是泰国历史上一个早期封建王朝；泰国的阿瑜陀耶王朝（1350—1767年）是中央集权制的封建专制国家。缅甸历史上第一个统一全国的封建王朝是蒲甘王朝。之后，缅甸经历了"战国时期"；其后，东吁王朝兴起，封建制度得到进一步发展。[①] 中亚、西亚地区，在阿拉伯帝国时期及其前后，也存在一些封建王朝，包括伊儿汗国和后来的帖木儿帝国。

中世纪的非洲也存在过一些封建王朝。北非的埃及和马格里布早就确立了封建制度。东非的苏丹和埃塞俄比亚也经历过封建社会阶段。在中南部非洲和马达加斯加也出现了封建国家。但是，非洲地区的发展是很不平衡的。埃及曾是世界上最早的文明地区之一，公元前三千多年就进入了奴隶社会。而撒哈拉沙漠以南地区，一些氏族部落在中世纪时仍然处于原始社会的不同发展阶段，其自然发展进程为欧洲殖民扩张所中断，沦为殖民地，自身未能独立演进到封建社会。[②]

美洲印第安文明没有能够按自身发展规律，演进到封建社会；美洲文明发展进程被欧洲殖民入侵所中断。殖民地独立后，拉丁美洲一些国家长期陷入某种半殖民地状态。

大洋洲地区在欧洲殖民入侵之前，尚未演进到封建社会。

三　有关学术探讨

1. 封建社会的阶级斗争问题

封建社会的阶级斗争是普遍存在的。封建社会两大主要阶级是

[①] 参阅刘明翰主编《世界通史·中世纪卷》（修订版），人民出版社2017年版，第274—320页。

[②] 参阅刘明翰主编《世界通史·中世纪卷》（修订版），人民出版社2017年版，第345—380页。

地主阶级和农民阶级，它们之间的斗争是封建社会阶级斗争的主旋律。各国各地区封建社会时期都存在着地主阶级和农民阶级之间各种形式的斗争。农民阶级反抗地主阶级剥削和压迫的最高斗争形式是武装起义。封建地主阶级的残酷剥削和压迫，常常"官逼民反"。冷兵器时代的客观条件，也相对有利于广大人民群众揭竿而起，在封建时代各国各地区农民起义的事例很多。需要指出的是，一些农民起义具有反抗外族统治的特点，参加起义者不仅仅是农民，还有其他阶级的成员。下面略举一些例子。

在中国漫长的封建社会时期，农民起义尤其多。农民起义成为中国封建社会时期改朝换代的重要途径。著名的农民起义有：秦末农民大起义、东汉末年的黄巾起义、唐末的黄巢起义、明末农民大起义等。这是我国读者熟知的事，在此不加赘述。

英国封建社会时期著名农民起义是1381年的瓦特·泰勒起义，攻打伦敦时，起义农民军发展到约10万人，并得到约3万市民积极响应。这次起义沉重打击了封建统治者，促进了农奴制的废除，14世纪末英国已成为自耕农占农民多数的国家。

15世纪末16世纪初，德国发生多起农民起义。其中1493年"鞋会"的反抗斗争，发生多次起义，历时30年之久。1524—1526年，德国爆发了农民战争，波及德国大部分地区，全国约有2/3的农民不同形式地投入了斗争。

17世纪，俄国发生了波洛特尼科夫起义和斯杰潘·拉辛起义。波洛特尼科夫起义发生在17世纪初年，是俄国历史上第一次大规模的农民战争，起义军多次挫败沙皇军队，席卷了70多座城市，一度直逼莫斯科，沉重地打击了沙皇专制统治。斯杰潘·拉辛起义发生在1667—1671年，起义军席卷了俄国伏尔加河以西直到奥卡河的大部分地区。

封建社会时期的伊朗发生了一系列人民起义。例如，8世纪中叶伊朗人穆苏里姆领导起义，推翻了倭马亚王朝；9世纪上半叶发生了巴贝克起义，坚持21年，沉重打击了阿拔斯王朝的统治；

1337年，呼罗珊爆发了大规模人民起义，起义者建立了地区性国家，伊尔汗国从此瓦解。

15世纪初，奥斯曼帝国也发生了大规模农民起义，其中最大一次是由西马维亚·贝德拉丁领导的起义；1518年，小亚细亚爆发了努尔·阿里领导的农民起义，起义军达两万人；16世纪，巴尔干地区各族人民发动了一系列起义，反抗奥斯曼帝国的统治。

印度德里苏丹国时期也爆发了一系列农民起义，如1266年德里的河间地区的农民起义，1326—1327年河间地区农民起义，1415年旁遮普农民起义。这些起义斗争加速了德里苏丹国的衰亡。莫卧儿王朝时期，16世纪，旁遮普等地爆发了马赫迪教派领导的反抗封建统治的起义。

朝鲜封建国家新罗统治末年，发生了农民大起义，削弱了封建统治阶级，使其再也不能完全控制全国各州县。高丽王朝时期，12世纪后期至13世纪初年出现了起义高潮，参加的社会群体广泛、波及面大、斗争激烈，在朝鲜历史上是空前的。

日本封建社会时期也频繁发生农民起义。例如，奈良平安时期，藤原氏的摄关政治极端腐败，封建剥削沉重，人民穷困破产，到处发生起义。镰仓幕府时期，从1428年至1499年，爆发农民起义达60起，京都、奈良等地农民反抗斗争尤为激烈。

以上仅根据刘明翰主编《世界通史·中世纪卷》（修订本），列举了世界历史上封建社会时期一些较为著名的反抗封建统治的武装斗争，农民阶级是反封建斗争的主体。这部著作在不同章节用了"农民起义"和"人民起义"这两个概念。但不管是"人民起义"还是"农民起义"，统称为"农民起义"是可以的，因为在封建社会农民是人口的绝大多数，构成了"人民"的主体。当然，参加农民起义的不仅仅有农民，其他社会成员如手工业者也可能参加农民起义。在反抗"外族"统治的斗争中，封建上层分子也有参加起义斗争的。

封建社会时期的农民起义是封建统治阶级残酷压迫和剥削逼出

来的。毛泽东同志指出："地主阶级对于农民的残酷的经济剥削和政治压迫，迫使农民多次地举行起义，以反抗地主阶级的统治。"①在中外历史上，这个道理是相通的。农民起义打乱了现存的封建统治秩序，甚至导致改朝换代，这就不可避免地促进社会发生变化。封建统治阶级在受到农民起义打击后，被迫做出一些政策调整，以缓解地主阶级与农民阶级的矛盾；新王朝初期的统治者们也往往会以前朝败亡为鉴，适当减轻对广大农民的剥削和压迫。这就在一定程度上带来了封建生产关系的调整，促进了社会生产力的解放，推动了生产力的发展。农民起义是推动封建社会进步的力量，农民起义是封建统治阶级的压迫和剥削逼出来的。今天一些人脱离具体的历史条件，对历史上的农民起义和起义领袖进行妖魔化，这种做法是错误的，不是科学的态度。

在封建社会，也存在着封建统治阶级内部不同集团争权夺利的斗争，但这种斗争不属于封建社会的主要阶级斗争。封建社会还存在着另一种阶级斗争的形式，即以"民族斗争"表现出来的阶级斗争。封建王朝的疆界是移动不定的。各国各地区封建统治阶级，为了争夺土地和其他财富，不断发生战争，改变着国与国之间的疆界。这样的"民族斗争"是十分频繁的，也是十分激烈的。这种斗争在形式上表现为"民族斗争"，但一般情况下也是阶级斗争的表现。正如毛泽东同志指出的，"民族斗争，说到底，是一个阶级斗争问题"。② 一国或一个地区的统治集团发动对外战争，掠夺、剥削和压迫的对象也主要是被侵占地区的下层广大人民群众。

---

① 毛泽东：《中国革命和中国共产党》，《毛泽东选集》第2卷，人民出版社1991年版，第625页。

② 毛泽东：《呼吁世界人民联合起来反对美国帝国主义的种族歧视、支持美国黑人反对种族歧视的斗争的声明》，《人民日报》1963年8月9日第1版；中共中央文献研究室编：《毛泽东年谱（1949—1976）》，中央文献出版社2013年版，第5卷，第248—249页。

2. 封建社会其他有关问题

这里就封建社会其他有关问题，结合学界的研究，谈点我们的认识。我们的认识不是基于深入系统的研究，而是在学习和研究世界史过程中产生的一些浅显看法，供读者参考。

第一，封建土地国有制问题。

在封建社会时期，封建国家一般不同程度地拥有国有土地。这种国有土地不完全等同于直接归君主或皇室所有的土地，形式上归国家所有。不少著述讲到封建国家的国有土地问题，但对这种国有土地的性质并没有明述，只是泛泛地强调"国有土地"。我们认为，封建社会国有土地不等于是"公有土地"。封建社会国有土地本质上讲是一种形式的私有土地，掌握在以君主为代表的封建统治阶级手中，是为封建统治阶级的整体利益服务的。对这个问题，也有学者进行过讨论和分析。朱寰先生《论封建土地国有制的性质问题》一文中对此做了深入探讨，认为封建土地国有制是土地私有制的一种形态，封建国家的土地与封建主个人的土地一样同属于私有土地，只是形态不同。[①] 朱昌利在《试论古代印度农村公社的性质——兼论亚细亚生产方式》一文中讲："土地国有（王有），也是一种私有制，不过不是个人的私有，而是以国王为首包括贵族、官吏等在内的统治阶级的所有。在阶级社会里，国有制是经常出现的。"[②] 关于这个问题，陈栋在《封建私有制下国有土地制度长期存在的原因》一文中也进行了讨论。他认为："封建国家机器是'地主阶级最驯良的奴仆'。为封建国家所占有的土地自然成为地主阶级骄奢淫欲的资本。虽然私有和国有在字面理解是一组相对的概念。但是在私有者的国度里，国有即为整个地主阶级的私有，

[①]《朱寰学术论文集：学思录》，中央广播电视大学出版社 2008 年版，第 115—125 页。

[②] 朱昌利：《试论古代印度农村公社的性质——兼论亚细亚生产方式》，《南亚研究》1982 年第 4 期，第 40 页。

二者在某种意义上是同一的。作为剥削阶级,地主阶级与被剥削的农民阶级的矛盾是封建社会最基本的矛盾。而在地主阶级内部则存在一个利益如何分配的矛盾。只要封建私有制存在,这两对矛盾就不会消失。而国有土地则成为调节这两对矛盾的杠杆。"①

我们赞同这样的分析,在地主阶级占统治地位的封建社会里,国有土地实质上是封建地主阶级公共的私有土地。我们在使用这个概念时,不宜泛泛地讲国有土地。封建社会时期的国有土地与社会主义国家的国有土地是有本质不同的,前者属于封建统治阶级,后者属于人民。同样的道理,在当今世界,资本主义国家的国有企业与社会主义国家的国有企业也是有着本质不同的;前者属于占统治地位的国家垄断资产阶级,并为垄断资产阶级利益服务,后者属于人民当家作主的国家,为人民的利益服务。所以,我们不应将资本主义国家的国有企业与社会主义国家的国有企业相提并论、等量齐观。

第二,封建社会权力承继问题。

封建社会是人类历史发展进程中极为重要的阶段。与奴隶社会相比,封建社会是巨大的历史进步,人类文明在封建社会时期得到巨大的发展。但是,我们也要认识到,封建社会是人类社会从不成熟走向成熟、从进步走向更大进步的一个特定的历史阶段,存在着具有时代特征的问题和不足,其中一个带有普遍性的问题就是各国各地区没有解决好国家最高权力的承继问题,集中表现在君权的承继上。封建社会一般实行君主制,君主是国家最高掌权人,一般情况下君主是至高无上的,掌握着国家最高权力。但是,君主继承制度普遍性地没有解决好或者说没有持续解决好,就是说国家最高权力的交接或承继问题没有解决好。世界历史上的封建王朝往往不能良性地长期延续下去,也往往表现出从兴到衰的演进路径,不断上演不同形式的改朝换代。

君位争夺是封建社会时期一个普遍性的现象。封建国家最高统

---

① 陈栋:《封建私有制下国有土地制度长期存在的原因》,《当代经济》2007年第4期(下),第44页。

治阶层为争夺君位,相互迫害,甚至父子兄弟相残杀也十分突出,往往严重削弱了最高统治阶层的力量。奥斯曼帝国甚至形成一种称作"卡农"的"习惯法",允许君主杀害自己的兄弟。1595年,新苏丹穆罕默德三世一下子杀死了自己的19个兄弟。[①] 这实际上极大地削弱了统治阶级核心集团的力量。在封建社会时代,君位的争夺常常导致内乱,甚至国家分裂;分裂的发生往往使一个封建"大国"在历史上昙花一现。君位的争夺在不少情况下甚至成为国与国之间战争的导火线,这一现象在欧洲历史上尤不少见。

封建社会时期君主接班人制度始终是一个问题,集中表现在王朝中后期君主们治国能力不足上。王朝初期,往往出现强有力的君主(皇帝或国王),而后期往往出现软弱无能的君主。不管是长子继承制还是其他按血统形成的继承方式,都不能保证一代代君主均为胜任的角色;王朝中后期的君主往往长于深宫,脱离实际,缺乏治国能力。封建王朝权力一般集中在君主手中,而一旦君主不能胜任,一般情况下整个统治阶级高层的治国能力就可能随之下降,王朝就会走下坡路,甚至迅速败亡。这是中外封建时代经常上演的剧幕。

封建社会权力承继问题是人类社会发展进程中的历史性局限,是特定历史发展阶段的现象。当一个国家进入资本主义发展阶段,不管实行君主立宪制还是实行共和制,均解决了封建时代的权力承继问题;君主立宪制下的首相和共和制下的总统,通过选举产生,几年一届,国家最高掌权人通过竞选产生,不太可能出现像封建时代那样十分柔弱、十分无能的掌权人。但是,在现代资本主义国家,实际上垄断资产阶级是统治阶级,轮流执政的多党或两党,一般都是代表垄断资产阶级不同利益集团的政党,选举出来的首相或总统是垄断资产阶级利益的代表人物。如果不是这样,那他们是难以当选为首相或总统的,即使当选了也会很快被赶下台。首相或总

---

① 彭树智主编:《中东国家通史·土耳其卷》(本卷由黄维民著),商务印书馆2007年版,第100—101页。

统都不可能真正地从根本上代表广大人民群众的利益，这也就是说不可能真正代表整个国家的利益。各国垄断资产阶级是有很强的继承性的，也是有很强的血统性的；绝大多数普通劳动人民世世代代都难以挤进垄断资产阶级的行列。属于垄断资产阶级家庭的人口也只是整个国家人口的一小部分。因此，完全可以预料在资本主义国家最公正、最有治国能力的人也是难以当上首相或总统的。当然，不仅仅是首相或总统的职位，其他许多高级职位也是如此。这就决定了资本主义国家最高掌权者或统治集团必然具有历史的、阶级的局限性。这种局限性只有在社会主义制度下才有可能真正克服。社会主义制度是崭新的制度，也有一个从不成熟逐步走向成熟的过程。社会主义国家权力承继制度也是在不断总结经验教训的过程中逐步走向完善的。人类历史上第一个社会主义国家苏联直到解体，都没有解决好党和国家最高权力的承继问题。今天的社会主义国家也都在探索党和国家最高权力承继的科学途径。在这一重大方面，日益成熟的中国特色社会主义为人类社会发展提供了新的希望，也正在为世界各国建设好党和国家权力承继制度提供科学的参照。

第三，封建社会中央集权问题。

封建社会是一个国家或民族形成、巩固和加强的关键阶段。在封建社会时期，由于生产力发展水平的局限，封建统治阶级治理国家的能力也是有很大历史局限的。封建社会以人力和各种自然力（如水力）为主，最快的交通工具是马匹，交通、通信、兵力运送能力等都有很大的局限。因此，人越多、地域越广的国家越难治理。而人类社会发展的一般趋势是，随着相邻地区不同人群不断增长的不同形式的交往与融合，国家的疆域会逐步扩大，封建社会时期理应如此。从小国到大国是人类社会发展的一般趋势。而要维护疆域广大或者说疆域不断扩大的国家，就必须要有强有力的中央权力，中央集权就是一种必然的趋势。中央权力弱，地方权力强，国家就难以保持统一，或者说难以实现国家高度的一体化。这样的话，一旦出现危机，往往不仅是王朝更替，而且也会出现国家分裂解体的问题。

巩固封建大国，必须要有高度的中央集权。而封建社会时期，一般是实行君主制，国王或皇帝是国家最高掌权人。集中到中央的权力就会自然地集中到君主手中，形成"君主专制"。不是这样，反而属于非正常状态；君权旁落，国家势必会出现危机和动乱。"君主专制"是构建和巩固封建大国的必然要求。这是人类社会处于封建社会时期的一种趋势，并不是哪个民族或哪种文化偏爱"君主专制主义"。一般而言，封建国家越大，"君主专制主义"就会越强；封建国家越小，"君主专制主义"就会相对弱些。这是由封建社会生产力发展水平确定的，是由客观的历史条件确定的。

相比亚洲地区，欧洲封建社会时期，总体上讲"君主专制主义"较弱。欧洲在封建社会时期从来就没有成功地巩固封建大国，一时出现的比较大的封建国家很快就分裂了，或者长期陷入诸侯割据状态。行之有效的中央集权是封建社会时期国家治理能力的体现，也是封建社会政治制度成熟的具体表现。在漫长的封建社会时期，中国封建王朝总体上讲，较好地维护了中央集权制度，这也是为什么在世界范围内中国成为极少有的巩固了封建大国地位的国家。世界历史上不少封建大国后来都瓦解了，一个主要原因，我们可以很有把握地说：是中央集权制度没有构建好、实行好。

第四章 资本主义社会

　　资本主义社会是人类社会发展进程中的一个特定的阶段。从世界历史整体发展进程来看，资本主义社会处于封建社会和社会主义社会之间。封建社会末期出现资本主义萌芽是世界历史发展的一般趋势。但是，资本主义率先兴起的地区是欧洲地区（主要是就西欧地区而言），而不是其他地区或国家。资本主义率先在欧洲兴起，并不是因为欧洲封建社会发展走在了世界其他地区的前面，也不是因为其发展程度高于其他地区；相反，就封建社会发达程度而言，欧洲地区与世界有的地区或国家相比，是相对落后的。至少，在整个封建社会时期，欧洲地区没有形成强大、持久的高度发达的中央集权的封建大国。但是，欧洲中世纪的这种"不发达"却有利于资本主义的萌芽和兴起。这种现象也是世界历史发展不平衡规律的一种体现。在世界历史发展进程中，奴隶社会十分发达的地区或国家并不一定是最早进入封建社会发展阶段的地区或国家；而封建社会十分发达的地区或国家，也不一定最早进入资本主义社会发展阶段。同样，资本主义社会最发达的地区或国家，并未率先进入社会主义社会的发展阶段。人类社会过去几千年历史揭示了这一规律性的现象。

　　资本主义兴起是建立在封建社会发展的基础之上的。在正常的历史发展进程中，没有经过封建社会发展，就不可能有资本主义的兴起。欧洲资本主义率先兴起，不仅基于欧洲封建社会的发展，而且得益于世界其他地区封建社会文明发展的成就。马克思十分精辟地指出："火药、指南针、印刷术——这是预告资产阶级社会到来的三大发明。火药把骑士阶层炸得粉碎,指南针打开了世界市场并建立了殖民地,而印刷术则变成新教的工具,总的来说变成科学复兴的手段,变成对精神发展创造必要前提的最强大的杠杆。"[①] 这里马克思强调的三大发明——火药、指南针、印刷术,都不是欧洲地区的原创,而是中国封建时代文明发展的成果。仅此亦充分表明资本主义率先在欧洲兴起得益于中国封建时代伟大文明成就的滋润。欧洲在资本主义兴起之初并不那么强大,奥斯曼帝国在军事上对中西欧地区构成极大挑战,这也是迫使西欧诸国寻找通往东方新航道的一大动因。

本章分三个部分,首先简要地考察资本主义的发展历程,分析资本主义社会的特征。第二部分就当今世界资本主义若干问题进行探讨,主要是资本主义社会贫富两极分化问题、发达资本主义国家"中产阶级"问题、发达与不发达两类资本主义国家共存关系问题、国际垄断资产阶级问题。第三部分探讨资本主义国家如何走上社会主义道路,主要考察有关国家共产党对如何走上社会主义道路的探索,同时也简要谈谈我们对资本主义国家如何走上社会主义道路的思考。

一 资本主义发展历程和资本主义社会的特征

1. 资本主义的兴起

封建社会发展到晚期就会出现资本主义萌芽。而在西欧地区,这种萌芽率先冲破了封建社会制度的束缚,形成了新的生产关系——资本主义生产关系。资本主义的兴起经历了一个比较缓慢的过程,我们大致把14、15世纪资本主义萌芽出现和18世纪工业革

[①] 马克思:《政治经济学批判(1861—1863年手稿)》摘选,"机器。自然力和科学的应用(蒸汽、电、机械的和化学的因素)",《马克思恩格斯文集》第8卷,人民出版社2009年版,第338页。

命开始这一历史阶段视为欧洲资本主义兴起时期。资本主义生产关系的兴起过程也就是封建生产关系不断走向衰亡的过程。两者是同一社会、同一发展进程中的两种不同演变趋势。

资本主义萌芽是封建社会的社会经济生活走向商品化的必然产物。在世界历史发展进程中，不同时期不少国度曾出现过资本主义萌芽的现象，而中世纪晚期产生资本主义萌芽的欧洲却率先演进到资本主义社会。从这一意义上讲，资本主义萌芽首先发生在包括意大利在内的西欧地区。14、15世纪，欧洲手工业生产技术和农业生产技术取得进步，扩大了社会生产的分工，商品生产和交换也发展起来了。15世纪时，西欧诸国手工业分成许多专业部门，行业数量大为增多。例如，海德堡手工业就有103种不同的行业，巴塞尔有120多种，法兰克福城有190多种，巴黎有350种之多。西欧地区的社会生产结构发生了巨大变化，形成了一些各具特色的工业中心和农业区，如呢绒织造中心佛兰德尔、甲胄制造中心米兰。① 资本主义萌芽在意大利、法国、尼德兰等地率先出现。

资本主义萌芽的产生具体表现为工场手工业的出现。资本主义手工工场产生的一条途径是：在封建行会制度发展的基础上，行会手工业中分化出资本主义手工工场。少数富裕的行东，突破行会的规章制度，设法增置生产工具和扩大生产规模，吸收破产的手工业者、失地农民和逃亡农奴，使他们成为自己的雇工。这样，原来的行会作坊逐渐变成了使用雇佣劳动的手工工场。"14—15世纪，佛罗伦萨的毛纺织业中的资本主义手工工场大都是这样产生的。"② 也有学者类似地指出，"在集中的手工工场建立以前很久，欧洲手工业中便出现了使用雇佣劳动力的生产经

---

① 刘明翰主编：《世界通史·中世纪卷》（修订版），人民出版社2017年版，第402—405页。

② 宋则行、樊亢主编：《世界经济史》上卷，经济科学出版社1993年版，第29页。

营。在 14 世纪下半叶佛罗伦萨的纺织业中，便出现了浓厚的资本主义关系。"①

另一条途径是，商人资本控制小生产者，把他们变成雇佣工人，形成由商人掌握的资本主义手工工场。商品经济的发展带来残酷竞争，部分小手工业生产者陷入困境，部分则成为暴发户。暴发户成为包买商，来往于城乡之间，趁一些小生产者难以维持正常生产时，就在他们还没有生产出产品之前，先给他们钱，预订其产品。布罗代尔认为，"包买商制度是一种生产组织形式，根据这种形式，商人在分发活计时，向工人提供原料，并预付部分工资，其余部分在交付成品时结清。""包买商制度是旨在控制，而不是改造手工业生产的商业资本主义不可否认的首要特征之一。包买商最关心的乃是销售。"② 包买主和小生产者之间的这种关系，就是一种雇佣关系。包买主先用自己的钱买原料，交给雇工加工，生产者接受订货，根据包买主提出的具体规格和要求，在家里生产。这种分散的家庭手工业实际上是另一种形式的资本主义手工工场，这样的手工工场在尼德兰南部佛兰德尔地区就比较普遍。③ 包买主逐渐开始把分散的小生产者集中在一起劳动，向工人提供原料和生产工具，于是包买主就成为资本家了。

除了以上途径外，还有其他形式。例如，在采矿业中，从小生产者的合伙社中生长出资本主义关系的萌芽。在对外贸易的航运业中，"从商人的合伙制中逐渐产生只提供货物而坐享其成的职业贸易商和提供货币而提取利润的资本家"。在建筑业中出现建筑承包商，富裕的建筑业手工匠承包任务，组织建筑工人干活，发给他们

---

① 沈汉：《资本主义史》第 2 卷，人民出版社 2015 年版，第 59 页。
② 费尔南·布罗代尔：《十五至十八世纪的物质文明、经济和资本主义》，第 2 卷《形形色色的交换》上册，顾良、施康强译，商务印书馆 2018 年版，第 369、373—374 页。
③ 宋则行、樊亢主编：《世界经济史》上卷，经济科学出版社 1993 年版，第 29 页。

工资，从而形成了具有资本主义性质的包工队。①

资本主义兴起的过程就是广大农村封建生产关系逐渐衰落、资本主义生产关系逐渐发展壮大的过程。农村中的经济结构在不断地发生变化。首先是农奴制逐步瓦解；封建庄园制度也逐渐瓦解。随后，获得自由的农奴或自由农民也逐步发生分化；15世纪，西欧地区农民两极分化趋于激烈。农村中资本主义生产关系的出现是商品经济发展的产物。封建领主改变剥削方式，将农民实物地租改为货币地租。交纳货币地租加剧了两极分化。一些富裕农民开始经营小规模的资本主义农场，大部分农民破产后成为雇农。在封建领主当中，一些人也在自己的领地上按照资本主义生产方式经营农牧业，一些人则把土地租给别人经营，收取地租。资本主义生产方式于是逐渐在农村发展起来了。西欧农业中资本主义萌芽最早出现于英国、尼德兰等地区。资本主义性质的农场、牧场开始出现并逐步增多。②

农村资本主义生产关系形成和发展的过程，就是农村发生新的分化的过程，是部分农民沦为农业工人、部分农民流亡到城市手工工场成为雇佣工人的过程，从长远历史发展进程看也是城市人口逐渐增多从而整个社会逐渐城市化的过程，就是农业国向工业国逐步演进的过程。

雇佣关系是资本主义生产关系的基础和本质特点。这种关系的出现标志着资本主义生产关系的产生。资本主义生产关系的产生是一个历史过程，我们很难确定一个具体的时间点，但这种关系形成于封建社会后期，并不断发展。马克思指出："劳动者的奴役状态是产生雇佣工人和资本家的发展过程的起点。这一发展过程就是这种奴役状态的形式变换，就是封建剥削转化为资本主义剥削。要了

---

① 樊亢主编：《资本主义兴衰史》（修订本），北京出版社1991年版，第12—14页。

② 参阅宋则行、樊亢主编《世界经济史》上卷，经济科学出版社1993年版，第21—30页；刘明翰主编《世界通史·中世纪卷》（修订版），人民出版社2017年版，第398—408页。

解这一过程的经过，不必追溯太远。虽然在 14 和 15 世纪，在地中海沿岸的某些城市已经稀疏地出现了资本主义生产的最初萌芽，但是资本主义时代是从 16 世纪才开始的。在这个时代来到的地方，农奴制早已废除，中世纪的顶点——主权城市也早已衰落。"① 恩格斯指出：资本主义制度"诞生于 15 世纪，大工业的兴起只是开创了它的全盛时代"。② 恩格斯还指出："资本主义生产必须有一个足以同时雇用相当数量工人的个人资本。只有在雇主完全不必劳动时，他才会成为名副其实的资本家。人数较多的工人在同一时间，在同一劳动场所，为了生产同一种商品，在同一资本家的指挥下工作，**这在历史上和概念上都是资本主义的起点**。"③ 列宁也认为："资本产生的历史前提是：第一，在一般商品生产发展到比较高的水平的情况下某些人手里积累了一定数量的货币；第二，存在双重意义上'自由的'工人，从他们可以不受任何约束或限制地出卖劳动力来说是自由的，从他们没有土地和任何生产资料来说也是自由的，他们是没有产业的工人，是只能靠出卖劳动力为生的工人'无产者'。"④

资本主义生产关系的萌芽，资本主义的兴起，是伴随着资本原始积累的。我们理解：资本主义生产关系的萌芽是资本原始积累的产物，而这种已萌芽了的资本主义生产关系快速兴起却又有赖于血腥的原始积累。马克思指出："自由劳动者有双重意义：他们本身既不像奴隶、农奴等等那样，直接属于生产资料之列，也不像自耕农等等那样，有生产资料属于他们，相反地，他们脱离生产资料而

---

① 马克思：《资本论》第 1 卷，《马克思恩格斯文集》第 5 卷，人民出版社 2009 年版，第 823 页。
② 恩格斯：《致保尔·拉法格》，《马克思恩格斯全集》第 2 版，第 36 卷，人民出版社 2015 年版，第 194 页。
③ 恩格斯：《卡·马克思〈资本论〉第 1 卷提要》（1868 年春夏），《马克思恩格斯全集》第 21 卷，人民出版社 2003 年版，第 405 页。
④ 列宁：《卡尔·马克思》，1914 年 11 月，《列宁专题文集·论马克思主义》，人民出版社 2009 年版，第 21 页。

自由了，同生产资料分离了，失去了生产资料。商品市场的这种两极分化，造成了资本主义生产的基本条件。资本关系以劳动者和劳动实现条件的所有权之间的分离为前提。资本主义生产一旦站稳脚跟，它就不仅保持这种分离，而且以不断扩大的规模再生产这种分离。因此，创造资本关系的过程，只能是劳动者和他的劳动条件的所有权分离的过程，这个过程一方面使社会的生活资料和生产资料转化为资本，另一方面使直接生产者转化为雇佣工人。因此，所谓原始积累只不过是生产者和生产资料分离的历史过程。这个过程所以表现为'原始的'，因为它形成资本及与之相适应的生产方式的前史。"①

马克思在《资本论》第1卷第24章"所谓原始积累"中，对"原始积累"的形式进行了考察，马克思集中讨论了"对农村居民土地的剥夺""15世纪末以来惩治被剥夺者的血腥立法""资本主义租地农场主的产生""农业革命对工业的反作用"等问题。在这一章中，马克思十分精辟地指出："美洲金银产地的发现，土著居民的被剿灭、被奴役和被埋葬于矿井，对东印度开始进行的征服和掠夺，非洲变成商业性地猎获黑人的场所——这一切标志着资本主义生产时代的曙光。这些田园诗式的过程是原始积累的主要因素。接踵而来的是欧洲各国以地球为战场而进行的商业战争。这场战争以尼德兰脱离西班牙开始，在英国的反雅各宾战争中具有巨大的规模，并且在对中国的鸦片战争中继续进行下去，等等。"②

有学者在考察"原始积累"时指出："剥夺农民土地的圈地运动、殖民制度、奴隶贸易、商业战争，这些血淋淋的原始积累的手段，人们比较容易看到其暴力掠夺的本质。此外，还有国债制度、税收制度、保护制度等，利用国家权力，以较隐蔽的方法掠夺人民

---

① 马克思：《资本论》第1卷，《马克思恩格斯文集》第5卷，人民出版社2009年版，第821—822页。
② 《马克思恩格斯文集》第5卷，人民出版社2009年版，第860—861页。

财富，进行原始积累的手段。这些人们往往不大注意。"① 可见，原始积累的手段是多方面的。"原始积累"大大促进了资本主义生产关系的发展。

资本主义生产关系的形成与资产阶级的形成是一个同步的历史过程。社会的经济领域发生的变化必然引起政治、文化等领域发生变化；它们相互交织在一起，并相互发生促进作用。在欧洲，随着资本主义的萌芽和兴起，新生的资产阶级掀起了一场持久的思想解放运动。这场思想解放运动总体上是以批判封建教会的腐朽和封建王权的专制为特征的。这就是欧洲历史上前后延续数百年的文艺复兴和启蒙运动。同时，在16世纪，欧洲历史上发生了反对罗马教会专制腐朽的宗教改革，西欧各国形成了独立于罗马教会的民族宗教——新教。宗教改革促进了欧洲资本主义发展。宗教改革也极大地促进了思想解放，也可以说它本身就是思想解放运动的一个组成部分。与此同时，欧洲还发生了影响巨大的科技革命，从哥白尼的太阳中心说到牛顿力学，欧洲科学技术实现了划时代的飞跃。这场科学技术革命使欧洲在科学技术领域走在了世界前列。科学技术革命本身也是一场思想解放运动，促进了资本主义发展。

这种思想解放运动的过程就是新生资产阶级的意识形态不断扩大影响的过程。资产阶级在扩大舆论影响的同时，也展开了反对封建专制统治的政治斗争。这种反对封建专制统治的政治斗争主要以革命和改革的形式表现出来。在西欧地区，16世纪至18世纪，爆发了三场有代表性的资产阶级革命，那就是16世纪下半叶爆发的尼德兰资产阶级革命（主要在今荷兰）、17世纪中叶爆发的英国资产阶级革命和18世纪末期爆发的法国大革命。通过革命斗争，这些国家的政权性质逐渐发生了变化，封建制度为资本主义制度逐步取代，资产阶级逐渐掌握了国家政权，极大地促进了资本主义的发

---

① 樊亢主编：《资本主义兴衰史》（修订本），北京出版社1991年版，第53页。

展。这些国家发生的政治变革也促使其他国家发生变化。这三场资产阶级革命在欧洲乃至世界历史上产生了巨大影响。

欧洲的封建社会向资本主义社会的过渡是一个历史发展过程，而不能确定一个具体的年代。近年，斯潘塞·迪莫克在考察英格兰资本主义起源时，在其著作标题中指明的时间是 1400 年至 1600 年。① 西欧地区或者说整个欧洲地区，资本主义兴起的步伐也是不平衡的，英国、荷兰、法国等地较早，中东欧地区如德国、俄国较晚；欧洲各国从封建社会向资本主义社会过渡也体现了世界历史发展的不平衡性。封建社会向资本主义社会演进是一个私有制占主体地位的社会向另一个私有制占主体地位的社会过渡。封建地主阶级和资产阶级都是剥削阶级，两种新旧剥削阶级的更替要相对平稳得多，一定程度上是相互兼容的。实际上，许多封建地主自身逐渐演变成资本家，成为新生资产阶级的一员。斯潘塞·迪莫克在考察了 1400 年至 1600 年英格兰资本主义起源后得出结论说："中世纪后期英格兰向资本主义过渡进程的起源是封建主义时期基本阶级农民与领主内部和相互之间关于再生产的冲突性规则的无意后果。"他明确强调："英格兰资本主义的起源是由领主与其不断扩大的佃户的共同利益推动的。其特征是 15 世纪中期 30 余年间商业领主阶级或资本主义贵族与资本主义自耕农开始同时兴起。"② 这也揭示了封建社会旧的阶级向资本主义社会新的阶级转化的趋势。

在欧洲资本主义兴起和发展过程中，随着封建领主向资产阶级转变，一些封建君主也逐渐实现了从封建社会的专制君主向资本主义社会的立宪君主的转变。经过革命和改革，立宪君主制在欧洲多国逐渐确立了。

---

① 斯潘塞·迪莫克：《英格兰资本主义的起源 1400—1600》（Spencer Dimmock, *The Origin of Capitalism in England* 1400—1600），干草市场图书出版公司 2015 年版。

② 斯潘塞·迪莫克：《英格兰资本主义的起源 1400—1600》，干草市场图书出版公司 2015 年版，第 363—364 页。

2. 早期殖民扩张

15世纪,欧洲国家开始殖民扩张。葡萄牙和西班牙是欧洲殖民扩张的先锋。1492年哥伦布远航美洲是欧洲开始海外殖民扩张最有象征性的历史事件。15世纪也是资本主义在欧洲开始兴起的时期;欧洲国家的殖民扩张与资本主义兴起发生在同一个历史时期。这当然不是偶然的。资本主义从它产生时起,掠夺就是其本质特色。殖民扩张是资本主义的外在表现,是对外掠夺。对内剥削雇佣工人,对外进行殖民掠夺,是资本主义在国内外的不同表现形式,是同一个事物的两个方面。殖民扩张是资本主义的组成部分。资本主义的兴起需要殖民扩张,殖民扩张促进了资本主义的兴起。殖民扩张是资产阶级在世界范围内建立资本主义生产关系的表现。新生的资产阶级在国内要建立资产阶级占统治地位的社会制度,在国外要建立起掠夺相对落后相对弱小地区的关系——即全球范围内的资本主义关系。在早期,直接占领土著人民的家园,建立殖民地;后来对不能完全占领土著人民家园的地方则建立"被征服"的殖民地,或者使其沦为半殖民地;当广大殖民地半殖民地独立后,发达资本主义国家的资产阶级则要尽量使新生国家成为处于"发展中的资本主义国家状态",依附并受制于发达资本主义国家。

对外殖民扩张的过程就是大肆掠夺的过程。在考察资产阶级积累方式时,米歇尔·博德指出:"这时的新因素是对美洲令人难以置信的掠夺,它是由相互关联的两方面构成的:(1)现有财富的掠夺(强取金银和艺术品中积累的死劳动);(2)在金银矿或种植作物(甘蔗等)中新价值的生产(强迫劳动或奴隶制)。""征服、掠夺、杀绝,这就是十六世纪产生贵金属流入欧洲的实际情况。"[①]

在殖民扩张过程中,首先直接掠夺的是黄金白银。从1493年

---

① 米歇尔·博德:《资本主义史:1500—1980》,吴艾美等译,东方出版社1986年版,第13页。

到 1600 年，葡萄牙人仅在非洲就掠夺了 276000 公斤的黄金。①"根据官方统计数字，1521—1600 年间从美洲运到西班牙的白银有 18000 吨，黄金 200 吨，而其他人的估计则是此数的两倍。"② 美洲广大地区印第安人世世代代积累的财宝成为欧洲殖民主义者大肆抢掠的对象。殖民主义者还通过开矿的方式，迫使印第安人和黑人奴隶为其挖掘金银。各种掠夺行为当然不限于西班牙和葡萄牙，也不限于 16 世纪，欧洲其他殖民国家也长期从事各种抢劫掠夺活动。例如，18 世纪中叶，英国利用莫卧儿帝国衰落之机，展开了对印度的武力征服。大规模征服始于 1757 年的普拉西战役，英国殖民者克莱武率军击败了孟加拉的纳瓦布（相当于总督），孟加拉地区遂沦为英国的殖民地。占领孟加拉后，英国殖民者洗劫了孟加拉国库，劫夺了 3700 万英镑，还有 2100 万英镑落入英属东印度公司高级职员的腰包。克莱武自白说："富裕的城市在我脚下，壮丽的国家在我手中，满贮金银珍宝的财宝库在我眼前。我统共只拿了 20 万镑。直到现在，我还奇怪那时为什么那样留情。"③ 殖民征服的过程，就是掠夺的过程。

欧洲国家殖民扩张的过程，也是侵占土著人民家园的过程。这一点起初在美洲地区后来在大洋洲地区表现得尤为突出。殖民主义者直接通过武力占领当地人民的土地，屠杀当地人民或将其驱离家园，建立起大大小小的殖民地。这些殖民地成为新生的资产阶级的活动舞台。

在美洲地区，在殖民侵略者屠杀之下还存在下来的印第安人沦为殖民主义者奴役的对象。殖民主义者开采金银矿山，驱使大量的印第安人开掘矿井。大量印第安人被奴役并被埋葬于矿井。"印第

---

① 刘明翰主编：《世界通史·中世纪卷》（修订版），人民出版社 2017 年版，第 423 页。

② 米歇尔·博德：《资本主义史：1500—1980》，吴艾美等译，东方出版社 1986 年版，第 7 页。

③ 周一良、吴于廑主编：《世界通史·近代部分》上册，人民出版社 1962 年版，第 90 页。

安人无法适应矿山的极其繁重的劳动。服劳役者多累死于矿山,死亡率高达4/5,多半不能返回故里,以至每次部落送服役者到矿山的送别会都形同葬礼。因矿井塌陷、中毒和过度劳累,印第安矿工伤亡狼藉。"[1]

在殖民扩张过程中,欧洲殖民国家长期进行奴隶贸易,将大量的非洲黑人贩卖到美洲。这种奴隶贸易在美洲殖民扩张之初就开始了。西方殖民者到达美洲后,大肆屠杀和驱赶当地印第安人,占领印第安人土地,建立起种植园。生产劳动密集型作物如甘蔗、棉花、咖啡、烟草等,需要大量劳动力。于是,欧洲殖民国家在非洲抓捕和购买黑人,贩卖到美洲。奴隶贸易是有名的"三角贸易"的一部分。所谓"三角贸易"是:欧洲国家的货船将欧洲商品如布匹、酒、枪支、火药等运到非洲,主要是西部非洲;在那里交换奴隶,贩卖到美洲;在美洲换取种植园产品如糖制品等运回欧洲销售。奴隶贸易充满着残忍和野蛮。奴隶被捆住手脚,船舱空间拥挤,只够勉强坐下。船舱卫生条件极差,疾病横行,许多奴隶死于途中。据估计,在1500—1890年之间,从撒哈拉以南非洲输往世界其他地区的人口共约2200万人。[2] 而非洲因奴隶贸易损失的人口实际上远远大于这个数字。

殖民扩张过程中发生的这种掠夺金银财富、侵占土地、奴役土著人民、进行奴隶贸易等残酷野蛮的行为是"资本原始积累"的重要途径。这种原始积累为资本主义的兴起提供了基础和动力,极大地促进了欧洲资本主义的发展。

殖民扩张为新生的资产阶级提供了宽广的活动舞台。殖民扩张促成了一批批海盗、冒险家兼商人的诞生和成长,形成了一系列庞

---

[1] 高岱、郑家馨:《殖民主义史:总论卷》,北京大学出版社2003年版,第9—10页。

[2] J. E. 英尼科里:《世界历史中的非洲:非洲输出奴隶的贸易与大西洋经济秩序的出现》,联合国教科文组织编写《非洲通史》国际科学委员会:《非洲通史》,第5卷《十六世纪至十八世纪的非洲》(主编:B. A. 奥戈特),联合国教科文组织出版办公室、中国对外翻译出版有限公司2013年版,第71页。

大而有影响力的与殖民扩张有着千丝万缕联系的"商业公司"（实际上有的就完全是殖民扩张机构），如欧洲各国的"东印度公司"（其中最有名的当是英属东印度公司，它是英国在亚洲特别是在南亚地区早期殖民扩张的主要机构）；海外殖民地的建立为新生的资产阶级在殖民地建立种植园、开采矿山等提供了条件。这些都为资本主义的发展和资产阶级力量的壮大提供了条件。

欧洲国家的这种早期殖民扩张在世界范围内建立了一种体系性的不平等关系，主要体现为宗主国与殖民地的不平等关系、压迫民族与被压迫民族的不平等关系。这种不平等关系是资本主义生产关系在全球范围内建立和发展的一种具体表现。这种不平等关系在全球范围内不断发展演进，表现出不同形式。工业革命完成后，欧洲殖民列强与一些亚非拉地区的半殖民地关系，就是这种不平等关系的发展与延续。第二次世界大战后，当广大殖民地获得独立，出现了广大的发展中国家时，资本主义发达国家与发展中资本主义国家之间的关系，也不同程度上体现了这种不平等关系。

3. 工业革命与资本主义制度的全面确立

国内外的资本原始积累促进了资本主义的发展，为工业革命的发生创造了条件。而工业革命的完成才使资本主义制度得以全面确立，也确立了资本主义在全球范围内的优势和资本主义生产关系在全球范围内的主导地位。

工业革命首先发生在英国。一般认为，英国工业革命发生在18世纪下半叶至19世纪上半叶。从18世纪60年代起，英国工业领域比较集中地出现了一系列发明创造。其中最具标志性的事件就是蒸汽机的发明。1769年，詹姆斯·瓦特获得蒸汽机——单动式蒸汽机发明专利。1775年，约翰·威尔金森发明了圆筒镗床，对蒸汽机的生产起了决定性作用。1782年，瓦特发明"复动式蒸汽机"。蒸汽机的出现和广泛应用推动了各个部门的机械化。1848年，罗伯茨发明镗床。这表明人们最终能够使用机器来生产机器。

工业革命时期，纺织、冶炼、采煤形成三大工业，迅速发展起来。1785—1850年，英国全国棉织品由4000万码增长到20亿码。煤炭开采量由1770年的600万吨增至1850年的4950万吨。铁产量由1788年的6.83万吨增加到1847年的200万吨。到19世纪40年代，一个完整的、独立的工业部门——机器制造业开始发展起来，标志着英国第一次工业革命的完成。工业革命使英国在工业领域取得领先地位，成为"世界工厂"。1850年，英国煤、铁产量分别占世界总产量的60.2%和50.9%。1851年伦敦万国工业品博览会是工业革命的盛会。这次博览会展出了10万多件代表人类文明成果的产品，它们由世界各地近14000名参展者提供，其中一半多是英国厂商。①

英国工业革命带来了三大转变。一是从农业国转变为工业国。1851年，英国城市人口达到了51%。二是从以手工生产为主转变为以机器生产为主。三是从手工生产机器转变为用机器生产机器。经过工业革命，英国社会阶级对立简单化了，整个社会日益分裂成两大直接对立的阶级：资产阶级和无产阶级。

工业革命发生后，虽然英国一个时期采取了技术限制措施，但工业革命还是传播开来了。欧洲大陆国家地理位置接近英国的，如比利时和法国，发生工业革命较早。总体上，在欧洲大陆，工业革命由西向东传播开来，东欧国家的工业革命发生得晚些。在欧洲大陆国家开始工业革命的同时，工业革命也很快传播到了美国。

19世纪后期，欧洲大陆一些国家特别是德国掀起了新的工业革命。新的工业革命是以电力工业和化学工业的建立和发展为主要标志的，发电机和电动机的发明与远程输电的成功，为工业提供了新能源；用新方法生产纯碱和硫酸，满足了化学工业的大量需求，人造染料、人造纤维的出现，丰富了人们的生活。随着电灯、电话、电车、电报的广泛使用，人们从"钢铁时代"步入了"电气

---

① 参阅张顺洪、郭子林、甄小东《世界历史极简本》，中国社会科学出版社2017年版，第256—260页。

时代"。第一次工业革命在英国开始之后,对整个世界而言,应该说"工业革命"就没有停止过。科学技术不断发展进步,不断出现革命性的飞跃。

工业革命给人类社会带来了深远的影响,促进了人口的迅速增长,推动了城市发展,引起了产业结构变化,使产业发展重点逐渐从农业转移到工业,同时也带动了第三产业的发展。工业革命也导致了阶级结构的变化,与大工业相联系的两大基本阶级——资产阶级和无产阶级形成了,它们之间的对立和斗争构成近现代社会生活的重要内容。

19世纪40年代中期,正当英国工业革命即将完成之际,恩格斯撰写了《英国工人阶级状况》一书。恩格斯亲历第一次工业革命即将完成的英国,对英国社会有直接的和非常深入的观察。

关于英国工人阶级形成的时间,恩格斯指出:"英国工人阶级的历史是从上个世纪后半期,随着蒸汽机和棉花加工机的发明而开始的。"[①]"新发明的机器使纱的生产费用减少了,布匹的价格也跟着降低,于是,本来就已增长的对布匹的需求更加增长了。""这就需要更多的织工,织工的工资提高了。现在,因为织工靠自己的织机能挣更多的钱,他们就逐渐抛弃了自己的农业而专门织布了。这时,四个成年人和两个孩子(这两个孩子用来缠纱)的家庭,一天工作10小时,每星期可挣4英镑(合28个普鲁士塔勒),如果买卖景气,工作饱满,常常挣得更多;单个织工靠自己的织机一星期挣两英镑的事,也是常有的。这样,兼营农业的织工阶级就逐渐完全消失而成为新兴的纯粹的织工阶级,他们仅仅靠工资生活,没有一点财产,甚至连名义上的财产(一块租来的土地)也没有,于是他们就变成了无产者(working men)。"[②]

---

① 恩格斯:《英国工人阶级状况》,《马克思恩格斯文集》第1卷,人民出版社2009年版,第388页。

② 恩格斯:《英国工人阶级状况》,《马克思恩格斯文集》第1卷,人民出版社2009年版,第391页。

这里，恩格斯阐明了工业革命时期无产阶级形成的一个重要途径。"由于这些发明（这些发明后来年年都有改进），机器劳动在英国工业的各主要部门战胜了手工劳动，从那时起，英国工业的全部历史所讲述的，只是手工业者如何被机器驱逐出一个个阵地。"①"六十年至八十年以前，英国和其他任何国家一样，城市很小，只有很少而且简单的工业，人口稀疏而且多半是农业人口。现在它和其他任何国家都不一样了：有居民达 250 万人的首都，有巨大的工厂城市，有向全世界供给产品而且几乎全都是用极复杂的机器生产的工业，有勤劳智慧的稠密的人口，这些人口有三分之二从事工业，他们是由完全不同的阶级组成的，可以说，组成了一个和过去完全不同的、具有不同的习惯和不同的需要的民族。……但是，这种工业变革的最重要的产物是英国无产阶级。"②

这里，恩格斯揭示了英国无产阶级是如何形成的。英国的无产阶级是人类历史上出现的崭新阶级。这个阶级由雇佣工人组成，他们失去了自己的生产资料，只能靠当雇工挣得工资来维持自己和全家的生活。由雇佣工人组成社会的一个主要阶级，这在人类社会发展进程中，（一般情况下）过去是没有的，它只形成于资本主义社会。

英国无产阶级形成于英国工业革命期间。这个新的阶级是受压迫受剥削的阶级，在它诞生之初，生活是极其艰难的。在《英国工人阶级状况》中，恩格斯对英国无产阶级（工人阶级）的处境做了全面的考察。劳动时间超长，劳动环境恶劣，工资微薄，贫困压力大，儿童缺乏保护和童工大量存在，疾病流行，健康状况糟糕，酗酒严重，犯罪现象多，等等。这些就是当时英国工人阶级面临的处境。恩格斯指出："工人阶级的状况也就是绝大多数英国人

---

① 恩格斯：《英国工人阶级状况》，《马克思恩格斯文集》第 1 卷，人民出版社 2009 年版，第 393 页。

② 恩格斯：《英国工人阶级状况》，《马克思恩格斯文集》第 1 卷，人民出版社 2009 年版，第 402 页。

民的状况。"①

这里，我们不妨引述恩格斯下面一段描述，以揭示当时英国工人阶级的险恶处境。恩格斯讲：

> 在大城市的中心，在四周全是建筑物、新鲜空气全被隔绝了的街巷和大杂院里，情况就完全不同了。一切腐烂的肉类和蔬菜都散发着对健康绝对有害的臭气，而这些臭气又不能毫无阻挡地散出去，势必要造成空气污染。因此，大城市工人区的垃圾和死水洼对公共卫生造成最恶劣的后果，因为正是这些东西散发出制造疾病的毒气；至于被污染的河流，也散发出同样的气体。但是问题还远不止于此。真正令人发指的，是现代社会对待大批穷人的态度。他们被吸引到大城市来，在这里，他们呼吸着比他们的故乡——农村污浊得多的空气。他们被赶到这样一些地区去，那里的建筑杂乱无章，因而通风条件比其他一切地区都要差。一切可以保持清洁的手段都被剥夺了，水也被剥夺了，因为自来水管只有出钱才能安装，而河水又被污染，根本不能用于清洁目的。他们被迫把所有的废弃物和垃圾、把所有的脏水甚至还常常把令人作呕的污物和粪便倒在街上，因为他们没有任何别的办法处理这些东西。这样，他们就不得不使自己的地区变得十分肮脏。但是问题还不止于此。各种各样的灾祸都落到穷人头上。城市人口本来就过于稠密，而穷人还被迫挤在一个狭小的空间。他们不仅呼吸街上的污浊空气，还被成打地塞在一间屋子里，他们在夜间呼吸的那种空气完全可以使人窒息。给他们住的是潮湿的房屋，不是下面冒水的地下室，就是上面漏雨的阁楼。为他们建造的房子不能使恶浊的空气流通出去。给他们穿的衣服是坏的、破烂的或不结实的。给他们吃的食物是劣质的、掺假的和难消化的。这个社会

---

① 恩格斯：《英国工人阶级状况》，《马克思恩格斯文集》第1卷，人民出版社2009年版，第403页。

使他们产生最激烈的情绪波动，使他们忽而感到很恐慌，忽而又觉得有希望，人们像追逐野兽一样追逐他们，不让他们得到安宁，不让他们过平静的生活。除了纵欲和酗酒，他们的一切享乐都被剥夺了，可是他们每天都在工作中弄得筋疲力尽，这就刺激他们经常毫无节制地沉湎于他们唯一能得到的这两种享乐。如果这一切还不足以毁灭他们，如果他们经受住这一切，他们也会在危机时期遭到失业的厄运。到那时，他们至今还保留的一点东西也将被彻底剥夺。①

　　这是恩格斯对当时英国社会的亲身观察和感受，不到这种具体的现实生活中去考察，就不可能产生这样的深刻体会。恩格斯指出："英国工业无产阶级的状况就是如此。我们随便把目光投到什么地方，到处都可以看到经常的或暂时的贫困，看到因生活条件或劳动本身的性质所引起的疾病以及道德的败坏；到处都可以看到人的精神和肉体在逐渐地无休止地受到摧残。难道这种状况能够长久地继续下去吗？""不，这种状况不能也不会长久地继续下去。工人，人民中的大多数，是不愿意这样的。"② 从英国工人阶级当时的苦难处境中，恩格斯也看到了工人运动兴起和无产阶级革命的历史必然性。

　　英国历史学家汤普森在《英国工人阶级的形成》一书中考察了工业革命时期英国工人阶级形成的历史，并揭示了工人阶级遭受的沉重剥削。汤普森讲："在农村中，1760 至 1820 年之间出现了全面的圈地，一个村庄又一个村庄地丧失公共权利，无地的农民以及——南方的——赤贫劳动者沦为农场主和地主的劳工，还要向教会缴纳什一税。在家庭工业中，1800 年以后出现了小业主让位于大雇主（无论是工厂主或中间商）的趋势，大多数纺织工、织袜工、

---

　　① 恩格斯：《英国工人阶级状况》，《马克思恩格斯文集》第 1 卷，人民出版社 2009 年版，第 410—411 页。

　　② 恩格斯：《英国工人阶级状况》，《马克思恩格斯全集》第 2 卷，人民出版社 1957 年版，第 499 页。

制钉工不得不外出去寻找工作，成为依靠工资收入生活的工人。就业往往得不到保证。在棉纺厂和许多矿区，这是雇佣童工（以及女工下矿井）的时代。大规模的工矿企业、工厂制及其新的劳动纪律、工厂社区——其中工厂主不仅依靠工人的劳动致富，而且能在一代人的时间里就可以眼看着致富——所有这些都使得剥削的过程明显可见，也造成了被剥削者在社会和文化上的汇合。"汤普森接着写道："现在，我们可以看清工业革命真正的灾变性了；同时也可以明白英国工人阶级在这些年代形成的一些原因了。人民要同时从属于两种关系的加强：这两种关系都是无法忍受的，一种是经济剥削关系的加强，另一种是政治压迫关系的加强。雇主和劳工之间的关系变得越来越冷酷，越来越少人情味。不错，这确实使工人的潜在自由程度得到增强，因为农场里的雇工或家庭工业里的帮工（按汤因比的话来说）'被放在农奴的地位和公民的地位之间'，但这种'自由'意味着他们更多地感觉到了不自由。他们在力图抵抗剥削的斗争中前进的每一步都与雇主或国家的力量相遇，而且通常是同时遇到两者的力量。"[①] 汤普森进一步指出："剥削关系不只是不满和相互对立的总和。这种关系在不同的历史条件下采取与所有制和国家权力的形式对应的不同形式。工业革命中典型的剥削关系是非个人化的，也就是说，它不承认相互间的长远义务，如家长式的或服从的义务、'行业'利益的义务等等。不存在与自由市场力量的作用相对立的'公平'价格的余地，也不允许有受到社会和道德观念支持的工资的默契。对立被看做是这种生产关系中固有的特征，管理和监督职能要求压制除了能够从劳动中攫取最大剩余价值以外的一切特征。这就是马克思在《资本论》中解剖过的政治经济学。工人已经变成了单纯的'工具'，是各种投入成本中的一项。"[②] 汤普森这

[①] E. P. 汤普森：《英国工人阶级的形成》，钱乘旦等译，译林出版社2013年版，第216页。

[②] E. P. 汤普森：《英国工人阶级的形成》，钱乘旦等译，译林出版社2013年版，第222页。

段文字的最后一句话的确很好地说明了资本主义生产关系的实质：工人成为工具，只是各种成本投入中的一项！在这样的生产关系中，工人是不可能成为主人翁的。

资本主义产生萌芽后，经过几个世纪的发展，直到工业革命完成，才完全占据了社会经济的主导地位，资产阶级革命和改革取得了胜利，国家最终实现了从封建的农业社会向资本主义的工业社会的过渡。雇佣工人，而不是农奴或自耕农民，成为社会劳动阶级的主体。资产阶级和无产阶级成为社会的两大对立的阶级。资产阶级成为社会的统治阶级，封建统治阶级自身发生了演变，作为国家的统治阶级退出了历史舞台。资本主义制度在欧美先进国家确立起来了。从政治制度上讲，不管实行君主制还是共和制，都是资产阶级专政的制度；封建君主专制已让位于资产阶级的立宪君主制。资产阶级民主制度也在逐渐地发展演进着。

工业革命提高了社会生产力，促进了社会的发展。随着社会经济的发展进步，随着工人阶级的不断斗争，工会的地位提高了，工人阶级的生活水平相对工业革命期间整体上是有所改善的，工人福利有所改善。例如，英国19世纪下半期至20世纪初，就发生了一些相应的变化。1871年，英国议会通过了《工会法》，确认工会基金与互助会基金一样得到法律的保护；1875年，英国议会通过《阴谋与保护财产法》，使罢工时组织和平的纠察队合法，工会的合法性得到完全确立。[①] 1870—1914年，工会逐渐成为政治斗争的组织，也发挥工人互助性组织的经济功能，工会大量开支用于工人福利。同时，《济贫法》得到改善，失业保险覆盖面逐步扩大；养老金制度开始形成，1908年英国议会通过了养老金法案，规定了养老金的普遍性和免费性原则。[②]

---

① 蒋孟引主编：《英国史》，中国社会科学出版社1988年版，第568页。
② 参阅丁建定《从济贫到社会保险：英国现代社会保障制度的建立（1870—1914）》，中国社会科学出版社2000年版，第5章"自助、互助与济贫法制度"和第6章"养老金制度的建立"。

尽管有这样的进步和改善，但广大工人阶级处于受剥削和受压迫的地位没有改变。

工业革命使欧美先进的资本主义国家对亚洲的封建大国形成了巨大优势。传统的亚洲、非洲封建国家，或者被资本主义列强征服，沦为殖民地；或者被列强打败，被强加不平等条约，丧权辱国，割地赔款，沦为半殖民地。只有日本在面临沦为欧美列强半殖民地危机时，成功地进行了资产阶级改良，进而发展成为资本主义强国，加入了殖民列强的行列。资本主义的国际体系已经成为世界性的了。全球每个区域或每个国家都被纳入世界性的资本主义体系之中。世界范围内的不平等关系得到加强。资本主义列强的相互争夺和殖民地半殖民地人民反抗殖民主义的斗争则更为广泛、更为激烈。

到19世纪中叶，随着工人阶级走上历史舞台，为实现工人阶级解放的马克思主义诞生了，国际共产主义运动兴起了，开始在人类社会发展长河中发挥着历史前进的推动作用。

4. 帝国主义鼎盛时期

"帝国主义"作为一个学术概念，在国际学术界使用广泛。有的学者把古代的国家扩张活动也称为"帝国主义"。例如，美国学者腾尼·弗兰克，就写了一本叫作《罗马帝国主义》的书，英文是 *Roman Imperialism*。这样使用"帝国主义"概念，我们是不赞同的。我们所说的"帝国主义"一词的含义，是列宁定义的，那就是帝国主义是资本主义发展的一个阶段，就是垄断资本主义阶段，也是资本主义发展的最高阶段。我们认为列宁对帝国主义的定义是科学的，是符合世界历史发展客观实际的。当然，"帝国主义"不是一个一成不变的事物，它是不断发展变化的；整个世界的形势也是在不断发展变化的，帝国主义的变化也是服从世界历史发展变化"大局"的。帝国主义是资本主义时代的产物，它不能脱离资本主义而存在。学术界也有学者将中世纪后期近代早期以来的殖民扩张活动，称为"帝国主义"。把搞殖民扩张、建立殖民帝国的活动视为"帝国主义"，我们认为这种用法，从学术上讲，可以不必排斥。但是，不能把其含义与列宁定义的"帝国主义"相混淆。①

在《帝国主义是资本主义的最高阶段》这部著作中，列宁对"帝国主义"进行了全面的阐述，对我们理解什么是帝国主义提供了理论指南。列宁对帝国主义的各种表现进行深入考察之后指出："如果必须给帝国主义下一个尽量简短的定义，那就应当说，帝国主义是资本主义的垄断阶段。这样的定义能包括最主要之点，因为一方面，金融资本就是和工业家垄断同盟的资本融合起来的少数垄断性的最大银行的银行资本；另一方面，瓜分世界，就是由无阻碍地向未被任何一个资本主义大国占据的地区推行的殖民政策，过渡到垄断地占有已经瓜分完了的世界领土的殖民政策。"列宁接着指出："如果不忘记所有定义都只有有条件的、相对的意义，永远也不能包括充分发展的现象一切方面的联系，就应当给帝国主义下这样一个定义，其中要包括帝国主义的如下五个基本特征：（1）生产和资本的集中发展到这样高的程度，以致造成了在经济生活中起决定作用的垄断组织；（2）银行资本和工业资本已经融合起来，在这个'金融资本的'基础上形成了金融寡头；（3）和商品输出不同的资本输出具有特别重要的意义；（4）瓜分世界的资本家国际垄断同盟已经形成；（5）最大资本主义大国已把世界上的领土瓜分完毕。帝国主义是发展到垄断组织和金融资本的统治已经确立、资本输出具有突出意义、国际托拉斯开始瓜分世界、一些最大的资本主义国家已把世界全部领土瓜分完毕这一阶段的资本主义。"②

---

① 周芬、张顺洪在《帝国和帝国主义概念辨析》一文中，结合历史实际，对"帝国主义"和"帝国"两个概念进行了探讨，对这两个概念提出了有新意的认识（《史学理论研究》2021年第2期，第147—156页）。

② 列宁：《帝国主义是资本主义的最高阶段》，《列宁专题文集·论资本主义》，人民出版社2009年版，第175—176页。

关于帝国主义产生的前提和出现的时间，列宁认为，资本主义工业蓬勃发展，生产越来越集中，从而出现了垄断。列宁指出："事实证明：某些资本主义国家之间的差别，例如实行保护主义还是实行自由贸易，只能在垄断组织的形式上或产生的时间上引起一些非本质的差别，而生产集中产生垄断，则是现阶段资本主义发展的一般的和基本的规律。"① 资本主义生产的不断发展导致生产越来越集中，生产的不断集中导致了垄断。垄断的出现导致资本主义过渡到帝国主义阶段。"帝国主义最深厚的经济基础就是垄断。"② 关于帝国主义出现于何时，列宁指出："对垄断组织的历史可以作如下的概括：（1）19世纪60年代和70年代是自由竞争发展的顶点即最高阶段。这时垄断组织还只是一种不明显的萌芽。（2）1873年危机之后，卡特尔有一段很长的发展时期，但卡特尔在当时还是一种例外，还不稳固，还是一种暂时现象。（3）19世纪末的高涨和1900—1903年的危机。这时卡特尔成了全部经济生活的基础之一。资本主义转化为帝国主义。"③ 列宁明确讲："对于欧洲，可以相当精确地确定新资本主义最终代替旧资本主义的时间是20世纪初。"④ 列宁还指出："总之，20世纪是从旧资本主义到新资本主义，从一般资本统治到金融资本统治的转折点。"⑤ 而"新资本主义"就是"帝国主义阶段的资本主义"。⑥

---

① 列宁：《帝国主义是资本主义的最高阶段》，《列宁专题文集·论资本主义》卷，人民出版社2009年版，第111页。
② 列宁：《帝国主义是资本主义的最高阶段》，《列宁专题文集·论资本主义》卷，人民出版社2009年版，第185页。
③ 列宁：《帝国主义是资本主义的最高阶段》，《列宁专题文集·论资本主义》卷，人民出版社2009年版，第112页。
④ 列宁：《帝国主义是资本主义的最高阶段》，《列宁专题文集·论资本主义》卷，人民出版社2009年版，第111页。
⑤ 列宁：《帝国主义是资本主义的最高阶段》，《列宁专题文集·论资本主义》卷，人民出版社2009年版，第135页。
⑥ 列宁：《帝国主义是资本主义的最高阶段》，《列宁专题文集·论资本主义》卷，人民出版社2009年版，第129—130页。

列宁明确讲，帝国主义是资本主义发展的新阶段。这个新阶段实际上就是资本主义的最高阶段，当然也是最后的阶段。在《帝国主义是资本主义的最高阶段》这部著作中，列宁分析了帝国主义阶段资本主义的寄生性和腐朽性。在这部著作的最后一个部分"帝国主义的历史地位"中，列宁指出："垄断，寡头统治，统治趋向代替了自由趋向，极少数最富强的国家剥削愈来愈多的弱小国家，——这一切产生了帝国主义的这样一些特点，这些特点使人必须说帝国主义是寄生的或腐朽的资本主义。"① 列宁还指出："根据以上对帝国主义的经济实质的全部论述可以得出一个结论，即应当说帝国主义是过渡的资本主义，或者更确切些说，是垂死的资本主义。"② 关于帝国主义这个资本主义发展新阶段的前途是什么，列宁在 1920 年给《帝国主义是资本主义的最高阶段》法文版和德文版写的序言中明确讲："帝国主义是无产阶级社会革命的前夜。从 1917 年起，这已经在全世界范围内得到了证实。"③ 这是序言的最后一句话。

关于帝国主义时期，20 世纪 80 年代法国学者博德讲：以 1873 年危机为开端延续至 1895 年的"大衰退"，开始了资本主义的第二个时期，即帝国主义时期。这个时期发生的主要事情有：第二代工业技术和工业的创建；工人运动的确立，并且在工业化国家获得相当多的让步；资本的集中和金融资本的出现；殖民化的新高潮和世界规模的扩张，导致了"瓜分世界"的世界大战。④

博德的研究也证明了列宁当时对帝国主义特征判断的正确性。

---

① 列宁：《帝国主义是资本主义的最高阶段》，《列宁专题文集·论资本主义》卷，人民出版社 2009 年版，第 210 页。

② 列宁：《帝国主义是资本主义的最高阶段》，《列宁专题文集·论资本主义》卷，人民出版社 2009 年版，第 211 页。

③ 列宁：《帝国主义是资本主义的最高阶段》，《列宁专题文集·论资本主义》卷，人民出版社 2009 年版，第 105 页。

④ 米歇尔·博德：《资本主义史：1500—1980》，吴艾美等译，东方出版社 1986 年版，第 148—149 页。

帝国主义是垄断的资本主义。垄断的出现是生产力不断发展的结果。它使生产得到某些局部调整，以适应市场变化，某种程度上对改善企业经营管理、降低成本、提高质量、提高生产率更为有利。但是，垄断组织的出现也意味着资本主义的剥削性加强。垄断形成伴随着食利者阶层的出现和殖民掠夺的加剧。帝国主义是以实力作后盾的，它采用暴力手段压迫、剥削和掠夺弱小国家和地区。垄断资本主义把自己的势力伸向全世界，奴役殖民地半殖民地人民。垄断资本的扩张促使了各地区经济联系的加强，但它构建的交往关系和世界秩序是不公平、不正常的。帝国主义必然遭到被压迫地区被压迫人民的反抗。

19世纪末20世纪初，殖民列强掀起了瓜分和重新瓜分世界的高潮，其中瓜分非洲最为典型。从15世纪开始，西方国家就在非洲殖民扩张，但由于热带气候和相关疾病等因素的影响，几百年间主要是在沿海地区进行殖民活动。到1876年，英、法、葡、西、荷等西方国家大约侵占了非洲10%的领土。但到第一次世界大战爆发时，非洲除埃塞俄比亚和利比里亚保持着政治独立外，其他地区都被列强瓜分完毕，法英两国占领的领土最多。与此同时，列强也完成了对世界其他一些领土的瓜分。在亚非拉广大地区，没有沦为列强殖民地的国家，也遭受列强侵略、掠夺和压榨，而陷入半殖民地的深渊。在所有殖民帝国当中，英帝国最为庞大，称为"日不落帝国"，其领土约占世界陆地总面积的1/4，帝国人口也约占世界总人口的1/4。

19世纪末20世纪初，在列强瓜分和重新瓜分世界的浪潮中，列强之间在相互矛盾与冲突中，出现了结盟趋势，到第一次世界大战爆发前夕形成了两大帝国主义集团。

从资本主义进入垄断阶段到第一次世界大战，是帝国主义的鼎盛时期。这个时期，帝国主义在全球范围内占据了绝对的统治地位。在国内，资本主义制度得到完善，资产阶级统治得到加强；在全球范围内，帝国主义殖民统治体系达到巅峰。第一次世界大战是

"帝国主义战争"，是资本主义发展到帝国主义阶段的产物。第一次世界大战的战场主要在欧洲，这场战争使欧洲列强遭到削弱，欧洲的地位在世界格局中下降。

第一次世界大战后期，深陷战争泥潭的俄国在 1917 年爆发了十月革命。俄国在帝国主义大国中是较弱的，是帝国主义的"薄弱环节"。俄国十月革命开创了人类历史的新纪元。十月革命的胜利使帝国主义的俄国成为新兴的社会主义国家。从此，在人类历史发展进程中，在世界大国中有了一个社会主义国家。十月革命的胜利，社会主义苏联的诞生，结束了帝国主义的鼎盛时期。当然，帝国主义还存在，帝国主义国家也还存在，而且在相当长时期内，帝国主义国家的力量还很强大，在国际格局中还占有主导地位。但是，帝国主义在全球范围内和在世界历史进程中已经发生了变化；在全球大国中，有了社会主义大国，帝国主义已不能一统天下了！

5. 十月革命胜利后世界资本主义的演变

十月革命是人类社会发展进程中的必然产物，是马克思主义诞生后国际共产主义运动发展划时代的里程碑。十月革命是在马克思列宁主义指导下取得胜利的；从此世界历史发展进入了一个新的时代。第一个社会主义国家苏联的诞生，打破了资本主义强国一统天下的局面。随着苏联的强大和国际共产主义运动的发展，第二次世界大战后，世界上又产生了一系列社会主义国家。"二战"后一个时期，出现社会主义阵营与资本主义阵营的对垒局面。东欧剧变、苏联解体后，世界形势发生了重大变化，但中国特色社会主义不断发展壮大，其他一些社会主义国家也在不断发展，世界历史的演进也不可能回复到昔日的"帝国主义鼎盛时期"了。世界历史的发展进程仍然处于社会主义社会逐步取代资本主义社会的时代。

从十月革命的胜利到今天 100 多年的时间，国际格局的变化和资本主义的发展可以大致分为三个阶段。第一个阶段是从十月革命到第二次世界大战；第二个阶段是从"二战"结束到东欧剧变、苏联解体；第三个阶段是从苏联解体至今。

十月革命爆发于第一次世界大战后期，十月革命的胜利也促使了帝国主义国家世界大战的结束。从"一战"到"二战"，资本主义社会经历了一定的发展，但也遭遇了空前严重的危机。这个阶段，除了两次世界大战，还有一系列其他战争。在两次世界大战之间，只有约20年时间，而中间还发生了资本主义国家世界性的经济危机。这场经济危机发生在1929年，一直延续到1933年，席卷资本主义国家，是资本主义国家发生周期性经济危机以来最大的一次危机。除了这场大的经济危机外，有的国家还经历了小规模的经济危机。当资本主义大国纷纷陷入经济危机之中时，新生的社会主义国家苏联却经历了快速发展，在社会主义建设中取得了辉煌成就。在十月革命胜利和苏联社会主义建设成就的鼓舞下，国际共产主义运动在世界范围内得到了蓬勃发展。许多国家成立了共产党。同时，民族解放运动得到广泛发展，出现了反殖斗争高潮，一系列国家或地区在反殖斗争中取得了胜利和进展。在此阶段，资本主义世界主要分成两大部分，殖民强国与殖民地半殖民地地区；而在资本主义强国当中，又出现了法西斯国家与非法西斯国家两类国家。法西斯国家出现在世界舞台，是第一次世界大战后的新现象。法西斯主义是资本主义发展到20世纪上半叶特殊历史条件下的产物，它是由垄断资产阶级支持的，代表着垄断资产阶级的利益。法西斯主义政治上极为反动，对内专制独裁，对外侵略扩张。主要的法西斯国家是德国、意大利和日本，这三个国家构成了第二次世界大战的主要策源地。在非法西斯资本主义大国中，英、法、美三国是主要代表。面对法西斯势力的挑战，英、法、美三国推行绥靖主义政策。当法西斯国家采取一系列侵略行动时，如意大利入侵埃塞俄比亚、日本入侵中国等，英、法、美等国向法西斯侵略国妥协，牺牲被侵略国家的利益，并大肆从中坐收渔利，发战争财。

经过第一次世界大战，欧洲资本主义大国地位下降。德国战败，被迫"割地赔款"，国力严重削弱；战后初年，国家陷入一系列困境。英国和法国在战争中受到重创，国力削弱，国际地位下降。美国和日本参战较晚，在战争中相对损失较小，获利甚多，国力增强，特别是美国。但是，战后时期，特别是经济危机时期，资本主义大国总体上讲失业问题严重，工人罢工行动不断发生，工人运动总体上得到发展；工作时长受到一定的限制，一些国家制定了每周40小时工作时的规定，也有的国家限制了最低工资，工人利益受到一定程度的保护。社会保障总体上得到加强。而且，相对而言代表下层工人阶级利益的政党如工党、社会党等势力加强，有的走上了执政道路。资产阶级民主制度有了新的发展，选举权逐步得到扩大，有的国家一战后初年就实行了普选权。

尽管此时是一个战争加危机的阶段，但随着科学技术的发展，资本主义大国的经济也经历了一定的发展，有的国家经历了较大的发展。可以说，在这个阶段，垄断资本主义发展上了新的台阶。米歇尔·博德认为："在此期间，工业的集中程度以多种方式在加强：大公司，集团，联合企业，及卡特尔。工业厂家使用好几千工人的不再是希罕事了，有些工厂雇佣好几万人。国家的作用扩大了并且加深了，在战时尤其如此，以及对于大型公共工程项目和间接工资的发展都起着特别的推动作用。更加普遍的是，国家履行指导、组织和管理的职责增多了。"① 这段文字明确揭示垄断资本主义加强了，而且国家垄断资本主义得到快速发展。苏联取得的辉煌成就，使国家干预经济的思想在资本主义国家产生了重大影响。罗斯福新政就很好地体现了国家干预经济的思想。1933年，富兰克林·罗斯福任美国总统，放弃了胡佛的自由放任主义政策，加强政府对经济活动的干预，采取了一系列新举措。

苏联社会主义建设的成就和罗斯福新政的经验，推动了新的资产阶级经济学理论——凯恩斯主义的形成。凯恩斯是英国经济学家，他对1929年爆发的世界经济大危机进行了深入思考，并于

---

① 米歇尔·博德：《资本主义史：1500—1980》，吴艾美等译，东方出版社1986年版，第237页。

1936年出版了《就业、利息和货币通论》一书。凯恩斯指出："古典主义经济学认为，当失业率上升时，经济会以降低工资的方式来恢复就业。但通过研究我们发现，这种形式会导致一个负面的效果，即社会总需求下降，从而使市场进一步萎缩，社会经济进一步恶化，从而引发恶性的连锁反应。此时，正确的做法是实行刚性的货币政策，在货币工资不变的情况下，增加货币的供应量，用通货膨胀的方式来降低实际工资，从而刺激社会总投资，达到恢复经济的效果。"[1] 从这段文字中，我们可以看出凯恩斯的确为资产阶级及其政府想出了一个高招：资本家发给广大工人的工资在工资单上没有减少，而不知不觉中实际工资却减少了；而政府可以通过印钞票的方式来刺激经济的发展。凯恩斯主义主张国家采用扩张性的经济政策，通过增加需求促进经济增长，即扩大政府开支，实行赤字财政，刺激经济，维持繁荣。凯恩斯主义主张国家干预经济，反对自由放任，成为"二战"后一个时期在资本主义国家占主导地位的经济学理论。"凯恩斯主义的理论核心，是极力主张垄断资产阶级的国家加强对社会经济生活的干预。所以，它实际上是一种国家垄断资本主义的经济学。"[2]

十月革命胜利后，资本主义大国集团企图扑灭列宁领导的俄国革命，对苏俄发动了武装干涉。这种武装干涉以失败告终。英、法、美等资本主义大国又试图利用法西斯力量来打击苏联。希特勒在德国上台后，英、法、美等国实行绥靖政策，企图"祸水东引"，引诱德国法西斯进攻苏联。这种绥靖主义助长了德、意、日法西斯势力的增长及其侵略野心，最终使世界陷入数年的第二次世界大战。斯大林领导下的苏联，在社会主义建设实践中，创造了人类社会发展的奇迹，有力地展示了社会主义制度的优越性，提高了

---

[1] 凯恩斯：《就业、利息和货币通论》，汪继红编译，陈宏审定，中国工人出版社2016年版，第186页。

[2] 樊亢主编：《资本主义兴衰史》（修订本），北京出版社1991年版，第247页。

苏联国力和社会主义威望，也为在第二次世界大战中击败极度疯狂的德国法西斯打下了坚实的经济、政治和军事基础。

反法西斯战争的胜利沉重地打击了帝国主义，德、意、日三个帝国主义国家被打垮；英法等老牌帝国主义国家受到严重削弱；苏联更加强大；国际共产主义运动和亚非拉民族解放运动蓬勃兴起。

第二次世界大战结束到苏联解体、东欧剧变，是这个时期的第二个阶段。在第二次世界大战中，苏联为打败法西斯侵略者做出了巨大贡献。"二战"后期，苏联向德军进攻，逐步解放了东欧地区。"二战"后初年，在苏联的影响和帮助下，东欧地区产生了8个社会主义国家。亚洲的中国、朝鲜和越南也在战后初年成为社会主义国家。美洲的古巴在20世纪50年代末取得革命胜利，成为社会主义国家。一个时期内，国际共产主义运动在世界范围内得到蓬勃发展，形成了社会主义阵营；社会主义国家呈现出欣欣向荣的气象。但是，社会主义国家在发展进程中也逐渐出现一些问题，一系列国家尝试着进行改革，推进制度创新，谋求发展活力。苏东国家在改革过程中出现严重问题，特别是苏联，作为社会主义大国，在80年代改革出现方向错误，最终导致东欧剧变、苏联解体。中国等社会主义国家成功地进行着改革，继续沿着社会主义道路前进。

在国际共产主义运动的促进下，战后时期亚非拉民族解放运动取得空前胜利，英、法、葡、荷、比等殖民帝国纷纷瓦解。从"二战"结束到20世纪90年代初，随着西方殖民帝国的解体，世界上产生了90多个新生的发展中国家，国际格局发生了划时代变化。广大发展中国家成为国际事务中日益强大的力量。但是，广大发展中国家处于后发状态，在科学技术革新、经济发展等多方面仍然落后于发达资本主义大国——昔日的殖民列强，仍然在多方面"有求于"发达资本主义国家，受其控制和干涉。绝大多数发展中国家是资本主义国家，取得独立后经济社会快速发展，但仍然在不同程度上依附于发达资本主义国家，在世界资本主义体系中处于受剥削和受掠夺的地位。

"二战"后世界科学技术高速发展，推动了社会经济的快速发展。在战后一个时期，不管是发达资本主义国家、社会主义国家还是新生的发展中国家，整体上讲社会经济都经历了一个快速发展的过程。

"二战"后，遭受战争沉重打击的资本主义国家（如战败国德国、日本和战胜国英国、法国等）都经历了一个快速恢复和发展的时期。整个20世纪五六十年代，被视为发达资本主义国家发展的"黄金时代"。谈到西欧和日本的恢复和发展时，有学者写道："日益增多的款式新颖的汽车疾驶在新建的宽阔的高速公路上，敞亮和舒适的超音速飞机满载着旅客穿梭飞行于世界各地，色彩鲜艳、琳琅满目的各式服装和各种塑料用品陈列在街道两旁的商店橱窗里，五光十色令人眼花缭乱的霓虹灯映照着繁华的闹市区通宵不灭，电视机、录音机、电冰箱、洗衣机和品种繁多的家用电器已成为普通家庭的生活必需品，甚至战前只有富人才拥有的小轿车也成了人们上下班所必需的交通工具。战争所造成的断墙残壁迅速地被清除，一批批新的建筑群遮掩了战争遗留下来的容易引起痛苦回忆的痕迹。在短短一二十年的时间里，西欧和日本的面貌已经完全改变了。""战后时期，帝国主义国家的汽车、钢铁、化工、建筑、电子等工业部门都获得了巨大的发展，这是构成战后资本主义'黄金时代'的工业支柱。"[①]

"二战"后一个时期，在西方发达资本主义国家，凯恩斯主义盛行，主张国家干预经济发展。这样，"国家垄断资本主义空前而普遍地发展起来了"。在所有的发达资本主义国家中，国家垄断资本主义都获得了普遍发展。例如，西欧各国广泛实行国有化措施，形成了巨大的国家垄断部门。英国工业企业国有化达到很大的规模；除国营公司外，还有公私联合经营的混合公司。法国国有企业在整个国民经济中所占比重超过英国；法国的国有经济成分在金融

---

① 樊亢主编：《资本主义兴衰史》，北京出版社1991年版，第301—302页。

领域占的比重特别大，一些大银行几乎都要由国家经营。在美国，国家手中集中的财政资源比重和国民收入再分配的活动规模比较大，国家购买的与经济军事化有关的商品和劳务开支庞大，国家还通过信贷等手段干预和调节经济生活。①

由于国内工人阶级的斗争和国际上社会主义制度竞争的压力，垄断资产阶级也不得不做出让步，改善国内人民群众的生活。"二战"后，发达资本主义国家普遍加强了福利制度的建设，一定程度上提高了广大工人阶级的福利待遇。"发达资本主义国家的政府在加强国家对经济生活干预的同时，几乎普遍地推行了一套社会福利措施，包括社会保险、义务教育、家庭补助、失业救济、社会保健，以及其他社会服务措施。尤其是在欧洲一些社会民主党执政的国家中，社会福利包括的方面更为广泛。在瑞典这个被称为欧洲'福利橱窗'的国家中，福利措施更是名目繁多，从婴儿、儿童、学生到产妇、病人、残废者、寡妇、失业者、老年人，都能获得与之相应的补贴和救济。资产阶级经济学家和社会学家把资本主义国家推行的这一套社会福利措施美化为是把一个人从摇篮到坟墓全部包下来的'福利制度'，并称现代资产阶级国家是所谓'福利国家'和'普遍福利国家'，而现代资本主义社会则是所谓'福利社会'、'丰裕社会'等等。"②

此时的一个新现象是，随着国家垄断资本主义的发展，发达资本主义国家特别是发达资本主义大国——昔日的殖民列强，加强了联盟。"二战"之前，殖民列强或者说资本主义大国是分裂的，没有形成联盟。这种情况在"二战"后发生了变化。很大程度上，由于苏联的强大和国际共产主义运动的发展，发达资本主义大国为了遏制社会主义国家，应对共同面临的挑战，实行联盟的策略和政策。首先，这种联盟体现在共同组成机构上。1949年，美国与欧洲多国组成北大西洋公约组织——北约，这是西方军事同盟，当时

---

① 樊亢主编：《资本主义兴衰史》，北京出版社1991年版，第312—316页。
② 樊亢主编：《资本主义兴衰史》，北京出版社1991年版，第323页。

主要是针对苏联和其他社会主义国家的。其次，形成区域性国家联合的政治经济组织。例如，1952年西欧部分国家成立了欧洲煤钢共同体，1958年成立欧洲经济共同体；在此基础上，后来成立了欧洲联盟——欧盟。另外，出现了国家集团会晤和商讨政策的论坛，如20世纪70年代中期美、英、法、西德、意、日、加组成的七国集团。七国集团至今在国际事务中仍十分活跃。

这个阶段，在经济领域，国际垄断资本主义得到快速发展。战后科学技术的发展，加强了生产和资本的国际化趋势。"在国际分工和世界贸易迅速发展的同时，资本输出的规模急剧扩大；跨国公司已逐步取代国际卡特尔，成为现代国际垄断组织的主要形式。跨国公司是帝国主义国家的垄断企业，超出国界，在其他国家开办企业和分支机构，从而成为在世界范围内经营的垄断公司。跨国公司最重要的特征是资本、生产、劳动力、科技力量和其他资源高度集中，生产过程和业务活动具有明显的国际性。"① 发达资本主义国家跨国公司快速发展是战后国际垄断资本主义发展的重要表现。发达资本主义国家的跨国公司，一定程度上就是发达资本主义国家在全球范围内谋取高额利润甚至超额利润、剥削和掠夺广大发展中国家的机构。当然，跨国公司对发展中国家的影响是与特定发展中国家的国力相关的。"国力较强的发展中国家对跨国公司的影响有更强的抵御力，而国力弱就易受跨国公司的影响。……经济落后国力弱的中小发展中国家就很容易受到跨国公司的影响，甚至受到控制与干涉。一般而言，民族工业基础越雄厚或国有企业实力越强的发展中国家，就越具有抵御跨国公司负面影响的能力，引进外资就更能发挥其积极作用，更有能力利用跨国公司促进自身经济的发展。"②

发达资本主义国家利用自身的优势，通过各种方式从广大发展中国家获取高额甚至超额利润，有利于垄断资产阶级在国内改善下

---

① 樊亢主编：《资本主义兴衰史》，北京出版社1991年版，第343页。
② 张顺洪、孟庆龙、毕健康：《英美新殖民主义》，社会科学文献出版社2007年版，第229页。

层人民群众的生活，减缓国内阶级矛盾，维护国内社会福利制度。

　　发达资本主义国家在经历了 20 世纪五六十年代的快速发展之后，进入 70 年代就发生了严重的"滞胀"问题，即"出现了经济停滞、高失业率与高物价上涨率同时并存的现象"。"这几种互相矛盾的现象交织在一起发生作用，互相制约，互相牵制，恶性循环，形成了一种难以治疗的并发症，这就是人们通常所称的'滞胀'病。"① 1974—1975 年发生经济危机，资本主义"滞胀"问题越来越明显和严重。"一、不仅经济回升时期物价上涨的幅度大，而且经济危机时期物价同样上涨，幅度也大。二、'滞胀'病已蔓延到大多数发达资本主义国家，成为这些国家经济生活中的一个普遍现象。三、在物价不断上涨的情况下，经济的周期过程也发生了一定的变化，高涨阶段短暂而无力，萧条和复苏阶段相对拖长，出现了相对的经济停滞。四、这样，'滞胀'已不仅在一个经济周期内存在，而且成为一种超越周期的经常性的现象。"②

　　根据凯恩斯主义，高通货膨胀率和高失业率是不会并存的。而发达资本主义国家的这种"滞胀"问题的发生，使凯恩斯主义受到挑战。这个时期，社会主义国家在发展进程中也面临一些问题，特别是苏联经济社会发展出现乏力的问题。这就使主张国家干预经济的凯恩斯主义失去了魅力，新自由主义逐渐兴起。"70 年代末 80 年代初，新自由主义更受到美英等国当政者的推崇，成为西方国家的主流学派和西方国家经济政策的指导思想。"③ 新自由主义的核心内容是：主张市场化和自由化，反对国家"过多"干预经济，提倡自由放任的市场经济；主张私有化，反对公有制，反对社会主义和集体主义，宣扬个人主义。苏联解体、东欧剧变发生后，新自由主义更加风靡全球，产生了巨大的影响。

---

　　① 樊亢主编：《资本主义兴衰史》，北京出版社 1991 年版，第 359 页。
　　② 樊亢主编：《资本主义兴衰史》，北京出版社 1991 年版，第 359—360 页。
　　③ 李琮：《当代资本主义阶段性发展与世界巨变》，社会科学文献出版社 2013 年版，第 96 页。

十月革命后世界历史发展演进的第三个阶段从苏联解体、东欧剧变开始，至今约 30 年。这个 30 年，整个世界形势和世界格局发生了重大变化。苏联解体、东欧剧变使国际共产主义运动陷入低潮。东欧社会主义国家和苏联解体后形成的 10 多个国家成为资本主义国家，这些国家的共产党普遍失去了执政地位。进入 21 世纪后，随着中国特色社会主义的蓬勃发展和其他几个社会主义国家在改革中顺利前进，世界社会主义力量开始逐步回升。

苏联解体使美国成为世界唯一超级大国，美国的霸权地位在国际格局中暂时有所提升，以美国为首的发达资本主义大国集团在国际事务中占据了主导地位。美国主导的北约不断东扩，逐步吸纳东欧一些国家。北约不但没有随着华约的解体而解散，反而不断扩大，在国际事务中十分活跃。北约一些国家追随美国，采取了一系列军事侵略行动。

从全球范围讲，资本主义国家分成两类，即发达资本主义国家和发展中资本主义国家。发展中资本主义国家占世界国家的大多数；加上作为发展中国家的社会主义国家，广大发展中国家和人口在世界国家和人口中均占绝大多数。最近 30 年来，发展中国家整体上保持着较好的发展势头；除了中国等社会主义国家经历着较快发展外，不少资本主义国家，特别是作为新兴经济体的发展中资本主义国家，也呈现出良好发展势头。当然，在国际格局中，在经济全球化进程中，广大发展中资本主义国家面临着发达资本主义大国的巨大压力，在不同程度上遭受霸权主义势力的控制、干涉和掠夺。在世界范围内，总体上讲，发展中资本主义国家属于穷国，发达资本主义国家属于富国，这两类国家之间存在着巨大的差距，在科学技术水平和发展程度上、在对财富的掌握和社会人群总体生活水平上，两者之间都存在巨大的差距。在发展中资本主义国家中，有几十个全球最不发达的国家；2019 年，全球最不发达国家有 40 多个。

这个时期也是科学技术快速发展的时期。以科学最新成就为基础、知识高度密集、对经济与社会发展起先导作用的新兴技术，包括信息技术、材料技术、能源技术、生物技术、空间技术，不断出现新的突破。这种高新技术的发展，特别是信息技术的发展，不断改变着人们的生活方式和生产方式。随着计算机、手机、全球定位等相关领域高新技术的发展，人类可以说真正地进入了"信息时代"。全球各地交流日益密切，相互距离"越来越短"，从世界历史演进趋势看，世界呈现出日益一体化的趋势。科技创新没有止境，人类社会不断向前发展。但是，在科学技术领域，发达资本主义国家，特别是美、英、德、日、法等几个大的发达资本主义国家总体上仍然占有优势，而许多弱小的发展中国家在高新科技领域相对而言十分落后，可以说处于"依附地位"。

这个时期，新自由主义取代了凯恩斯主义，成为占主导性的资本主义政治经济学理论，也是在全球产生巨大影响的理论。以美国为首的发达资本主义大国极力宣扬和推行新自由主义。新自由主义在苏联解体、东欧剧变中发挥了推波助澜的作用，而苏联解体、东欧剧变又反过来扩大了新自由主义的传播和影响。这样的时代背景有利于新自由主义的兴起、传播并产生重要影响。新自由主义是发达资本主义国家垄断资产阶级和新兴的国际垄断资产阶级的意识形态。这种意识形态主要是为发达资本主义国家垄断资产阶级利益服务的，也是为新兴的国际垄断资产阶级利益服务的。新自由主义宣扬的自由化、市场化、私有化是有利于维护发达资本主义国家垄断资产阶级利益的。相对于广大发展中国家包括社会主义国家而言，发达资本主义国家仍然在科技、军事等方面拥有一定的优势，在社会生活水平方面总体上更高，在一些方面具有竞争优势。在这种所谓的"自由化、市场化、私有化"的环境下，发达国家垄断资产阶级就更能发挥自身优势。"自由化"和"市场化"特别有利于发达国家的垄断资本进入广大发展中国家，打压发展中国家民族产业的发展，剥削发展中国家广大人民群众，也使国际垄断资产阶级掠夺的财富源源不断地流出发展中国家。"私有化"有利于削弱发中国家包括社会主义国家的公有制经济特别是国有企业，从而削弱这些国家对国际垄断资本的抵抗力；"私有化"在发达国家内部则有利于垄断资产阶级剥削广大下层人民群众。新自由主义主张的"自由化、市场化、私有化"有利于发达国家垄断资产阶级和国际垄断资产阶级推进由其控制的"全球化"进程；也有利于它们在广大发展中国家培植依附自己的成分。

苏联解体、东欧剧变以来的30年，国际垄断资本主义得到加强。进入21世纪，世界资本主义发展最鲜明的特征可以说是国际垄断资本主义的发展。《当代资本主义新论》主编靳辉明在该书《前言》中指出："在当今经济全球化的世界里，国际垄断资本已无孔不入，无所不在，它们在科技、投资、产品、贸易、金融等各个方面的挑战和竞争越来越激烈。世界任何国家、任何企业和整个经济，甚至各国的国计民生无不在不同程度上受到国际垄断资本的冲击和影响。总之，在全球资本主义经济的所有领域，包括科学技术、投资、生产、销售、金融、贸易、服务以及整个世界经济秩序等，国际垄断资本都已牢牢占居了主导和支配地位，世界已经进入资本主义发展的最新阶段——国际垄断资本主义阶段。"[①] 国际垄断资本主义的快速发展是苏联解体、东欧剧变后世界历史演进的重大现象。李琮在《当代资本主义阶段性发展与世界巨变》一书中，考察了资本主义进入国际垄断阶段的特征。作者说，过去20多年美国等发达资本主义国家的改革及其所带来的经济体制方面的变化，显示了国际垄断资本主义的基本特征。这些基本特征是：新型国际垄断组织——新一代跨国公司大发展；金融垄断资本空前膨胀；经济全球化条件下国际垄断资本全面扩张；发达资本主义大国操控"世界经济治理权"；世界唯一超级

---

① 靳辉明、罗文东主编：《当代资本主义新论》，四川人民出版社2005年版，"前言"第4—5页。

大国美国企图建立以它为主宰的单极世界。①

从资本主义发展史和世界历史演进大趋势看，国际垄断资本主义是资本主义最高阶段的巅峰时期。显然，这个巅峰时期还会持续一段时间。随着广大发展中国家不断发展壮大，特别是中国特色社会主义持续快速发展，国际垄断资本主义将会呈现出逐渐衰退的趋势。

6. 资本主义社会的本质特征

资本主义社会仍然是私有制占主体地位的社会，与奴隶社会和封建社会一样，存在着鲜明的阶级压迫和阶级剥削。资本主义社会主要阶级矛盾是资产阶级与工人阶级（或曰无产阶级）之间的矛盾；统治阶级是资产阶级，被统治阶级是工人阶级。这两大阶级的矛盾始终存在于资本主义社会之中。

第一，无止境地追求利润是资本的本质。

在资本主义社会，生产资料主要掌握在资产阶级手中，资产阶级是富裕的阶级，工人阶级是贫穷的阶级。资本家掌握着资本，而资本的本质就是不断追求利润的最大化。为了追求高额甚至超额利润，资产阶级可以不择手段。马克思在《资本论》中高度概括地指出："资本来到世间，从头到脚，每个毛孔都滴着血和肮脏的东西。"在这里，马克思做了一个注释，引述了刊登在英国《评论家季刊》上的一段十分精辟的论断："资本逃避动乱和纷争，它的本质是胆怯的。这是真的，但还不是全部真理。资本害怕没有利润或利润太少，就像自然界害怕真空一样。一旦有适当的利润，资本就胆大起来。如果有10%的利润，它就保证到处被使用；有20%的利润，它就活跃起来；有50%的利润，它就铤而走险；为了100%的利润，它就敢践踏一切人间法律；有300%的利润，它就敢犯任何罪行，甚至冒绞首的危险。如果动乱和纷争能带来利润，它就会

---

① 李琮：《当代资本主义阶段性发展与世界巨变》，社会科学文献出版社2013年版，第133—138页。

鼓励动乱和纷争。走私和贩卖奴隶就是证明。"①

这是在 19 世纪中期，人们对资本主义做出的精彩评述。今天，资本追逐利润的本质并没有发生变化。2012 年 8 月，美国共产党网发表了一篇题为《资本主义是一种非理性的制度》的文章，指出："我们不应该忘记，资本主义是一种非理性的制度。对资本积累和利润最大化的结构性逻辑的追求使其如此。过去一直都是这样，但在今天全球范围内结构危机和环境破坏的时代，它显得更加没有理性。不管到什么地方，我们都能看到资本主义像是在狂热地追求那种从人类、自然和经济健康角度看毫无意义的政策。" 文章的结论是："资本主义需要被取代"。②

第二，雇佣关系是资本主义生产关系的核心，也是资本主义社会本质性的关系。

资本主义社会是不断发展变化的，资产阶级和工人阶级也是不断发展变化的。但是，不管怎么发展变化，资本家是雇主（employer）、工人是雇工（employee）这一基本关系没有变化。可以说，资产阶级主要就是由雇主组成的阶级；工人阶级主要就是由雇工组成的阶级，两者是雇佣与被雇佣的关系，也就是剥削与被剥削的关系。资本家可以解雇工人，工人则无法解雇资本家。当然，工人有选择不同资本家的权利，但不管是哪个资本家，工人仍然是雇工。在今天的资本主义社会中，公司的高管形式上是受雇佣的，是雇工，但如果他们掌握了大量资本，实际上他们也是资本家，属于资产阶级。而一些工人虽然也可能掌握少量资本，如掌握了一定的股份，但他们及他们的家庭成员不能仅仅依靠股份生活，而不得不受雇于人，主要靠赚取工资来维持自己和家庭的正常生活。不能因为工人们拥有少量的股份，就认为工人们也是资本家；也不能因为

---

① 《资本论》第 1 卷，人民出版社 1975 年版，第 829 页注释 250。
② 美国共产党网：http://www.cpusa.org/capitalism-is-an-irrational-system/，2014 年 8 月 15 日。关于对资本主义本质的认识，参阅张顺洪等《西方新社会运动研究》，中国社会科学出版社 2015 年版，第 1—8 页。

公司高管形式上是受雇者，就断言他们也是工人阶级。这当然是复杂的，要依据实际情况来确定。

第三，资本主义社会实行的是资产阶级专政。

在资本主义社会，不管是君主立宪制、共和制还是其他政治制度，实行的都是资产阶级专政。资本主义社会的民主制度是资产阶级专政的一种表现形式，本质上是资产阶级民主，是为资产阶级的根本利益服务的，是维护资产阶级统治的工具。广大劳动人民所能享受到的民主是非常有限的。在资产阶级民主发展进程中，金钱发挥着巨大作用。有学者指出："西方不少国家的'民主'制度日益演变成了'钱主'制度，特别是美国的民主"；① 西方民主是金钱至上的民主；② 在西方民主中，钱权交易大行其道，政党政治异化为金钱政治。③ 今天，在西方资本主义国家，金融资本势力强大，资本主义政党为金融垄断寡头所操控。"金融垄断寡头通过支持少数政党和少数个人，控制着国家政权。资本主义民主政治是金钱政治，垄断寡头运用金钱控制着资产阶级政党和政客。拥有雄厚资金实力的垄断资本支持政党和候选人展开政治公关、媒体传播等政治营销活动，以有效影响选民。"④ 资本的力量在谁当候选人和最终当选中起着决定性的作用，一人一票只是表面的民主形式，下层群众在大选中的实际作用是很有限的。候选人要当上总统和议员，需要大量政治献金，而这些政治献金来自少数富人。例如，在美国政治捐款者不超过总人口的4%，大选实际上是由这4%的人所支撑

---

① 张维为：《西方政治体制陷入六大困境》，载《资本主义怎么了——从国际金融危机看西方制度困境》，学习出版社2013年版，第271页。

② 詹得雄：《西方民主还真是一个问题——西方发达资本主义国家的反思》，载《资本主义怎么了——从国际金融危机看西方制度困境》，学习出版社2013年版，第137—138页。

③ 柴尚金：《西方宪政民主是如何陷入制度困境的》，载《资本主义怎么了——从国际金融危机看西方制度困境》，学习出版社2013年版，第111—112页。

④ 周一鑫：《发达资本主义国家的政治垄断》，载《资本主义怎么了——从国际金融危机看西方制度困境》，学习出版社2013年版，第216—217页。

的大选。而这4%的人分别向两党提供的政治献金达数亿美元,甚至更高。2008年,美国众议员成功当选需要110万美元的资金,参议员需要650万美元的资金;在总统选举中,所有候选人花费的资金高达53亿美元。① 2020年,美国总统和国会议员选举直接花费超过144亿美元,这次大选成为了美国历史上最昂贵的政治选举。② 今天的资本主义国家政党在组织特征上也出现了寡头垄断的趋势。由于资本主义选举制度的这种特性,许多选民对选举采取了消极态度,以致投票率不高。正如有学者指出的,"美国人对政治的感觉是稍加掩饰的失望,其表现形式是民众对政治的厌恶和逃避。"③ 美国这些年来,大选平均投票率大约在55%;而当选总统一般得到50%多的选票。这样,实际上仅获得约30%选民支持,就可当上美国总统。④ 在资本主义社会,尽管实行普选制和多党制,理论上不同政党可以轮流执政,但实际上是不可能实现人民当家作主的,代表人民群众利益的共产党也难以成为国家的执政党,因为社会的生产资料主要掌握在资产阶级手中,经济基础和上层建筑主要掌控在资产阶级手中,资产阶级是统治阶级,国家是资产阶级的统治机器。在资本主义国家,所谓的民主本质上就是资产阶级的民主,而不是工人阶级或人民大众的民主。

第四,掠夺和剥削弱小国家和地区是资本主义的本质表现和必然要求。

为了追求利润,资产阶级除了在国内剥削工人阶级外,还极力在国外掠夺和剥削弱小国家和地区。这一本质特征,在资本主义不

---

① 鲁品越:《为什么说西式竞争性民主是资产阶级民主》,载《西式民主怎么了》,学习出版社2014年版,第53页。
② 《腐败病,以钱买权"合法化"》,《新华每日电讯》2021年5月31日第8版,新华国际。
③ 托尼·博萨:《美国大衰落:腐败、堕落和价值体系的坍塌》,赵文书译,江苏人民出版社2017年版,第62页。
④ 甄言:《对西方选举制度真相的研究和思考》,载《资本主义怎么了——从国际金融危机看西方制度困境》,学习出版社2013年版,第229—230页。

同发展阶段都是一样的，只是表现形式不同，不管在早期发展阶段，还是在垄断资本主义阶段，抑或是在国际垄断资本主义阶段，无不如此。在世界近现代，通过殖民扩张，欧洲列强在世界范围内建立起大大小小的殖民帝国；后来美国和日本也加入了殖民列强的行列。第二次世界大战后，殖民帝国纷纷解体，西方发达资本主义大国则推行新殖民主义，在不直接占有领土的情况下，对广大发展中国家进行掠夺、剥削和控制。在经济全球化日益加深的今天，西方发达资本主义国家在世界经济活动中仍然占主导地位，在科学技术和资本拥有上占有一定优势，总体上，在国际分工体系中处于高端，能够源源不断获取高额垄断利润。而广大发展中国家则处于国际分工低端，处于受剥削的地位。这种国际关系状态是资本主义的必然要求和本质体现。只要发达资本主义国家在国际格局中占主导地位，这种状态就难以改变。

当然，自从十月革命胜利后，垄断资本主义在世界经济生活中就不再一统天下了。社会主义大国的出现，打破了帝国主义的垄断！今天发达资本主义大国主导的国际垄断资本主义也不可能在世界经济中一统天下，主要是因为有了强大并不断发展壮大的社会主义中国。国际垄断资本主义占主导地位，但并不能为所欲为。同时，广大发展中国家总体上讲力量在增强，相比之下，发达资本主义大国主导的国际垄断资本主义的力量将会相对削弱。

第五，相互争霸和恃强凌弱是资本主义的本质表现。

资本主义大国之间在历史上相互争霸不已，不断发生战争。例如，17世纪，英国与荷兰先后发生多次战争；18世纪，英法之间也发生多次争霸战争；19世纪，英法与俄国发生了克里米亚战争，普鲁士（德国）和法国发生了普法战争，世纪末发生了美国与西班牙的战争；到了20世纪，帝国主义列强之间爆发了第一次世界大战。第二次世界大战也是由资本主义大国中的法西斯国家发动的。"二战"后，西方大国之间没有发生过战争，但西方大国发动了一系列侵略和干涉广大发展中国家和地区的战争。"二战"后，当殖民帝国纷纷解体后,恃强凌弱最显现的形式是推行霸权主义和强权政治,干涉发展中国家内政,甚至以各种借口直接发动侵略战争,掠夺发展中国家的资源,阻挠发展中国家的发展。进入 21 世纪,西方大国也发动了多次针对发展中国家的战争,如以美国为首的西方国家入侵阿富汗的战争、入侵伊拉克的战争、对利比亚的武装打击。以美国为首的西方大国集团军事干涉叙利亚内战;对伊朗、朝鲜、委内瑞拉等国进行军事威胁。同时,西方大国集团还不断向发展中国家施加压力,进行武力威慑。长期以来,美国主导的西方大国集团还不断采取行动企图干涉中国内政,在中国周边地区耀武扬威,不断制造事端。这些行为正是资本主义本质的体现。

正如有学者指出的,"资本主义的历史也是暴力的历史";制造不断扩张的社会条件需要使用暴力,抵抗这种扩张也需要使用暴力。[①] 暴力的频繁发生正是资本主义本质的体现。今天,强大的社会主义中国坚持和平发展,在国际事务上主张公平公正,反对霸权主义和强权政治,发挥了抑制军事冲突的重要作用,为捍卫世界和平做出了重大贡献。

二 关于当今世界资本主义几个问题的探讨

1. 资本主义制度下的贫富两极分化问题

贫富两极分化是伴随着资本主义发展历程的现象。在资本主义制度下,财富向少数富人高度集中,必然导致一国之内贫富两极分化。资本主义社会过去和现在都存在贫富两极分化问题。当今世界,不管是发达资本主义国家还是发展中资本主义国家,国家内部贫富悬殊都十分巨大。发达资本主义国家存在着贫富悬

[①] 梅丽莎·肯尼迪:《对不平等的解说:后殖民文学经济学》(Melissa Kennedy, *Narratives of Inequality: Postcolonial Literary Economics*),帕尔格雷夫·麦克米伦出版公司 2017 年版,第 213—214 页。

殊；发展中资本主义国家也存在贫富悬殊；在全球范围内，则存在着少数人极为富有，绝大多数下层民众贫穷的两极分化现象；同时，也存在着穷国和富国的两极分化。

美国是世界上最富有的国家之一，是发达资本主义国家的代表，但长期以来美国贫富悬殊。2014年，美国新经济联盟发布的数据显示，美国最富有的1%的人口占有全国40%的财富，而80%的人口只占有大约7%的财富。贫富收入差距拉大现象，用美联储主席耶伦的话，成为"当前美国社会最令人烦恼的趋势之一"。① 关于美国的贫富差距，一部出版于2016年的著作讲：过去30年，社会顶层过得很好，特别是在美国。在1980年至2014年之间，最富有的1%人群平均实际收入增长了169%，在国民收入中的比例增长了一倍多，从10%增加到21%。而同一时期，最顶层的0.1%的人平均实际收入则增加了281%，在国民收入中的比例从3.4%增长到10.3%。在这34年中，中等家庭的收入只增长了11%。社会底层虽然工作时间延长了，但收入没有增长。只有高中文凭的美国人在过去30年间，平均实际小时工资下降了。② 也有学者估计，在美国有相当数量的人每天依靠不足两美元的收入生活。例如，在2011年，大约2%的美国人每天收入在两美元之下。③ 另外，根据2013年和2016年的调研数据，美国"极端贫困"（extreme poverty）人口有370万人。④ 美国许多贫困家庭可能

---

① 廖政军：《两极分化动摇美国人逐梦信心》，《人民日报》2014年6月17日第3版。

② 约瑟夫·E. 斯蒂格利茨：《不平等与经济增长》（Joseph E. Stiglitz, "Inequality and Economic Growth"），载迈克尔·雅各布斯、玛丽安娜·马祖卡托主编《反思资本主义：可持续和包容性增长的经济与政策》（Michael Jacobs and Mariana Mazzucato, eds., *Rethinking Capitalism: Economics and Policy for Sustainable and Inclusive Growth*），威利-布莱克威尔出版公司2016年版，第134—136页。

③ 安东尼·B. 阿特金森：《衡量世界各地的贫困》（Anthony B. Atkinson, *Measuring Poverty around the World*），普林斯顿大学出版社2019年版，第21页。

④ 《贫困与共同繁荣2018：拼凑贫困之谜》（*Poverty and Shared Prosperity 2018: Piecing together the Poverty Puzzle*），世界银行集团2018年版，第45页。

设法拥有了电视机等电器产品，但在食品保障上却会碰到困难，越来越多的贫困家庭一年当中会有没钱买食物的时候。美国贫困另一个可见的极端标识是"无家可归"。进入 21 世纪，在整个美国，发生无家可归和食品无保障的现象越来越多。① 不同的统计数据都表明，在美国一方面亿万富翁富可敌国，另一方面仍然存在着大量的贫困人口。2019 年美国共产党的新党纲指出，全球大财团导致前所未有的财富集中，不平等程度在个人层次上甚至更加令人吃惊。3 个最富有的美国人拥有的财富比最穷的 1.63 亿人共同拥有的财富还多；26 个最富有的人比世界一半人口拥有的财富还多。②

美国的贫困现象和贫富两极分化现象是发达资本主义国家的一个缩影，也是全球资本主义国家的缩影。贫富分化在欧洲国家也是十分严重的。就资本收入的不平等而言，"2010 年以来，在大多数欧洲国家，尤其是在法国、德国、英国和意大利，最富裕的 10% 人群占有国民财富的约 60%。"③ 而在这些国家中，贫穷的 50% 人群占有的财富一律低于 10%，一般不超过 5%。法国在 2010—2011 年，最富有的 10% 的人占有总财富的 62%，最贫穷的 50% 只占 4%。④ 到 20 世纪 90 年代后期，英国成为欧洲也是发达资本主义国家中儿童贫困率最高的国家之一；1998 年，估计有 460 万儿童（children），即全国 1/3 儿童，生活在低收入家庭。

---

① 桑德拉·M. 阿尔特斯：《世界贫困》（Sandra M. Alters, *World Poverty*），大风/圣智学习出版公司 2011 年版，第 94—95 页。

② 美国共产党党纲《通往美国社会主义之路——团结起来争取和平、民主、就业和平等》（*The Road to Socialism USA: Unity for Peace, Democracy, Jobs, and Equality*）PDF 版，第 8 部分《国际资本对国际团结》（International Capital versus International Solidarity），见美共网站：http://cpusa.org/party_info/party-program/，2020 年 7 月。

③ 托马斯·皮凯蒂：《21 世纪资本论》，巴曙松等译，中信出版社 2014 年版，第 261 页。

④ 托马斯·皮凯蒂：《21 世纪资本论》，巴曙松等译，中信出版社 2014 年版，第 261—262 页。

这一低收入家庭比例比20世纪70年代增长了一倍。这是20世纪80年代英国政府的政策造成的；英国社会最富有的20%的人年度收入比最贫穷的20%的人多增长了10倍。①

在全球范围内，广大发展中国家总体上讲是穷国，发展中国家之中还有几十个最不发达的国家。非洲是最贫穷的大陆。而在发展中国家内部也存在贫富两极分化。印度是发展中大国，是有代表性的发展中资本主义国家。20世纪90年代，印度经济快速发展，但这却加剧了印度社会所谓的"有和没有"两个群体（即富人与穷人）之间的分化。②印度社会存在严重的贫困问题，印度是世界上贫困人口最多的国家；南亚地区的极端贫困人口4/5在印度。2015年，印度极端贫困人口占印度13亿总人口中的13.4%。③进入21世纪，印度生活在贫困线以下的人口比例有下降趋势。2004—2005年，生活在贫困线以下的人口占印度总人口的37.2%，2009—2010年占29.8%，2011—2012年占21.9%；但在2011—2012年，印度有不少邦贫困线以下人口占比仍超过30%。而在贫困人口占比较高的邦，其农村地区贫困问题更为严重。④尽管贫困人口有所减少，但过去几十年印度贫富差距却扩大了。例如，在1982/1983年国民收入分享比例中，最上层10%的人占30%，中层40%的人占46%，底层50%的人占24%；2000年时，这个比例分别是：最上层10%的人占40%，中层40%的人占40%，底层50%的人占20%；到了2013/2014年，最上层10%的人占55%，中层40%的

---

① 桑德拉·M. 阿尔特斯：《世界贫困》，大风/圣智学习出版公司2011年版，第97—98页。

② 桑德拉·M. 阿尔特斯：《世界贫困》，大风/圣智学习出版公司2011年版，第65页。

③ 《贫困与共同繁荣2018：拼凑贫困之谜》，世界银行集团2018年版，第27—30页。

④ 埃萨努尔·哈克：《印度贫困的文化构建》（Ehsanul Haq, "Cultural Construction of Poverty in India"），《印度人类学家》（*Indian Anthropologist*）第49卷第2期（2019年），第23—24页。

人占30%，底层50%的人占15%。① 可见，这个时期占印度人口90%的中下层民众收入比例呈下降趋势，占人口10%的上层富裕阶层收入比例呈上升趋势。进入21世纪，印度在消费、收入、财富方面的基尼系数均呈上升趋势，说明不平等在加剧。② 尽管印度贫困人口依然众多，贫富差距拉大，但在全球富豪榜上印度人也不少。今天印度传统的种姓制度还有很大影响，仍然存在着种姓歧视。"达利特"（Dalit）就是指印度的低等人，传统上被高等种姓视为"不可接触者"。根据2011年的人口统计，"达利特"群体占印度人口的16.63%。③

在发达资本主义国家和发展中资本主义国家，不平等不仅仅意味着收入与财富方面的不平等，而且体现在社会生活的其他方面。正如有学者指出的，"它也关系到享有在教育、健康、住房、交通——及最重要的——权力方面权利的机会。"④

两极分化不仅发生在一国之内，也发生在国与国之间。资本不断集中，世界财富主要流向少数发达资本主义国家的少数人手中。而同时，《21世纪资本论》一书对全球贫富差距进行了深入考察和分析，认为在全球范围内，最富有阶层的资产在过去几十年的增长速度非常快，年均6%—7%的增长速度，其增速远远高于社会总

---

① T. 哈克、D. 哈拉辛哈·雷迪：《印度社会发展报告2018：印度不平等在加剧》（T. Haque and D. Harasimha Reddy, eds., *India: Social Development Report 2018——Rising Inequalities in India*），牛津大学出版社2018年版，第8页。

② T. 哈克、D. 哈拉辛哈·雷迪：《印度社会发展报告2018：印度不平等在加剧》，牛津大学出版社2018年版，第7页。

③ 迪维亚·瓦伊德：《不平衡的机会：当代印度的社会流动》（Divya Vaid, *Uneven Odds: Social Mobility in Contemporary India*），牛津大学出版社2018年版，第46—47页；参阅苏林德·S. 乔达卡《当代印度的种姓》（Surinder S. Jodhka, *Caste in Contemporary India*）（第2版），劳特利奇出版公司2018年版，"前言"第1页。

④ 克拉斯·布伦德纽斯：《对二十一世纪社会主义的思考：面对市场自由主义、日益加剧的不平等和环境的紧迫性》（Claes Brundenius, ed., *Reflections on Socialism in the Twenty-First Century: Facing Market Liberalism, Rising Inequalities and the Environmental Imperative*），斯普林格出版公司2020年版，第2页。

财富的平均增速。① 全球最富有的 0.1% 人群，即全球 45 亿成年人口中的 450 万人，所拥有的人均财富大约是 1000 万欧元，约为全球人均财富的 6 万欧元的 200 倍，这些人拥有的财富相当于全球财富总额的 20%。② 2011 年全球极端贫困人口占世界总人口的 14.1%，约 9.83 亿人。③ 根据不同标准对贫困人口进行统计，数据上会有差异和变化，但全球范围内存在着大量贫困人口却是确定无疑的。

资本主义国家内部贫富两极分化、资本主义富国与穷国之间的两极分化、全球范围内穷人与富人的两极分化，是在资本主义制度下无法克服的社会基本矛盾的体现。随着科学技术的不断进步，社会生产力水平也不断提高，整个社会的物质文化生活水平逐步提升，广大人民群众的生活处境在一定程度上是有所改善的。但是，在资本主义社会，由于财富主要集中在占人口极少数的各类资本家手中，广大人民群众处于低生活水平状态，而且社会中总有相当一部分人群，由于各种原因如失业、疾病等，长期陷入贫困之中。资本主义社会是私有制占主体地位或绝对主体地位的社会，在今天是垄断资产阶级占统治地位的社会，在这样的社会贫富分化是常态，是不可能在全球范围内或一个国家范围内实现共同富裕的。

2. 发达资本主义国家的"中产阶级"

长期以来，"中产阶级"（middle class）一词在西方学术界十分流行，不少学者认为西方社会中存在着一个庞大的中产阶级。也有学者宣称，这种社会具有"橄榄型"社会结构，就是富人少，

---

① 托马斯·皮凯蒂：《21 世纪资本论》，巴曙松等译，中信出版社 2014 年版，第 444 页。

② 托马斯·皮凯蒂：《21 世纪资本论》，巴曙松等译，中信出版社 2014 年版，第 451—452 页。

③ 《监测全球贫困：全球贫困委员会的报告》（*Monitoring Global Poverty: Report of the Commission on Global Poverty*），世界银行集团出版，2017 年版，第 15—20 页。

穷人少，中间群体大；并且宣称这样的社会是稳定的。但我们认为，在资本主义国家，两大主要对立的阶级，仍然是资产阶级和工人阶级；前者是拥有生产资料的雇主，后者是拥有自身劳动力的雇工，所谓的"中产阶级"中许多人实际上只是收入较高的雇工，其身份是受雇者，而不是拥有生产资料的雇主。

关于西方资本主义社会的"中产阶级"，我国学者也有一些观察和研究。例如，王恩铭、王卓在《美国中产阶级严重缩水意味着什么》一文中对美国中产阶级问题进行了考察。根据这篇文章，2014年调查显示，85%的美国成年人认为自己属于中产阶级。这说明绝大多数美国人认为自己是"主流社会"的一员。长期以来，美国人界定阶级地位的标准是家庭收入的高低。根据皮尤研究中心2015年12月发布的报告，以三口之家收入为计算单位，年收入在4.2万至12.5万美元之间的家庭属于中产阶级。社会学家们认为美国中上层阶级人数占就业人群中的15%至20%，且主要为专业人员，如经理、医生、律师、会计、教授等。据皮尤研究中心2016年5月发布的对全美229座大、中型城市中产阶级问题的民调报告，2000年至2014年期间，每10座城市中，就有9座城市发生了中产阶级缩水或严重缩水的情况。①

国际货币基金组织（IMF）在2017年7月公布的报告讲："自2000年以来，美国约3.5%的人口脱离中产阶级水平，成为低收入群体，即这些人群的收入不及全美收入中间值的一半。"② 还有学者指出，近些年来，随着不断更新换代的技术，以及大量业务外包海外，美国中产阶级数量迅速减少。从2000年到2013年，美国各州的中产阶级人数均在缩减。③

---

① 王恩铭、王卓：《美国中产阶级严重缩水意味着什么》，《人民论坛》2017年第10期（中），第110—111页。

② 江宇娟：《美国中产阶级正在缩水》，《中国证券报》2017年11月11日第A06版。

③ 仝中燕：《欧美中产阶级的集体沉沦》，《当代县域经济》2015年第9期，第6页。

英国的所谓"中产阶级"也面临着类似问题。2017年，英国最大的反对党工党领袖米利班德说，英国中产阶级正面临危机。"英国数百万中低收入家庭的生活水平因高通胀、薪资停涨和政府财政紧缩政策而不断下降，是受到严重影响的主要社会阶层。'squeezed middle（受挤压的中产阶级）'一度当选牛津词典最热门的年度词汇，正是拜全球经济不景气所赐。"法国也出现类似情况。随着20世纪80年代法国经济增长速度逐步放缓，失业问题日趋严重，法国中产阶级的发展强势下挫，部分中产者的地位越来越不稳定。近年来金融危机的强烈打击，更使中产阶级遭到重创。中产阶级已经没有足够的剩余来支付其他消费，比如度假、娱乐、穿衣、汽车和家居设施等，生活质量严重下降。①

丹尼斯·吉尔伯特在《不平等加剧时代的美国阶级结构》中提出了关于美国社会阶级结构的一个模式，将美国社会分成六个阶级。作者划分阶级的主要依据是家庭收入的主要来源及家庭主要挣钱者的职业。这六个阶级是资产阶级、上层中产阶级、中产阶级、工人阶级、工人贫困群体、下层阶级。根据2011年出版的这部著作的第8版，**资产阶级**，从"典型职业"（typical occupations）看，包括投资者、继承人、管理层、大企业主，占家庭总数的1%，家庭"典型收入"（typical incomes）是100万美元②；**上层中产阶级**，包括上层经理、专业人员、中等企业主，占家庭总数的14%，家庭"典型收入"是15万美元；**中产阶级**，包括下层经理、半专

---

① 仝中燕：《欧美中产阶级集体沉沦》，《当代县域经济》2015年第9期，第7页。

② 在丹尼斯·吉尔伯特的《不平等加剧时代的美国阶级结构》同一部著作中，在第244页的表中，这个数字是100万美元；而在第14页的图形中，这个数字是200万美元。2018年出版的这部著作的第10版第14页图形中的相应数字是150万美元；第10版中，相应的图与表中的数据是一致的。考虑到近些年来，美国社会收入分布趋势是最富的1%人口收入增长远快于其他群体，我们判断此处图形中的200万美元应为作者的笔误，因而采纳了表中的数据——"100万美元"。文中的"典型收入"，根据书中上下文，我们理解应是指家庭主要收入者的年度收入，如工薪阶层家庭中主要挣钱者的年度薪水。

业人员、工艺师、工头、非零售人员，占家庭总数的30%，家庭"典型收入"为7万美元；**工人阶级**，包括低技能体力劳动者、职员、零售人员，占家庭总数的30%，家庭"典型收入"为4万美元；**工人贫困群体**，包括最低薪体力劳动者、零售业与服务业工人，占家庭总数的13%，家庭"典型收入"为2.5万美元；**下层阶级**，包括失业者或非全日制低薪者、公共助理人员，占家庭总数的12%，家庭"典型收入"为1.5万美元。这是2008年的数据。①

这部著作于2018年出版了第10版，应用的是2015年的数据，相应数据稍微发生了变化。**资产阶级**，家庭"典型收入"为150万美元，占家庭总数的1%；**上层中产阶级**，家庭"典型收入"为20万美元，占家庭总数的14%；**中产阶级**，家庭"典型收入"为8.5万美元，占家庭总数的30%；**工人阶级**，家庭"典型收入"为4万美元，占家庭总数的25%；**工人贫困群体**，家庭"典型收入"为2.5万美元，占家庭总数的15%；**下层阶级**，家庭"典型收入"为1.5万美元，占家庭总数的15%。② 相比之下，资产阶级、上层中产阶级、中产阶级，家庭"典型收入"都增长了，而工人阶级、工人贫困群体、下层阶级，"典型收入"保持原来的数字。

中产阶级在这里分成了两个部分，即上层中产阶级和中产阶级，其中中产阶级占家庭总数的30%，是一个很大的群体。我们看看这个"中产阶级"是由什么样的人员组成的。丹尼斯·吉尔伯特指出，中产阶级包括下层经理、半专业人员、技师、工头、非零售人员；这些群体的受教育水平是：至少受到

---

① 丹尼斯·吉尔伯特：《不平等加剧时代的美国阶级结构》[Dennis Gilbert, *The American Class Structure in an Age of Growing Inequality* (eighth edition)]，派因·福格出版公司2011年版，第8版，第13—15、244页。

② 丹尼斯·吉尔伯特：《不平等加剧时代的美国阶级结构》[Dennis Gilbert, *The American Class Structure in an Age of Growing Inequality* (tenth edition)]，塞奇出版公司2018年版，第10版，第14页。

了高中教育，一些受到大学教育。吉尔伯特的划分标准得到一定认同，有的学者采纳了他对中产阶级的定义和划分模式；中产阶级群体一般是受雇佣者，是"雇佣工人"，如低层经理、半专业人员（如警察、护士、教师、职员、工头、文秘等）和非零售人员（如保险业、房地产业经营人员等）。这类中产阶级群体主要是依靠薪水生活，面临着失业或再就业压力、欠债与孩子教育困难等问题。①

这样的阶级划分法对我们认识美国社会的阶级结构有参考作用，但并不是很科学、准确的划分。排在顶部的1%属于资产阶级，是没有疑问的。而排在第二级的上层中产阶级，部分可能属于资产阶级，部分就是工人阶级中收入较高者。排在第三级的中产阶级，可以说几乎都属于工人阶级。排在第四至第六级的工人阶级、工人贫困群体、下层阶级，无疑都属于工人阶级；这部分家庭总数超过了50%。在中产阶级家庭中，大多数也是工人阶级家庭，区别就是收入高一点。所以，美国家庭绝大多数是工人阶级家庭，这是没有什么疑义的。

从以上材料我们能够看到，"中产阶级"群体在西方发达资本主义国家中是一个很大的群体；我们也能看出，所谓的"中产阶级"实际上主要是工薪阶层，而且一旦工资下降或不涨工资，这样的"中产阶级"人群就陷入了生活困境。在资本主义社会中，许多人被划分为中产阶级或者自认为属于中产阶级，实际上不过是领取工薪的人群中收入较高者，一部分人则是自谋职业者。正如有学者指出的，西方资本主义国家的社会结构并不是所谓的"橄榄型"，而是"金字塔型"。"所谓完美的'钻石型'或'橄榄型'的'中产阶级'社会在美国和其他西方国家完全就是一个画饼充饥的概念，它就像是皇帝的新衣，只不过说出真相的声音却被媒体

---

① 克里斯托弗·B. 杜布：《美国社会不平等和社会分层》（Christopher B. Doob, *Social Inequality and Social Stratification in US Society*），劳特利奇出版公司2013年版，第79、148—178页。

和国家宣传机器给完全淹没了。"① 我们认为，在领取较高工薪的人群中，大多数属于工人阶级，只是工人阶级中收入较高者，少数人则属于"资产阶级"或者"小资产阶级"。自谋职业群体中，收入较高者属于资产阶级或小资产阶级，大多数收入较低者则属于工人阶级。社会财富主要掌握在少数大资本家手中，工人阶级占人口的绝大多数，却只掌握了少量的社会财富。

3. 发达资本主义国家与发展中资本主义国家的"共存关系"

多年来，我国一些学者谈到资本主义或资本主义国家时，主要讲发达资本主义国家，而很少讲广大发展中资本主义国家。不管就资本主义经济还是资本主义政治而言，存在着一种相当强的"言必称欧美"的倾向，淡漠或无视广大发展中资本主义国家。这种学术上的倾向严重影响了人们对资本主义社会的认识，也严重影响人们对国际形势的判断。近年来，这种状况有所改变。

当今世界有两类资本主义国家，一类是"发达的"，另一类是"发展中的"。总体上可以说，发达资本主义大国属于昔日的殖民列强，广大发展中资本主义国家主要是昔日的殖民地半殖民地。这两类国家是世界历史数世纪发展逐步形成的，开始于欧洲国家的殖民扩张。第二次世界大战后，民族解放运动蓬勃高涨，殖民帝国纷纷解体，广大发展中国家兴起，世界历史发展出现了划时代的变化。此后，在世界格局中，发展中国家总体上处于上升状态。但是，不少发展中国家特别是弱小国家在发展进程中还面临着许多困难，经济上处于国际分工的低端，科学技术上落后，作为"外围"国家，经济上受制于处于"中心"的发达资本主义国家。对不少发展中国家而言，这种"依附"状态进入 21 世纪尚未发生根本性变化。

发达资本主义国家与发展中资本主义国家的关系是资本主义生

---

① 宋丽丹：《"中产阶级"与资本主义的历史归宿——以当代西方社会为例》，中国社会科学出版社 2017 年版，第 235—239 页。

产关系在国际范围内的体现。发达资本主义国家与发展中资本主义国家的关系是"共存关系",也可以说是"相辅相成关系"。发达资本主义国家要保持"发达",就需要有广大的发展中国家的存在,就要使世界上大多数国家和地区处于"发展中"的状态。发达资本主义国家需要使广大的发展中国家和地区始终处于相对落后的"发展中"的状态。这是由资本主义的本质所决定的。发达资本主义国家是不愿意看到发展中国家超越它们的,必然采取各种行动干扰和阻止广大发展中国家发展。这样,我们就不难理解为什么当今美国要在亚非拉地区不断"生事",甚至直接"动手",并且能得到某些发达资本主义国家的响应和配合。

在资本主义制度下,有富国,也就需要有穷国;有少数巨富,也就需要有广大的穷人。没有许多穷国的世界,就不是资本主义占主导地位的世界;少数资本主义国家存在着少数巨富,那就意味着在本国和外国存在着大量的贫困或至少相对贫困的人口。在任何同一个时间点,全世界的财富是一个确定的数字,这是确定无疑的;在这样的同一个时间点,亿万富翁越多,就意味着陷入贫困或至少相对贫困的人口越多。亿万富翁的形成是建立在亿万人民的贫困基础之上的!

但是,世界历史发展是不平衡的,落后国家或落后地区赶超先进国家或先进地区,在人类社会几千年文明史发展进程中是不断发生的事。在资本主义时代,这种情况也时有发生;列强之间或发达资本主义国家之间的"强弱地位"也有所变化。第二次世界大战后,国家垄断资本主义逐步向国际垄断资本主义过渡。在国际垄断资本主义阶段,垄断资本的控制力是全球性的;甚至军事上的控制力也具有全球性,如美国在全球各地建立了许多军事基地,美国主导的北约军事集团不断扩大,并力图以全球作为活动平台。强大的发达资本主义国家或集团,在某些科学技术领域和经济领域某些重大行业中形成了全球性的垄断;国际垄断资本主义时期,也是信息技术快速发展的时期,最强大的发达资本主义国家或发达资本主义国家集团可以通过不断发展的信息技术，更容易了解世界各地发生的事务。从一定意义上讲，整个世界对占有信息技术优势的国家更加透明了。国际垄断资产阶级对全球范围内发生的各类事务，如科学技术的创新、经济的发展、军力的升降等等，能够比较及时地观察到，从而采取应对措施，以既有的优势遏制某国或某地区的兴起。这一点可以说与世界历史上过去所有的时代都不一样。我们认为：在这种历史条件下，资本主义弱国要超越资本主义强国是不可能的。即使像巴西、印度这样的具有较大体量的发展中资本主义国家，也不可能超越像美国这样的发达资本主义强国；其他更小一些的发展中资本主义国家就更加不可能。即使是作为发达资本主义国家的日本，曾一度发展势头很猛，对美国的全球经济霸主地位构成了一定的挑战，但从20世纪80年代中期起，美国与英、法、德等国对日本施压，采取干预措施，造成日元快速升值，引发了日本国内一系列连锁反应，如商品出口价格上升，持有的美元资产贬值，继而引发了房地产的崩盘，最终导致"泡沫经济"的破裂。结果是，日本经历了"失去的十年"和"失去的二十年"。①

十月革命胜利后，出现了一个社会主义大国——苏联，改变了帝国主义国家一统天下的格局。社会主义大国的出现，客观上有利于落后国家或地区摆脱资本主义强国的控制而实现发展。第二次世界大战后，在苏联的影响下，国际共产主义运动和民族解放运动蓬勃发展。中国等国家成为新生的社会主义国家；广大殖民地半殖民地摆脱殖民主义控制，成为新兴的发展中国家。强大的社会主义国家的存在，客观上促进了广大发展中国家的兴起。苏联解体、东欧剧变后，中国坚持社会主义道路，并一直经历着快速发展，国力不断上升，国际影响力日益扩大。

社会主义中国的存在是有利于广大发展中国家发展的。首先，社会主义中国的强大吸引了发达资本主义大国美国或以美国为首的

---

① 参阅徐可、孟牧麟《从日本"失去的二十年"看我国的发展阶段与路径抉择》，《经济界》2018年第6期，第24—31页。

发达资本主义大国集团的注意力，分散了他们欺压弱小国家的精力。这样，美国及其"盟友"对广大发展中国家的控制就会相对有所减弱。其次，中国对广大发展中国家进行援助，促进了发展中国家的发展。中国的不断发展壮大，在不少领域打破了美国和以美国为首的发达资本主义国家集团的垄断，这也有利于广大发展中国家的发展。再次，美国和以美国为首的发达资本主义国家集团，为了对付中国，着力拉拢一些发展中国家，特别是中国周边的发展中国家，这也在一定程度上有利于相关发展中国家的发展。只有社会主义大国才有可能打破国际垄断资本主义的垄断，实现持续的快速的发展，从而逐步超越发达资本主义国家。处于国际垄断资本主义阶段的发达资本主义大国或大国集团有很多办法来遏制发展中国家的发展，以制造内部动乱或国与国之间的冲突来分化发展中资本主义国家。有可能对发达资本主义大国构成挑战的发展中资本主义国家，无疑会成为发达资本主义大国或大国集团打压的主要对象！

4. 对国际垄断资产阶级的认识

第一，学术界的有关探讨。

国际垄断资产阶级的形成是国际垄断资本主义发展的必然产物。关于国际垄断资本主义，我国不少著述进行了讨论。但关于国际垄断资产阶级，我国学术界却研究得不多。不过，近些年来，我国有学者讨论到类似的概念，并发表了相关文章。有两个类似概念，一是"跨国资本家阶级"，二是"跨国资产阶级"。这两个概念应该说没有什么区别，英文都是"Transnational Capitalist Class"；我们更倾向于将这个英文概念译为"跨国资产阶级"。过去，国际学术界讨论跨国公司时，曾使用过"跨国阶级"（Transnational Class）这个概念。20世纪末21世纪初，"跨国资产阶级"或"跨国资本家阶级"，即英文"Transnational Capitalist Class"在国际学术界流行起来。西方国家有左翼学者撰写专门著述探讨这个新生的阶级。例如，英国学者莱斯利·斯克莱尔出版了《跨国资本家阶层》(中文译著名称为"阶层",英文书名是 Class,就是阶级的意思),2002 年在我国翻译出版。美国学者威廉·I. 罗宾逊和杰瑞·哈里斯于 2000 年发表了《全球化与跨国资本家阶级》一文,并于 2001 年在我国编译发表;美国学者威廉·I. 罗宾逊出版了《全球资本主义论——跨国世界中的生产、阶级与国家》,2009 年在我国翻译出版;美国学者杰瑞·哈里斯撰写了《全球垄断与跨国资本家阶级》一文,2014 年在我国翻译发表;罗宾逊于 2017 年发表《关于新全球资本主义的争论:跨国资本家阶级、跨国政府机构与全球危机》,2018 年在我国翻译发表。

英美这三位学者并没有使用"国际垄断资产阶级"这个概念,用的是"跨国资产阶级"。这里先简单看看他们是怎么理解这个"跨国资产阶级"的。威廉·罗宾逊和杰瑞·哈里斯在他们 2000 年共同发表的文章中认为,"一个跨国资本家阶级业已出现,它是全世界资产阶级中的一部分,代表着跨国资本,即跨国公司和跨国私人金融机构这些世界主要生产资料的拥有者。……这个阶级超越于任何一个地方性政治实体之上,追求着阶级目标——资本主义全球化并通过建构跨国国家机构和意识形态对全球进行统治。"他们指出:"这一跨国资本家阶级正建构一个新的全球资本家集团:这是一个新的霸权集团,它由全世界包括北方发达国家以及南方国家中统治阶级内占主导地位的形形色色的经济、政治势力组成。具体地说,就是由跨国公司和跨国金融机构及超国家经济计划机构的管理精英、统治政党内的主要势力、大的传播媒体的统治精英、技术精英以及北南国家的国家领导人组成。这一统治集团的政治主张和政策是由新的全球化资本增殖和生产结构所决定的。"① "经济全球化使全球资本主义正在从民族国家阶段向跨国阶段过渡,传统的阶级结构也因此而发生了变化,一个新的跨国资本家阶级正在形成,并通过建立起跨国国家机器而对全球资本主义秩序进行全面控制,

---

① 周通编写:《全球化与跨国资本家阶级》(上),《国外理论动态》2001 年第 2 期,第 1 页。

对广大发展中国家及其人民进行共同剥削。"① 从这几位学者关于"跨国资本家阶级"的阐述中，我们可以看出他们讲的"跨国资本家阶级"与国际垄断资本主义具有与生俱来的关系，与"国际垄断资产阶级"的基本含义应是一致的。

2014年，我国学者郭宝宏、蒯烨撰文专门讨论了跨国资产阶级问题。他们认为"跨国资产阶级的存在应当是不争的事实"。而这个跨国资产阶级主要是由以下部分组成：（1）资本主义国家跨国公司所有者、总裁、经理等；（2）发达资本主义国家的国家机器；（3）主要由发达资本主义国家控制的国际经济组织；（4）主要用于维护发达国家利益的跨国军事力量，如美国在全球各大洲的军事存在以及以美国为首的北大西洋条约组织——北约；（5）跨国公司子公司所在东道国中服务于跨国公司的管理层、子公司负责人和核心管理人员。② 这两位学者的论述，非常接近于我们对国际垄断资产阶级的理解，很大程度上揭示了国际垄断资产阶级的实质。2019年，戴卫华发表了《跨国经济、跨国阶级和跨国霸权——跨国资本家阶级理论述评》一文，对跨国资产阶级（作者用的是"跨国资本家阶级"这个概念）进行了分析。作者认为："跨国资本家阶级可以根据其所拥有或控制的跨国资本而被定位在全球阶级结构之中，成为全球化时代阶级发展演化的重要产物。由于自身成为世界主要生产资源的所有者，并控制着跨国资本这一全球经济的'制高点'，跨国资本家阶级已经成为新的世界性统治阶级。"③ 这位学者的论述揭示了国际垄断资产阶级的实质性特征。

从以上论述中，我们可以看出，这个"跨国资本家阶级"或"跨国资产阶级"，实际上是一个具有垄断地位的阶级。正如哈里

---

① 戴卫华：《跨国经济、跨国阶级和跨国霸权——跨国资本家阶级理论述评》，《国外社会科学前沿》2019年第9期，第4页。

② 郭宝宏、蒯烨：《略论跨国资产阶级》，《宁波大学学报》（人文科学版）2014年第1期，第115—116页。

③ 戴卫华：《跨国经济、跨国阶级和跨国霸权——跨国资本家阶级理论述评》，《国外社会科学前沿》2019年第9期，第6—7页。

逊指出的,"国际化垄断资本的出现,已经引导资本家阶级在全球层面上组织起来。这既不是主动的联合,也不是基于密谋的谋划。它是对资本主义制度内部的历史局限性的回应,并由追逐更多的利润、资源、新市场和更便宜的劳动力所推动。"①

垄断资本势力对国际舆论的操控、对国际政治的干扰和控制,国内外学术界有识之士是有认识的,一些著述对此已做了一定的考察和揭示,对我们深入了解国际垄断资产阶级是有裨益的。

第二,我们的初步认识。

近些年来,国内外学者的研究有利于探讨和剖析国际垄断资产阶级问题。下面,简要谈谈我们对国际垄断资产阶级的认识。国际垄断资产阶级是20世纪下半叶在世界历史发展进程中出现的一种新现象,它是随着国际垄断资本主义的发展而逐渐形成的。正如国际垄断资本主义一样,国际垄断资产阶级既是"全球性的",但也可以说不是"全球性的"。说它是全球性的,是因为国际垄断资产阶级以全球作为其活动舞台;其构成成分是国际性的,不局限于哪个国家或哪个地区,分布于全球不同地区和不同国家;它努力在全球范围内剥削剩余价值,并企图主导全球经济活动,进而主宰全球政治活动,成为全球性统治阶级。说它不是全球性的,是因为它主要由发达资本主义国家的垄断资产阶级组成,而广大发展中资本主义国家则是其剥削和掠夺的主要对象,当然剥削和掠夺的主要对象是广大发展中资本主义国家中的广大下层人民群众;同时因为国际垄断资产阶级是无法主导社会主义国家经济的,也无法主宰社会主义国家的政治。因此,当今世界国际垄断资产阶级的主导性和主宰性其实均不可能是真正的"全球性的",实现全球性主导和主宰只是其企图达到的目标。

这个国际垄断资产阶级的核心成员主要是发达资本主义国家在国际经济活动中占有垄断地位的大资本家们。他们掌控着发达资本

---

① 杰瑞·哈里斯:《全球垄断与跨国资本家阶级》,孙寿涛译,《国外理论动态》2014年第6期,第19页。

主义国家各类具有垄断地位的跨国公司，特别是金融领域的大公司，是全球资本主义体系中生产资料的主要所有者。国际垄断资产阶级的这个核心集团内部不能说没有竞争，但更突出的特点是他们之间的联合，他们通过各种平台和机制形成合作，共同掠夺和剥削国内外广大工人阶级和下层群众，分享剩余价值。

围绕着这个核心集团，存在着不少服务其利益的机构及其重要成员；在发展中资本主义国家也存在着或者可能存在着依附于他们的资本家或其他相关群体。

国际垄断资产阶级的基地在发达资本主义国家。而现阶段，主要基地是最强大的发达资本主义国家美国；美国在全球范围内拥有广泛的霸权；美国的霸权不仅服务于美国垄断资产阶级，也服务于国际垄断资产阶级，当然美国垄断资产阶级是国际资产阶级的一部分。美国政府实际上就扮演着为国际垄断资产阶级服务的角色。杰瑞·哈里斯指出："既然美国经济日益融入跨国资本，美国政府就必须承担相应的责任和义务，它不再排他性地代表美国资本了。"[1]可见，美国政府不仅仅代表美国资本的利益，也代表着"跨国资本"的利益。

在全球范围内，服务于国际垄断资产阶级的国际性组织机构主要有由发达资本主义国家组成的国际性机构，如七国集团等。还有一些国际性组织，参加者包括发展中国家，但现阶段仍由发达资本主义大国主导，如世界银行、国际货币基金组织、世界贸易组织，国际垄断资产阶级也极力利用这些机构为其利益服务。而捍卫国际垄断资产阶级利益的最大的国际性军事机构则是美国主导的北大西洋条约组织——北约。所谓的"五眼联盟"也是由美国主导的为国际垄断资产阶级利益服务的工具；"三边委员会"（美、欧、日）等机构也是为国际垄断资产阶级服务的。

发达资本主义大国的总统、首相或总理等领导人往往扮演着为

---

[1] 杰瑞·哈里斯：《全球垄断与跨国资本家阶级》，孙寿涛译，《国外理论动态》2014年第6期，第19页。

国际垄断资产阶级利益服务的角色,他们中的一些人本身可能就是国际垄断资产阶级核心集团的人物。发展中资本主义国家中一些资本家及其相关社会人物,可能作为"依附者"而成为国际垄断资产阶级的一员。社会主义国家实行共产党领导和人民当家作主的制度,无疑是受国际垄断资产阶级排斥和敌视的。我国是当今世界唯一社会主义大国,不可避免地是国际垄断资产阶级敌视的主要对象。一般而言,国际垄断资产阶级作为一个阶级是难以延伸到社会主义国家的。但是,现阶段我国处于社会主义初级阶段,民营资本和外国资本在我国大量存在;同时,我国还有保持资本主义制度的特区香港和澳门,台湾与祖国大陆也还没有实现统一。在这种历史条件下,我国也无疑会受到国际垄断资产阶级的干预、渗透和影响,在我国也是可能出现国际垄断资产阶级的追随者或依附者的。

三 资本主义国家如何走上社会主义道路

自从马克思主义诞生以来,资本主义社会如何向社会主义社会过渡就是人类社会发展进程中面临的时代性课题。今天资本主义国家如何走上社会主义道路,是全世界马克思主义者思考的问题,也是资本主义国家各国共产党面临的时代任务。

1. 资本主义国家共产党对如何走上社会主义道路的探索

今天,全世界有一百多个共产主义性质的政党。共产党坚信人类的发展前途是共产主义社会。而要走向共产主义社会,首先是要建立社会主义社会。现阶段,一些国家的共产党在其党纲中明确提出了如何走上社会主义道路的步骤和当前的政策与策略。这里,稍举若干例子。

第一,英国共产党。

英国共产党的英文名称是 The Communist Party of Britain。2000

年 11 月英共通过的新党纲,名为《英国通向社会主义之路》。① 这里参考的英共党纲版本主要是我们于 2014—2015 年之际,从英国共产党网站下载的新版本党纲,英文是 Britain's Road to Socialism,我们也译为《英国通向社会主义之路》。② 在这个版本中,英国共产党明确提出了英国走向社会主义道路的斗争阶段理论。英国革命进程的第一阶段将以在工人运动中出现实质性的、持久的向左转变为标志。所以,英国社会主义革命的开始阶段的高潮必须是选举出左翼政府,基础是社会主义的、工人的、共产主义的和进步的选票在大选中占多数。致力于实施左翼方案的左翼政府当选将标志着革命进入第二阶段。这一阶段的主要特征是开展议会内外的联合斗争,以实施左翼方案中的重大政策。结合群众运动,将左翼方案以法令形式付诸实施。这之后,革命进程将进入最为关键的第三阶段,进入这一阶段的特征是极大的对抗。这种新的对抗将决定金融垄断资本家是保持国家权力还是其权力被工人阶级及其盟友剥夺。革命进程决定性的第三阶段的关键因素是全社会力量的平衡。极为重要的是动员大众的、由组织起来的工人阶级领导的反垄断同盟,以支持大众主权,帮助选举出来的政府实施政策。掌握国家权力将使工人阶级及其盟友能够完成剥夺垄断资产阶级所拥有的经济与政治权力的进程。当资本主义制度解构后,就能推进建设新的社会主义社会。③

---

① 这个版本的党纲译文,见刘洪才主编《当代世界共产党党章党纲选编》,当代世界出版社 2009 年版,第 688—720 页。
② 这个版本的英共党纲,置于网站上的时间标明是 2008 年 8 月,因此这个版本不是 2014 年时刚通过的。这个英文版本的内容,与刘洪才主编的《当代世界共产党党章党纲选编》中的版本的内容有较大不同。
③ 关于英共革命斗争的阶段性理论,见英共党纲第 6 部分《选择性经济和政治战略》(An Alternative Economic and Political Strategy) 和第 7 部分《走向社会主义和共产主义》(Towards Socialism and Communism),见英共网站,http://www.communist-party.org.uk/the-advance-to-socialism.html 和 http://www.communist-party.org.uk/socialism-a-communism.html;这段内容,参阅张顺洪等《西方新社会运动研究》,中国社会科学出版社 2015 年版,第 377—378 页。

从英共网站上,我们获知英共制定了新的党纲。但新党纲全文在网站上尚未公布,只有一个概要。根据这个概要,我们已能窥知英共纲领的一些要点。新的英共党纲指出:"资本主义是一种剥削制度,它制造危机、不平等、腐败、环境衰退和战争。它天生无能解决人类的根本问题。资本主义垄断公司和服务其利益的国家机器在经济、环境、政治、社会和文化各条战线上都是进步的主要障碍。"① 英共党纲认为:英国存在着实行替代性经济与政治战略的潜能,以挑战并击败统治阶级。特别是能够建立大众的民主的反垄断同盟。这个同盟由劳工运动主导,实行左翼政策,逐步削蚀垄断资本家的财富和权力。经过工人阶级和大众的行动高潮,劳工的、社会主义的、共产党的和进步的代表能够成为议会多数,选举出左翼政府。为实行左翼纲领中最先进的政策,群众运动及其左翼政府将要进行夺取国家权力的决定性斗争。对英国国家垄断资本主义进行联合性挑战,需要工人阶级与进步力量形成高度的合作与团结。取得国家权力并尽量减少"反革命机会",就会创造出条件,逐步解构资本主义并为在"一个联邦的、社会主义的英国"开创"民主的、环境可持续的、和平的未来"打下基础。这样就能建立起一个社会主义社会,在这个社会中财富和权力共有,并以有计划的方式使用,工人阶级及其同盟将人民大众从一切形式的剥削和压迫中解放出来。②

第二,美国共产党。

美国共产党(Communist Party USA)成立于1919年。苏联解

---

① 英国共产党网站:《英国通向社会主义之路概要》("Britain's Road to Socialism Summary"),https://www.communistparty.org.uk/britains-road-to-socialism-summary/,2020年7月27日。

② 英国共产党网站:《英国通向社会主义之路概要》("Britain's Road to Socialism Summary"),https://www.communistparty.org.uk/britains-road-to-socialism-summary/,2020年7月27日;关于英共新党纲的内容,参阅英国共产党网站《〈英国通向社会主义之路〉学习指南》("Britain's Road to Socialism Study Guide"),https://www.communistparty.org.uk/brs-study-guide/,2021年7月23日。

体、东欧剧变后,美共走上了独立自主探索美国特色社会主义道路的新阶段。关于美国如何走向社会主义道路,2005 年美国共产党第 28 大通过的党纲《通往美国社会主义的道路:团结起来争取和平、民主、就业和平等》进行了阐述。美共认为,社会主义社会是一个工人阶级掌握政权、财产公有、计划生产和社会公正的社会。社会主义运动离不开工人阶级的广泛参与。民主是社会主义的核心,是社会主义的本质和目标的内在属性和必然要求;没有民主就没有社会主义。人民的广泛参与是民主的实质。通过和平方式,实现美国特色社会主义。美共党纲提出了美国共产党斗争的阶段性理论,2005 年 7 月大会通过的党纲在第 7 部分《共产党的任务》中进行了集中阐述。第一个阶段是当前阶段,共产党的任务是建立最广泛的全体人民的阵线,打败极右势力对民主、工人运动、工人阶级和遭受种族与民族压迫的人民的进攻。这一阶段,主要敌人是跨国公司中最反动的成分。共产党将致力于克服所有妨碍,形成基本的广泛团结的意识形态,并致力于建设一个更强大的共产党。取得击败极右势力的重大胜利后,斗争进入第二阶段。在第二阶段,阶级斗争和民主斗争的中心任务是根本上控制作为一个整体的所有跨国公司的权力。主要的敌人是全体跨国资产阶级,跨国资本主义的所有部门都是对手;同盟将致力于建立不受任何垄断公司主宰的群众性的人民政党,目标是组成不受垄断势力控制的政府。第三阶段的任务是为劳动人民的政治权力和建设社会主义而展开直接斗争。共产党将是工人阶级及其核心盟友的领导力量或领导力量之一。这一阶段的战略对手是整体的资产阶级和资本主义制度。①

---

① 美共党纲第 7 部分《共产党的任务》("The Role of the Communist Party"),美共网站, www. cpusa. org/party-program/, 2015 年 1 月 5 日;参阅张顺洪等著《西方新社会运动研究》,中国社会科学出版社 2015 年版,第 399—400 页。2005 年 10 月,美共全国委员会批准的党纲版本与大会通过的版本在内容上有所调整;《共产党的任务》成为党纲第 8 部分,其内容也有调整,关于阶段性理论主要体现在各有关部分。参阅刘洪才主编《当代世界共产党党章党纲选编》,当代世界出版社 2009 年版,第 896—928 页。

2019年，美国共产党在芝加哥举行成立100周年的大会。这次大会对2005年通过的党纲进行了修改。这里简要介绍一下新党纲提出美国走向社会主义的各个斗争阶段的任务。当前阶段的主要任务是团结起来反对极右势力，党纲第5部分《团结起来反对极右》进行了阐述。在当前阶段，跨国公司中最反动部分是主要的对手；极右是整个斗争的焦点。共产党人要增强反极右意识，同时也要培植反垄断意识和阶级的、社会主义的意识。极右势力包含如下成分：(1) 全国的和国际的财团势力（corporate power）；(2) 新保守主义者，他们决心使用军事冒险主义保证化石燃料工业等的利益；(3) 更传统的保守主义者，他们为了获得更多减税而不反对特朗普主义的极端行为，追求对社会保障、医疗服务及其他社保方案的私有化。极右势力包括军事工业集团、石油与能源工业、制药工业，也包括高科技工业、金融资本、制造业集团和像沃尔玛这样的经销巨头。极右势力依靠"非党力量"（non-party forces），如新纳粹分子、极端民族主义者、极端宗教原教旨主义者等，来促进1%人口中顶层10%者的利益。战胜极右势力是这个阶段斗争的主要任务。

击败极右势力后，斗争进入下一个阶段。在这个阶段，工人阶级的历史任务是从整体上"根本地抑制"垄断集团。美共党纲第6部分《建立反垄断联盟》进行了阐述。美共党纲认为，美国资本主义现阶段处于跨国垄断资本主义的、帝国主义的发展阶段：国家垄断资本主义。而更高的、反垄断斗争阶段将是美国走向社会主义道路上的关键步骤。这个反垄断人民联盟是广泛的，必须包括能与工人阶级共同反对垄断势力的一切力量。这个联盟需要制定反垄断的纲领。美国共产党是这个联盟的一部分，它将提出激进的民主的主张，目标是抑制垄断集团的政治、经济和意识形态力量。美共党纲提出了十多条具体的反垄断主张。在这个反垄断进程中，美共主张成立一个全国性的人民政党，并指出了若干正在向着这样一个政党发展的政治上、组织上的形式，包括独立的选举机构、独立的选举资金、工人候选人、共产党员竞任职务等等。抑制垄断集团的力量将削弱资本主义，使国家走上新的可持续发展的道路；建立一个人民的政党和反垄断联盟，有能力竞争政府权力，这将导致力量平衡发生质的变化，开启为工人阶级的权力和社会主义而进行的直接斗争。

反垄断联盟团结的加强，左翼力量的扩大，工人阶级在反垄断联盟中领导地位的不断提升，共产党力量的增长，都将有利于斗争进入下一个阶段。这个阶段就是直接的斗争，尽快争取"革命性变化"。这个阶段的任务是促使权力革命性地转向劳动人民。美共党纲第7部分《向劳动人民权力的革命性转变》进行了阐述。走向社会主义的这一重大社会转化需要一场充满阶级和社会主义意识的大规模运动。工人阶级要实现广泛的团结。在整个工人阶级内部，必须加强阶级意识和社会主义意识。美共反对暴力行动，主张通过和平方式实现向社会主义的转变，通过各种大众民主表达的社会行动，选举的或非选举的，赢得和维护劳动人民的权力。美国共产党纲领认为："一个社会主义的美国将是民主的、平等的、人道的和可持续的。""建立一个更好的世界既是可能的也是必须的。只有建立起环保意识的社会主义，这个目标才能实现。一个基于劳动人民力量的民主社会将使我们能够消除剥削和压迫，从我们脖子上移除金融资本的重压，并与我们依赖的自然世界建立和维持健康的平衡。"[①] 从以上可以看出，美共相隔14年的两个党纲阐述的斗争步骤和斗争目标都是明确的。

第三，俄罗斯联邦共产党。

俄罗斯联邦共产党成立于1990年，当时正是苏联剧变之际。目前，俄罗斯联邦共产党是俄罗斯几个共产主义性质的政党之一，影响较大。2008年俄共通过的新党纲认为：当今时代仍然是从资本主

---

① 这里关于美共的内容，见美国共产党党纲《通往美国社会主义之路——团结起来争取和平、民主、就业和平等》（*The Road to Socialism USA：Unity for Peace, Democracy, Jobs, and Equality*）的第5、6、7三个部分，PDF版本见美共网站，http：//cpusa.org/party_info/party-program/，2020年7月5日。

义向社会主义过渡的时代；在 21 世纪，社会主义作为一种学说、一种群众运动和一种社会制度，定会重获生机；资本主义复辟导致人剥削人的产生和深刻的社会分裂；只有重建苏维埃制度并沿着社会主义道路前进，才能拯救祖国；俄罗斯联邦共产党要为争取祖国统一、完整和独立，苏联各民族兄弟联盟的重建，公民的福祉和安全、精神和身体健康而奋斗。① 俄共要在总结苏联历史经验教训的基础上，建立符合现实的"更新了的社会主义"。

俄罗斯联邦共产党认为，要和平地达到自己的战略目标，需要经过三个阶段。第一个阶段，要完成的任务是建立以俄共为首的劳动人民的、广泛的人民爱国主义力量的民主政权。共产党员要组织人民群众去争取社会、经济和政治利益并维护自身的合法权益。俄共将积极恢复和发展直接的人民政权，将把有关完全恢复国家政权的苏维埃制度问题交付全民公决。在第二阶段，在实现政治和经济稳定之后，俄共将采取必要措施，最大限度地保证劳动人民更广泛地参与国家管理。这必须通过苏维埃、工会、工人自治及其他从生活中产生的直接人民民主机构来实现。第三阶段的主要任务是彻底地形成社会主义的社会关系，保证社会主义制度在自身基础上稳固发展。实现基本生产资料的公有制形式占主导地位，逐步确立这种形式在经济中的决定性作用。将在科学技术革命成就的基础上，对国民经济进行结构调整，更加充分地满足人们的需要，保证教育和文化事业的快速发展。俄共认为，随着社会主义的发展，人类历史的未来——共产主义确立的必要前提将不断成熟。②

第四，日本共产党。

日本共产党成立于 1922 年，是目前资本主义国家中较大的共

---

① 《俄罗斯联邦共产党纲领》（2008 年俄共第十三次代表大会通过），转引自刘淑春等著《独联体国家共产党的理论与实践》，中国社会科学出版社 2016 年版，第 444—451 页。

② 《俄罗斯联邦共产党纲领》（2008 年俄共第十三次代表大会通过），参见刘淑春等《独联体国家共产党的理论与实践》，中国社会科学出版社 2016 年版，第 452—453 页。

产党。2004年，日本共产党召开了第23次党的代表大会，对党纲进行了重大修改，删除了"废除君主制""解散自卫队""打倒美帝国主义和垄断资本"等内容。① 这个党纲已翻译成中文出版，参见刘洪才主编的《当代世界共产党党章党纲选编》。日共党纲对日本如何走上社会主义道路进行了阐述。

在这个党纲中，日共认为，在世界历史发展进程中，虽然有动乱和曲折，甚至有倒退，但总体上讲，超越帝国主义和资本主义，向社会主义前进是不可逆转的。当前，日本社会需要的变革不是社会主义革命，而是民主主义革命。民主革命的主要任务是：打破对美国不正常的从属关系和大企业与财界的残暴统治，确保日本真正独立，实现政治、社会、经济的民主主义改革。这样的民主主义改革在资本主义框架内是可以实现的。但是，只有把国家权力从代表日本垄断资本主义和对美从属体制的力量手中转移到代表日本国民利益的力量手中，才能真正做到向这种改革迈进。日共党纲对民主主义改革的主要内容进行了详细阐述，这些内容分三个大的领域，分别是国家独立、安全保障、外交领域，宪法和民主主义领域，经济民主领域。通过各领域的民主主义改革，建立一个独立、民主、和平的日本。这将成为日本国民历史的根本转折点。这样的民主主义革命完成后，日本社会发展的下一阶段是谋求超越资本主义，向社会主义和共产主义社会前进。这样，社会主义变革将成为重要课题。日共认为，在发达资本主义国家中实现向社会主义和共产主义社会的迈进是21世纪世界上的新课题。社会主义变革的主要任务是：实现生产资料的社会化，就是将主要生产资料的所有、管理、运营转移到社会手中。社会化的对象仅指生产资料，而生活资料在社会发展的各个阶段都是受保护的。日共党纲认为，社会主义改革是一个长期过程，必须在国民取得共识的基础上一步步分阶段推进，并指出探求向社会主义、共产主义前进的方向不单单是日本的

---

① 刘洪才主编：《当代世界共产党党章党纲选编》，当代世界出版社2009年版，第107页。

问题。日本共产党致力于推进日本社会各阶段所必需的各项改革，营造没有剥削和压迫的共同社会，争取把 21 世纪建设成为人类实现历史性前进的世纪。①

2020 年 1 月，日共第 28 次代表大会通过了日本共产党新党纲。新党纲与 2004 年的党纲在大的结构上基本一致，共分 5 个部分；只有第 3 部分的标题从"世界形势——从 20 世纪到 21 世纪"修改为"21 世纪的世界"；5 个部分过去共 17 大点，现在共 18 大点，内容上也有所调整和增加。例如，第 8 大点中，删除了俄国十月革命后资本主义是支配世界唯一体制的时代已成历史的表述；在第 3 部分的第 11 大点（原党纲为第 10 大点）中，增加了为抑制气候变化保护全球环境而斗争的内容；在第 4 部分第 13 大点（原党纲为第 12 大点）中，增加了建立"零核电日本"、从根本上转向可再生能源等内容。而新党纲的最大变化是强化了在 21 世纪走向社会主义道路的表述，增强了走向社会主义道路的紧迫感。例如，原来党纲的最后一大点——第 17 大点，标题只是"探索向社会主义、共产主义前进的方向不单单是日本的问题"。而新党纲的最后一大点——第 18 大点的标题是两句话。这两句话是："迄今为止，还没有在资本主义时代取得高度社会和经济成就的条件下实现社会主义变革的全面的经验。在发达资本主义国家，向社会主义、共产主义前进的尝试是 21 世纪新的世界历史课题。"日共新党纲强调了："在发达资本主义国家，社会变革是通向社会主义、共产主义的道路。"日共新党纲的最后一段文字是："日本共产党将在为日本社会各阶段各项必要变革课题顺利推进而努力的同时，努力使 21 世纪成为人类历史上向没有剥削没有压迫的共同社会建设迈进的世纪。"②

---

① 刘洪才主编：《当代世界共产党党章党纲选编》，当代世界出版社 2009 年版，第 116—125 页。
② 《日本共产党纲领》（日本共産党綱領），日本共产党网站，http：//www.jcp.or.jp/web_jcp/html/Koryo/，2020 年 4 月 10 日。

第五，印度共产党。

20世纪20年代初印度就出现了共产主义性质的组织。今天，印度的共产主义性质的政党之一是印度共产党（马列）。"印度共产党（马列）"的英文名称是"The Communist Party of India (Marxist-Leninist)"。2018年，印度共产党（马列）召开了第十次全印党代会，通过了新党纲，名称为《印度共产党（马列）总纲领》。党的最低纲领是完成印度的新民主主义革命（new democratic revolution），党的最高纲领是促成社会主义变革和共产主义，最终目的是消灭人对人的各种剥削。党的世界观来自马克思主义哲学；行动指南是马克思主义—列宁主义—毛泽东思想的综合体系。印度共产党（马列）认为，印度是一个农村占主体地位的落后的资本主义社会，受顽固的封建残余和殖民遗风的阻碍，在全球资本和帝国主义贪婪主宰下步履蹒跚。印度社会被四大矛盾所驱使，即帝国主义与印度人民的矛盾、封建枷锁和封建残余与广大人民群众的矛盾、大资本与印度人民特别是工人阶级和农民的矛盾，以及统治阶级不同集团之间的矛盾。

印共党纲对党的"革命阶段"（stage of revolution）进行了阐述。从中我们可以看出印共的革命阶段可以分为两个时期。第一个时期是进行人民民主革命，农村革命是中心。革命的主要任务是扫除一切封建残余，排除帝国主义的主宰，通过有效的税收、国有化及其他手段限制和控制大资本，并使整个政府机构和机制民主化。要取得人民民主革命的胜利，就必须确立工人阶级的领导地位，建立起人民民主阵线。印共不反对中央权力相对和平地向革命力量转移，但要防止各种可能的反革命进攻，因此无产阶级政党也需要建立起人民的军队。人民民主阵线和人民军队是党的武器库中最根本性的两大革命武器。民主革命的胜利将意味着向社会主义迈进了一大步，加强了不断向社会主义转变的物质基础。

第二个时期是建立人民民主国家（People's Democratic State）时期。推翻大资产阶级—地主联盟的统治之后，革命胜利将带来工人、农民和其他革命阶级与民主阶层的统治,就是建立人民民主国家,以完成以下基本任务,坚持促进社会主义发展的新民主主义方向。主要的基本任务是:国家事务和国家结构的完全民主化;在联邦、民主、世俗政体的基础上重建民族团结;促进自主、可持续与平衡的经济发展,并消除大众贫困;保障全面的公共设施和社会福利;促成整个社会向现代民主文化的转变;推进实施进步的反帝国主义的对外政策。

印共党纲最后一段话是:"通过实施人民民主革命纲领,党致力于全心全意为印度伟大的共产主义革命事业服务。21世纪的印度人民必将赢得全面的、彻底的民主,并赢得真正的社会、性别、环境和经济的正义。"①

第六,墨西哥劳动党。

墨西哥劳动党(Partido del Trabajo)是一个新党,1990年才成立。《当代世界共产党党章党纲选编》一书选编了墨西哥劳动党党章。这部著作对墨西哥劳动党作简介时写道:"该党宣称信仰马克思主义,主张消灭人剥削人的制度,建立社会主义社会。1994年,该党制定了党纲,指出无产阶级应制定恰当的战略、战术,采取一切合理的斗争方式,达到夺取政权的目的。"② 2002年6月,墨西哥劳动党召开第一次全国代表大会,制定了原则声明、行动纲领和党章。③

2017年,墨西哥劳动党召开党的第十次代表大会,通过了新

---

① 《印度共产党(马列)总纲领》[General Programme of CPI(ML)],印度共产党(马列)网站,http://www.cpiml.net/documents/10th-party-congress/general-programme-of-cpiml,2020年4月26日。

② 刘洪才主编:《当代世界共产党党章党纲选编》,当代世界出版社2009年版,第929页。

③ 墨西哥共产党网站,http://www.comunistas-mexicanos.org/partido-comunista-de-mexico,2020年8月10日。墨西哥有一个共产党,称墨西哥共产党(Partido Comunista de México),成立于20世纪上半叶;20世纪80年代末90年代初该党与其他政党合并。但墨西哥共产党仍然办有自己的网站,发表观点,报道有关新闻。

的原则声明、行动纲领和党章。《党章》规定，党的口号是：全国团结，一切权力属于人民。关于党的性质，《党章》第二章做了专门阐述。第二章第五条讲：劳动党是人民的政党，是民主的、大众的、独立的、反帝的政党；党为建立一个自治、公正、社会主义、生态可持续并在自由环境下实现条件与机会平等的社会而奋斗。第二章第六条讲：党把群众路线作为进行各项工作和各种斗争的基本路线。

《原则宣言》部分就 12 个主题阐述了墨西哥劳动党的认识、立场和主张。这 12 个主题是：国家现实、劳动、群众路线、伦理与政治、民众的革命性转变、大众力量、国家主权、政党、经济与发展、生态社会、正义与人权、法律规定。

《行动纲领》分三个方面：社会目标、战略和策略、政策。"社会目标"方面共有 14 点。主要内容是：为大众而斗争，通过民众意识形态上和组织上的独立，通过民众运动和集体行动，通过民众直接民主和参与民主的实践，摧毁资本主义社会关系，消灭剥削和压迫，消除消费异化（la enajenación consumista），建立一个自由的、团结的人的共同社会，这个社会盛行互助互惠之风，促进人的全面发展；为城乡全体工人成为生产方式的集体所有者和拥有者而斗争，建立生产与分配的民主组织制度，取代大资本的专制权力与规章，建立工人集体确立的自行管理、约束制度和为人民需要服务的经济；反对财富分配不公，保障社会福利不断增长；主张实行全面的城市改革，结束大城市中心主义和大城市过度扩展，反对城乡不平等与地区差异，反对由大资本投机造成的人为短缺；反对任何类型的有罪不罚、专横、腐败、巨人症（gigantismo）、官僚专制和警察专制；反对把墨西哥民族视为自己的祖业并把国家财产变为私人财产的政府，主张国家主权依靠人民的权力而非政府的力量；进行斗争，发展和保障文化和科学活动，发展和保障完全服务群众的富有伦理价值的教育，提供各层次早期的、民主的、自由的、科学的、关键的、免费的和大众的教育；进行斗争，为农村广大工人群众建立民主的农村社会;进行斗争,采取各层次具体措施结束对妇女的压迫、歧视和暴力;进行斗争,结束对土著人民各种形式的压迫,拯救、尊重、促进和传播他们的文化表现形式、语言和传统,提高他们的生活水平,排除对他们的歧视;为生态社会进行斗争,建立自然与社会、经济发展之间的和谐关系,保障对国家环境的保护;进行斗争,使国家成为主权独立的国家,在科学、技术和经济上结束对美国和其他国家或帝国主义集团的依附,反对主宰弱小国家,反对扩张政策,促进各国人民之间的和平、友谊和相互援助;建立与世界人民真正的团结和国际主义。"社会目标"的最后一点(第14点)讲:"我们赞成一个自我管理的、伦理的、自由的、公正的、繁荣的、生产性的、有效的、多样性的、民主的、生态的、人道主义的和社会主义的社会。"但是,强调了这个社会是非常不同于苏联的,苏联出现了问题,扭曲了社会主义建设,在工作中形成了官僚主义和压制性管理,直接生产者远离决策。①

2. 关于资本主义国家如何走上社会主义道路的思考

人类社会不断从低级阶段向高级阶段演进。社会主义取代资本主义是人类社会发展的大趋势。在《共产党宣言》中,马克思、恩格斯向全世界宣告:"资产阶级的灭亡和无产阶级的胜利是同样不可避免的。"在世界历史发展进程中,社会主义社会终将取代资本主义社会。这个进程从十月革命的胜利起已经实实在在地开始了。十月革命的胜利开创了人类历史的新纪元。从此,社会主义制度诞生了,社会主义社会开始了逐渐取代资本主义社会的伟大历史

---

① 墨西哥劳动党的《行动纲领》,见墨西哥劳动党网站,http://partidodeltrabajo.org.mx/2017/wp-content/uploads/2018/09/pro_accion_pt.pdf,2020年8月10日;另外,墨西哥劳动党网站有2017年党的大会的一份文件材料,包括《原则宣言》《社会目标》和《党章》,网址是:http://103.78.124.78:83/2Q2W43896EF9DC5C739 83FD7038FDEFE7E1489904429_unknown_62ABED9DF60F8BEF63D65FEC890AD64B85 39E853_10/partidodeltrabajo.org.mx/2017/wp-content/uploads/2018/09/docs_basicos_ 2017.pdf,2020年8月15日。

进程。东欧剧变、苏联解体，只是意味着国际共产主义运动受到重大挫折，并没有改变人类社会历史发展进程。当今世界仍然处于资本主义社会向社会主义社会过渡的总的历史时期。

资本主义的腐朽性在发达资本主义国家日益显现。西方发达资本主义国家与不少发展中国家相比，处于相对衰落的状态。这一点是明确的。迈克尔·曼在《资本主义的终结？》一文中也认为，美国正在失去其世界霸主地位，巨大的军事力量看来也不能实现其国家利益目标。这看起来几乎是不可避免的，霸权的终结为时不远。欧盟也同样处于受威胁的地位。全球经济实力将继续从西方向其他更成功的地方转移，总的来说，这将涉及对资本主义更多的政治调控。所有这些都清晰可见的。[1] 迈克尔·曼的观点是有见地的。资本主义暴露出来的问题，使越来越多的人开始寻求新的出路。

凯瑟琳·P. 马尔德认为，资本主义处于危机当中，是时候寻找替代的选择了。"过去发生过主导性经济结构的转型，如从封建主义向资本主义的变革。资本主义现在是主导性的，在世界部分地区仍在成长，但同时资本主义正在使如此多的人失望，以致我们开始看到越来越多的个体公民、政府官员……甚至一些机构……正在寻求资本主义的替代物。"[2]

在这个历史时期，资本主义国家的共产党把推进自己的国家走上社会主义道路作为党的现实工作任务和目标。前面我们考察的几个共产党的纲领都提出了向社会主义前进的斗争步伐和目标。对资本主义国家的共产党来说，这是现实的斗争任务，而不是对未来的遥远的憧憬。可以说，今天全世界的共产党人或者在带领人民努力

---

[1] 迈克尔·曼：《资本主义的终结？》（Michael Mann, "The End of Capitalism?"），《社会分析》（*Análise Social*）第 48 卷第 209 期（2013），第 944 页。

[2] 凯瑟琳·P. 穆德：《通过合作实践超越资本主义》，（Catherine P. Mulder, *Transcending Capitalism through Cooperative Practices*），帕尔格雷夫·麦克米伦出版公司 2015 年版，第 5—8、139 页。

建设社会主义国家，或者在试图组织工人阶级和人民大众向实现社会主义的目标而进行各种各样的斗争，当前情况下主要是和平的、合法的斗争。

从世界范围讲，从资本主义社会向社会主义社会过渡是一个历史进程，这个历史进程需要经历一个较长的时期。一个国家内部走向社会主义道路，过去主要是通过革命的方式实现的，20世纪进入社会主义社会的国家，都是在很短时间就完成了这一历史进程。今天以和平的、合法的方式实现走向社会主义道路的目标，则需要较长时间，逐步地走向社会主义社会。但是，在现阶段，资本主义还有一定的生命力，发达资本主义国家在国际格局中仍然占有主导地位，不会很快就衰落下去。

西方发达资本主义国家的发展能力，或曰西方资本主义的生命力，主要体现在科学技术的不断发展创新上。科学技术的不断发展创新促进了资本主义的发展。科学技术不断向前发展是人类社会发展进程中的一般现象或曰规律。这一点在资本主义时期，与人类过去的历史时期相比表现得更为突出。现阶段资本主义制度仍然能够促进和容纳科学技术的发展。科学技术的发展促进了资本主义的发展。资本主义制度在推动科学技术发展上有一种魔力，这种魔力来自激烈的竞争。资本家或资本家集团之间仍然存在一定的竞争，这种相互竞争是推动科技创新的一种动力。今天，对西方发达资本主义国家来说，日益增长的竞争还来自广大发展中国家，特别是一些大的"新兴经济体"，尤其是新生的社会主义国家。这种来自外部的竞争压力，也具有推动西方资本主义国家内部的社会改造和科技创新的作用。资本家对高额垄断利润的不懈追求是推动科技创新的一种自觉或不自觉的力量。科技的不断发展创新将会客观地推动社会现代化的发展和社会总体生活水平的提高。

资本主义还有一种魔力，这种魔力来自资产阶级集团维护共同利益的自觉性。在资本主义社会，一般而言，一旦成为富人，成为亿万富翁，就会自觉地维护富人当家、保护富人利益的垄断资产阶级专制的国家机器。这种自觉性甚至在一定程度上是自发的,"出自本能的"。资本家们为了维护共同利益,往往会自觉或不自觉地、甚至自发地团结起来,共同维护现有的统治秩序。垄断资产阶级是一个具有高度自觉性的阶级。这种自觉性来自于维护自身利益和整个资产阶级利益的强烈的、本能的愿望。在资本主义社会,大大小小的资本家扮演着社会各个层级维护社会秩序的力量。这种魔力在维护西方发达资本主义国家社会稳定和发展当中,发挥了重大作用。[①] 新生的国际垄断资产阶级不仅仅在某个发达资本主义国家,而且在世界范围内也会极力维护资本主义制度。

资本主义在面对危机和发展困境时仍然具有一定的调适能力。这种调适能力突出地体现在如何发挥资产阶级国家机器的功能上,主要表现为如何发挥政府作用来干预社会经济生活,促进社会经济的发展。行政机器功能的加强是当今西方资本主义国家的一种发展趋势。在经历了新自由主义放任自由的教训后,下一步西方发达资本主义国家很有可能加大政府干预社会经济发展的力度。《资本主义4.0:一种新经济的诞生》一书,就呼吁更好地发挥政府干预作用。该书对新自由主义做了一定的批评和反思,认为"市场也不是万能的",强调建立"自适应混合经济"。这种"第四代资本主义"是一种"新型的资本主义",是一种"自适应的混合式经济",它强调政府和企业的联合,而非对立,把"正常的竞争市场审慎地结合起来,尽可能地达到透明和高效";这种"自适应的体系""能够并愿意针对变化的情况改变其体制结构、规则及经济原理"。这种新型资本主义,既要保持小政府,又要协调政府与企业的关系,发挥好政府的作用。[②]

---

① 张顺洪等:《西方新社会运动研究》,中国社会科学出版社2015年版,第11—12页。
② 参阅阿纳托莱·卡列茨基《资本主义4.0:一种新经济的诞生》,胡晓姣、杨欣、贾西贝译,中信出版社2011年版,序言、第11章《市场也不是万能的》和第13章《自适应混合经济》。

当今世界存在着社会主义制度和资本主义制度两种社会制度的竞争和比较。在现阶段，随着中国特色社会主义的发展，社会主义制度的优越性逐渐显现在世人面前。但是，由于历史的客观原因，中国等社会主义国家是从落后的半殖民地半封建社会或殖民地社会进入社会主义社会的，社会发展的基础薄弱，与发达资本主义国家相比，长期以来在不少方面还有差距。同时，新生的社会主义国家自诞生之日起就是资本主义国家垄断资产阶级仇视、遏制、围堵与西化分化的对象，国家的发展和改革受到严重干扰，社会的现代化水平、科技实力等，与发达资本主义国家相比，还有差距。这样，社会主义国家的制度优越性还没有能够充分地显示出来。中国是目前世界上唯一的社会主义大国。新中国成立70多年来，尤其是改革开放40多年来，取得了举世瞩目的成就，中国在社会发展的许多方面正在赶超发达资本主义大国。社会主义制度的优越性正在充分显现出来。如果中国全方位地超越了当今世界头号发达资本主义大国美国，那么中国社会主义制度就会向世界人民展现出更大的影响力、吸引力、感召力。社会主义制度在人们心目中的地位将得到更大提升。在这种历史条件下，资本主义国家的人民大众就会更加向往社会主义制度，要求走上社会主义道路的力量就会增强。无疑，社会主义中国的强大将会为资本主义国家走上社会主义道路，创造更好的国际环境。

目前，资本主义国家共产党力量普遍地还不够强大，通过和平选举途径成为主要的执政党，掌握国家政权，在短时间内是不太可能的。若干年内，在资本主义国家推翻资产阶级统治的革命运动也是不太可能的；但各国共产党和进步力量在努力寻求摆脱当前资本主义困境的出路，在资本主义国家是有可能发生有利于朝着社会主义方向迈进的社会变革的，包括比较激进的变革。李慎明同志指出："世界社会主义运动的复兴无疑有着异常艰难和曲折的历程，但可以预言，这种趋势不可遏制。新的社会主义思潮乃至运动如顶着尚留余威的凛冽寒风，在冰封的大地上拱出了新的嫩芽。虽然极可能还有几次'倒春寒',但社会主义的春天必将、必然到来。"① 随着社会主义国家的快速发展、国力增强,随着资本主义国家内部矛盾加剧,21世纪将是社会主义力量在世界范围不断增强的世纪。

---

① 《李慎明论金融危机》(世界社会主义研究丛书·研究系列93),社会科学文献出版社2017年版,第135页。

第五章　社会主义社会

本章考察社会主义社会。十月革命的胜利使人类历史上诞生了第一个社会主义国家——苏联。从此，社会主义社会就是人类社会发展进程中的客观存在。第二次世界大战后，世界上出现了10多个新生的社会主义国家，在国际格局中一度出现了与资本主义大国集团相抗衡的社会主义阵营。苏联解体、东欧剧变后，世界上只剩几个国家继续沿着社会主义道路前进，并且在改革中实现了较快发展，特别是中国特色社会主义取得了举世瞩目的伟大成就。当今世界处于资本主义社会向社会主义社会演进的历史时代。下面我们先看看经典作家关于社会主义社会的有关论断；然后考察苏联和中国的社会主义建设实践；最后部分探讨人类社会如何向共产主义社会迈进。

一　经典作家关于社会主义社会的有关论断

马克思、恩格斯、列宁、斯大林对社会主义社会进行过深刻的论述。这里主要考察关于以下四点的有关论述。①

---

① 在这个部分，我们在考察经典作家有关论述时，从《马克思恩格斯列宁斯大林论社会形态》（主编吴玉贵，副主编杨艳秋，中国社会科学出版社2012年版）一书中获得很大的帮助。鉴于我们平时阅读的经典著作有限，这部著作给我们提供了很好的"线索"，使我们得以很方便地去查阅有关经典著作原文。在此，特向这部著作的编者们表示衷心感谢！

1. 在资本主义社会与共产主义社会之间存在着一个过渡期

恩格斯早在《共产主义原理》中，就讨论过这个问题。恩格斯认为，无产阶级夺取政权后，不能一下子将私有制废除，只能逐步对社会进行改造。《共产主义原理》论述的第十七个问题是"能不能一下子就把私有制废除？"。恩格斯认为："不，不能，正像不能一下子就把现有的生产力扩大到为实行财产公有所必要的程度一样。因此，很可能就要来临的无产阶级革命，只能逐步改造现今社会，只有创造了所必需的大量生产资料之后，才能废除私有制。"①

这种对"现今社会"的改造当然需要一定的时间，也就需要有一个过程。这个过程就是资本主义社会与共产主义社会之间的一个过渡期。

马克思在《哥达纲领批判》中指出："我们这里所说的是这样的共产主义社会，它不是在它自身基础上已经发展了的，恰好相反，是刚刚从资本主义社会中产生出来的，因此它在各方面，在经济、道德和精神方面都还带着它脱胎出来的那个旧社会的痕迹。"马克思的这段论述也表明从资本主义社会向共产主义社会过渡是需要有一个改造过程的。在《哥达纲领批判》中，马克思明确指出："在资本主义社会和共产主义社会之间，有一个从前者变为后者的革命转变时期。同这个时期相适应的也有一个政治上的过渡时期，这个时期的国家只能是**无产阶级的革命专政**。"②

关于这个过渡时期，列宁在《无产阶级专政时代的经济和政治》（1919年）中，做了十分明确的阐述。列宁指出："在资本主义和共产主义之间有一个过渡时期，这在理论上是毫无疑义的。这个过渡时期不能不兼有这两种社会经济结构的特点或特性。这个过渡时期不能不是衰亡着的资本主义与生长着的共产主义彼此斗争的时期，换句话说，就是已被打败但还未被消灭的资本主义和已经诞

---

① 《马克思恩格斯文集》第1卷，人民出版社2009年版，第685页。
② 《马克思恩格斯文集》第3卷，人民出版社2009年版，第434、445页。

生但还非常幼弱的共产主义彼此斗争的时期。"①

站在今天角度,我们可以非常明确地称这个"过渡时期"为"社会主义社会时期"。十月革命胜利后建立的国家苏联,就是人类历史上第一个社会主义国家,这个国家是社会主义社会。

2. 从资本主义社会向共产主义社会的过渡期必须实行无产阶级专政

根据上文引述,马克思在《哥达纲领批判》中明确强调了,从资本主义社会向共产主义社会过渡有一个过程,"这个时期的国家只能是无产阶级的专政"。关于无产阶级专政,马克思和恩格斯在《共产党宣言》中就进行了阐述。他们指出:"共产党人的最近目的是和其他一切无产阶级政党的最近目的一样的:使无产阶级形成为阶级,推翻资产阶级的统治,由无产阶级夺取政权。""工人革命的第一步就是使无产阶级上升为统治阶级,争得民主。""无产阶级将利用自己的政治统治,一步一步地夺取资产阶级的全部资本,把一切生产工具集中在国家即组织成为统治阶级的无产阶级手里,并且尽可能快地增加生产力的总量。"②

马克思在《1848年至1850年的法兰西阶级斗争》中谈到"革命的社会主义"时指出:"这种社会主义就是宣布不断革命,就是无产阶级的阶级专政,这种专政是达到消灭一切阶级差别,达到消灭这些差别所由产生的一切生产关系,达到消灭和这些生产关系相适应的一切社会关系,达到改变由这些社会关系产生出来的一切观念的必然的过渡阶段。"③ 1852年,马克思在致约瑟夫·魏德迈的信中讲,资产阶级经济学家已发现了现代社会存在着阶级和阶级斗争,"我所加上的新内容就是证明了下列几点:(1)阶级的存在仅仅同生产发展的一定历史阶段相联系;(2)阶级斗争必然导致无

---

① 《列宁专题文集·论社会主义》,人民出版社2009年版,第154页。
② 《马克思恩格斯文集》第2卷,人民出版社2009年版,第44、52页。
③ 《马克思恩格斯文集》第2卷,人民出版社2009年版,第166页。

产阶级专政；（3）这个专政不过是达到消灭一切阶级和进入无阶级社会的过渡……"①

列宁指出："如果我们把无产阶级专政这个原出拉丁文的、历史哲学的科学用语译成普通的话，它的意思就是：在推翻资本压迫的斗争中，在推翻这种压迫的过程中，在保持和巩固胜利的斗争中，在创建新的社会主义的社会制度的事业中，在完全消灭阶级的全部斗争中，只有一个阶级，即城市的总之是工厂的产业工人，才能够领导全体被剥削劳动群众。"② 显然，这里列宁强调了在资本主义社会向共产主义社会过渡的社会主义时期，必须实行无产阶级专政。

1939年，斯大林在《在党的第十八次代表大会上关于联共（布）中央工作的总结报告》中讲："要推翻资本主义，不仅必须打倒资产阶级的政权，不仅必须剥夺资本家，而且还必须彻底粉碎资产阶级的国家机器，粉碎它的旧军队，粉碎它的官僚机关，粉碎它的警察，而代之以新的无产阶级的国家制度，新的社会主义的国家。大家知道，布尔什维克正是这样做的。"斯大林接着指出："列宁说得完全对：'资产阶级国家虽然形式非常复杂，但本质是一个，不管怎样，所有这些国家总是**资产阶级专政**。从资本主义过渡到共产主义，当然不能不产生多种多样的政治形式，但本质必然是一个，就是**无产阶级专政**。'"③

经典作者们的论断告诉我们：在社会主义社会时期必须坚持无产阶级专政。今天我国坚持人民民主专政，这正是"无产阶级专政"的体现。

3. 社会主义社会是生产资料公有制的社会

马克思和恩格斯在《共产党宣言》中论述了共产主义的特征。

---

① 《马克思恩格斯文集》第10卷，人民出版社2009年版，第106页。
② 列宁：《伟大的创举》，《列宁专题文集·论社会主义》，人民出版社2009年版，第144—145页。
③ 《斯大林文选》（1934—1952），上册，人民出版社1962年版，1977年9月第3次印刷，第254页。

他们指出：

> 共产主义的特征并不是要废除一般的所有制，而是要废除资产阶级的所有制。
>
> 但是，现代的资产阶级私有制是建立在阶级对立上面、建立在一些人对另一些人的剥削上面的产品生产和占有的最后而又最完备的表现。
>
> 从这个意义上说，共产党人可以把自己的理论概括为一句话：消灭私有制。①

关于消灭私有制、建立公有制，马克思和恩格斯进行过很多论述。马克思和恩格斯所论述的消灭私有制，显然是一个历史过程，是共产党人奋斗的长期目标。从现阶段社会主义建设实践来看，在社会主义社会的不同发展时期，显然还会存在着私有制，存在着不同规模的私人占有制经济（"非公有制经济"）。

在《共产主义者同盟中央委员会告同盟书》中，马克思和恩格斯强调："对我们说来，问题不在于改变私有制，而只在于消灭私有制，不在于掩盖阶级对立，而在于消灭阶级，不在于改良现存社会，而在于建立新社会。"②

恩格斯在1890年8月21日致奥托·冯·伯尼克信中讲："我认为，所谓'社会主义社会'不是一种一成不变的东西，而应当和任何其他社会制度一样，把它看成是经常变化和改革的社会。它同现存制度的具有决定意义的差别当然在于，在实行全部生产资料公有制（先是国家的）基础上组织生产。即便明天就实行这种变

---

① 《马克思恩格斯文集》第2卷，人民出版社2009年版，第45页。
② 马克思、恩格斯：《共产主义者同盟中央委员会告同盟书》，《马克思恩格斯文集》第2卷，人民出版社2009年版，第192页。

革（指逐步地实行），我根本不认为有任何困难。"①

晚年的恩格斯在《法德农民问题》中还强调："社会主义的任务，勿宁说仅仅在于把生产资料转交给生产者**公共占有**。"②

1906年，斯大林在《无政府主义还是社会主义》中讲，"未来的社会是社会主义社会。这最后就是说，那里随着雇佣劳动的消灭，任何的生产工具和生产资料私有制也会消灭。"1936年，斯大林在《关于苏联宪法草案》中讲："社会主义体系在国民经济一切部门中的完全胜利，现在已经是事实了。""这就是说，人剥削人的现象已被铲除和消灭，生产工具和生产资料的社会主义所有制已经作为我们苏联社会不可动摇的基础而奠定了。"③

显然，经典作家都强调了社会主义社会的生产资料公有制。在具体的社会主义建设实践当中，不同国家不同时期，生产资料公有制在整个国民经济中所占比重显然也是有所不同的，是会存在着公有制经济从"占绝对主体地位"到"占主体地位"，又从"占主体地位"到"占绝对主体地位"这样的变化的。而且，在实际历史发展进程中，当世界上一个国家或一些国家进入社会主义社会发展阶段后，全球范围内其他国家仍然处于资本主义发展阶段或还是前资本主义社会。社会主义国家必然与这些国家产生交往与联系。在经济全球化日益加深的历史发展时期，国外私有资本也会一定量地进入社会主义国家。因此，在现实的国家建设实践中，社会主义国家会不可避免地长期存在着私有经济成分。这是确定的，不确定的只是私有经济成分占整个社会主义国家国民经济的比重而已。

---

① 恩格斯1890年8月21日致奥托·冯·伯尼克的信，《马克思恩格斯文集》第10卷，人民出版社2009年版，第588页。
② 恩格斯：《法德农民问题》，《马克思恩格斯选集》第4卷，人民出版社1975年第1版，第303页。
③ 斯大林：《关于苏联宪法草案》，《斯大林文选》(1934—1952)，上册，人民出版社1962年版，第84页。

4. 社会主义社会是以生产力高度发展为基础的社会

马克思和恩格斯认为,"共产主义革命"是以生产力高度发展为基础的,应该同时在多个先进的国家发生。在《共产主义原理》中,恩格斯指出:"共产主义革命将不是仅仅一个国家的革命,而是将在一切文明国家里,至少在英国、美国、法国、德国同时发生的革命,在这些国家的每一个国家中,共产主义革命发展得较快或较慢,要看这个国家是否有较发达的工业,较多的财富和比较大量的生产力。"① 马克思和恩格斯在《德意志意识形态》中讲:"共产主义只有作为占统治地位的各民族'一下子'同时发生的行动,在经验上才是可能的,而这是以生产力的普遍发展和与此相联系的世界交往为前提的。"② 在《共产主义信条草案》中回答"你们的财产公有建立在什么样的基础上"这个问题时,恩格斯指出:"第一,建立在因发展工业、农业、贸易和殖民而产生的大量的生产力和生活资料的基础之上,建立在因使用机器、化学方法和其他辅助手段而使生产力和生活资料无限增长的可能性的基础之上。"③

列宁指出:"资本主义可以被最终战胜,而且一定会被最终战胜,因为社会主义能创造新的高得多的劳动生产率。这是很困难很长期的事业,但这个事业已经开始,这是最主要的。"列宁还强调:"共产主义就是利用先进技术的、自愿自觉的、联合起来的工人所创造的较资本主义更高的劳动生产率。"④ 斯大林也指出:"社会主义只有在社会生产力蓬勃发展的基础之上,在产品和商品十分

---

① 恩格斯:《共产主义原理》,《马克思恩格斯文集》第1卷,人民出版社2009年版,第687页。
② 恩格斯:《德意志意识形态》,《马克思恩格斯文集》第1卷,人民出版社2009年版,第538—539页。
③ 恩格斯:《共产主义信条草案》,《马克思恩格斯全集》第42卷,人民出版社1995年版,第373页。
④ 列宁:《伟大的创举(节选)》,《列宁专题文集·论社会主义》,人民出版社2009年版,第151页。

丰富的基础上，在劳动者生活富裕的基础上，在文化水平急速提高的基础上才能建成。因为社会主义，马克思主义的社会主义，不是要缩减个人需要，而是要竭力扩大和发展个人需要，不是要限制或拒绝满足这些需要，而是要全面地充分地满足有高度文化的劳动人民的一切需要。"①

经典作家们的论断强调了社会主义制度的优越性，强调了社会主义制度比资本主义制度更加有利于生产力的发展。这一点已在世界社会主义建设实践中得到了证明，而且将得到更好的证明。资本主义社会逐渐向社会主义社会演进，是人类社会发展的大趋势。

二　苏联社会主义建设实践

1917年俄国十月革命的胜利，开创了人类历史的新纪元，世界上诞生了第一个社会主义国家。从此，人类社会进入了从资本主义向社会主义逐渐演进的时代。十月革命的胜利是国际共产主义运动发展的结果，是国际共产主义运动进程中的划时代事件。国际共产主义运动是随着马克思主义的诞生走向世界历史舞台的。马克思和恩格斯曾经设想，无产阶级革命只有在几个最先进的资本主义国家同时发生才能胜利。列宁发展了马克思主义，提出了在帝国主义薄弱环节——俄国，无产阶级革命也能够取得胜利。实践证明，列宁的理论是正确的。列宁和斯大林对马克思主义发展的一个重大贡献就是提出了无产阶级革命能够在俄国一个国家率先取得胜利，并且能够在一个国家建成社会主义社会的理论。

苏联社会主义建设在人类历史上没有先例可循，是苏联共产党和苏联人民根据苏联社会自身条件与特点以及当时特殊的国际

---

① 斯大林：《在党的第十七次代表大会上关于联共（布）中央工作的总结报告》，《斯大林全集》第13卷，人民出版社1956年版，第318页。

环境，艰辛探索出来的，完全是开创性的。在第二次世界大战之前，只有苏联一个社会主义国家，社会主义建设是在帝国主义国家包围之下进行的，建设成就是在时刻面临战争威胁的国际环境下取得的。实际上，十月革命一取得胜利，新生的苏维埃政权就面临着被帝国主义国家和国内反动势力共同扼杀的危险。当时的"协约国"（英、法、美、日等帝国主义国家）采取各种手段干涉苏俄，企图将新生的苏维埃政权扼杀在摇篮之中；直接派出军队武装入侵苏俄，支持苏俄境内反革命势力的反叛活动，挑拨邻国与苏俄的矛盾，支持波兰进攻苏俄。从1918年至1920年，列宁和布尔什维克党领导苏俄广大人民群众进行了三年艰苦战斗，取得了反对协约国武装干涉和国内战争的胜利。新生的社会主义国家从诞生之日起，就时刻面临着被扼杀的威胁，国家的建设和发展，是在这样的历史环境下进行的。这种特定的历史环境不可避免地给苏联社会主义建设打下了深刻烙印。

1. 社会主义基本制度的建立

俄国十月革命前，布尔什维克以外的政党，认为布尔什维克不可能单独夺取政权，夺取了政权也不可能保持住。它们一致认为："布尔什维克永远不敢单独夺取全部国家政权，或者即使敢于夺取并且夺到了政权，也不能保持这个政权，连一个极短暂的时期也保持不住。"① 对这样的论调，列宁进行了反驳。列宁认为，俄国革命的条件已经成熟，布尔什维克能够夺取政权和保持政权。列宁指出："当这些条件已经**具备**的时候，**如果布尔什维克不让别人吓倒**而能夺取政权，那么，地球上就没有一种力量能阻挡他们把政权一直保持到全世界社会主义革命的胜利。"②

---

① 列宁：《布尔什维克能保持国家政权吗?》，《列宁选集》第3卷，人民出版社2012年版，第282页。

② 列宁：《布尔什维克能保持国家政权吗?》，《列宁选集》第3卷，人民出版社2012年版，第321页。

1917年11月6日（俄历10月24日），十月革命在彼得格勒爆发。11月7日晚，全俄苏维埃第二次代表大会在斯莫尔尼宫召开，大会宣读了列宁起草的《告工人、士兵、农民书》，宣告临时政府被推翻，苏维埃代表大会已经掌握政权，并要求全国各地政权一律转归当地的工农代表苏维埃。11月7日这一天作为十月社会主义革命胜利日被载入史册。

　　十月革命一取得胜利，列宁领导的布尔什维克党就开始了社会主义制度建设。例如，十月革命胜利后的第二天，苏维埃代表大会通过了《土地法令》，规定立刻毫无报偿地废除地主土地私有制，全部土地都成为全民的财产，并交归土地上的劳动者使用。接着，列宁等领导人签署了《俄国各族人民权利宣言》，规定前俄罗斯帝国所有各族人民的自由和权利平等。1917年11月，苏维埃政权颁布了《工人监督条例》，规定企业要对其产品和原料的生产、买卖、储存及财务活动实行工人监督。工人通过自己选举出来的监督机构工厂委员会参加监督工作。这是一切工厂转为苏维埃国家所有的第一步。1917年11月，颁布银行国有化法令。到1918年5月底，全部银行都实现了国有化。1918年初，列宁草拟的《劳动者与被剥削人民的权利宣言》通过，这个宣言宣布俄国为苏维埃共和国。宣言还声明，不允许剥削者进入苏维埃政权机关，解除资产阶级武装，建立工农红军。① 1918年第五次全俄苏维埃大会通过了第一部苏维埃宪法。宪法规定俄罗斯是一个苏维埃共和国，中央和地方的全部政权属于工、兵、农代表苏维埃。上面讲到的苏维埃政权所颁布的那些法令，在宪法中都加以确认，宪法规定了苏维埃政

---

① 卡尔宾斯基：《苏联宪法通论》，沈颖、黄长沛、党凤德译，人民出版社1951年版，第37—38页；参阅《国际共产主义运动史》（第2版），人民出版社、高等教育出版社2020年版，第179—181页。关于这些政策，列宁在《全俄工兵代表苏维埃第二次代表大会文献》《工人监督条例草案》《关于实行银行国有化及有关必要措施的法令草案》等著述中，进行了阐述。参见《列宁选集》第2卷，人民出版社1995年版，第338—370页。

权中央与地方各机关的组织和职权。① 这样,"无产阶级专政的国体和苏维埃代表大会的政体、废除资本主义私有制和地主土地私有制的措施、保证俄国境内各民族平等权利的主张等,都有了可靠的法律保障,无产阶级专政国家政权的基本原则也得以确立。"②

可见,十月革命胜利之初,布尔什维克党就采取了一系列建立社会主义制度的强力措施。

推翻临时政府、夺取国家政权,只是俄国社会主义革命的开始。十月革命胜利后,列宁领导的布尔什维克党采取了一系列建立社会主义国家的举措,领导俄国人民经过几年的艰苦战斗,取得了国内战争和反对外国武装干涉的胜利,革命政权得到巩固。

俄国十月革命胜利后,苏维埃政权为了击退国内外反革命武装的进攻,提出了"一切为了前线,一切为了胜利"的指导原则,在经济上采取了一些非常的措施和政策。这些措施和政策具有按照军事共产主义原则调整产品生产和分配的特征,被称为"战时共产主义"政策。主要内容有:(1)实行余粮收集制度;(2)禁止私人自由贸易,实行配给制;(3)实行工业的全部国有化,在经济领域推行总管理局制度,颁布了大工业企业国有化法令;(4)实行普遍劳动义务制。这些战时共产主义政策,在当时是必要的,指导方针和措施基本上是正确的。但是,当国内战争结束,环境和条件发生变化时,继续采取这种战时共产主义政策,就暴露出了弊端,产生了消极后果。布尔什维克党及时终止了战时共产主义政策的实行,转而实行新的经济政策。③

1921年3月俄共(布)宣布废除对农民的余粮征收制,实行

---

① 卡尔宾斯基:《苏联宪法通论》,沈颖、黄长沛、党凤德译,人民出版社1951年版,第38页。

② 《国际共产主义运动史》(第2版),人民出版社、高等教育出版社2020年版,第179页。

③ 《国际共产主义运动史》(第2版),人民出版社、高等教育出版社2020年版,第182—183页;参阅陈之骅、吴恩远、马龙闪主编《苏联兴亡史纲》,中国社会科学出版社2004年版,第95—98页。

粮食税收政策。这可以说是实行新经济政策的开始。新经济政策的主要内容有：（1）以粮食税代替余粮收集制；（2）恢复私人自由贸易和大力发展商业；（3）支持私人小工业企业的发展；（4）以租让制、租赁制、合作制、代购代销制等形式发展国家资本主义；（5）实行统一领导、分组管理的体制，扩大企业经营自主权，实行国营企业的经济核算制，废除平均主义的食物供给制。新经济政策的实施，取得了很好的效果，促进了国家社会经济的发展。[①]

与此同时，苏维埃社会主义共和国联盟也正在建立之中。布尔什维克党主张，各个苏维埃共和国在自愿平等、民主联合的基础上建立社会主义联邦制国家。1922年年底，全苏苏维埃第一次代表大会决定，由俄罗斯联邦、乌克兰、白俄罗斯和外高加索联邦四个苏维埃社会主义共和国组成苏维埃社会主义共和国联盟，简称"苏联"。其他共和国后来相继加入苏联。

从十月革命胜利到第二次世界大战时期，苏联作为唯一社会主义国家，面临着十分恶劣的国际环境，处于帝国主义国家包围之中，在社会主义建设进程中，面临着社会主义国家和无产阶级政权能否生存下去的严峻问题。因此，联共（布）（苏联共产党）和苏联人民十分紧迫的任务就是尽可能快地建设起强大的社会主义国家。这就必须尽快发展工业，特别是发展重工业，实现工业现代化。1925年，联共（布）第十四次代表大会确定了工业化发展方针：使苏联从一个输入机器和设备的国家变成生产机器和设备的国家，从而使国家在资本主义包围的环境下不会变成资本主义世界经济附庸，而成为按社会主义方式进行建设的独立经济实体。这是前无古人的事业，联共（布）和苏联人民进行了艰苦卓绝的奋斗。1928年，苏联开始实施第一个五年计划；1941年，法西斯德国发动侵苏战争时，第三个五年计划还没有完成。通过这三个五年计划，实际上不到15

[①] 《国际共产主义运动史》（第2版），人民出版社、高等教育出版社2020年版，第183—185页；参阅陈之骅、吴恩远、马龙闪主编《苏联兴亡史纲》，中国社会科学出版社2004年版，第99—110页。

年，苏联就基本上完成了社会主义工业化的任务。第一，工业化程度大大提高。革命前的俄国工业产值仅占世界份额的2.6%，而1937年已经达到世界的10%；1913年工业水平为世界第五位和欧洲第四位，1937年跃居世界第二位和欧洲第一位。第二，建立起了比较完整的工业体系。通过近三个五年计划，苏联建立起一系列新工业部门，如重型机器制造、汽车和拖拉机制造、大型军事工业与航空工业、机床、仪表等，苏联成为当时世界上少数几个能够生产全部工业产品的国家。第三，对原有的采矿、冶金、化工、交通运输进行技术改造，技术水平有了极大提高。国家整体经济实力和国力大幅上升。①

在快速实现工业化的同时，苏联也快速地实现了农业集体化。1927年，联共（布）第十五次代表大会正式确定了农业集体化方针，决定加快农业集体化步伐。1929年，资本主义世界发生经济大危机，苏联加紧粮食出口，以换取外汇，从西方国家购买大批机器设备。苏联加速推进农业集体化，保证粮食的收获量和出口量。1937年年底，全国共有24.37万个集体农庄，联合了1850万农户，占全部农户的93%，集体化耕地占全国耕地面积的99.1%。农业集体化是为了保证社会主义工业化的完成，而在农村进行社会主义改造运动，目的在于把分散的个体小农经济改造成社会主义国家所有制经济；农民几乎全部被纳入集体经济中，政府用国营农场和集体农庄把分散的农民组织起来。②

苏联工业化和农业集体化的快速实现，为国家打下了坚实的社会主义经济基础。1936年，苏联通过了新宪法；12月25日新宪法通过的日子为全民的节日。"苏联新宪法的通过对于苏联各族人民

---

① 《国际共产主义运动史》（第2版），人民出版社、高等教育出版社2020年版，第198—199页；江流、陈之骅主编：《苏联演变的历史思考》，中国社会科学出版社1994年版，第27—28页。

② 《国际共产主义运动史》（第2版），人民出版社、高等教育出版社2020年版，第200—201页。

说来是一个极重大的历史事件,他们得到了建筑在扩大的真正社会主义的民主主义原则上的宪法。""1936年的苏联宪法把共产党在苏维埃社会主义国家中的领导作用以立法手续固定起来,它反映出苏维埃社会这个由两个友谊的阶级即工人和农民同社会阶层即苏维埃知识界所组成的社会的阶级结构。这个宪法也把苏联的政治基础即劳动者代表苏维埃和经济基础即社会主义经济制度和生产工具与生产资料的社会主义所有制固定起来。"①

1936年,斯大林在《关于苏联宪法草案》中讲:"如果说当时我们是处在新经济政策第一个时期,新经济政策开始的时期,资本主义在某种程度上活跃的时期,那末现在我们是处在新经济政策最后一个时期,新经济政策终结的时期,资本主义在国民经济所有部门中完全消灭的时期。""社会主义体系在国民经济一切部门中的完全胜利,现在已经是事实了。""这就是说,人剥削人的现象已被铲除和消灭,生产工具和生产资料的社会主义所有制已经作为我们苏联社会不可动摇的基础而奠定了。"② 斯大林还指出:"苏联新宪法的国际意义是不可估量的。现在,法西斯主义浊流污辱了工人阶级的社会主义运动,玷污了文明世界优秀人物的民主要求,苏联新宪法将成为对法西斯主义的控诉书,说明社会主义和民主是不可战胜的。"在这个报告的最后,斯大林讲:"我们高兴地知道,我国人民的鲜血没有白流,而是产生了应有的结果。这就会在精神上武装我国工人阶级,我国农民,我国劳动知识分子。这就会推动他们前进,激发他们的理所当然的自豪感。这就会加强他们对自己力量的信心,动员他们去进行新的斗争,争取共产主义的新胜利。"③

今天,我们阅读斯大林《关于苏联宪法草案》的报告时,仍

---

① 《苏联大百科全书选译》之《宪法·苏联宪法》,人民出版社1954年版,第23—25页。
② 《斯大林文选（1934—1952）》上,人民出版社1962年版,第83—84页。引文中所说的"当时"是指1924年。
③ 《斯大林文选（1934—1952）》上,人民出版社1962年版,第111页。

然能够深刻地感受到苏联人民在社会主义建设中取得了伟大成就，感受到苏联人民和苏联领导者对社会主义制度强烈的自豪和自信，也能深刻感受到为何几年后苏联人民面临极其强大极其疯狂的德国法西斯军队入侵时，在共产党领导下能够承受巨大的牺牲，最终战胜和驱逐侵略者，解放东欧国家，取得反对德国法西斯战争的胜利。

十月革命胜利后约20年时间，经过工业化和农业集体化，苏联就确立了社会主义基本制度。生产资料公有制在国民经济中已经占有绝对主体地位。1937年，社会主义经济成分在工业总产值中占99.8%，在农业总产值中占98.5%，在商品零售额中占100%，在全国国民收入中占99.1%。社会阶级结构也随之发生了变化。城乡剥削阶级已经被消灭，整个社会主要由工人阶级、集体农民和劳动知识分子组成。生产资料公有制占绝对的主体地位，剥削阶级的基本消灭，为全面实行各尽所能、按劳分配的原则创造了条件。这些情况表明"社会主义的经济制度在苏联已经基本确立"。[①] 与经济制度相适应，社会主义政治制度也最终在苏联确立起来了。主要特征是：联共（布）是全国唯一的领导力量；苏维埃制度是国家的根本制度，它是无产阶级专政的具体组织形式；马克思列宁主义在意识形态领域处于指导地位。以这三点为主要特征的"社会主义基本政治制度在列宁时期虽已初具规模，但只是到了斯大林时期才最终定型，并且逐步得到巩固"。而1936年"新宪法的颁布标志着社会主义基本制度在苏联已经确立"。[②]

2. 苏联社会主义建设成就和出现的问题

从1917年十月革命到1991年苏联解体，共74年，可以分为

[①] 江流、陈之骅主编：《苏联演变的历史思考》，中国社会科学出版社1994年版，第27—28页。

[②] 江流、陈之骅主编：《苏联演变的历史思考》，中国社会科学出版社1994年版，第28—29页。

三个时期。第一个时期是从 1917 年十月革命到 1953 年斯大林逝世，可称为列宁—斯大林时期；第二个时期是从 1953 年斯大林逝世到 1985 年戈尔巴乔夫上任前夕，可称为赫鲁晓夫—勃列日涅夫时期；第三个时期是戈尔巴乔夫当政时期，也可称为戈尔巴乔夫时期。第一个时期是社会主义革命取得胜利和社会主义基本制度确立的时期；第二个时期是维护社会主义基本制度并进行一定调整改革的时期；第三个时期是苏联发生剧变苏共亡党亡国时期。这里关于苏联社会主义建设成就、历史贡献和出现的问题，主要讲第一和第二时期，即从列宁—斯大林时期到赫鲁晓夫—勃列日涅夫时期，戈尔巴乔夫时期放在下一部分讲。

十月革命不是突然爆发的，它是人类社会发展到特定历史阶段的产物。19 世纪中叶，马克思主义诞生，国际共产主义运动走上世界历史舞台。随着世界资本主义演进到帝国主义阶段，列宁主义诞生了，列宁主义是帝国主义和无产阶级革命时代的马克思主义。俄国十月革命是在马克思列宁主义指导下爆发并取得胜利的。十月革命爆发前的世界是帝国主义横行霸道的世界。帝国主义把整个世界分成两大部分，一部分是剥削、压迫民族，另一部分是被剥削、被压迫民族；一方面是帝国主义列强，它们在世界范围内建立了大大小小的殖民帝国，另一方面是广大的殖民地半殖民地，广大人民群众备受欺凌。帝国主义列强之间不断发生纷争，瓜分和重新瓜分世界；而处于水深火热之中的殖民地半殖民地人民则不断掀起反抗帝国主义的斗争。同时，帝国主义国家（或者说资本主义国家）内部的无产阶级也遭受着垄断资产阶级的残酷剥削和压迫。帝国主义给人类社会带来的问题和灾难，需要人们去思考、应对和克服。这是人类社会发展进程中面临的时代课题。这是一个需要社会主义革命的时代，是国际共产主义运动得到新发展的时代。国际共产主义运动的伟大历史使命是解放全人类，最终目标是在全世界建立共产主义社会。

十月革命爆发在帝国主义在国际格局中占绝对主导地位的时

代，爆发在帝国主义链条中的薄弱环节——俄国。这是十月革命取得胜利和苏联社会主义建设实践的大背景。俄国是一个相对落后的资本主义国家，苏联社会主义建设实践是在受到强大的帝国主义国家敌视、包围和威胁的环境下进行的。国内在一个时期内也存在着强大的敌对势力。这种客观历史环境是我们认识苏联社会主义建设实践成败得失时所应记住的。

第一，列宁—斯大林时期。

从1917年到1953年，苏联的社会主义建设取得了前无古人的成就。在建立了社会主义基本制度的同时，实现了国家的巨大发展。这些成就体现在多个方面，这里略举一些史实。一是苏联人民的物质文化生活得到巨大改善。例如，从1928年起逐步推行7小时工作制，到20世纪30年代初就有80%的企业实现了7小时工作制；对有损健康和地下作业的工种实行6小时工作制。国家实行了免费医疗、社会保险、退休金制度等；第一、第二个五年计划期间，国家用于社会保险的开支增加了3倍多，用于卫生保健的开支增加了2倍多。二是人民群众的教育水平有了很大提高。例如，全国受到中等教育或受过完全、不完全的普通与职业教育的人，在1938—1940年间，达到1405万人。到第二个五年计划结束时，苏联在培养大学专业人才方面从一个欧洲落后国家跃居世界第一位；1937—1938学年，苏联大学生人数超过英国、德国、法国、意大利、日本大学生人数的总和；1939年，全国识字的劳动居民的比例已经达到97%。[①] 三是科学技术取得巨大进步。苏联特别重视科学技术的发展，努力把苏联科学院改组成为苏联科学的"总指挥部"。到1941年，苏联科学院的定员为10282人，比1931年增加了10倍，是1917年定员的50倍；科研经费从1928年的390万卢布增加到1940年的17800万卢布；到1941年，苏联科学院共有

[①] 《国际共产主义运动史》（第2版），人民出版社、高等教育出版社2020年版，第201—202页。

1821个研究机构，包括786个研究所。① 与此同时，技术人才也大幅增加。例如，1938年年初，集体农庄中有100万名左右拖拉机手，20万名以上联合收割机手和副手，10万名以上汽车司机、机械工和钳工。②

科学技术的发展与工业化密切相连，极大地促进了苏联的工业化。这个时期，苏联人民创造了"工业化奇迹"，从根本上改变了苏联经济在世界经济格局中的地位，大大缩小了苏联与资本主义大国在经济上的差距。苏联在世界经济中的地位得到很大提高。今天的俄罗斯学者也感慨道："30年代，苏联人民实现了真正的历史性飞跃。国家飞速发展，社会经济和文化面貌得到根本改变，世界地位发生变化。"③

"二战"后初年，苏联的工业化也得到快速恢复和发展。1950年年初，苏联完成了"四五计划"；1950年全国工业总产值较战前的1940年增长了73%。④

随着20世纪30年代工业化的快速发展，苏联的军事力量也得到极大的加强。这是苏联取得反法西斯战争胜利的重要保障。例如，在战争最后三年中，苏联每年平均生产3万辆坦克，4万架飞机，12万门火炮，1.9亿多发子弹；而法西斯德国在1942—1944年间，平均每年只能生产1.9万辆坦克，2.6万架飞机，火炮和炮弹的产量只有苏联的33%和70%左右。⑤ 战后初年，苏联的军事力量得到进一步加强。例如，1949年苏联成功爆炸第一颗原子弹，

---

① 鲍鸥、周宇、王芳：《科技革命与俄罗斯（苏联）现代化》，山东教育出版社2017年版，第148—149页。
② 《国际共产主义运动史》（第2版），人民出版社、高等教育出版社2020年版，第203页。
③ A. A. 丹尼洛夫、A. Ф. 菲利波夫主编：《俄罗斯历史（1900—1945）》，吴恩远等译，张树华、张达楠校，中国社会科学出版社2014年版，第233页。
④ 江流、陈之骅主编：《苏联演变的历史思考》，中国社会科学出版社1994年版，第33页。
⑤ 江流、陈之骅主编：《苏联演变的历史思考》，中国社会科学出版社1994年版，第33页。

打破了美国的核垄断。

列宁—斯大林时期，苏联社会主义取得了伟大成就。首先是建立起来了社会主义基本制度。坚持马克思主义指导地位，形成强大的公有制经济，巩固和加强了党的领导，建立起人民当家作主的基本制度。与此同时，在短短30余年间，在艰难复杂的条件下，苏联迅速发展成为强大的社会主义国家。苏联社会主义建设取得辉煌成就，斯大林是功不可没的。1999年12月21日，俄罗斯共产党领导人久加诺夫拜谒斯大林陵墓时讲："斯大林不仅是20世纪俄罗斯史，而且是整个俄国史上最伟大的国务活动家。斯大林执掌政权后，把俄国从一个分散的国家建成为世界上最强大、最伟大的国家之一：在苏联建立起了全部现代的工业，为人类进入宇宙作了最充分的准备和积累，奠定了科学理论基础，建立了世界上最优秀的教育体制。人们只注意到和指摘斯大林破坏法制，搞大清洗，但在斯大林领导下，国家取得了远远超过上述列举的成就。"[①]

但是，苏联是人类历史上第一个建立社会主义制度的国家，社会主义是崭新的制度，一切都是在实践中探索，没有现成的成功经验，这就难以避免出现这样那样的问题。这些问题主要表现为以下几点：一是党内民主集中制还不够成熟。例如，在党的决策中民主机制不够；在处理党内高层矛盾方面，还缺乏科学合理的办法，出现了处置不当的情形。二是党的干部队伍培养制度不完善。例如，中央层面干部梯队建设就没有做好，党的高层干部新老权力交接机制尚不成熟；斯大林就没有解决好接班人问题，以致在他逝世后苏共在中央层面权力交替上就出现了严重问题，引起了一定的混乱。三是没有处理好工业与农业、重工业与轻工业协调发展的关系。主要表现为重工业发展快，轻工业和农业发展相对慢了。四是对市场在社会主义经济建设中的作用认识不足。国家经济主要是计划性和

[①] 陈之骅、吴恩远、马龙闪主编：《苏联兴亡史纲》，中国社会科学出版社2004年版，第644页。

指令性的。① 五是在解决国内矛盾上出现了偏差。主要表现为没有区分好人民内部矛盾和敌我矛盾，出现了将人民内部矛盾视为敌我矛盾处理的现象。六是在民族问题处理上出现过激行为。例如，强行迁徙某些族群，留下了"后遗症"。

列宁、斯大林极其成功地完成了历史赋予的使命。他们的历史贡献是伟大的，是绝不应否定和抹杀的。至于列宁—斯大林时期，苏联社会主义体制机制构建中出现了一些问题和不足，是后来人应该根据具体的历史条件进行符合实践的改革，不断加以完善的。苏联后来出现的问题，决不应归因于列宁和斯大林。

第二，赫鲁晓夫—勃列日涅夫时期。

从1953年斯大林逝世到1985年戈尔巴乔夫上台前夕30余年间，可称为赫鲁晓夫—勃列日涅夫时期。这个时期，苏联继续坚持了社会主义建设道路，在保持社会主义基本制度的同时实行了一系列调整改革政策。例如，赫鲁晓夫时期，苏联就提出了一系列农业

---

① 斯大林在《苏联社会主义经济问题》中，对苏联的经济问题进行了深入的理论探讨，对苏联经济的判断是清晰的、冷静的，体现出了很强的唯物辩证法思想。这部著述撰写于1952年，在斯大林逝世的前一年，是斯大林晚年有代表性的著述。我们在学习这部著述时，深感斯大林对马列经典著作表现出了科学辩证的态度和反教条的态度。在这部著述中，斯大林批评了苏联某些人认为："商品生产不论在什么条件下都要引导到而且一定会引导到资本主义"的看法。斯大林指出："决不能把商品生产看作是某种不依赖周围经济条件而独立自在的东西。商品生产比资本主义生产更老。它在奴隶制度下存在过，并且替奴隶制度服务过，然而并没有引导到资本主义。它在封建制度下存在过，并且替封建制度服务过，可是，虽然它为资本主义生产准备了若干条件，却没有引导到资本主义。如果注意到，在我国，商品生产没有像在资本主义条件下那样漫无限制和包罗一切地扩展着，它由于生产资料公有制的建立、雇佣劳动制度的消灭和剥削制度的消灭这样一些决定性的经济条件而受到严格的限制，试问，为什么商品生产就不能在一定时期内同样地为我国社会主义社会服务而并不引导到资本主义呢？"[《斯大林文选（1934—1952）》下，人民出版社1962年版，第581—582页] 可以说，斯大林在这部著述中体现出了构建某种形式的"社会主义市场经济体制"的主张。但是，在这部著述中，斯大林对"国内外市场"在社会主义经济发展中的重要性认识还是不够的，并没有形成构建"苏联特色社会主义市场经济体制"的系统思想。

管理体制的调整措施，如大幅度提高农产品收购价格，取消个人副业农副产品的义务交售制度；改革基层劳动组织形式，推广包工奖励制度；把农业机械转卖给集体农庄，撤销拖拉机站；改革农业计划管理体制，扩大农庄、农场的自主权。改变中央对国民经济管理权力过度集中的状况，主要经济管理权由中央转向地方。对干部结构进行调整，把大批受过专业教育的科技人员充实到各级领导干部队伍中；实行干部定期轮换制度。勃列日涅夫时期，采取了一些措施调动企业生产经营的主动性。例如，扩大企业经营管理自主权，减少国家指令性指标数量；发挥经济杠杆作用，用价格、利润、奖金、贷款等手段加强对生产过程的经济刺激。大幅度增加对农业的投入；减轻农民负担；积极扶持庄员副业生产，发展集体农庄贸易。高度重视科学技术的发展，加大科研经费投入。苏联科研投资从勃列日涅夫上任前占国民收入比重的2.5%左右，提高到20世纪80年代初的近5%。无论是投资的增长速度还是其占国民经济的比重，均占世界第一位。①

在列宁—斯大林时期社会主义建设的成就基础上，这个时期苏联社会主义建设取得了很大成绩。在科学技术方面，苏联成为世界强国。有学者认为，苏联的科技体制模式可概括为"动员"模式。"苏联政府在总结俄罗斯在第一次世界大战时期经验的基础之上，建立并依靠'动员'模式不仅取得了反法西斯战争的胜利，而且与美国对峙'冷战'多年，成为超级科技军事大国。这一模式沿用至20世纪80年代末。"② 十月革命前，俄国是一个相对落后的资本主义国家，而苏联在高科技领域创造出诸多世界第一。例如，1957年8月，苏联成功发射世界上第一枚洲际弹道导弹；1957年

---

① 参阅陈之骅、吴恩远、马龙闪主编《苏联兴亡史纲》，中国社会科学出版社2004年版，第10章、第11章；《国际共产主义运动史》（第2版），人民出版社、高等教育出版社2020年版，第243—248页。

② 鲍鸥、周宇、王芳：《科技革命与俄罗斯（苏联）现代化》，山东教育出版社2017年版，第153页。

10月，将第一颗人造卫星送入太空，开启了人类社会的航天时代；1961年4月，苏联宇航员加加林完成第一次太空飞行，实现了人类飞天梦想；从1957年起，联盟号运载火箭成功将载人飞船发射到地球轨道，居世界领先地位多年。20世纪50年代至80年代初，苏联的科技力量赶上甚至在某些方面超过了美国，处于世界领先地位。从1960年至1985年，苏联的科研工作者人数从35.42万人增加到149.13万人，增长速度和绝对数量都超过了美国，居世界之首；苏联的科学家、工程师、医生约占全世界的四分之一，居世界第一位。从1965年至1985年，苏联高等学校从756所增加到894所，在校生从386.1万名增加到514.7万名，每万人中有大学生185人，仅次于美国，远超其他发达资本主义国家。①

这个时期，苏联国民经济领域科技实力和科技水平有了明显提高，经济社会发展取得巨大进步。勃列日涅夫在任18年间，苏联经济社会一度发展较快，可以说是与美国并驾齐驱的世界超级大国，综合国力达到顶峰。例如，1970年，苏联全国登记注册的重大发明为93项，1980年增加到240项，1985年增加到313项；工业机器人在1970年还不能制造，1985年已生产13200台，而同期电子计算机增长了17倍；综合机械化和自动化企业由1971年的4984个增加到1985年的7198个；铁路运输基本上实现了电力和内燃机化。② 苏联的工业增长率在赫鲁晓夫—勃列日涅夫时期虽然呈下降趋势，但这个时期的最后5年，即十一五计划时期（1981—1985年），苏联的工业增长率仍然达到了3.6%。③ 在农业方面，1953年至1963年，苏联农业总产值从410亿卢布增加到607亿卢布；粮食产量从9220万吨增长到10750万吨。1965年至1982年，

---

① 陈之骅、吴恩远、马龙闪主编：《苏联兴亡史纲》，中国社会科学出版社2004年版，第461—462页。
② 陈之骅、吴恩远、马龙闪主编：《苏联兴亡史纲》，中国社会科学出版社2004年版，第462页。
③ 陈之骅、吴恩远、马龙闪主编：《苏联兴亡史纲》，中国社会科学出版社2004年版，第468页。

苏联农业总产值从 607 亿卢布增加至 1274 亿卢布；粮食产量从 10750 万吨增加到 18627 万吨。全国农业拖拉机拥有量，从 1960 年的 112.2 万台增加到 1982 年的 264.9 万台。勃列日涅夫时期，苏联的拖拉机产量占世界第一位。①

勃列日涅夫时期，苏联建立了完整的社会保障体系。例如，职工延长休假，实行每周五天工作制；职工月工资从 1968 年的 40—50 卢布，提高到 1980 年的 168.9 卢布。② 全民教育水平得到提高，从事脑力劳动的知识分子阶层不断扩大。全国脑力劳动者从 60 年代的 1970 万人，增加到 70 年代的 3890 万人，到 1982 年又增加至 4200 万人。同时，工人、农民受教育程度也得到提高。1965 年，工人和农民中受过高、中等教育的人数分别占 46.7% 和 30.5%，1982 年分别增加到 80% 和 65.5%。③

以上简要列举的一些数据、史实表明，赫鲁晓夫—勃列日涅夫时期，苏联社会主义建设仍然取得了很大的成就。苏联作为一个统一的社会主义国家，维持了社会主义的基本制度。但是，这个时期苏联确实出现了一些严重问题和不良演变趋势。对这些问题和趋势，这里不能一一列举，仅稍作述说。

第一，这个时期苏联的经济增长速度呈下降趋势。例如，苏联的工业增长率在五五计划期间（1951—1955 年）是 13.1%，而到了十一五计划期间（1981—1985 年）却下降到了 3.6%。20 世纪 70 年代中期后，苏联经济发展步伐明显放缓，赶超发达资本主义国家的速度优势减弱乃至丧失。④ 国家经济逐渐面临更大

---

① 陈之骅、吴恩远、马龙闪主编：《苏联兴亡史纲》，中国社会科学出版社 2004 年版，第 452 页。
② 《国际共产主义运动史》（第 2 版），人民出版社、高等教育出版社 2020 年版，第 247 页。
③ 陈之骅、吴恩远、马龙闪主编：《苏联兴亡史纲》，中国社会科学出版社 2004 年版，第 493—494 页。
④ 陈之骅、吴恩远、马龙闪主编：《苏联兴亡史纲》，中国社会科学出版社 2004 年版，第 468 页。

困难。

第二，**经济改革和调整不力**。例如，赫鲁晓夫时期，改革和调整出现过摇摆现象，而勃列日涅夫时期则逐渐呈现出保守僵化之势。斯大林时期建立的高度集中的计划经济体制，在当时是必要的、合理的，但随着社会主义建设的发展和国际形势的变化，这种高度集中的体制需要改革，以便更好地发挥国内外市场的作用。赫鲁晓夫、勃列日涅夫的调整和改革没有根本触动高度集中的计划经济体制，也就没有能够建立起具有苏联特色的社会主义市场经济体制。

第三，**党的建设出了严重问题**。这里只简要列举几点。首先是赫鲁晓夫否定斯大林，造成严重的思想混乱。不仅造成苏共党内的思想混乱，也造成国际共产主义运动在一定程度上的分裂。这也是苏联后期历史虚无主义泛滥的重大源头。二是没有坚持和发展好马克思列宁主义，对国内外形势的估计脱离实际，理论上出现混乱和摇摆。三是党员干部队伍新陈代谢工作做得不好。特别是到了勃列日涅夫后期，干部队伍严重老化，一定程度上形成了实际上的终身制，出现思想僵化、不思进取、保守怠惰的倾向。四是党内监督机制不力。五是官僚主义兴起，干部脱离群众。六是腐败之风日盛，党内实际上形成了一个"特权阶层"。有学者指出：苏联一些党和国家高层领导人，包括勃列日涅夫本人，有特权思想，"在追求享乐、滥用权力、贪赃枉法等方面的行为对特权阶层的形成起到了促进作用"；"勃列日涅夫时期为特权阶层的形成提供了最为适宜的生长土壤"。① 这些都表明苏共党内出现了十分严重的问题，出现了变质趋向。

第四，**对外战略和政策上犯了严重错误**。在处理与社会主义国家的关系上，这个时期苏联共产党犯了严重错误。例如，武力干涉

---

① 李慎明主编，陈之骅副主编：《居安思危：苏共亡党二十年的思考》，社会科学文献出版社2011年版，第308—313页；关于苏共特权阶层问题，可参阅《居安思危：苏共亡党二十年的思考》第5章《苏共的特权阶层》。

东欧社会主义国家的内部事件,如1968年出兵干涉捷克斯洛伐克,造成不良后果。没有处理好与中国的关系。中苏两个社会主义大国矛盾激化造成社会主义国家间的大分裂,主要责任在苏共。贸然出兵阿富汗使苏联陷入战争泥潭,既损害了苏联国际形象,也加剧了国家经济困难。在处理与以美国为首的西方资本主义国家集团关系上出现战略性失误。既有"放松警惕"的一面,也有"一味对抗"的一面。没有处理好人类社会处于资本主义社会向社会主义社会过渡这个特定历史时期里,新生社会主义国家与仍然存在的占多数的资本主义国家之间的复杂关系。在经济全球化不断加深的世界历史发展大势下,没有积极参与并争取引领经济全球化进程;这就没有能够及时大力借鉴和吸取资本主义国家发展的新成果。同时,强调军事对抗,使列宁—斯大林时期实施无产阶级国际义务的策略和政策,很大程度上演变成了与美国主导的西方资本主义国家集团"争夺影响范围"的做法。

赫鲁晓夫—勃列日涅夫时期30余年里,苏联社会主义建设取得了很大成就,但确实也出现了严重问题,尤其是苏联共产党建设出现了严重问题。但是,这个时期结束时,苏联共产党的基本组织还在,社会主义基本制度还在,苏联的国力还很强大——仍为两个超级大国之一,苏联共产党有充分的时间和条件来加强和改进党的建设,加强社会主义国家的建设。我们没有理由得出结论:这个时候苏联共产党和苏联社会主义制度已经不可挽救了,苏共必然亡党亡国!1982年11月,勃列日涅夫逝世,安德罗波夫继任苏共总书记;1984年2月,安德罗波夫逝世,契尔年科继任苏共总书记;1985年3月,契尔年科逝世,戈尔巴乔夫继任苏共总书记。戈尔巴乔夫当选总书记时只有50多岁,是"年轻有为"的时候。这个时候苏联共产党特别需要强力推进党的建设,旗帜鲜明地坚持和发展马克思列宁主义,遏制党内腐化怠惰之风,坚持社会主义发展方向。但是,1985年新上任的苏共总书记戈尔巴乔夫和苏共中央集体却没有能够做到这一点。

3. 苏共亡党亡国及其原因

苏共亡党亡国是国际共产主义运动中的重大事件，也是人类社会历史上的重大事件。一个世界超级大国，在没有外敌武装入侵、没有大天灾、没有大内战的情况下，竟然自行解体了。人类历史上第一个执政的共产党在掌握政权 70 多年后，竟然在总书记宣布下自行解散了。从苏联共产党最后一任总书记戈尔巴乔夫 1985 年 3 月上任到 1991 年 12 月苏联最终解体，可以说这 6 年多时间就是苏共亡党亡国的过程。对于苏共亡党亡国过程，我国学术界有很多研究。其中，李慎明主编的《居安思危：苏共亡党二十年的思考》进行了深入系统的考察和分析；《苏联演变的历史思考》《苏联兴亡史纲》等著作也进行了深入研究。这里我们只简单地回顾一下戈尔巴乔夫上任后苏共亡党亡国的过程。

这个过程可以分为几个小阶段。第一个阶段，实施"加速战略"。1985 年 4 月，戈尔巴乔夫提出"加速国家社会经济发展战略"，并为苏共中央全会通过。但"加速战略"与实际脱节，措施不力，效果不好。第二个阶段，提倡"民主化公开性"，改革的重点从经济领域转向政治领域。1986 年 7 月，戈尔巴乔夫正式提出进行"政治改革"；1987 年 1 月，戈尔巴乔夫提出要在社会生活中推行"民主化"和"公开性"原则；1988 年 6 月，苏共全国代表大会通过了有关文件，在全国全面开始了以民主化和公开性为标志的政治改革。这种鼓吹"民主化""公开性"所谓的政治改革，造成了思想混乱和社会秩序的混乱。第三阶段，实施"人道的、民主的社会主义"的总路线。1988 年 6 月，戈尔巴乔夫就提出了建立"人道的、民主的社会主义"的目标，后来这一目标被确定为苏共的"总路线"。主要举措是：改变 1936 年苏联宪法第六条规定的苏共法定领导地位；取消"苏维埃社会主义共和国联盟"中的"社会主义"一词；批判民主集中制，实行立法、行政、司法三权分立。这样的改革路线，必然削弱苏联共产党的地位，削弱苏共中央权威。国家进一步陷入混乱，经济危机、政治危机加深，民族矛盾急剧上升。1990年苏联一些加盟共和国相继宣布独立，苏联已陷入分裂状态。第四阶段，发生"8·19"事件，苏联解体。在各种危机集中爆发、国家陷入分裂状态之际，1991年8月发生了"8·19"事件。副总统亚纳耶夫等苏联高层领导，借戈尔巴乔夫休假之机成立了"紧急状态委员会"，宣布代行总统的最高权力。在全国宣布紧急状态，并采取一些措施力图控制局势。但这一行动迅速以失败告终。8月24日，回到莫斯科的戈尔巴乔夫宣布："我不认为我本人今后还能够完成苏共中央总书记的职责，我将辞去自己的所有职权"；"苏共中央不得不采取自行解散这个艰难但又是唯一合理的决定"。① 就这样，苏联共产党最终瓦解了。② 没有了共产党支撑的戈尔巴乔夫也坐不稳"苏联总统"宝座了。1991年12月25日，戈尔巴乔夫签署了辞去苏联总统的命令，并发表辞职讲话；正在戈尔巴乔夫发表辞职讲话之际，红色的带有镰刀锤子的苏联国旗从克里姆林宫总统府屋顶上悄然落下。苏联解体了，宣扬建立"人道的、民主的社会主义"的戈尔巴乔夫被历史证明是现代世界历史上最大的"亡国之君"！

苏共亡党亡国是国际共产主义运动的重大挫折和悲剧。在苏共亡党亡国的同时，东欧社会主义国家也相继发生了演变，共产党下台，社会主义败下阵来，资本主义实现了复辟。但是，苏联解体、东欧剧变并不意味着社会主义制度不行了，不意味着社会主义道路走不通了。苏联解体、东欧剧变发生后，中国等社会主义国家仍然坚持走社会主义道路，在探索中不断取得新的成绩，展现出了社会主义在人类历史发展进程中的光明前景。

《国际共产主义运动史》一书分析总结了苏联解体、东欧剧变

---

① 李慎明主编，陈之骅副主编：《居安思危：苏共亡党二十年的思考》，社会科学文献出版社2011年版，第1页。

② 关于苏联解体简要过程，参阅《国际共产主义运动史》（第2版），人民出版社、高等教育出版社2020年版，第319—325页。

的原因。主要的、现实的原因有：放弃了马克思主义的指导；放弃了共产党的领导地位；放弃民主集中制涣散了党的各级组织；放弃了党对新闻舆论的领导权，历史虚无主义盛行；放任西方敌对势力的演变和颠覆。① 这几点是符合实际的，既是苏联同时总体上也是东欧社会主义国家发生剧变的原因。

关于苏共亡党亡国的原因，学术界有广泛的讨论。原因是多方面的，但最根本的原因是什么，国内外学术界显然有不同看法。《居安思危：苏共亡党二十年的思考》指出："苏联剧变的根本原因不在于'斯大林模式'即苏联社会主义模式，而在于从赫鲁晓夫集团到戈尔巴乔夫集团逐渐脱离、背离乃至最终背叛马克思主义、社会主义和最广大人民群众根本利益。"② 我们认为这一分析是有道理的。

4. 苏联的世界历史地位

苏联已经解体了，苏联社会主义建设终止了，至少是暂时终止了，但她对人类社会的发展做出了巨大贡献，这种贡献是不可磨灭的。这里仅简要地讲以下几点：

第一，十月革命的胜利开创了人类历史的新纪元。从此，人类社会的发展进入了资本主义社会向社会主义社会过渡的历史时期。

第二，苏联的社会主义建设成就曾经是辉煌的，苏联是人类历史上第一个成功建成社会主义制度的国家。苏联的存在促进了人类社会的发展。在制度建设、科学技术创新等方面，为人类社会的发展做出了卓越贡献。她的成功经验为世界其他国家提供了参照；她的失败教训为其他社会主义国家提供了警示。

第三，十月革命的胜利和苏联社会主义建设成就促进了国际

---

① 《国际共产主义运动史》（第2版），人民出版社、高等教育出版社2020年版，第332—337页。

② 此处引文是李慎明主编，陈之骅副主编《居安思危：苏共亡党二十年的思考》的《绪论》第3节（第17—35页）标题。

共产主义运动的发展，为其他国家社会主义革命与建设提供了援助，营造了更好的国际环境。中国和其他国家社会主义革命的胜利和社会主义建设的成功得益于苏联的实际援助和苏联本身的客观存在。

第四，十月革命的胜利和苏联社会主义建设成就促进了亚非拉民族解放运动的胜利和广大发展中国家的兴起。殖民地半殖民地赢得国家独立得益于苏联的支援和声援；广大新生的发展中国家在发展进程中也获得过苏联的援助和支持。强大的苏联的客观存在，仅仅这一点，就极大地促进了发展中国家的兴起，因为苏联吸引了昔日帝国主义列强或后来的发达资本主义大国的注意力，减轻了广大发展中国家在国际格局中面临的压力和挑战。

三 中国社会主义建设实践

1949年，中华人民共和国成立，中国开始了建设社会主义的伟大历程。从1840年鸦片战争到1949年，中国是一个半殖民地半封建社会。1917年俄国十月革命取得胜利，苏联成为世界上第一个社会主义国家。十月革命给中国送来了马克思列宁主义。从此，中国救亡图存的道路就有两个选择：一条是资本主义道路，另一条是社会主义道路。1921年中国共产党成立，中国人民在共产党领导下，最终选择了社会主义道路。只有社会主义才能救中国，是中国共产党和中国人民认识到的真理，是符合世界历史和中国历史发展的客观实际的。这个由革命前辈们认识到并长期坚持的真理，也是我们今天必须坚守的。中国是继苏联之后又一个社会主义大国，是当今世界唯一的社会主义大国。中国能否坚持社会主义道路，不仅仅决定着中华民族的前途命运，而且也决定着今后数百年世界历史发展路径，在很大程度上也决定着世界人民的命运。

1. 社会主义基本制度的建立

中国共产党领导中国人民进行社会主义建设实践，可以说早在土地革命时期在根据地就开始了。解放战争时期，在先解放的地区，立即开始了社会主义建设实践。社会主义基本制度，首要的是实行共产党领导。中国的革命、建设和改革事业，都是在中国共产党领导下进行的，所有的成功都是在党的坚强领导下取得的。

取得新民主主义革命胜利后，党的紧迫任务是建立社会主义基本经济制度。第一个重大措施是没收官僚资本，建立国营经济。对国民党统治时期形成的官僚资本进行没收，是新中国掌握国家经济命脉、恢复国民经济和发展国营经济的重要前提。到1949年年底，全国共接收了官僚资本的金融企业2400余家，工矿企业2800多家，将其改造为社会主义国营企业。截至1952年，全国国营企业固定资产原值为240.6亿元，其中大部分为没收官僚资本企业的资产（不包括其土地价值）。① 在没收官僚资本的同时，国家大力发展社会主义国营企业。到1952年，经过3年的发展，我国已经建立起比较强大的社会主义国有经济体制，工业产值已占全国现代工业总产值的67.3%，批发商业的营业额占全国批发商业营业总额的60.5%。② 这样，国有企业在国家工业中已占据主导地位。

新中国成立前，解放区已开展了土地改革工作，废除封建土地所有制。新中国成立时，全国有约占总数2/3的农民还被束缚在封建土地制度之下。1950年6月，中共中央召开七届三中全会，要求在3年内完成新解放区的土地改革。接着中央人民政府委员会第八次会议，通过了《中华人民共和国土地改革法》，并于6月30日公布实施。在中国共产党的统一领导下，1950年秋，全国新解

---

① 当代中国研究所：《新中国70年》，当代中国出版社2019年版，第12—13页。

② 当代中国研究所：《新中国70年》，当代中国出版社2019年版，第38—39页。

放区开展土地改革运动。到 1952 年年底，全国除少数地区外，土地改革基本完成。包括老解放区的农民在内，3 亿多无地少地的农民共没收了地主阶级约 7 亿亩土地和大批耕畜、农具、房屋、粮食，约占农业人口 60% 至 70% 的农民从封建土地关系束缚中解放出来。[1] 通过土地改革运动，我国废除了封建土地制度，实现了"耕者有其田"。土地改革解放了农村生产力，极大地促进了我国农业的发展。

农村土地改革的成功为对农业进行社会主义改造打下了基础。对农业进行社会主义改造，主要就是实行农业合作化，建立农民集体所有制。实行农业合作化主要分两个阶段：一是建立互助组，从临时互助组到常年互助组；二是建立实行土地入股、统一经营而有较多公共财产的农业生产合作社，再到形成完全社会主义的农民集体所有制的更高级的农业生产合作化，逐步实现对农业的社会主义改造。

在推进农业合作化之际，党中央于 1953 年 9 月公布了我国过渡时期的总路线。从中华人民共和国成立，到社会主义改造基本完成，这是一个过渡时期。"党在这个过渡时期的总路线和总任务，是要在一个相当长的时期内，逐步实现国家的社会主义工业化，并逐步实现国家对农业、对手工业和对资本主义工商业的社会主义改造。"[2]

对农业进行社会主义改造进展得很快。到 1954 年年底，建成了 48 万个合作社，参加互助合作的农户占比由 1952 年的 19.2% 增加到 1954 年的 60.3%。[3] 到 1956 年，农业合作社增长至并保持在 65 万个，我国农业社会主义改造基本完成。农业合作化提高了农业生产力，促进了农业发展；在农业合作化期间，农业生产总值平

---

[1] 当代中国研究所：《新中国 70 年》，当代中国出版社 2019 年版，第 17—20 页。

[2] 《毛泽东文集》第 6 卷，人民出版社 1999 年版，第 316 页。

[3] 当代中国研究所：《新中国 70 年》，当代中国出版社 2019 年版，第 44 页。

均每年递增 4.8%。①

与此同时，国家对手工业和资本主义工商业也进行了社会主义改造。1952 年，我国手工业从业人数达 736.4 万，加上兼营手工业的农民，共约 2000 万人，手工业产值占工业总产值的 20%。当时的手工业可以分为四类：一是从属于家庭农业的家庭手工业，二是作为农民家庭兼营的手工业，三是独立经营的个体手工业，四是雇工经营的工场手工业。根据过渡时期总路线，对手工业的社会主义改造主要是指第三类，第一、二类纳入农业社会主义改造范畴，第四类纳入资本主义工商业改造范畴。独立经营的个体手工业在数量上最多。对这类手工业进行社会主义改造，一般经过了手工业生产小组、手工业供销生产合作社和手工业生产合作社三个阶段。到 1956 年 6 月，组织起来的手工业者已占从业人员的 90% 以上，国家基本上实现了手工业合作化。②

对资本主义工商业进行社会主义改造，是通过国家资本主义途径实现的，大体经历了两个阶段。第一阶段为 1953 年至 1955 年夏天，是初级形式的国家资本主义阶段；第二阶段为 1955 年下半年到 1956 年，是高级形式的国家资本主义阶段。在第一阶段，主要是在工业中采用委托加工、订货、统购包销，在商业中委托经销、代销等。在企业利润上实行"四马分肥"，即所得税占 30%，工人福利占 15%，企业公积金占 30%，资方股息红利占 25%。在第二阶段，对个别企业和全行业实行公私合营。个别企业的公私合营是半社会主义性质的，利润分配仍然实行"四马分肥"的原则，但资本家只能按私股所占比例取得红利的一部分，另一部分红利转为国家所有。全行业公私合营的生产关系则发生了根本变化，资本家的生产资料已归国家所有，资本家只按

---

① 当代中国研究所：《新中国 70 年》，当代中国出版社 2019 年版，第 44 页；参阅庞松主编《中华人民共和国 70 年简史（1949—2019）》上册，浙江人民出版社 2019 年版，第 80—85 页。

② 当代中国研究所：《新中国 70 年》，当代中国出版社 2019 年版，第 45 页。

核定股息拿定息，这样，企业已基本上是社会主义性质的了。到 1956 年年底，全国 99% 的私营工业企业、85% 的私营商业从业人员实现了全行业的公私合营，对资本主义工商业的社会主义改造基本完成了。① 到 1956 年，我国基本完成生产资料所有制方面的社会主义改造；"社会主义性质的公有制经济在国民收入中的比重已达到 92.9%"。②

没收官僚资本并大力发展国营企业，在广大农村先后实行土地改革和建立拥有集体经济的农业合作社，对手工业和资本主义工商业进行社会主义改造，标志着在我国绝大部分地区已基本铲除了剥削制度，建立起社会主义的基本经济制度。

新中国成立后，对旧的教育和文化事业也进行了社会主义改造。在接管城市过程中，凡属国民党政府、党派、军队系统创办和直接控制的报刊、电台和通讯社，一律没收，全部财产归国家所有；对官僚资本与民族资本合办的，没收其中的官僚资本，保护民族资本，经改组后准予继续营业；一切由私人经营的新闻、报刊、广播事业须向军管会申请登记核准后，才能继续营业或创刊；外国人在中国办的报纸、通讯社等，分步骤明令停刊或取消。③ 随后，对私营报纸、刊物、广播事业进行改造，完全置于党和国家的领导之下。对原国民党统治下的文化教育事业，采取先接管、接收，再逐步进行改造的政策，使原有的教育事业掌握在人民手中。同时，大力发展工农教育事业。为了使高等教育更加适应国家建设的需要，从 1951 年年底起，国家对全国高等学校及所属各院系进行了一次全面的调整。在院系调整过程中，国家决定全国高等学校统一招生，毕业生统一分配；私立高等学校全部改为公办。新中国成立

---

① 当代中国研究所：《新中国 70 年》，当代中国出版社 2019 年版，第 45—47 页。

② 庞松主编：《中华人民共和国 70 年简史（1949—2019）》，上册，浙江人民出版社 2019 年版，第 136 页。

③ 庞松主编：《中华人民共和国 70 年简史（1949—2019）》，上册，浙江人民出版社 2019 年版，第 59 页。

之初，国家决定成立中国科学院。中国科学院是在接收以前的"中央研究院""北平研究院"及其所属研究所的基础上组建起来的。①

在改造旧的教育与文化事业的同时，国家也开展了对知识分子的思想改造工作。"整个教育界陆续开展了以学习马列主义、毛泽东思想为主要内容，联系本人思想和学校实际，通过批评与自我批评，肃清封建买办思想，批评资产阶级和小资产阶级思想，推动教育改革的学习运动，效果较好。"② 其他各界也开展了思想改造学习运动，形成了全国规模的知识分子思想改造运动。

新中国成立后，我国迅速确立了社会主义基本经济制度，对文教事业进行了社会主义改造。与此同时，我国社会主义政治制度迅速建立起来了。1954 年，第一届全国人民代表大会第一次会议召开，会议通过了《中华人民共和国宪法》，人民代表大会制度正式实行。宪法规定："中华人民共和国是工人阶级领导的、以工农联盟为基础的人民民主国家"；"中华人民共和国的一切权力属于人民"，"人民行使权力的机关是全国人民代表大会和地方各级人民代表大会"；"全国人民代表大会、地方各级人民代表大会和其他国家机关，一律实行民主集中制"。③ 人民代表大会制度是我国的根本政治制度。同时，我国也建立起了中国共产党领导的多党合作和政治协商制度。1954 年 12 月，中国人民政治协商会议第二届全国委员会第一次会议召开，会议通过了《中国人民政治协商会议章程》。章程规定，人民政协的性质是：团结全国各民族、各民主阶级、各民主党派、各人民团体、国外华侨和其他爱国民主人士的

---

① 庞松主编：《中华人民共和国 70 年简史（1949—2019）》，上册，浙江人民出版社 2019 年版，第 59—62 页。

② 庞松主编：《中华人民共和国 70 年简史（1949—2019）》，上册，浙江人民出版社 2019 年版，第 63 页。

③ 《中华人民共和国宪法》，人民出版社 1954 年版，第 7 页；参阅庞松主编《中华人民共和国 70 年简史（1949—2019）》上册，浙江人民出版社 2019 年版，第 97 页。

人民民主统一战线的组织。① 这次会议形成的重要原则，为中国共产党长期坚持中国共产党领导的多党合作和政治协商制度奠定了思想基础、政治基础和组织基础。新中国成立后，我国实行各民族平等、团结、互助的原则，建立了民族区域自治制度。这是我国的一项基本政治制度。

2. 社会主义建设的伟大成就

新中国成立70多年来，我国社会发生了前所未有的、翻天覆地的变化。1949年新中国成立之前的100多年，中国是半殖民地半封建社会，广大人民深受帝国主义、封建主义、官僚资本主义的剥削和压迫。我国社会长期处于战乱不已、民不聊生的状态。1949年新中国成立，我国进入了社会主义社会发展时期，国家迅速摆脱贫穷落后状态。70多年来，在中国共产党的领导下，我国人民艰苦奋斗，社会主义事业欣欣向荣，国家日益富强起来。

70多年来，我国社会主义建设可以大致分为三个历史时期：（1）1949—1978年；（2）1978—2012年；（3）2012年之后。第一个时期是我国社会主义基本制度建立和社会主义建设初期探索时期；第二个时期是改革开放、大力建设中国特色社会主义的时期；第三个时期是中国特色社会主义新时代，全面建成小康社会，开启全面建设社会主义现代化国家新征程。70多年来，我国社会主义建设取得了举世瞩目的伟大成就，从一穷二白发展到世界第二大经济体。我国社会主义建设伟大成就体现在方方面面，这里只能简单述说。

第一个时期，从1949年新中国成立到1978年中共十一届三中全会，是我国社会主义建设"打基础"的时期。最根本的是，确立了我国社会主义基本制度，社会主义建设在各方面打下了坚实的基础。在社会主义建设的艰辛探索中，各项事业得到发展。特别是

---

① 参阅当代中国研究所《新中国70年》，当代中国出版社2019年版，第51—53页。

确立了公有制经济的绝对主体地位，建立了强大的国有经济和雄厚的集体经济；建立了独立完整的工业体系，包括国防工业体系；在尖端科学技术领域取得重大突破，如"两弹一星"、核潜艇等；建立起比较全面的科研院校体系，形成比较全面的教学科研队伍，为我国科学技术全面实现腾飞和社会主义建设人才队伍的培养打下了基础；交通运输等基础设施建设打下了坚实的基础；兴修水利取得重大成效。这个时期是我国社会主义建设打基础的时期，我国经济社会总体上得到了快速的发展。例如，在第三个五年计划期间（1966—1970年），工农业总产值年均增长9.6%，其中农业总产值年均增长3.9%，工业总产值年均增长11.7%；在第四个五年计划期间（1971—1975年），工农业总产值平均每年增长7.8%，其中农业总产值年均增长4.0%，工业总产值年均增长9.1%。[①] 同时，这个时期，我国人口从1949年年底的5.4亿多人，增加到1978年年底的9.6亿多人，在近30年时间，我国人口增加了将近一倍。人口的快速增长，虽然增加了一定的社会压力，却为国家快速发展储备了丰富的人力资源和庞大的科研人才后备队伍。建设社会主义国家在我国是前无古人的事业。在世界上，第一个社会主义国家建立的时间也不长，社会主义建设经验还很不充分。我国社会主义建设实践，在艰辛探索中也犯了错误，经历了一些挫折，走了弯路。但是，我们必须牢记，社会主义制度的建立，近30年的社会主义建设实践取得的丰硕成果，为我国实行改革开放打下了坚实的基础。

1978年中共十一届三中全会的召开，是我国开始实行改革开放的里程碑事件，我国社会主义建设进入了一个新的历史阶段。这个阶段的总趋势是，改革不断深化，开放不断扩大。我国实行改革开放的一项核心工作是构建社会主义市场经济体制，就是如何科学地把社会主义制度与市场经济结合起来。在这一点上，世界上没有

[①] 蒋建华、冯婉蓁、季弘主编：《中华人民共和国资料手册：1949—1999》，社会科学文献出版社1999年版，第421—422页。

成功的先例；苏联进行了几十年社会主义建设实践，一直没有能够探索出社会主义制度与市场经济结合的成功路径。我国坚持中国特色社会主义道路，在不断探索中建立起社会主义市场经济体制，并且不断发展完善。从1978年起，我国经济进入了一个新的高速发展阶段，在世界大国中，我国经济发展是最快的；到2010年，我国国内生产总值超过了日本，成为仅次于美国的世界第二大经济体；随着经济的高速发展，人民的生活得到很大的改善，城乡居民收入在1979年至2011年间，年均增速达到7.4%。[1] 在科学技术领域，我国取得了一批重大自主创新成果；在载人航天、探月工程、北斗导航、超级计算机等领域实现了重大突破。例如，2003年，神舟五号将航天员杨利伟送上太空；千万亿次超级计算机系统"天河一号"研制成功；载人潜水器"蛟龙"号创下7062米的下潜纪录；到2011年，我国成为世界第一电子信息产品制造大国。[2] 中国特色社会主义以快速发展的步伐迈向新时代。

2012年，中国共产党第十八次全国代表大会召开，习近平同志当选为中共中央总书记。十八大后，以习近平同志为核心的党中央团结带领全党全国各族人民，推进中国特色社会主义进入新时代。十九大报告指出："经过长期努力，中国特色社会主义进入了新时代，这是我国发展新的历史方位。""中国特色社会主义进入新时代，我国社会主要矛盾已经转化为人民日益增长的美好生活需要和不平衡不充分的发展之间的矛盾。"[3] 在中国特色社会主义新时代，中共中央提出全面落实经济建设、政治建设、文化建设、社会建设、生态文明建设"五位一体"的总体布局；并形成了全面建成小康社会、全面深化改革、全面依法治国、全面从严治党的战

---

[1] 当代中国研究所：《新中国70年》，当代中国出版社2019年版，第315页。
[2] 当代中国研究所：《新中国70年》，当代中国出版社2019年版，第291—294页。
[3] 习近平：《决胜全面建成小康社会 夺取新时代中国特色社会主义伟大胜利——在中国共产党第十九次全国代表大会上的报告》（2017年10月18日），人民出版社2017年版，第10—11页。

略布局。党的十八大以来,我国各项事业得到顺利的、稳步的发展。经济上保持着长期以来的快速发展趋势,国内生产总值稳步上升,经济总量与排名世界第一的美国的差距逐渐缩小。人民的生活水平得到稳步提高。在解决长期形成的发展不平衡问题上取得了实效,实行强力扶贫举措,到2020年消除了绝对贫困。在以习近平同志为核心的党中央坚强领导下,我国反腐败工作取得了压倒性胜利,极大地提振了全国人民对中国特色社会主义制度和中国共产党治国理政能力的信心。新冠肺炎疫情在全球暴发以来,我国抗疫斗争取得重大胜利,而不少国家包括一些发达资本主义国家却陷入被动,社会出现动荡不安的状况。在新时代,我国科技实力不断上升,在越来越多的领域赶上世界先进水平,甚至处于领先位置。十九届五中全会提出了关于制定国民经济发展第十四个五年规划和2035年远景目标的建议。2035年的远景目标是基本实现社会主义现代化;一个重大目标是人民生活更加美好,人的全面发展、全体人民共同富裕取得更为明显的实质性进展。十九届五中全会开启了全面建设社会主义现代化强国的新征程。

70多年来我国社会主义建设伟大成就是举世瞩目的。这里略举一些数据和事例。

我国国内生产总值长期快速增长。1952年,我国国内生产总值是679亿元,2018年达到900309亿元。[①] 中国已成为世界经济增长的第一引擎。1979—2012年,中国对世界经济增长年均贡献率为15.9%,仅次于美国;2013—2018年,中国对世界经济增长年均贡献率为28.1%,居世界第一位。[②] 这种贡献率仍呈增长之势。

我国教育水平不断提升。1949年,我国80%的人口是文盲,

[①] 《辉煌70年》编写组编:《辉煌70年:新中国经济社会发展成就(1949—2019)》,中国统计出版社2019年版,第3页。

[②] 《辉煌70年》编写组编:《辉煌70年:新中国经济社会发展成就(1949—2019)》,中国统计出版社2019年版,第37—38页。

小学学龄儿童净入学率和初中阶段毛入学率仅有20%和3%，高中在校生只有11.7万人；2018年，各级各类教育在校生2.76亿人，是1949年的7倍；2018年，我国高中阶段教育共有学校2.43万所，在校生人数从1949年的44万人增加到3934.7万人；我国高等教育在学总规模从1949年的12万人增加到3833万人，我国已建成世界上最大规模的高等教育体系。①

新中国成立以来，我国社会主义建设取得巨大成就，人民的生活水平得到巨大改善。"我国就业总量持续扩大，居民收入大幅增加。城乡就业人员从1949年末的1.8亿人增加到2018年的7.8亿人。全国居民人均可支配收入由1956年的98元增加到2018年的28228元。城镇化快速发展，城镇人口占全国总人口的比重从1949年末的10.64%上升到2018年末的59.58%。脱贫攻坚成效突出，2018年末农村贫困人口减少至1660万人，贫困发生率下降至1.7%，对全球减贫贡献超过70%。民生保障不断加强，幼有所育、学有所教、劳有所得、病有所医、老有所养、住有所居、弱有所扶全面推进。我国已建成世界上最大的社会保障体系，基本养老保险覆盖超过9亿人，基本实现全民医保，城乡居民生活向全面小康持续迈进。"② 到2020年年末，我国社会告别了绝对贫困，全面建成了小康社会，正在向着全面建设社会主义现代化强国的目标迈进。

进入中国特色社会主义新时代，我国在高新科技领域实现了一系列重大突破。

自从17世纪初年欧洲人伽利略利用天文望远镜观测宇宙空间以来，已经过去4个多世纪，中国第一次成为世界上看得最远的国家。"中国天眼"是目前全球最大的500米口径球面射电望远镜（简称FAST）。我国科学家采用独创设计并利用贵州南部喀斯特洼

---

① 《辉煌70年》编写组编：《辉煌70年：新中国经济社会发展成就（1949—2019）》，中国统计出版社2019年版，第225—228页。

② 《辉煌70年》编写组编：《辉煌70年：新中国经济社会发展成就（1949—2019）》，中国统计出版社2019年版，序言。

地的独特地形条件，建造了一个约 30 个足球场大小的高灵敏度巨型射电望远镜。与世界上最大单口径射电望远镜——美国阿雷西博 305 米口径望远镜相比，其综合性能提高约 10 倍。

中国成功发射"墨子号"卫星，在量子通讯领域走到了世界前列。量子通信原理上可以提供一种不能破解、不能窃听的安全信息传输方式。

2020 年北斗系统的完成，标志着我国在全球导航定位技术上已与美俄并驾齐驱。北斗系统是我国自主建设的卫星导航定位系统；美国拥有全球定位系统（GPS）；俄罗斯拥有格洛纳斯卫星导航系统（GLONASS）。

在超级计算机领域，近年我国取得巨大进步。超级计算机属于战略高技术领域，是一个国家科技实力的重要标志之一。在 2017 年超级计算机 500 强榜单中，我国超级计算机"神威太湖之光"和"天河二号"连续第四次分列冠亚军。"神威太湖之光"以每秒 12.5 亿亿次的峰值计算能力排名当时世界第一。

2020 年，我国量子计算机实现算力全球领先。2020 年 12 月，我国科学家宣布构建了 76 个光子的量子计算原型机"九章"，求解数学算法高斯玻色取样只需 200 秒，比超级计算机还要快得多。

2020 年 11 月，我国"奋斗者"号在马里亚纳海沟成功坐底，创造了 10909 米的中国载人深潜新纪录。

我国在高铁建设上处于世界领先地位。2020 年，我国高铁已达约 3.8 万公里营业里程，远远高于世界其他国家。高铁在我国的不断普及，提高了人民群众的生活质量和社会生产力，促进了我国社会的整体发展。

中国在"人造太阳"领域，处于世界领先地位。中国科学院等离子体物理研究所自主研制的全超导托卡马克核聚变实验装置（俗称"人造太阳"）正在接受技术升级。2021 年 5 月，创造新的世界纪录，成功实现可重复的 1.2 亿摄氏度 101 秒和 1.6 亿摄氏度 20 秒等离子体运行，向核聚变能源应用迈出重要一步。

2019年1月，嫦娥四号成功着陆在月球背面，中国成为第一个将探测器成功发射到月球背面的国家。

2020年11月至12月，嫦娥五号成功发射，并成功地从月球上取回土壤，中国成为能够成功发射地月往返探测器的国家。

2020年7月，中国成功发射火星探测器天问一号。探测器在地火转移轨道飞行约7个月后到达火星。2021年5月，天问一号探测器成功着陆火星；祝融号火星车开始探测工作。天问一号的成功发射，迈出了我国自主开展行星探测的第一步。

2021年，我国自主建成空间站；2021年6月，我国三位航天员进入天宫空间站工作。

3. 社会主义道路与中国的世界地位

中国特色社会主义不是凭空而来的，是世界历史发展演进的产物，是人类社会发展规律的体现。世界历史发展到19世纪中叶，随着工人阶级走上历史舞台，马克思主义就诞生了。列宁发展了马克思主义。正是在马克思列宁主义指导下，1917年俄国十月革命取得胜利。十月革命的胜利使人类历史上产生了第一个社会主义国家——苏联。苏联的诞生打破了帝国主义一统天下的局面；苏联的发展壮大促进了国际共产主义运动的大发展。中国取得新民主主义革命的胜利并走上社会主义道路，正是国际共产主义运动发展的一个重大的组成部分。

20世纪末期，苏联解体、东欧剧变，国际共产主义运动遭受严重挫折，中国成为唯一的社会主义大国。中国在实行改革开放中，坚持社会主义道路，各项事业欣欣向荣，经历着持续快速的发展。中国的发展壮大，改变着世界格局，不断有力地打破发达资本主义国家垄断资产阶级的国际垄断。社会主义中国的强大使发达资本主义大国一统天下成为不可能，使美国企图独霸世界成为不可能。中国的强大有利于建立公平公正的国际政治经济秩序，有利于推进国际关系的民主化，有利于促进广大发展中国家的发展。

中国的不断发展壮大预示着国际共产主义运动的光明前景。中国特色社会主义道路是人类社会通向未来美好的共产主义社会的一条光明道路。随着中国的不断发展壮大，世界上社会主义力量将会不断增强，也将会有更多的国家逐步走上社会主义道路。

中国的发展壮大是在坚持中国特色社会主义道路的前提下取得的。只有社会主义才能救中国，只有社会主义才能发展中国。中国要不断强大起来，要成功实现中华民族的伟大复兴，必须坚持走社会主义道路，而绝不能走资本主义道路。如果中国走向资本主义道路，不仅仅国家会陷入动乱，中国广大人民群众将遭受灾难，而且整个世界发展进程也将走弯路，世界人民也将遭受垄断资产阶级更多的沉重欺压的苦难！为了全人类的福祉，中国必须坚持走社会主义道路。中国必须在社会主义制度下，随着世界各国逐渐发展进入未来的共产主义美好社会。

在坚持中国特色社会主义这一点上，我们不能含糊。习近平总书记指出："中国特色社会主义是社会主义而不是其他什么主义，科学社会主义基本原则不能丢，丢了就不是社会主义。"[①] 坚持中国特色社会主义道路，就必须坚持社会主义的本质要求。我们认为社会主义的本质要求有以下六点：一是马克思主义指导地位；二是共产党领导；三是公有制主体地位；四是人民当家作主；五是防止两极分化，走共同富裕道路；六是发展先进生产力。

马克思主义是我们的立国之本，必须坚持马克思主义指导地位。习近平新时代中国特色社会主义思想是马克思主义的新发展，在新时代坚持马克思主义就必须坚持习近平新时代中国特色社会主义思想。

中国共产党是代表人民利益的政党。中国必须坚持中国共产党领导，绝不能搞资本主义的多党轮流执政。当今西方资本主义社会，垄断资产阶级占统治地位，掌控着主流意识形态和主要舆论阵

---

① 《习近平谈治国理政》第 1 卷，外文出版社 2018 年版，第 22 页。

地，一般情况下只有代表垄断资产阶级利益的人才有可能在竞选中获胜。

公有制主体地位是我国基本经济制度的核心，我们必须坚持。巩固和发展公有制经济是坚持中国特色社会主义道路的必然要求。我们必须始终重视并坚持发展国有经济和集体经济，特别是要坚持把国有企业做优做强做大。在新兴经济领域，要大力发展国有企业，并使国有企业发挥引领作用。强大的国有企业是我国经济的基石和定海神针，是我国面对各种国际经济风险和动荡，保证我国经济平稳发展的根本保证。我国社会主义的经济基础要始终掌握在党和人民手中。

坚持中国特色社会主义道路，必须坚持人民当家作主。实现人民当家作主，关键是要坚持中国共产党的领导，发展人民民主，集中人民的智慧，凝聚人民的力量，确保人民依法通过各种途径和形式管理国家事务。在我们国家，决不能允许国内外利益集团和少数富人掌控或变相掌控任何国家机器。

坚持中国特色社会主义道路，就必须防止两极分化，走共同富裕道路。在新时代，要努力解决好主要矛盾，特别是要解决好经济社会发展中的各种不平衡问题。中共十九届五中全会提出的2035年基本实现社会主义现代化的重大远景目标是：人民生活更加美好，人的全面发展、全体人民共同富裕取得更为明显的实质性进展。习近平总书记在庆祝中国共产党成立100周年大会上的讲话中强调："新的征程上，我们必须紧紧依靠人民创造历史，坚持全心全意为人民服务的根本宗旨，站稳人民立场，贯彻党的群众路线，尊重人民首创精神，践行以人民为中心的发展思想，发展全过程人民民主，维护社会公平正义，着力解决发展不平衡不充分问题和人民群众急难愁盼问题，推动人的全面发展、全体人民共同富裕取得更为明显的实质性进展！"① 中国共产党高度重视实现全体人民共

---

① 习近平：《在庆祝中国共产党成立100周年大会上的讲话》，《人民日报》2021年7月2日第2版。

同富裕，而实现全体人民共同富裕正是人民当家作主的保障和体现。

发展先进生产力是社会主义的本质要求。社会主义制度比资本主义制度优越，社会主义社会在世界范围内终将代替资本主义社会，根本上是因为社会主义制度更能解放生产力，发展先进生产力。我国曾经是一个十分落后的国家，一百多年前曾被视为"东亚病夫"。如今，我国在高新科学技术领域不断取得突破性进展，在各个领域不断向"世界第一"迈进。这是在社会主义制度下取得的，正是社会主义制度优越性的体现。而要充分体现社会主义制度的优越性，就必须始终努力发展先进生产力，逐步实现在全球科技创新中发挥主导作用的目标。

四　如何走向共产主义社会：憧憬与思考

1. 社会主义社会能否被视为一个单独的社会形态

马克思主义理论认为，资本主义社会不是永恒的，它必将发展演进到共产主义社会。由于历史条件的不成熟，资本主义社会又不能直接过渡到共产主义社会，在两者之间有一个过渡时期。不管是马克思主义经典作家，还是马克思主义理论学界，一般也认为如此。这个"过渡时期"也一般被认为是社会主义社会时期。就是说，在资本主义社会与共产主义社会之间，有一个社会主义社会时期。在国际共产主义运动发展历程中，无产阶级革命胜利后，共产主义性质的政党建设新国家的实践活动，也证明了这一点。十月革命胜利后，布尔什维克党建立的新国家是一个社会主义国家；中国新民主主义革命胜利后，建设的国家是社会主义新中国；世界上其他无产阶级政党在革命胜利后，建设的新国家也都是社会主义性质的国家。

那么，社会主义社会作为一个"过渡时期"究竟会持续多久呢？不管是马克思主义经典作家，还是马克思主义理论学界，都没有做出明确的判断。从世界历史发展进程中的实践活动来看，这个"过渡时期"，即社会主义社会时期，不可能是一个短暂时间，绝不是仅几十年、上百年的事。对率先走上社会主义建设道路的国家来说，这个"过渡时期"就会更加长一些。从俄国十月革命取得胜利，到现在已超过一个世纪，世界上还没有出现任何一个可以视为属于"共产主义社会"的国家。而就整个人类社会而言，各国各地区均进入共产主义社会发展阶段，则必将经历一个更加长远的"过渡时期"。东欧剧变、苏联解体的历史表明，社会主义社会在发展进程中也可能出现曲折和倒退，从社会主义社会又退回到资本主义社会。因此，可以说处于资本主义社会与共产主义社会之间作为一个"过渡时期"的社会主义社会，应是一个比较长的历史发展过程。中国现在是社会主义初级阶段，而这个初级阶段也是一个比较长的时间段。而从初级阶段向"中级阶段"、进一步向"高级阶段"发展演进，需要经历较长的时间。

　　无疑，处于资本主义社会与共产主义社会之间的社会主义社会是一个较长的历史发展进程。那么，能不能将这个"过渡时期"的社会主义社会作为一个单独的社会形态呢？我们认为从理论上和学术上讲，这是可以考虑的，可以探讨的。当然，这需要深入、系统的学术研究和理论探讨。

2. 社会主义道路：人类社会应对重大挑战的必由之路

　　当今世界，人类社会面临着一系列重大问题或曰重大挑战。这些问题或挑战是与资本主义制度紧密相连的，本身就是资本主义的产物，在资本主义制度下是无法克服的。这里简要地列举以下几个方面：

　　第一，全球范围内环境污染严重，资源短缺问题突出，存在着生态危机加深的危险。今天，在全球工业快速发展过程中，出现了影响人们生产和生活的严重危机,如资源短缺、环境污染、生态破坏。就全球范围而言,正是长期的资本主义发展模式造成了这样的危机。各国在发展进程中,对资源过度消费和索取,造成了资源需求量超过资源供应量,出现资源短缺,且日益突出。不能再生的资源如天然气、石油、煤矿、铁矿等,蕴藏量越来越少。破坏生态环境的事件不断发生;沙漠化问题在一些地区还没有得到解决;森林植被遭到大破坏。全球气候变暖问题就是对人类的一种严重警告。越来越多的人已认识到人类社会面临着严重的环境和生态问题。有学者指出:"资本主义制度是实现环境可持续发展的巨大障碍。"① 还有学者讲:"人类现在受到挑战,没有剩下多少选项了。环境问题的紧迫性没有给我们留下多少余地。对地球来说,没有备选方案。"② 正是对这种深刻危机的清醒认识,在发达资本主义国家,生态社会主义思潮逐渐兴起了,产生着不小的影响。国际学术界有识之士深深感到,当今之世,"不断加剧的不平等和环境问题是人类面临的最紧迫的两大挑战。已经十分清楚了,越来越短视的、贪婪的资本主义市场将绝不可能解决气候危机,也绝不可能解决环境紧迫问题。"③

我国在发展进程中,也出现了环境污染、生态破坏的问题。但是,近些年来,我国在治理环境污染、恢复生态平衡方面,取得了很大的成就。环境污染减少,沙漠治理成效显著,森林植被面积渐渐扩大,生态环境和气候状况正在逐步改善。

第二,全球贫富两极分化趋势在加强,国内外矛盾可能加深。

---

① 大卫·科茨:《经典社会主义者对未来社会的构想——生态马克思主义的视角》,申森译,《国外理论动态》2019年第12期,第94页。
② 克拉斯·布伦德纽斯:《对二十一世纪社会主义的思考:面对市场自由主义、日益加剧的不平等和环境的紧迫性》(Claes Brundenius, ed., *Reflections on Socialism in the Twenty-First Century: Facing Market Liberalism, Rising Inequalities and the Environmental Imperative*),斯普林格出版公司2020年版,第3页。
③ 克拉斯·布伦德纽斯:《对二十一世纪社会主义的思考:面对市场自由主义、日益加剧的不平等和环境的紧迫性》,斯普林格出版公司2020年版,第9页。

在资本主义制度下，资本向少数富人高度集中，是一种趋势。这必然导致贫富两极分化。这种贫富两极分化也发生在穷国与富国之间，也发生在一国内部。关于资本主义制度下的贫富两极分化问题，我们在第四章第二部分已有所论及，这里不赘述。要强调的是：贫富差距拉大是一个长期的、全球的、普遍的问题。这种国内的和国际的贫富两极分化，是人类社会面临的严峻挑战。它是国与国之间矛盾和国家内部阶级冲突和社会动乱的重大根源。而这种贫富两极分化正是资本主义的产物，在资本主义制度下或通过资本主义方式是无法根本克服的。

中国在解决贫困问题方面做出了艰巨的努力，取得了举世瞩目的成绩。中共十八大以来，我国平均每年有1000多万人脱贫。2020年我国成功消除绝对贫困，全面建成小康社会。中国的努力和成就为世界减少贫困人口做出了巨大贡献，也为世界他国解决社会贫困问题、减少贫困人口提供了宝贵的经验。我国全面建成小康社会彰显了社会主义制度的优越性。

第三，军事冲突不断发生，大国之间爆发战争的危险依然存在，人类创造的财富大量用于军事开支。在人类社会发展进程中，各类军事冲突是不断发生的，包括大国之间的战争。世界近现代历史上，殖民列强相互之间不断爆发战争。帝国主义形成之后，人类社会爆发了两次世界大战，规模是空前的，给世界人民带来了极大创伤。战后时期，比较大规模的战争主要发生在发达资本主义大国与发展中国家之间，或者发展中国家之间，或某个发展中国家内部。例如，"朝鲜战争""越南战争""伊拉克战争""阿富汗战争"等，超级大国美国是入侵者。战后没有发生"世界性的大战"，主要是因为有了强大的社会主义大国屹立在世界舞台上，过去是苏联，现在是中国。强大的社会主义国家，对资本主义大国或大国集团的侵略性具有强大的遏制力，是捍卫世界和平的中坚力量，阻止了世界性大战的爆发。但是，21世纪大国之间发生战争的危险依然是存在的。危险主要来自美国及其主导的军事集团北约的挑战行为和企图打破世界战略平衡的侵略行动。美国及其盟友不断扩军备战、企图打破世界战略平衡的行为、美国加剧太空军事化的行为，可能引发大国之间的军事冲突。

美国主导的西方大国集团在全球范围内推行霸权主义和强权政治，不断对他国发动武装入侵或军事打击或武力威慑。这就必然导致全球范围内巨大军费开支。一方面，美国要推行霸权主义和强权政治，需要武力做后盾，就必然拨出巨额军费；另一方面，许多发展中国家为了防范美国及其主导的大国集团武力入侵，就必然努力加强自己的防卫力量，这也需要大量开支。2020年全球军费开支近2万亿美元，较2019年高出2.6%；2020年美国军费增长4.4%，达7780亿美元，占全球军费开支的39%。① 今天的世界，一方面存在着大量贫困人口。2020年，全球极端贫困率从2019年的8.4%升至9.5%；饥饿人口数量可能达到8亿人左右；全球超过1/5的儿童发育迟缓。② 而另一方面，却有大量的经费用于发动侵略战争或防止、抵抗侵略。这种现象是发生在发达资本主义大国集团在世界格局中占主导地位的历史时期，是人类文明发展进程中的"非理性现象"，必须加以克服。

第四，全球犯罪问题严重。人类社会发展到今天，可以说是"高度发达的"现代化社会。但在人类文明进步的同时，各种犯罪问题却十分严重，新型犯罪行为不断出现。除了各国内部犯罪问题严重外，国际性犯罪也十分严重；国际与国内的犯罪团伙相互勾结。犯罪活动类型很多，如制卖毒品、贩卖儿童、偷渡人口、强迫妇女卖淫、人体器官交易、海盗、盗卖文物、跨国贿赂、网络窃密、制卖假币、洗钱、金融诈骗，等等。这样的各种犯罪行为给世界各国人民的正常生活带来威胁，给不少人造成伤害，引起社会不

---

① 《新冠疫情肆虐 全球军费去年不减反增》，新华网，http://www.xinhuanet.com/mil/2021-04/27/c_1211130386.htm，2021年7月19日。

② 《联合国报告：2020年全球贫困人口增加约1.2亿》，中国新闻网，http://www.chinanews.com/gj/2021/07-07/9514326.shtml，2021年7月19日。

安定。

除以上四个方面外，人类社会还面临着其他多种挑战，如核武器的扩散，新法西斯主义、种族歧视、恐怖主义、分裂主义的泛起，等等。

所有这些挑战，所有这些重大问题，从根本上讲，都是与资本主义本质联系在一起的，是资本主义制度在全球范围内依然占主导地位的产物，在以美国为首的西方发达资本主义大国集团在国际格局中占主导地位的历史条件下是无法克服的。人类社会必须寻求应对这些重大挑战、解决这些重大问题的新途径，寻求新的发展道路。

3. 人类社会如何走向共产主义社会

共产主义社会是人类社会的前进方向，是未来的美好社会。人类要实现建立共产主义社会的远大目标，决不是一朝一夕的事，不是几十年、上百年就能实现的。但是，共产主义社会也决不是虚无缥缈、遥遥无期的。人类社会面临的一系列重大问题只有通过建立社会主义社会并逐步向共产主义社会迈进才能最终得到解决。

第一，经典作家对共产主义社会的设想。

共产主义社会是人类社会发展的前进方向。无产阶级政党——共产党奋斗的最终目标是建立共产主义社会。那么，未来的共产主义社会是什么样的呢？马克思主义经典作家们对此进行过探讨。马克思主义经典作家认为，未来的共产主义社会有如下基本特征：一是社会财富极为丰富、个人消费品按需分配。马克思认为，在共产主义社会高级阶段，随着劳动者个人的全面发展，"他们的生产力也增长起来，而集体财富的一切源泉都充分涌流之后，——只有在那个时候，才能完全超出资产阶级权利的狭隘眼界，社会才能在自己的旗帜上写上：各尽所能，按需分配！"[①] 二是商品生产被消除，

[①] 马克思：《哥达纲领批判》，《马克思恩格斯文集》第3卷，人民出版社2009年版，第435—436页。

货币资本完全消失。恩格斯在《反杜林论》中指出："一旦社会占有了生产资料，商品生产就将被消除，而产品对生产者的统治也将随之消除。"① 马克思在《资本论》第2卷中指出："如果我们设想一个社会不是资本主义社会，而是共产主义社会，那么首先，货币资本会完全消失，因而，货币资本所引起的交易上的伪装也会消失。"② 三是消灭了劳动差别、城乡差别和工农差别。四是社会成员自由、全面的发展。恩格斯在《共产主义原理》中讲："根据共产主义原则组织起来的社会，将使自己的成员能够全面发挥他们的得到全面发展的才能。"③ 马克思和恩格斯在《共产党宣言》中指出："代替那存在着阶级和阶级对立的资产阶级旧社会的，将是这样一个联合体，在那里，每个人的自由发展是一切人的自由发展的条件。"④ 五是阶级和国家都消灭了。共产主义社会是消灭了阶级的社会；阶级消灭了，国家就没有存在的前提，因而国家也就随之消亡。恩格斯讲过："马克思和我从1845年起就持有这样的观点：未来无产阶级革命的最终结果之一，将是称为国家的政治组织逐步解体直到最后消失。"⑤

关于未来的共产主义社会，1927年9月9日斯大林在与美国工人代表团谈话时表述过。美国工人代表团请斯大林简略地说明一下共产主义所力求建立的那个未来社会。斯大林的回答是：在那个未来的社会，不会有生产工具和生产资料的私有制，而只会有公有制与集体所有制；在那里，不会有阶级和国家政权，而只会有工业和农业的劳动者，他们将成为劳动者自由联合体，在经济上自己管

---

① 《马克思恩格斯文集》第9卷，人民出版社2009年版，第300页。
② 《马克思恩格斯文集》第6卷，人民出版社2009年版，第349页。
③ 《马克思恩格斯文集》第1卷，人民出版社2009年版，第689页。
④ 《马克思恩格斯文集》第2卷，人民出版社2009年版，第53页。
⑤ 恩格斯：《致菲·范派顿》（1883年4月18日），《马克思恩格斯选集》第4卷，人民出版社1995年版，第656页。关于共产主义社会的基本特征，参阅吴玉贵、杨艳秋主编《马克思恩格斯列宁斯大林论社会形态》，中国社会科学出版社2012年版，第488—514页。

理自己；按计划组织的国民经济是以高度技术为基础的；不会有城乡对立，不会有工业与农业的对立；产品按"各尽所能、各取所需"的原则进行分配；科学与艺术将获得十分有利的发展条件，可以达到全盛的境地；每个人将成为真正自由的人，不必为糊口而操心，也不必迎合"当代有权有势的人"。斯大林还补充说："显然，我们距离这样的社会还很远。"[①]

从经典作家的论述中，我们可以理解到，未来的共产主义社会是一个没有阶级、没有国家的社会，科学技术高度发达，物质财富极为丰富，社会群体之间、个人之间是平等的，每个人都享受着高度的自由。

第二，关于走向共产主义社会的一点思考。

马克思主义经典作家揭示了人类社会前进方向是未来美好的共产主义社会。这是经典作家们建立在对人类社会发展规律的深入认识基础之上的科学论断。

共产主义社会是人类物质文明和精神文明高度发达的社会，物质财富极为丰富，能够满足所有人的需要，社会生产的产品是按需分配的。人类社会科学技术越发达，生产力水平越提高，生产的财富就会越丰富，按需分配的条件就越成熟，这样，人类社会离共产主义社会就会越近。今天，我们能充满信心地说，整个世界的科学技术的发展是会不断提高的，社会生产力也是会不断提高的。因此，人类社会逐步向共产主义社会迈进，我们可以理解，就像是一个自然的历史发展进程一样。

人类社会的伟大实践活动已经证明了单独一个国家能够取得无产阶级革命的胜利，也充分证明了在当今世界历史发展条件下，无产阶级政党——共产党能够成功建设强大的社会主义国家。但是，建设社会主义社会与建设共产主义社会是不一样的，一个国家可以单独地建成强大的社会主义国家，而不可能单独建成共产主义社

[①] 斯大林：《和第一个美国工人代表团的谈话》，《斯大林全集》第10卷，人民出版社1954年版，第117—118页。

会。建成共产主义社会是全人类的伟大事业，单独一个国家是无法实现的。共产主义社会是没有国家的社会，这样至少我们可以说它是一个不需要强大的军事武装的社会，或者说是一个没有强大军事武装的社会，是没有洲际导弹、没有核武器的社会。这样，如果全球范围内还存在着强大的以私有制为主体的国家，则这个已建成的"共产主义社会"就可能垮台，就无法坚持生存下去。

实现共产主义社会，首先是要在全球范围内建立起发达社会主义占主导地位的国际秩序。只有当全世界绝大多数国家，或者说，若干个最先进、最强大的国家已进入了社会主义社会发展阶段，进而已发展到发达社会主义社会阶段时，共产主义社会才能成为现实的可能。

中国是今天也是今后一个较长的时间内，世界上唯一的社会主义大国。中国坚持沿着社会主义道路前进，是人类社会向共产主义社会顺利演进的一个重要条件。中国必须坚持社会主义道路，直到逐步发展到共产主义社会。这是我们憧憬和期待的。中国特色社会主义发展的前进方向就是未来的美好社会——共产主义社会。

社会主义中国的不断发展壮大，将更有力地展现社会主义制度的优越性，提高社会主义制度的国际影响力，推动国际共产主义运动的发展。中华民族伟大复兴将意味着实行社会主义制度的中国成为世界一流强国。这样，社会主义中国就会为资本主义国家走上社会主义道路自然地发挥带动和示范作用。随着发达资本主义大国国力的相对下降与国际地位的相对下降，世界社会主义力量将会逐步增强，将会不断有资本主义国家通过不同方式逐步走上社会主义道路。

迄今为止，所有社会主义国家的诞生都是通过武装斗争或激变的革命方式实现的。但是，在将来当社会主义中国成为世界一流强国时，资本主义国家，不管是发达资本主义国家还是发展中资本主义国家，都有可能不通过武装斗争方式而是通过和平改造方式走上社会主义发展道路。这是可能的。正如我们在第四章中讨论到的，今天不少国家的共产党也主张通过和平方式实现走上社会主义道路的目标。

中国位于东亚地区，中国的不断发展壮大，对中国周边国家经济文化影响会逐步扩大，与周边国家的经济、文化等领域的交流也会加强；周边国家亦将与中国有更多的交往与联系，中国的周边国家或可更多地感受到社会主义制度的优越性。在这种历史条件下，亚洲东部可能将会有更多国家率先成为社会主义国家；现阶段亚洲几个社会主义国家也集中在亚洲东部地区。随着中国发展成为发达社会主义国家，亚洲东部地区或将率先成为世界上发达社会主义地区，并在全球范围内逐步产生更大影响。

20世纪末期，苏联解体、东欧剧变、苏共亡党亡国，国际共产主义运动陷入低潮。进入21世纪，国际共产主义运动渐渐走出低谷，资本主义国家各国共产党在积极探索实现国家走上社会主义道路的途径。在新的历史条件下，特别是在垄断资产阶级大力加强国际联合的背景下，各国无产阶级性质的政党要加强合作，以各种方式促进全球范围内工人阶级的联系、交往与合作，增强工人阶级反对垄断资产阶级的力量。1848年马克思和恩格斯发表的《共产党宣言》最后一句话就是："全世界无产者，联合起来！"这一伟大号召在21世纪同样具有、甚至更加具有时代的现实意义。

部分参考文献

中　文

《马克思恩格斯全集》，人民出版社1995年版。
《马克思恩格斯文集》，人民出版社2009年版。
《马克思恩格斯选集》，人民出版社2012年版。
《马克思历史学笔记》，红旗出版社1992年版。
《列宁全集》，人民出版社2017年版。
《列宁选集》，人民出版社2012年版。
《列宁专题文集》，人民出版社2009年版。
《斯大林全集》，人民出版社1956年版。
《斯大林文选》（1934—1952），人民出版社1962年版。
《毛泽东文集》，人民出版社1999年版。
《毛泽东选集》，人民出版社1991年版。
《习近平谈治国理政》第1卷，外文出版社2018年版。
《习近平谈治国理政》第2卷，外文出版社2017年版。
《习近平谈治国理政》第3卷，外文出版社2020年版。

中共中央文献研究室编：《毛泽东年谱（1949—1976）》，中央文献出版社2013年版。
中共中央党史研究室：《中国共产党历史》，中共党史出版社2011年版。
黎澍主编，蒋大椿、王也扬副主编：《马克思恩格斯列宁斯大林论历史人物评价问题》，中国社会科学出版社2012年版。

吴玉贵主编，杨艳秋副主编：《马克思恩格斯列宁斯大林论社会形态》，中国社会科学出版社2012年版。

吴英主编，于沛、董欣洁副主编：《马克思恩格斯列宁斯大林论历史科学》，中国社会科学出版社2012年版。

《国际共产主义运动史》编写组：《国际共产主义运动史》（第2版），马克思主义理论研究和建设工程重点教材，人民出版社、高等教育出版社2020年版。

［澳］米尔顿·奥斯本：《东南亚史》，郭继光译，商务印书馆2012年版。

［德］赫尔曼·库尔克、［德］迪特玛尔·罗特蒙特：《印度史》，王立新、周红江译，中国青年出版社2013年版。

［德］舒尔茨：《埃及：法老的世界》，中国铁道出版社2012年版。

［德］特奥多尔·蒙森：《罗马史》，李稼年译，商务印书馆2005年版。

［俄］A. A. 丹尼洛夫、A. 菲利波夫主编：《俄罗斯历史（1900—1945）》，吴恩远等译，张树华、张达楠校，中国社会科学出版社2014年版。

［法］费尔南·布罗代尔：《十五至十八世纪的物质文明、经济和资本主义》，顾良、施康强译，商务印书馆2018年版。

［法］马克·布洛赫：《封建社会》，李增洪、侯树栋、张绪山译，张绪山校，商务印书馆2005年版。

［法］米歇尔·博德：《资本主义史：1500—1980》，吴艾美等译，东方出版社1986年版。

［法］皮埃尔·米盖尔：《法国史》，桂裕芳、郭华榕等译，中国社会科学出版社2010年版。

［法］托马斯·皮凯蒂：《21世纪资本论》，巴曙松等译，中信出版社2014年版。

［法］亚历山大·莫瑞、G. 戴维：《从部落到帝国——原始社会和

古代东方的社会组织》，郭子林译，大象出版社 2010 年版。

［古罗马］塔西佗：《罗马帝国编年史》，贺严、高书文译，江西人民出版社 2014 年版。

［荷］弗雷德·斯皮尔：《大历史与人类的未来》（修订版），孙岳译，中信出版集团 2019 年版。

［加］布鲁斯·G.崔格尔：《理解早期文明：比较研究》，徐坚译，北京大学出版社 2014 年。

［美］芭芭拉·A.萨默维尔：《阿兹特克帝国》，郝名玮译，商务印书馆 2015 年版。

［美］芭芭拉·A.萨默维尔：《印卡帝国》，郝名玮译，商务印书馆 2015 年版。

［美］布莱恩·蒂尔尼、西德尼·佩因特：《西欧中世纪史》，袁传伟译，北京大学出版社 2019 年版。

［美］布赖恩·费根：《地球人：世界史前史导论》，方辉等译，山东画报出版社 2014 年版。

［美］大卫·克里斯蒂安等：《大历史：虚无与万物之间》（全彩插图版），刘耀辉译，北京联合出版公司 2017 年版。

［美］丹尼斯·舍曼等：《世界文明史》，李义天、黄慧、阮淑俊、王娜译，李义天统校，中国人民大学出版社 2012 年版。

［美］菲律普·希提：《阿拉伯通史》，马坚译，新世纪出版社 2012 年版。

［美］弗兰克·萨克雷、［美］约翰·芬德林主编：《世界大历史》，王林等译，新世界出版社 2014—2015 年版。

［美］古尔·鲁巴尔卡巴：《玛雅诸帝国》，郝名玮译，商务印书馆 2015 年版。

［美］路易斯·亨利·摩尔根：《古代社会》（新译本），杨东纯、马雍、马巨译，商务印书馆 1977 年版。

［美］斯坦利·沃尔波特：《印度史》，李建欣、张冬锦译，东方出版中心 2015 年版。

［美］托尼·博萨：《美国大衰落：腐败、堕落和价值体系的坍塌》，赵文书译，江苏人民出版社2017年版。

［美］威廉·威斯特曼：《古希腊罗马奴隶制》，邢颖译，大象出版社2011年版。

［美］詹森·汤普森：《埃及史：从原初时代至当下》，郭子林译，商务印书馆2012年版。

［秘鲁］印卡·加西拉索·德拉维加：《印卡王室述评》，白凤森、杨衍永译，商务印书馆1993年版。

［日］坂本太郎：《日本史》，汪向荣、武寅、韩铁英译，中国社会科学出版社2008年版。

［日］井上清：《日本历史》，闫伯纬译，陕西人民出版社2011年版。

［日］依田熹家：《简明日本通史》，卞立强、李天工译，北京大学出版社1989年版。

［日］中村哲：《奴隶制与农奴制的理论——马克思恩格斯历史理论的重构》，冻国栋、秦启勋、胡方译，黄孝春校，武汉大学出版社1994年版。

［苏联］米·谢·伊凡诺夫：《伊朗史纲》，李希泌、孙伟、汪德全译，生活·读书·新知三联书店1973年版。

［意］路易吉·萨尔瓦托雷利：《意大利简史——从史前到当代》，沈珩、祝本雄译，商务印书馆1998年版。

［印度］R. P. 萨拉夫：《印度社会：印度历代各族人民革命斗争的历程》，华中师范学院历史系翻译组译，商务印书馆1977年版。

［印度］达莫达兰：《印度封建社会的特点》（彭家礼译自印度《新世纪》月刊1960年5月号），《历史教学》1961年9月2日。

［英］E. P. 汤普森：《英国工人阶级的形成》，钱乘旦等译，译林出版社2013年版。

［英］W. C. 丹皮尔：《科学史》，李珩译，中国人民大学出版社2015年版。

［英］阿纳托莱·卡列茨基：《资本主义4.0：一种新经济的诞

生》，胡晓姣、杨欣、贾西贝译，中信出版社2011年版。

[英] 亨得·斯坦利·贝内特：《英国庄园生活：1150—1400农民生活状况研究》，龙秀清、孙立田、赵文君译，侯建新校，上海人民出版社2005年版。

[英] 凯恩斯：《就业、利息和货币通论》，汪继红编译，陈宏审定，中国工人出版社2016年版。

[英] 莱斯利·贝瑟尔主编：《剑桥拉丁美洲史》，中国社会科学院拉丁美洲研究所译，经济管理出版社1995年版。

[英] 雷蒙德·卡尔：《西班牙史》，潘诚译，东方出版中心2009年版。

[英] 迈克尔·格兰特：《罗马史》，王乃新、郝际陶译，上海人民出版社2008年版。

[英] 尼尔·福克纳：《世界简史：从人类起源到21世纪》（第1版），张勇译，新华出版社2014年版。

[英] 诺曼·戴维斯：《欧洲史》，郭方、刘北成译，世界知识出版社2007年版。

[英] 帕特里克·贝尔福：《奥斯曼帝国六百年：土耳其帝国的兴衰》，栾力夫译，中信出版社2018年版。

[英] 约翰·德斯蒙德·贝尔纳：《历史上的科学》，伍况甫、彭家礼译，科学出版社2015年版。

[英] 詹姆斯·布赖斯：《神圣罗马帝国》，孙秉莹、谢德风、赵世瑜译，赵世瑜校，商务印书馆1998年版。

《不列颠百科全书》（国际中文版），中国大百科全书出版社2002年版。

《辉煌70年》编写组：《辉煌70年：新中国经济社会发展成就（1949—2019）》，中国统计出版社2019年版。

《尚书》，顾迁注译，中州古籍出版社2011年版。

《世界上古史纲》编写组：《世界上古史纲》，人民出版社1979

年版。

《中国大百科全书》，中国大百科全书出版社1990年版。

《中华人民共和国宪法》，人民出版社1954年版。

白寿彝总主编：《中国通史》（第2版），上海人民出版社、江西教育出版社2013年版。

鲍鸥、周宇、王芳：《科技革命与俄罗斯（苏联）现代化》，山东教育出版社2017年版。

陈明辉：《良渚时代的中国与世界》，浙江大学出版社2019年版。

陈之骅、吴恩远、马龙闪主编：《苏联兴亡史纲》，中国社会科学出版社2004年版。

崔连仲、刘明翰等主编：《世界通史》（修订版），人民出版社2017年版。

戴逸主编：《简明清史》，人民出版社1984年版。

当代中国研究所：《新中国70年》，当代中国出版社2019年版。

丁建定：《从济贫到社会保险：英国现代社会保障制度的建立（1870—1914）》，中国社会科学出版社2000年版。

丁建弘：《德国通史》，上海社会科学院出版社2012年版。

樊亢主编：《资本主义兴衰史》（修订本），北京出版社1991年版。

范文澜：《中国通史》，人民出版社1978年版。

甘肃省文物考古研究所编著：《甘肃重要考古发现（2000—2019）》，文物出版社2020年版。

郭沫若：《奴隶制时代》，人民出版社1973年版。

郭应德：《阿拉伯史纲：610—1945》，中国社会科学出版社1991年版。

国洪更：《亚述赋役制度考略》，中国社会科学出版社2015年版。

哈全安：《阿拉伯封建形态研究》，天津人民出版社2006年版。

哈全安：《土耳其通史》，上海社会科学院出版社2014年版。

哈全安：《伊朗通史》，上海社会科学院出版社2020年版。

郝名玮、徐世澄：《拉丁美洲文明》，中国社会科学出版社1999

年版。

何驽:《怎探古人何所思——精神文化考古理论与实践探索》,科学出版社2015年版。

胡庆钧主编,廖学盛副主编:《早期奴隶制社会比较研究》,中国社会科学出版社2007年版。

胡如雷:《中国封建社会形态研究》,生活·读书·新知三联书店1979年版。

江流、陈之骅主编:《苏联演变的历史思考》,中国社会科学出版社1994年版。

蒋建华、冯婉蓁、季弘主编:《中华人民共和国资料手册:1949—1999》,社会科学文献出版社1999年版。

蒋孟引主编:《英国史》,中国社会科学出版社1988年版。

金冲及:《二十世纪中国史纲》,社会科学文献出版社2009年版。

靳辉明、罗文东主编:《当代资本主义新论》,四川人民出版社2005年版。

卡尔宾斯基:《苏联宪法通论》,沈颖、黄长沛、党凤德译,人民出版社1951年版。

柯春桥主编:《世界军事简史》,解放军出版社2015年版。

李琮:《当代资本主义阶段性发展与世界巨变》,社会科学文献出版社2013年版。

李根蟠、黄崇岳、卢勋:《中国原始社会经济研究》,中国社会科学出版社1987年版。

李慎明:《李慎明论金融危机》,社会科学文献出版社2017年版。

李慎明主编,陈之骅副主编:《居安思危:苏共亡党二十年的思考》,社会科学文献出版社2011年版。

李燕光、关捷主编:《满族通史》,辽宁民族出版社1991年版。

联合国教科文组织编写《非洲通史》国际科学委员会:《非洲通史》,联合国教科文组织出版办公室、中国对外翻译出版有限公司2013年版。

梁志明等主编：《东南亚古代史》，北京大学出版社 2013 年版。

廖学盛：《廖学盛文集》，上海辞书出版社 2005 年版。

林承节：《印度史》，人民出版社 2014 年版。

刘斌：《法器与王权：良渚文化玉器》，浙江大学出版社 2019 年版。

刘洪才主编：《当代世界共产党党章党纲选编》，当代世界出版社 2009 年版。

刘家和、廖学盛主编：《世界古代文明史研究导论》，高等教育出版社 2001 年版。

刘淑春等：《独联体国家共产党的理论与实践》，中国社会科学出版社 2016 年版。

刘文鹏、吴宇虹、李铁匠：《古代西亚北非文明》，福建教育出版社 2008 年版。

刘绪贻、杨生茂总主编：《美国通史》，人民出版社 2008 年版。

马克垚：《英国封建社会研究》，北京大学出版社 2005 年版。

马克垚主编：《世界文明史》（第 2 版），北京大学出版社 2016 年版。

孟钟捷：《德国简史》，北京大学出版社 2012 年版。

宁可：《中国封建社会的历史道路》，北京师范大学出版社 2014 年版。

彭树智主编：《中东国家通史》，商务印书馆 2000—2005 年版。

彭树智主编：《中东史》，人民出版社 2010 年版。

齐世荣总主编：《世界史》，高等教育出版社 2006 年版。

齐涛主编：《世界通史教程》，山东大学出版社 2015 年版。

祁美琴：《清代包衣旗人研究》，人民出版社 2019 年版。

钱乘旦主编：《英国通史》，江苏人民出版社 2016 年版。

沈汉：《资本主义史》，人民出版社 2015 年版。

宋丽丹：《"中产阶级"与资本主义的历史归宿——以当代西方社会为例》，中国社会科学出版社 2017 年版。

宋则行、樊亢主编：《世界经济史》，经济科学出版社1993年版。

宋兆麟：《中国风俗通史·原始社会卷》，上海文艺出版社2001年版。

宋镇豪：《夏商社会生活史》（增订本），中国社会科学出版社2005年版。

宋镇豪主编：《商代史》，中国社会科学出版社2010年版。

苏秉琦主编，张忠培、严文明撰：《中国远古时代》，上海人民出版社2017年版。

苏联科学院主编：《世界通史》，中译本，生活·读书·新知三联书店版（多卷，不同年份出版）。

孙炳辉、郑寅达编著：《德国史纲》，华东师范大学出版社1995年版。

陶大镛主编：《社会发展史》，人民出版社1982年版。

陶惠芬：《俄国近代改革史》，中国社会科学出版社2007年版。

王立新：《先秦考古探微》，科学出版社2016年版。

王伟光主编：《中国社会形态史纲》，中国社会科学出版社、南开大学出版社2020年版。

王震中：《中国古代国家的起源与王权的形成》，中国社会科学出版社2013年版。

韦昭注：《国语集解》，徐元诰集解，王树民、沈长云点校，中华书局2019年版。

吴廷璆主编：《日本史》，南开大学出版社1994年版。

吴于廑、齐世荣主编：《世界史》，高等教育出版社2011年版。

吴宇虹等：《古代两河流域楔形文字经典举要》，黑龙江人民出版社2006年版。

武寅主编：《简明世界历史读本》，中国社会科学出版社2014年版。

萧国亮、隋福民编著：《世界经济史》，北京大学出版社2007年版。

许宏：《最早的中国》，科学出版社 2009 年版。

杨共乐：《罗马史纲要》，东方出版社 1994 年版。

易谋远：《彝族史要》，社会科学文献出版社 2000 年版。

张海鹏主编：《中国近代通史》，江苏人民出版社 2007 年版。

张建华：《俄国史》，人民出版社 2004 年版。

张密生主编：《科学技术史》（第 3 版），武汉大学出版社 2015 年版。

张顺洪等：《西方新社会运动研究》，中国社会科学出版社 2015 年版。

张政烺主编：《中国古代历史图谱·原始社会卷》（罗琨编著），湖南人民出版社 2016 年版。

张芝联、刘学荣主编：《世界史地图集》，中国地图出版社 2002 年版。

赵建民、刘予苇主编：《日本通史》，复旦大学出版社 1989 年版。

中国社会科学院考古研究所编：《埃及考古专题十三讲》，中国社会科学出版社 2017 年版。

中国社会科学院考古研究所编著：《中国考古学·新石器时代卷》，中国社会科学出版社 2010 年版。

中国社会科学院科研局组织编选：《侯外庐集》，中国社会科学出版社 2001 年版。

中国社会科学院历史研究所《简明中国历史读本》编写组编写：《简明中国历史读本》，中国社会科学出版社 2012 年版。

周一良、吴于廑主编：《世界通史》，人民出版社 1962 年版。

周一良、吴于廑主编：《世界通史资料选辑》，商务印书馆 1974 年版。

朱寰：《朱寰学术论文集：学思录》，中央广播电视大学出版社 2008 年版。

朱雪菲：《神王之国：良渚古城遗址》，浙江大学出版社 2019 年版。

陈栋：《封建私有制下国有土地制度长期存在的原因》，《当代经济》2007年第4期（下）。

戴卫华：《跨国经济、跨国阶级和跨国霸权——跨国资本家阶级理论述评》，《国外社会科学前沿》2019年第9期。

傅祖德：《奴隶社会和封建社会的人地关系》，《福建地理》2000年第4期。

郭宝宏、蒯烨：《略论跨国资产阶级》，《宁波大学学报》（人文科学版），2014年第1期。

郭丹彤：《古代埃及文明归属问题探析》，《东北师大学报》（哲学社会科学版）2012年第1期。

郭丹彤：《国库与古代埃及国家垄断经济的形成》，《东北师大学报》（哲学社会科学版）2012年第1期。

何弩：《中国史前奴隶社会考古标识的认识》，《南方文物》2017年第2期。

黄思骏：《莫卧儿印度的地权性质》，《世界历史》1982年第5期。

杰瑞·哈里斯：《全球垄断与跨国资本家阶级》，孙寿涛译，《国外理论动态》2014年第6期。

金寿福：《论古代埃及经济的特征》，《世界历史》2015年第5期。

李铁匠：《古代伊朗的种姓制度》，《世界历史》1998年第2期。

历史理论研究所"中国封建社会的主要特点"课题组：《试论中国封建社会的主要特点》，《史学理论研究》2021年第4期。

林甘泉：《"封建"与"封建社会"的历史考察——评冯天瑜的〈"封建"考论〉》，《中国史研究》2008年第3期。

刘俊男、王华东：《从地下遗存看秦安大地湾遗址男权社会的演进——恩格斯母系社会向父系社会转变理论实证研究之一》，《湖南社会科学》2017年第3期。

马克垚：《关于封建社会的一些新认识》，《历史研究》1997年第1期。

钱耀鹏：《略论新石器时代的文化特征与起始标志》，《西部考古》

第六辑，三秦出版社 2012 年版。

沙健孙：《马克思恩格斯关于原始社会历史的理论及其启示》，《思想理论教育导刊》2016 年第 7 期。

尚友萍：《土地所有制与中国奴隶社会》，《史学理论研究》2000 年第 2 期。

田昌五：《中国古代国家形态概说（续）》，《社会科学辑刊》1992 年第 1 期。

田昌五：《中国古代国家形态概说》，《社会科学辑刊》1991 年第 6 期。

涂厚善：《浅谈印度古代史的分期问题——试论印度封建社会的开端》，《南亚研究》1983 年第 2 期。

王军：《日本庄园公领制初探》，《社会科学战线》2009 年第 8 期。

王克林：《试论我国人祭和人殉的起源》，《文物》1982 年第 2 期。

王三义：《奥斯曼帝国的制度建构及管理模式》，《吉林大学社会科学学报》2016 年第 2 期。

王三义、李宁：《"蒂玛制"与奥斯曼帝国的地方管理》，《历史教学》2020 年第 20 期。

王顺利：《论日本封建庄园领主制的特点》，《东北师范大学》（哲学社会科学版）1996 年第 4 期。

王顺利：《论日本早期封建土地所有制的二重性》，《外国问题研究》1997 年第 1 期。

王亚平：《试析中世纪早期西欧采邑制形成的社会基础》，《经济社会史评论》2015 年第 1 期。

吴宇虹：《苏美尔早期地契研究》，《世界历史》2006 年第 6 期。

杨东晨：《马列主义史学与封建社会问题讨论浅议》，《云梦学刊》2011 年第 2 期。

叶万松：《前仰韶文化时期是父系氏族制度的孕育期——中原地区史前父系氏族社会研究之二》，《河南科技大学学报》2013 年第 1 期。

叶万松：《史前农业是产生父系氏族制度的社会经济条件——中原地区史前父系氏族社会研究之一》，《黄河科技大学学报》2012年第6期。

张顺洪、甄小东：《马克思主义"五形态说"是符合历史实际的》，《政治经济学研究》2021年第2期。

张荫桐：《莫卧儿帝国的曼沙布达尔制度》（上、下），《南亚研究》1986年第2、3期。

张忠培：《良渚文化墓地与其表述的文明社会》，《考古学报》2012年第4期。

赵晔：《良渚文化人殉人祭现象试析》，《南方文物》2001年第1期。

郑州市文物考古研究院：《河南巩义市双槐树新石器时代遗址》，《考古》2021年第7期。

周芬、张顺洪：《帝国和帝国主义概念辨析》，《史学理论研究》2021年第2期。

周通编写：《全球化与跨国资本家阶级》（上），《国外理论动态》2001年第2期。

朱乃诚：《五帝时代与中华文明的形成》，《中原文化研究》2020年第4期。

祝乘风：《日本庄园制社会经济结构研究》，《辽宁大学学报》（哲学社会科学版）第39卷第1期2011年。

何艺培：《我国最早的阶级社会——齐家文化的社会性质研究》，学位论文，兰州大学，2016年。

外　文

Allchin, F. R., *The Archaeology of Early Historic South Asia: The Emergence of Cities and States*, Cambridge University Press, 1995.

Alters, Sandra M., *World Poverty*, Gale, Cengage Learning, 2011.

Amanat, Abbas, *Iran: A Modern History*, Yale University Press, 2017.

Atkinson, Anthony B., *Measuring Poverty around the World*, Princeton University Press, 2019.

Avari, Burjor, *India: The Ancient Past: A History of the Indian Subcontinent from c. 7000 BCE to CE 1200*, second edition, Routledge, 2016.

Banerjee, Subrata Chattopadhyay, *The Development of Aryan Invasion Theory in India: A Critique of Nineteenth-Century Social Constructionism*, Springer, 2019.

Berrin Kathleen, and Pasztory, Esther, eds., *Teotihuacan: Art from the City of the Gods*, The Fine Arts Museums of San Francisco, first paperback edition, 1994.

Biagini, Emilio, "Roman Law and Political Control from a Primitive Society to the Dawn of the Modern World", *GeoJournal*, Vol. 33, No. 4 (August 1994).

Boone, Rebecca Ard, *Real Lives in the Sixteenth Century: A Global Perspective*, Routledge, 2018.

Bradley, Keith, and Cartledge, Paul, *The Cambridge World History of Slavery*, volume 1: *The Ancient Mediterranean World*, Cambridge University Press, 2011.

Brewer, Douglas J., *The Archaeology of Ancient Egypt: Beyond Pharaohs*, Cambridge University Press, 2012.

Brundenius, Claes, ed., *Reflections on Socialism in the Twenty-First Century: Facing Market Liberalism, Rising Inequalities and the Environmental Imperative*, Springer 2020.

Bueno, Christina, *The Pursuit of Ruins: Archaeology, History, and the Making of Modern Mexico*, University of New Mexico, 2016.

Caldararo, Niccolo, "Human Sacrifice, Capital Punishment, Prisons & Justice: The Function and Failure of Punishment and Search for Alternatives", *Historical Social Research / Historische Sozialforschung*,

Vol. 41, No. 4 (158), Special Issue: National Political Elites and the Crisis of European Integration, Country Studies 2007 – 2014 (2016).

Chakraborty, Aparajita, "The Social Formation of the Indus Society", *Economic and Political Weekly*, Vol. 18, No. 50 (Dec. 10, 1983).

Chazan, Michael, *World Prehistory and Archaeology: Pathways through Time*, Routledge, 2018.

Conrad, Geoffrey W. and Demarest, Arthur A., *Religion and Empire: The Dynamics of Aztec and Inca Expansionism*, Cambridge University Press, 1984.

Dale, Stephen Frederic, *The Muslim Empires of the Ottomans, Safavids, and Mughals*, Cambridge University Press, 2010.

Dimmock, Spencer, *The Origin of Capitalism in England 1400 – 1600*, Haymarket Books, 2015.

Doob, Christopher B., *Social Inequality and Social Stratification in US Society*, Routledge, 2013.

DuBois, P., *Slavery: Antiquity and Its Legacy*, I. B. Tauris, 2010.

Duiker, William J. and Spielvogel, Jackson J., *World History*, eighth edition, Cengage Learning, 2017.

Egger, Vernon, *A History of the Muslim World since 1260: The Making of a Global Community*, Routledge, 2016.

Foster, Benjamin R., *The Age of Agade: Inventing Empire in Ancient Mesopotamia*, Routledge, 2016.

Froese, Tom, et al, "Can Government Be Self-Organized? A Mathematical Model of the Collective Social Organization of Ancient Teotihuacan, Central Mexico", PLOS ONE: www.plosone.org, October 2014, Volume 9, Issue 10, e109966.

Gilbert, Dennis, *The American Class Structure in an Age of Growing Inequality*, tenth edition, SAGE Publications, 2018.

Graulich, Michel, "Aztec Human Sacrifice as Expiation", *History of*

Religions, Vol. 39, No. 4 (May, 2000).

Grinin, Leonid E., et al., eds., *The Early State: Its Alternatives and Analogues*, 'Uchitel' Publishing House, 2004.

Hagen, Victor Wolfgang von, *The Ancient Kingdoms of the Americas: Aztec, Maya, and Inca*, Thames & Hudson Limited 1962, Panther edition 1967.

Hallpike, C. R., "Is There a Primitive Society?", *The Cambridge Journal of Anthropology*, 1992/1993, Vol. 16, No. 1.

Haq, Ehsanul, "Cultural Construction of Poverty in India", *Indian Anthropologist*, July-December 2019.

Haque, Tajamul, and Reddy, D. Harasimha, eds., *India: Social Development Report 2018——Rising Inequality in India*, Oxford University Press, 2019.

Hutson, Scott R., "Built Space and Bad Subjects: Domination and Resistance at Monte Albán, Oaxaca, Mexico", *Journal of Social Archaeology*, 2002 SAGE Publications, Vol 2 (1).

Imber, Colin, *The Ottoman Empire, 1300 – 1650: The Structure of Power*, third edition, Red Globe Press, 2019.

Ingham, John M., "Human Sacrifice at Tenochtitlan", *Comparative Studies in Society and History*, Vol. 26, No. 3 (Jul., 1984).

Jacobs, Michael and Mazzucato, Mariana, eds., *Rethinking Capitalism: Economics and Policy for Sustainable and Inclusive Growth*, Wiley-Blackwell, 2016.

Jason, Sherman R., et al., "Expansionary Dynamics of the Nascent Monte Albán State", *Journal of Anthropological Archaeology*, 29 (2010).

Jha, D. N. ed., *The Feudal Order: State, Society and Ideology in Early Medieval India*, Manohar, 2000.

Jodhka, Surinder S., *Caste in Contemporary India*, second edition,

Routledge, 2018.

JohnCritchley, *Feudalism*, George Allen & Unwin, 1978.

Joshel, Sandra R., *Slavery in the Roman World*, Cambridge University Press, 2010.

Kainikara, Sanu, *From Indus to Independence: A Trek through Indian History*, volume 1: *Prehistory to the Fall of the Mauryas*, Vij Books India Pvt Ltd, 2016.

Kennedy, Melissa, *Narratives of Inequality: Postcolonial Literary Economics*, Palgrave Macmillan, 2017.

Lloyd, Alan B., *Ancient Egypt: State and Society*, Oxford University Press, 2014.

Mann, Michael, "The End of Capitalism?", *Análise Social*, Vol. 48, No. 209 (2013).

Mazariegos, Oswaldo Chinchilla, et al., "Myth, Ritual and Human Sacrifice in Early Classic Mesoamerica: Interpreting a Cremated Double Burial from Tikal, Guatemala", *Cambridge Archaeological Journal* 25: 1, 2015.

McIntosh, Jane R., *Mesopotamia and the Rise of Civilization: History, Documents, and Key Questions*, ABC-CLIO, 2017.

Morehart, Christopher T. et al., "Human Sacrifice during the Epiclassic Period in the Northern Basin of Mexico", *Latin American Antiquity*, Vol. 23, No. 4 (December 2012).

Morillo, Stephen, "A 'Feudal Mutation'? Conceptual Tools and Historical Patterns in World History", *Journal of World History*, Vol. 14, No. 4 (Dec., 2003).

Muhs, Brian, *The Ancient Egyptian Economy: 3000 – 30 BCE*, Cambridge University Press, 2016.

Mulder, Catherine P., *Transcending Capitalism through Cooperative Practices*, Palgrave Macmillan, 2015.

Paquette, Robert L., and Smith, Mark M., eds., *The Oxford Handbook of Slavery in the America*, Oxford University Press, 2010.

Rohrlich, Ruby, "State Formation in Sumer and the Subjugation of Women", *Feminist Studies*, Vol. 6, No. 1, Spring, 1980.

Rota, Michael, "On the Definition of Slavery", *Stifielsen Theoria*, No. 86, 2020.

Roth, Martha T., *Law Collections from Mesopotamia and Asia Minor*, Simon B. Parker and Piotr Michalowski, Society of Biblical Literature: Writings from the Ancient World Series, Scholars Press, 1997.

Routledge, Bruce, *Archaeology and State Theory: Subjects and Objects of Power*, Bloomsbury, 2014.

Savory, Roger, *Iran under the Safavids*, Cambridge University Press, 1980.

Seus, John M., "Aztec Law", *American Bar Association Journal*, Vol. 55, No. 8 (August 1969).

Sharma R. S., "How Feudal Was Indian Feudalism?", *Social Scientist*, Vol. 12, No. 2, Marx Centenary Number 3 (Feb., 1984).

Shireen Moosvi, *The Economy of the Mughal Empire, c. 1595: A Statistic Study*, Revised and Enlarged Edition, Oxford University Press, 2015.

Singh, Upinder, *Political Violence in Ancient India*, Harvard University Press, 2017.

Smith, Michael E. and Berdan, Frances F. "Archaeology and the Aztec Empire", *World Archaeology*, Vol. 23, No. 3, Archaeology of Empires (Feb., 1992).

Smith, Michael E., "The Role of Social Stratification in the Aztec Empire: A View from the Provinces", *American Anthropologist*, New Series, Vol. 88, No. 1 (Mar., 1986).

Spencer, Charles S., et al., "Ceramic Microtypology and the Territorial Expansion of the Early Monte Albán State in Oaxaca,

Mexico", *Journal of Field Archaeology*, Vol. 33, No. 3 (Fall, 2008).

Stiebing, William H. and Helft, Susan N., *Ancient Near Eastern History and Culture*, third edition, Routledge, 2018.

Sugiyama, Nawa, et al., "Inside the Sun Pyramid at Teotihuacan, Mexico: 2008 – 2011 Excavations and Preliminary Results", *Latin American Antiquity*, Vol. 24, No. 4 (December 2013).

Sverre Bagge, et al., eds., *Feudalism: New Landscapes of Debate*, Brepols, 2011.

Václav Hrnčĭrl and Petr Květina, "Archaeology of Slavery from Cross-Cultural Perspective", *Cross Cultural Research*, vol. 52, No. 4, 2018.

Wengrow, David, *The Archaeology of Early Egypt: Social Transformations in North-East Africa, 10,000 to 2650 BC*, Cambridge University Press, 2006.

Wickham, Chris, *Medieval Europe*, Yale University Press, 2016.

Wiesner-Hanks, Merry E., *A Concise History of the World*, Cambridge University Press, 2015.

Winkelman, Michael, "Aztec Human Sacrifice: Cross-Cultural Assessments of the Ecological Hypothesis", *Ethnology*, Vol. 37, No. 3 (Summer, 1998).

World Bank, *Monitoring Global Poverty: Report of the Commission on Global Poverty*, World Bank Group, 2017.

World Bank, *Poverty and Shared Prosperity 2018: Piecing together the Poverty Puzzle*, World Bank Group, 2018.

Communist Party of Britain, *Britain's Road to Socialism Summary*, https://www.communistparty.org.uk/britains-road-to-socialism-summary.

Communist Party USA, *The Road to Socialism USA: Unity for Peace*,

Democracy, *Jobs*, *and Equality*, http：//cpusa. org/party_info/party-program.

Communist Party of India (Marxist-Leninist), *General Programme of CPI (ML)*, http：//www. cpiml. net/documents/10th-party-congress/general-programme-of-cpiml.

Brígida Von Mentz, "Eeclavitud y Semiesclavitud en el México Antiguo y la Nueva España (Con Énfasis en el Siglo XVI), *Stud. hist.*, *Ha antig.* 25, 2007.

Carlos Bosch Garcia, *La esclavitud prehispanica entre los aztecas*, El Colegio de México, 1944.

David García, *México-Tenochititlan*：*Arte y cultura en la gran capital azteca*, 2010.

Isabel Bueno Brave, *La guerra en el imperio azteca*：*expansion*, *ideologia y arte*, Editorial Complutense, S. A., 2007.

José Ignacio Sánchez Alaniz, *Las unidades habitacionales en Teotihuacan*：*el caso de Bidasoa*, Instituto Nacional de Antropología e Historia, México, 2000. pdf.

Miguel León-Portilla, *Aztecas-Mexicas*：*Desarrollo de una civilización originaria*, Algaba Ediciones, Historia, 2005.

Partido del Trabajo Mexicano, *Programa de Acción*；*Declaración de Principios*, http：//partidodeltrabajo. org. mx/2017/wp-content/uploads/2018/09/pro_accion_pt. pdf.

磯貝富士男：《日本中世奴隷制論》，校倉書房，2007。
林屋辰三郎：《封建社会成立史》，筑摩書房，1987。
日本共産党：《日本共産党綱領》，http：//www. jcp. or. jp/web_jcp/html/Koryo。

索　引

《帝国主义是资本主义的最高阶段》　222—224
《共产党宣言》　273,281,282,328,331
《汉谟拉比法典》　54,56,57
《十二铜表法》　112
《乌尔纳姆法典》　53
《英国工人阶级状况》　215—218
《资本论》　206,207,219,238,239,328
阿尔万山古城　27,92,93,103
阿卡德王国　41,51,52
阿兹特克王国　27,80,85,95—98,101,103—106
奥斯曼帝国　146,170,180—186,194,198,202
包税商　183
北大西洋公约组织——北约　232
布尔什维克　282,287—290,322
部落　9,11,13,15,16,33—35,39,44,46,59,60,69,70,73,78,79,85—87,107,122,123,126,160,170,171,178,180,192,212
初税亩　75

大化改新　187,188
地主阶级　132—136,139,142—144,150,160,161,173,174,193,195—197,209,309
帝国主义　69,125,195,221—227,230,231,233,242,255,265,268,270,271,273,286,287,290,294,295,307,313,319,325
俄罗斯联邦共产党　266,267
恩格斯　1,2,6,7,12,13,15,25,30—34,37,110,121,127,128,133,134,136—138,180,202,206,207,215—218,273,279—286,327,328,331
法西斯主义　227,292,327
封建采邑　150,181,182
封建社会　19,22,23,36,40,41,43,45,71,74—76,78,112,116,119,123,125—150,152,155—157,159,161,163,165—167,172—176,178—180,182,183,186—188,190—203,205,209,238,277,307,313
父系氏族公社　4,12,13,15,17—

索 引

19,23,26,41
刚果王国 119
工场手工业 203,310
工业革命 202,213—216,218—221
公有制 3,18,19,30,41,72,178,234,237,267,282—284,293,297,298,311,314,320,321,328
共产党 195,202,227,235,241,261—269,271,274,277,281,283,286,290,292,293,297,302—308,312,313,315,316,320,321,327,329,331
共产主义社会 36,261,268,279—282,294,320,322,323,327—330
古巴比伦王国 41,49,54,57
雇佣关系 204,205,239
国际共产主义运动 221,226,227,230,232,235,255,274,286,288—291,294—296,299,301—303,305—307,319,320,322,330,331
国际垄断资产阶级 202,236,237,255—261,276
哈拉帕文明 66—69
货币地租 205
金石并用时期 4,6,8,26,123
经济危机 227,228,234,305
旧石器时代 4,6,7,12
君主专制制度 141
凯恩斯主义 228,229,231,234,236
科技革命 208,296,299
历史唯物主义 3,23,122,133
良渚古城 27,79,83,123

列宁 22,23,33,122,132,206,221—224,226,229,270,279—282,285—289,293—295,297—299,302,303,307,319,328
垄断资本主义 221,225,228,229,231—233,237,238,242,254,256,258,259,263,265,268
玛雅文明 84—86,88
迈锡尼城 107
美国共产党 239,245,263—266
摩亨佐—达罗 66,68
莫卧儿王朝 146,170,177—180,194
墨西哥劳动党 271—273
母系氏族公社 4,12,13,15,16,23,26,41
涅迦达文化 59
农民起义 144,154,172,193—195
农奴制 23,37,58,127,128,133,134,144,151,163,164,166,193,205,206
农业合作化 309
奴隶 18,19,22,26,29—34,36—58,60—65,67—77,79—83,86—88,92,97—102,104—123,125,126,133,144,151,152,161,163,166,168,188,206,211,212,239
奴隶贸易 207,212
奴隶社会 4,8,18,19,22,23,26,29—32,36,37,39—46,48—51,53,54,59,61—63,65,70—83,86—88,95,101,104—108,111—

113，116，118—120，122，123，125—128，131—133，139，140，145，146，167，176，186，187，192，197，201，238

奴隶制　10，22，23，29—34，36—43，45—47，49，51，52，54，56—64，68，70，72—84，86—88，92，95，98—101，104，107—112，114—120，122—125，127，128，132—134，138，139，143，144，146，167，172，173，186，188，210，298

启蒙运动　208

人祭　44，45，63，71，80—83，92，95，98—108

人牲　44，63，77，80，91，92，102—106

人殉　44，45，51，62，63，71，75，80—83，99，104，106

萨珊王朝　158，167—169

商朝　72—77

社会大分工　8，10，11

社会形态　1，3，4，8，17，22，29，36，37，41，44，48，49，63，66，68，71，72，76—78，83，87，94，126—131，136，137，139，140，179，187，279，322，323，328

社会主义社会　22，36，201，226，261—264，271，273—275，277，279，281—284，286，298，303，306，313，322，323，327，329，330

什一税　162，184，218

十月革命　22，226，227，229，235，242，255，269，273，279，281，286—290，293—295，299，306，307，319，322，323

实物地租　143，205

氏族　4，10—19，24—26，29，30，32—35，37，39，41，45，73，74，83，85，101，107，117—120，126，178，192

苏联　3，22，36，38，39，44，46，67，68，86，87，130，131，199，226—230，232—237，255，263，266，267，273，274，279，281，284，286—307，315，319，323，325，331

苏美尔　26，40，43，44，46，47，49—52，59，89

陶寺古城　80

特奥蒂瓦坎　27，88—93，95，103，105

特诺奇蒂特兰　27，80，88，95，97，98，104—106

图画文字　47，48，84，103，123

土地所有制　40，127，129，130，132，141，142，146，163，165，167，178，187—189，308

王神合一　45，46

唯物史观　22，23

文艺复兴　208

乌尔第三王朝　41，43，49，52—54

无产阶级专政　280—282，289，293

夏朝　62，72，74，76，78—81

象形文字　47，48，84，123

新巴比伦王国　41，49，58

新民主主义革命 270,308,319,322
新石器时代 4,6—9,18,24,26,35,81—83,123
血缘家族 4,11—13
议会君主制 148
印度共产党 270,271
印加文明 85—88
英国共产党 261—263
原初国家 34,45,47,78,84,90,94,122,123,125,126
原初文字 47,84
原始积累 206—208,212,213
原始社会 1—19,21—24,26,27,29,30,36,39—41,45—48,78,87,90,105,107,119,122,123,125,126,131,192
早期国家 8,27,35,36,40,47,60,68,79—83,90,93—95,118—120,122,123
债务奴隶 39,52,54,112,113

战时共产主义政策 289
殖民扩张 40,124,131,137,179,191,192,209—213,221,222,225,242,253
中产阶级 202,248—253
种姓 70,167—169,176,179,247
资本家 172,204—206,209,222,229,238,239,248,253,256—263,275,276,282,310
资本主义萌芽 172,191,201—203,205
资本主义社会 22,23,36,123,125,127,128,136,137,145,191,201—203,209,216,226,227,232,238—241,243,248,249,252,253,261,270,272—276,279—282,284,286,303,306,320,322,323,328
资产阶级革命 138,208,209,220
自耕农 132,134,142,143,160,161,193,206,209,220